WIND
Le peuple du vent

Barry Alexander Brown

WIND
Le peuple du vent

Traduit de l'anglais par
Ariane Pick-Prince et Vérane Brown

Massot Éditions

ISBN : 978-2-38035-415-7

Sommaire

À ma muse ma chère et tendre Vérane

Carte d'Æmira

Personnages

TOR'OCS

Les Tor'ocs d'avant la Péninsule

Bilal : _Tor'oc_*[1], père de _Ropin_*. Lieutenant de _Sumon_*.

Dia : adolescente _nor tor'oque_*, fiancée de _Ropin_*.

Ropin : _Tor'oc_*, fils de _Bilal_*.

Sumon : légendaire chef de guerre.

Les Tor'ocs de la Péninsule

Æon la Feuille : jeune homme _tor'oc_*, le dernier descendant de _Sumon_*, d'_Ourla la Remarquable_*, de ses filles et petites-filles.

Lige-Causie : première enfant _tor'oque_* ayant chuté entre les arbres de la _Péninsule_*.

O'bira : fille d'_Oroleïa_*, petite-fille d'_Ourla_*, mère d'_O'jolique_*.

O'jolique : fille d'_O'bira_*, petite-fille d'_Oroleïa_*, arrière-petite-fille d'_Ourla_*, créatrice de la _Voie Suspendue_* et de l'_élémenta_*.

1. Tous les mots suivis d'un astérisque sont expliqués dans le Glossaire, p. 567.

Oroleïa : fille d'*Ourla**, petite-fille de *Sumon**, mère d'*O'bira**.

Ourla la Remarquable ou **la Grande, la Sauveuse, notre Mère et protectrice** : fille de *Sumon**, mère d'*Oroleïa**.

Uthiriule : amie d'enfance d'*Æon** sur la *Péninsule**, sa cadette.

ÆMIRIENS

Les Jannanons

Fane : membre de la triade sacrée, les guides spirituels des Jannanons.

Goïel : l'un des trois *Jannanons** qui escortent *Æon** sur la route d'*Orzamond**.

Helkvin : *délégationnaire** *jannanone**, de la délégation des *treize Umbrare**.

Jannanon : tribu-nation d'*Æmira** de petite taille et possèdant des capacités télépathiques.

Prieuresse : jeune fille *jannanone** en apprentissage spirituel chez les *fanes**.

Sheïos : le plus âgé des trois *Jannanons** qui accompagnent *Æon la Feuille**.

Wéodou-Yé ou **Wéodou** ou **Wéo** : le plus jeune des trois *Jannanons** qui accompagnent *Æon la Feuille** sur la route d'*Orzamond**.

Les Quatre Mères

Quatre Mères : les quatre magiciennes (*Dilubao**, *Fula**, *Tribula**, *Vissana**), gardiennes morales et spirituelles d'*Æmira**.

Diluhao : porte-parole auprès des *Æmiriens**.
Fula : la mère des prouesses et des épreuves de force.
Tribula : la maîtresse des cérémonies.
Vissana : l'alchimiste des rituels.
Soaad : la cinquième, méconnue du commun des mortels.

Les Lulliens

Défenseresse : avocate d'*Æon la Feuille** devant l'*aréopage** de la ville de *Lulle**.
Jaï-wé : grand mystique de la cité de *Lulle**.
Lullien, Lullienne : habitant de la ville de *Lulle**.
Magistré(e) : président(e) de *l'aréopage**.
Pit : artiste adolescent, orphelin de la ville de *Lulle**.
Sissasse : jeune enfant orpheline de la ville de *Lulle**.

Les Lucidis

Aé : *Tréo** et Aé, petites sœurs de *Yéoal**.
Lucidis : habitant de *Lucidissom**.
Tréo : Tréo et *Aé**, petites sœurs de *Yéoal**.
Yéoal : jeune *Lucidis**, âgé de 16 ans, né et ayant grandi à *Lucidissom**.

Æmiriens de tout bord

Ardrum Keliloji : marchand itinérant ayant recueilli *Yéoal**.
Chiffaa Oroser : émissaire missionnée par la ville de *Smoos**.
Coupeur de route : voleur de grand chemin.
Délégationnaire : membre des délégations d'*Æmira** participant au *Camarode**.

Émissaire : dignitaire æmirien, conseiller du *gouvernabule** d'Orzamond.

Eunes : le corps d'élite d'*Æmira**.

Hasmapludi III : *gouvernabule** d'*Æmira*.

Isaure : jeune orpheline qu'*Uthiriule** rencontre et adopte à *J'kal**.

Kadjalib' : tribu-nation d'*Æmira**, célèbre pour ses plaines fertiles et son pain.

Maître des sables : il assure la maintenance de la route.

Mélopalins : membres de la tribu-nation d'*Æmira** qui extrait et travaille les métaux.

Piscus : tribu de pêcheurs en eau douce.

Première-tribu : peuple premier d'*Æmira**.

Seleuks : membres de la tribu-nation d'*Æmira**, monnayeurs.

Smoosiens : habitants de la ville de *Smoos** située au centre du *lac Lire**.

Tissu Rouge : membre de la garde *gouvernabulienne** d'*Orzamond**.

Umbrare : *délégationnaires** d'un *Camarode** qui s'est déroulé il y a mille ans.

NOR TOR'OCS

Æréma : jeune femme *nor tor'oque**.

Akasia et **Banksi** : sœur et frère jumeaux, les *Vonders*.

Nor Tor'ocs ou **Tor'ocs du désert** ou **Rouges-Noirs** : descendants de la tribu de *Ropin**.

Œdju ou **Virevolteurs** : initiés chez les *Nor Tor'ocs**.

Vonder des Nor : chef guerrier des *Nor Tor'ocs**.

Prologue

Bienvenue

... Comme vous le savez sans doute déjà ou peut-être pas encore, les mondes se construisent toujours sur d'autres mondes – le nouveau monde se substitue parfois à l'ancien, couche après couche, il évolue, bifurque, identique, différent ; ces deux mondes convergent imperceptiblement l'un vers l'autre, pareils à l'éternel flux et reflux des rivières, ils fusent à travers les chants du désert, à travers le temps et par-delà la course infinie du son. Et tandis que nous voici debout dans cette rivière, ensemble, à l'intérieur de cet instant présent dans lequel nos consciences se lient, ce moment précis où vous lisez ces lignes – sentez que le courant du temps commence à remonter le long de ses collines, que votre monde présent ruisselle à contre-courant, revisite à rebours les allées de sa chronologie, bouclant des boucles d'univers, de nature et d'incarnation désormais révolues, celles de créatures nées de l'intersection de la terre, de l'eau, de l'air et du feu. Vous souvenez-vous d'avoir su incarner plusieurs couches d'existences à la fois ? Et de la manière dont elles replient les océans sur l'horizon, les vagues sur le dessus des cieux ? Et les pirouettes magnétiques qu'elles font faire au temps jusqu'à ce qu'il atterrisse sur la couche du premier souffle, à dix mille zéros, dix mille un de notre ère, tandis que le monde était déjà monde, et que son âme se laissait déjà envelopper, de temps à autre, dans un écrin de chair ? La terre et l'eau avaient encore bien des danses à danser, entre elles et en cadence, avant de se trouver, aujourd'hui, sous vos pieds.

Bienvenue

Comme depuis toujours, tous les acteurs et toutes les histoires de la terre déroulaient des mondes, des créatures, des énigmes, des parcours initiatiques, çà et là, tout comme ils le font aujourd'hui… Laissez-vous donc transporter par l'étreinte aimante du temps lui-même, le long des couloirs azurés, le long des profondeurs marines – et laissez-vous réapparaître au creux de ce delta tout particulier qui nous occupe, un delta depuis bien longtemps oublié.

Bienvenue

Chants des longs commencements

Chant d'Ourla

Ourla, fille de Sumon, mère d'Oroleïa,
grand-mère d'O'bira, arrière-grand-mère d'O'jolique.

Je suis la fill'
qui est devenue la mèr'
Je suis Ourla
qui n'est pas née si loin
qui est née en chemin
vers ce morceau de terr'
Vrai !
J'suis la fill' de Sumon,
la fill' du chef de guerr'
Je suis du peupl' qui est venu de loin
Le peuple, celui qu'on appell' tor'oc.
Yah !
Être tor'oc, être TOR'OC,
Yah !
Être TOR'OC,
c'est naître pour se battr'
pas pour le règn' au pas, pas pour le règn' au pas
Yah !

Combattr' enfin mais qui ?
Jamais une main tor'oque ne brisera un Tor'oc.
Combattre mais pour quoi ?
Pour conquérir des terr'
encore et encor'
des landes et des land'
toujours plus loin, toujours plus grand'.
Résistez-nous et on vous achèv'ra
Résistez-nous et on vous crèvera
Et si on vous laiss' vivre pour survivr'
c'est pour qu'vous nous serviez,
serfs !
en tout' chose et pour tout
jusqu'à c'que l'voyage nous r'prenne,
jusqu'à c'que l'voyage nous r'prenne,
vers d'autres terr', là-bas, vers d'autres terr', plus bas.

Nous sommes nés avec la *wanderlule**
C'est la convoitise et la wanderlule
qui nous ont conduits vers la péninsule.
C'est le mensonge de la richess'
qui nous a rendus minuscul'
Et c'est la péninsule traîtress'
qui nous a tous emprisonnés.

C'est qu'la terr' s'est brisée, quand la rivièr' est née,
C'est qu'la terr' s'est brisée, là où l'Divul est né,
Des flots et des flots, impossibl' à traverser,
Des flots et des flots, impossibl' à contourner.

Puis vint le Mad'la, l'immens' déluge,
ses monticules de terr' et ses torrents sans ponts
Tout pour nous achever, nous jeter sans refuge
vers sa terrible fin, précipiter Sumon !
Et estoquer là-bas, des Tor'ocs la nation !

Ce sont les arbres qui nous ont sauvés,
moi et les deux cent et deux rescapés.
Quand l'torrent m'a emportée,
les arbres se sont penchés et ils ont murmuré :
« Viens à nous, c'est l'heur' »
Les arbres nous ont sauvés, ils furent notre refuge
Les arbres nous ont sauvés, ils sont notre demeur'.

Aussi vrai qu'mon souffle est souffl', jamais les Toroc's
Ne lèveront la main sur leurs frères tor'ocs
Depuis cette lueur, jamais une main tor'oque
ne brisera un arbre, les arbres sont nos frères,
comme des Tor'ocs à feuilles dans le vent de l'hiver.

Dans les branches des arbres,
nous bâtissons, nous façonnons,
Les lianes et les lianes
nous les tordons, nous les tressons
pour fonder notr' Cité, la Cité dans les Arbres.

Quand les lueurs sont courtes et qu'elles glacent nos os,
les déluges qui reviennent
tentent encor' et encor' d'nous ach'ver pour de bon.

Dès lors,
Les déluges qui r'viennent,
nous les voyons des arbres, de haut, de haut
nous les voyons des arbres, de haut, de haut.

Chant d'Oroleïa

Oroleïa, fille d'Ourla, petite-fille de Sumon,
mère d'O'bira, grand-mère d'O'jolique.

Je suis la fill'
qui est dev'nue la mèr'
Je suis Oroleïa,
L'enfant d'la Péninsul'
et je n'ai connu qu'ell'
Vrai, je suis la fill' véritabl'
d'Ourla la Grand' la R'marquabl',
la Sauveus' de nos pèr'
la Sauveus' de nos pèr'
On m'appell' la second' mèr'
mais je n'gouverne pas
Les Tor'ocs sont pas nés
pour être gouvernés
Non,
Les Tor'ocs étaient nés pour se battre et survivr',
Oui,
Les générations d'hier de se battr' étaient ivr'
Les Tor'ocs savaient rien

de la cultur' des terr'
Rien d'la forge à métaux
d'où prov'naient leurs couteaux
Rien de leurs couvre-tout
Rien,
ils ne fabriquaient rien
Seuls,
et ils manquèrent de tout
Seuls
il fallut s'acharner
Seuls
Cesser de se méprendr'
Seuls
on a dû tout apprendr'
Seuls
on y est arrivés, on y est arrivés

Aujourd'hui comm' hier, nous somm' toujours tor'ocs
Un peuple grand et doux et tous forts comme des rocs
Aujourd'hui comm' demain, nous s'rons toujours tor'ocs
Un peuple grand et doux et tous forts comme des rocs

Les Tor'ocs d'hier chevauchaient des épus, yah !
une belle monture rapide comm' le vent
yah !
Et soudain
Nous n'avions que l'oryx, trop sauvage ou trop lent
Et si peu majestueux comm' le disait Ourla
Nous somm' le peupl' de ceux qui apprennent tout seuls,
Nous avons tout recommencé et tout appris
tout seuls,

Comment bien cultiver et forger le métal,
coudre des couvre-tout et monter des oryx.
Tout seuls on a perçu la majesté d'l'oryx
Nous somm' le peupl' de ceux qui apprennent tout seuls,
yah !

Aujourd'hui comm'hier, nous somm' toujours tor'ocs
Un peuple grand et doux et tous forts comme des rocs
Aujourd'hui comm' demain, nous s'rons toujours tor'ocs
Un peuple grand et doux et tous forts comme des rocs

Nos anciens n'apprenaient aux plus jeun' qu'à se battr'
et c'était tout
Mais avant de partir,
Ourla nous révéla
la précieuse teneur
de tous ses souvenirs
c'était beaucoup.
Alors
quand bien même assignés, nous somm' restés debout
Dès lors
sans personn' à combattr'
moi, la mèr', j'ai créé
les jeux pour nous ébattr'
Nos corps voulaient les jeux, ils avaient soif de s'battr'
Nous sommes et nous serons
le peupl' qui toujours
chevauch' les bêtes sauvages
Le peuple qui se bat
Sans achever ses frères
Sans contredire ses sages

Non, nous ne sommes pas
un peuple délaissé qu'on a laissé pour mort,
Nous sommes et nous serons
Un peuple grand et doux, qui persévèr' encor'

Aujourd'hui comm' hier, nous somm' toujours tor'ocs
Un peuple grand et doux et tous forts comme des rocs
Aujourd'hui comm' demain, nous s'rons toujours tor'ocs…

Chant d'O'bira

O'bira, fille d'Oroleïa, petite-fille d'Ourla,
arrière-petite-fille de Sumon, mère d'O'jolique.

Je suis la fill'
Qui est dev'nue la Mèr'
vrai, je suis O'bira
Et ce nom d'O'bira
C'est l'nom qu'Ourla donna
à notre mer du sud,
vrai, je suis O'bira
la fille d'Oroleïa,
Et la mèr' d'O'jolique,
La joli' O'jolique
notre grand' visionnaire

Le présent c'est la vie
C'est l'vent qui nous l'a dit
Le présent c'est la vie
Les arbr' nous l'ont appris

Sur notre Péninsul', nous avions tant appris

O'jolique a voulu préserver nos savoirs
Ses visions angéliqu' ont façonné nos marqu',
nos lettres et nos mots qu'on écrit sur les arbr'

Les visions d'O'jolique ont fait pousser les lianes
les lianes qu'elle a tressées de la Voie Suspendue
et tous les ponts d'chez nous qui pouss' entre les arbr'

Les arbr' nous ont appris leur langue, cell' du VENT,
le vent, le vent qui gliss' et qui souffle pour nous
et leurs mots dans le vent viennent bruire à nos oreill'

Les arbres et les arbr' à l'immense sagess'
glanée durant leurs vies, leurs longu' et longues vies
Inspirées, inspirantes qui dansent dans le vent
de leurs feuilles qui bruiss', ils nous parlent le vent
Écoute le vent, écoute la sagesse
nos arbres sur notr' île en savent tant et plu'.
Ce que leurs frères et sœurs là-bas ont entendu
dans l'Monde du dehors, y nous l'souffl' en finesse.

Le présent c'est la vie
C'est l'vent qui nous l'a dit
Le présent c'est la vie
Les arbr' nous l'ont appris

Péninsul' Péninsul',
t'as fait des excités, des Tor'ocs rescapés,
t'as fait des rescapés, des Tor'ocs tempérés,
t'as fait des tempérés, des Tor'ocs philosoph'
et tu nous as donné

L'œil intérieur, le fluid', les visions d'O'jolique
Un pont vers le passé, un pont vers l'avenir
Et tu nous as donné le respect de nos terr'
Des racin' qui nous port', des racin' qui nous lient
Et tu nous as r'donné les attaches profondes
qu'les souvenirs d'antan avaient déracinées.

Le présent c'est la vie
C'est l'vent qui nous l'a dit
Le présent c'est la vie
Les arbr' nous l'ont appris

Un jour, l'un d'entre nous
s'en ira droit debout,
inspiré par les arbr'
Et par les plis du VENT

Il faut se tenir prêts,
Tor'ocs, au gué, au gué
Un jour l'un d'entre nous
s'en ira droit debout
vers le Monde du dehors,
dans le Monde du dehors
Il faut se tenir prêts,
TOR'OCS, au gué, au gué
Il faut se tenir prêts

Le présent c'est la vie
C'est l'vent qui nous l'a dit
Le présent c'est la vie
Les arbr' nous l'ont appris

Des jeux de nos bataill’, nous devrons nous souv’nir
d’la voie du non-combat, enseignée par les arbr’
des arm’ ancienn’ aussi, nous devrons nous souv’nir
d’la voie du non-combat, enseignée par les arbr’
d’laisser les arm’ à terr’, nous devrons nous souv’nir
d’la voie du non-combat, enseignée par les arbr’

Nous n’avons plus besoin de cett’ soif de conquêt’
Nous n’avons plus besoin de terr’ ni de tempêt’

Le présent c’est la vie
C’est l’vent qui nous l’a dit
Le présent c’est la vie
Les arbr’ nous l’ont appris

Nous sommes les enfants des longs commencements
Nous sommes les fils du vent, nous sommes les fils du vent

Tor’ocs d’la Péninsul’
Tor’ocs d’la Péninsul’
Nous sommes les fils du vent, nous sommes les fils du vent
le peupl’ du vent est doux, le peupl’ du vent c’est nous,
le peupl’ du vent est doux, le peupl’ du vent c’est nous.

Première partie
Les arbres

I

Chapitre 1

Les arbres hurlent. Leurs cris m'extirpent de mon rêve aquatique : je nage dans l'eau – les miens se noieraient s'ils se retrouvaient même en rêve, dans l'eau profonde – mais moi, *Æon la Feuille**[2], je ne me noie jamais.

Là où nous vivons, l'eau est comme une muraille, elle nous cerne de toute part et elle n'est pas notre amie ; l'eau est vicieuse et vengeresse. À la moindre occasion, elle nous happe dans ses profondeurs. Impénétrable, infranchissable et d'une redoutable efficacité, l'eau est la frontière de notre existence.

Dans mon rêve, je louvoie à travers l'eau comme une créature marine. Libéré de cette force qui me rattache au sol, j'ondule, je fuse, je vole. Je glisse de droite et de gauche, je me faufile partout. Je suis libre et je ris en silence. Ce n'est pas la première fois que je fais ce rêve ; souvent – je ne pourrais pas dire combien de fois exactement – je rêve que je nage sous l'eau. Chaque fois que je me réveille, j'oublie instantanément mon rêve, mais le mouvement fluide et les sensations intenses de liberté, de joie et d'excitation restent longtemps gravés en moi. Il y a une odeur ici, une odeur bleue et propre qui n'existe pas hors de l'eau. Je ne suis pas seul. Quelqu'un, quelque chose, ou plusieurs choses nagent avec moi ; je

2. Tous les mots suivis d'un astérisque sont expliqués dans le Glossaire, p. 565.

sens leur présence mais je ne les vois pas. Leur nature est si proche de l'élément eau qu'elles se sont peut-être fondues dedans.

Je ne nage pas dans une direction précise, mais je vais quelque part. Je file sous l'eau, je ne croise rien de solide ni de visible ; je me balade dans le néant quand, soudain, une lumière jaillit de ces profondeurs que je croyais sans fin. La lumière est chaude mais hostile. Elle brille, brûle, ondoie et coule étrangement. Je nage vers elle. D'où vient-elle, cette lumière brûlante, si vive, si brûlante qu'il est difficile d'en percevoir la source ? Qu'est-ce qui brûle ?

Et c'est là que j'entends les cris. Les arbres crient. De détresse et d'épouvante, ils crient. Et la chose qui brûle au fond de l'eau a soudain des troncs, des branches, des feuilles qui brûlent tellement que l'eau brûle aussi. Tout mon être est englouti par ces cris et par l'arôme du feu. Ces cris n'existent qu'à l'intérieur de mon rêve.

Dans le monde terrestre aussi, les arbres criaient. Je suis né dans les arbres et j'ai tout de suite su que l'odeur du cri était réelle ; son urgence m'a réveillé en sursaut et m'a ordonné de courir.

J'ai couru le long de la *Voie Suspendue** en me débarrassant de mes derniers lambeaux de sommeil. J'ai couru vers la berge, vers les cris et les arômes affolés des hommes et des arbres. Nous avions besoin d'eau et j'étais le seul, ici, à ne pas avoir peur d'aller dans la rivière pour prendre le liquide qui saurait éteindre le feu.

« La ville brûle… »

Une voix a transpercé l'espace lorsque j'ai sauté de la Voie Suspendue pour rejoindre la file tétanisée d'hommes et de femmes sur la berge, trop effrayés pour s'approcher de la rivière.

« La ville brûle… Et toi, tu dors ! »

C'était la voix d'*Uthiriule**. Elle avait quinze *lunes**[3] de moins que moi, mais elle était bien plus gaillarde et téméraire que moi. Pourtant, comme tout autre *Tor'oc**, quand il s'agissait d'aller dans l'eau, elle n'en menait pas large. Mon peuple n'aimait pas l'eau. Elle m'a flanqué un seau dans les mains pendant que je remontais la file de Tor'ocs jusqu'au tout premier qui était suspendu, tremblotant, au bord de la rivière, tenant son seau à bout de bras pour essayer de prendre de l'eau sans pour autant basculer dedans ; je l'ai enjambé et j'ai glissé mon corps dans l'onde à la fois douce et menaçante qui semblait murmurer : « On peut te prendre quand on veut. »

Moi, je trouvais le courant plus accueillant qu'effrayant et j'ai enfoncé mon corps dans l'eau. Comme un seul homme, la file de Tor'ocs a retenu son souffle, craignant à chaque seconde que la rivière ne me happe, ne me submerge et ne me fasse couler, comme elle l'aurait fait pour n'importe qui d'autre. Ils croyaient dur comme fer qu'elle voulait nous noyer, alors personne n'y allait jamais.

La rivière était la frontière qui nous séparait du *Monde du dehors** et elle faisait très bien son travail. Pourtant, chaque fois qu'il y avait une raison d'aller dans la rivière, j'étais heureux de le faire, même si j'avais peur de rester dans l'eau.

Alors que mon corps s'avançait dans l'onde, une partie de moi s'est échappée dans les airs, plus haut encore que le sommet des arbres, si haut et avec une telle fascination pour l'altitude, que j'ai fini par embrasser du regard toute la *Péninsule** et la rivière, et même l'horizon du Monde du

---

3. Quinze pleines lunes, soit un an et trois mois.

dehors, au-delà de la rivière. Pour la première fois, à l'extrémité de la ville, j'ai vu le feu qui brûlait un arbre ; le feu brûlait les branches, les unes après les autres, il prenait de l'ampleur et menaçait les arbres avoisinants. Les arbres, épouvantés, pompaient l'eau du sol en hurlant et se remplissaient d'eau. Leurs troncs, leurs branches, leurs feuilles, tout se gorgeait d'eau pour tenter de se protéger des flammes. Mais l'humidité se propageait lentement dans les veines de leurs troncs épais, tandis que le feu, lui, crépitait à la vitesse d'un feu follet.

En bas, je me voyais, moi, Æon la Feuille, en train de plonger le seau dans la rivière, je voyais l'eau déborder du seau tandis que je le fichais dans les mains du Tor'oc le plus proche. Déjà, on m'en tendait un autre, qu'il me fallait remplir de nouveau. Les seaux arrivaient les uns après les autres et, en bas, la Feuille les remplissait d'un mouvement sûr, avant qu'ils ne soient convoyés de main en main vers la forêt. Je suivais les seaux d'eau, je les voyais traverser la *Cité dans les Arbres**, emprunter la Voie Suspendue pour atteindre l'extrémité des branches d'un *arbre penché** qui se dressait au-dessus du premier arbre qui brûlait. L'eau touchait enfin son but et se déversait pour noyer les flammes, mais le feu, excité par la lutte, avalait cette eau comme s'il en avait eu une soif inextinguible. J'étais loin au-dessus de mon propre corps. De là où j'étais, je ne sentais pas la douleur qui cisaillait les muscles de mes bras. L'obscurité se rapprochait de l'aurore, tandis que moi, en bas, je versais de l'eau sans fin dans des seaux infinis. C'était probablement par paresse que j'avais appris cette astuce de quitter mon corps pour me mettre à l'abri d'un travail acharné. De l'héritage de nos ancêtres, il nous restait encore notre grande endurance à la peine et à la douleur ; pourtant, moi, j'avais du mal à endurer la douleur, et c'était pour ça qu'on m'appelait « la Feuille ».

Peu à peu, la *lueur de rosée** s'est répandue dans la forêt, éclairant le coin où l'incendie s'était déchaîné. Une épaisse fumée recouvrait tout, si bien qu'on ne voyait plus que sa surface blanche et onctueuse. L'arôme des arbres nous prévenait que le feu avait perdu son combat et qu'il était sur le point de mourir. C'était une bonne odeur, bien qu'elle soit mélangée à celle du bois brûlé. Bientôt, en bas, les seaux ont cessé leur course vers Æon. « La Feuille » est resté planté dans la rivière, l'air perdu, un dernier seau à la main, toujours prêt à en recevoir d'autres qui n'arriveraient plus.

Je me suis laissé retomber dans mon corps et l'épuisement m'a frappé avec la force d'une tornade qui m'aurait terrassé. J'ai levé les bras, ma poitrine s'est soulevée pour aspirer de l'air tandis que mes jambes se sont dérobées sous moi. Je suis tombé et, comme dans le rêve, l'eau m'a enveloppé. Mais cette fois, des mains m'ont saisi et tiré hors de l'eau avant même que je sache qu'elle m'avait englouti. L'instant d'après, j'étais sur la terre ferme et sa fermeté m'a troublé ; elle me semblait bizarre, elle était trop solide ! J'aurais voulu qu'elle rebondisse sous mon poids, ça m'aurait aidé à récupérer. Mais, contrairement à l'onde, la terre n'avait pas la moindre souplesse, elle était dure et dure et moi, je suis resté là, hébété. Soudain, une chevelure a surgi de nulle part et s'est interposée entre le soleil et moi.

Uthiriule se tenait au-dessus de moi, à quatre pattes, le visage à quelques centimètres du mien. Ses yeux, son air dur et suspicieux, tout en elle me fixait.

« Comment fais-tu ? » Elle me souriait d'un sourire glacial. « Comment quelqu'un d'aussi peureux que toi peut-il entrer là-dedans et y rester pendant des heures et des heures ? »

« Il fallait bien que quelqu'un s'y colle. » Je manquais de souffle et c'est la seule chose que j'avais trouvée à dire.

« Mais ce quelqu'un, c'est toujours toi et ça n'a pas l'air de t'embêter. Allez, dis-moi comment tu fais ? » Son sourire s'agrandissait encore bien qu'il reste de glace.

J'ai roulé par terre pour m'écarter d'elle et j'ai constaté que je tenais toujours un seau plein d'eau. Celui-ci était posé par terre et moi, je me suis affalé contre lui.

« Tu es un drôle de spécimen, Æon, dernier de la lignée d'*Ourla la Remarquable**. Je me demande bien ce qu'elle aurait pensé de la Feuille. Je crois qu'elle trouverait notre petite Feuille aussi bizarre que je sais que tu es bizarre, c'est-à-dire vraiment très bizarre. »

Uthiriule a fait virevolter un couteau *finnif** à deux lames à une longueur de doigt de mon visage ; les lames ont tranché net une mèche de mes cheveux qui traînait sur mon front. Son geste a été si rapide qu'il était terminé avant même que je sursaute ou que je cligne des yeux. J'avais encore les yeux fermés quand je l'ai entendue rire. Quand je les ai rouverts, elle me fixait du regard. La bouche crispée, dégoûtée et consternée, elle cherchait un indice pour percer mon mystère.

« *Fentésimal** ! » a-t-elle grogné en se levant, puis elle s'est arrêtée net. Quelque chose a attiré son attention, elle a plongé ses yeux perçants dans le seau d'eau et ses yeux se sont rétrécis. Elle l'a regardé comme ça, un moment, ne s'adoucissant qu'à peine et ce jusqu'à son degré de douceur maximal. Puis elle s'est éloignée, emportant ma mèche de cheveux, tel un trophée.

Je suis resté longtemps contre mon seau. J'attendais que les gens quittent la berge. Après un certain temps, ils sont tous partis, chacun vers son *kollok**, pour rattraper le sommeil perdu dans les dernières heures de la nuit.

Mon kollok était tout près. Il ne se trouvait pas dans le plus vieux des arbres mais, tout de même, il avait au moins 800 ans. Celui qui l'avait façonné était un Tor'oc qui possédait un sacré talent pour la pousse, la torsion et la fortification, et ça forçait le respect. Mon kollok ressemblait davantage aux cocons naturels dont il s'inspirait qu'aux kolloks des quatre cents dernières années qui, avec leur forme oblongue, avaient plutôt l'aspect de melons écrasés. Moi, j'aimais bien mon cocon. De l'extérieur, il semblait peut-être trop petit pour s'y déplacer librement mais, une fois à l'intérieur, il était étonnamment haut et spacieux. J'aimais m'allonger dans mon hamac et regarder les lianes au-dessus de moi qui formaient une pointe conique à l'endroit où elles pendaient de l'arbre. Avec le temps, les lianes avaient tellement poussé et s'étaient tellement resserrées que ni le vent, ni la pluie, ni le froid ne pouvaient plus pénétrer dedans. Le mauvais temps restait dehors et ça m'allait très bien ainsi. Il fallait des années pour que les lianes se désirent au point de former un tout. Après huit cents ans, elles avaient complètement oublié qu'autrefois elles se balançaient, chacune de son côté, séparées par le vent.

Je me suis mis debout et j'ai marché le long de la corniche en spirale qui avait été creusée dans le tronc d'un arbre pour mener à la Voie Suspendue. La Voie Suspendue était plus ancienne que mon kollok, plus ancienne que la mémoire d'*O'jolique**, qui avait tissé et vrillé le tout premier pont. La Voie Suspendue était un système de ponts naturels qui reliait toute la Cité dans les Arbres ; elle était façonnée en lianes tressées, tout comme nos kolloks. Les jeunes pousses avaient été soigneusement encouragées à s'enrouler autour d'un tronc puis patiemment guidées ensemble dans leur croissance, d'arbre en arbre, au fil du temps ; créant ainsi un pont, là où jadis il n'y en avait pas. Cette voie était plus vieille encore que mon kollok, plus vieille que certains des arbres qu'elle reliait, elle était même plus vieille que la mémoire de ceux et celles qui avaient façonné ces ponts. C'était une chose malléable et vivante sur laquelle la cité entière s'appuyait pour devenir une ville.

Le point le plus bas de la Voie Suspendue était près du sol, mais assez haut pour se trouver au-dessus des *petits déluges** – l'inondation, semblable au *Mad'la** – qui se produisaient chaque année quand les jours raccourcissaient. Le point le plus haut, lui, s'éloignait du sol à chaque saison. Il s'amarrait aux nouvelles branches qui poussaient au sommet des arbres, celles qui étaient devenues suffisamment solides pour supporter le poids de la Voie Suspendue et celui des Tor'ocs qui marchaient dessus. À certains endroits, la Voie était suffisamment haute pour offrir une vue dégagée sur l'essentiel de la Péninsule, jusqu'au point de rencontre des deux océans. Nous les appelions les *deux océans** parce que c'est à ça qu'ils ressemblaient : deux océans avec chacun sa personnalité.

La *mer de Sumon**, au nord, était une mer grise, sauvage et agitée, dont les vagues avaient transformé la terre en falaises. On l'avait baptisée ainsi en l'honneur de Sumon, le grand chef guerrier de notre armée d'antan.

La *mer d'O'bira**, elle, s'étendait au sud de la Péninsule. On l'avait baptisée ainsi en l'honneur de l'arrière-petite-fille du chef Sumon. La mer d'O'bira était calme et bleue alors que ses courants sous-marins étaient traîtres comme pas un. Ils aspiraient vers le fond ceux qui avaient osé s'y aventurer, après les avoir entraînés loin et loin pour qu'ils ne puissent jamais revenir. Quand je dis « loin », c'est une façon de parler. C'est simple, nous, les Tor'ocs, nous ne savions pas nager, alors la moindre distance dans l'eau nous semblait loin et loin.

Nous avions une troisième étendue d'eau, la *rivière Divul**, créée par les *Quatre Mères**, qui était l'enfant des deux mers. Elle possédait leurs deux tempéraments : une surface rageuse et des courants sous-marins qui, contrairement à la mer d'O'bira, aussi loin qu'ils vous emmenaient, ne vous lâchaient jamais.

Malgré son nom, nous n'avions pas construit notre Cité dans les Arbres sur une péninsule mais sur une île. Nous l'appelions « la Péninsule » parce que, quand nos ancêtres sont arrivés ici, il y a mille ans, c'était une péninsule. Ils ont attaqué et massacré la population locale jusqu'à ce qu'il n'y en ait plus. Nous connaissions peu de choses de ce peuple, mais nous savions qu'il ne vivait pas dans les arbres parce que la nature n'était pas une menace pour eux comme elle l'a été pour nous. Nous nous sommes réfugiés dans les arbres à cause du Mad'la.

Nous appelons « Mad'la » le moment où les deux mers se sont soulevées pour s'abattre sur la Péninsule, terrassant tout sur leur passage avant de se jeter dans le Divul, puis sont reparties dans l'autre sens, emportant l'essentiel des Tor'ocs. Le Mad'la était notre grand Déluge et il a été suivi de petits déluges qui revenaient chaque année. Les déluges ne sont arrivés qu'après que nous nous étions établis ici et que les Quatre Mères avaient créé la rivière. Celle-ci a été créée pour nous couper du Monde du dehors, et le Mad'la pour nous effacer de la surface de la terre. Je raisonnais que les petits déluges étaient là pour nous engloutir dans la rivière une bonne fois pour toutes, pour finir ce que le Mad'la avait commencé.

C'est Ourla qui nous a entraînés dans les arbres et c'est ce qui nous a sauvés.

Je suis le dernier-né dans la lignée d'Ourla la Remarquable et de son père, Sumon, notre chef de guerre légendaire et celui qui nous a conduits ici. À l'origine, nous appartenions tous – hommes, femmes et enfants – à un peuple de guerriers, un peuple itinérant en perpétuel mouvement, une nation qui ne présidait sur aucune terre et qui ne vivait que pour manger, dormir et conquérir une contrée après l'autre, insatiablement, sans jamais prendre le temps de développer ni artisanat ni savoir-faire, ni même de cultiver la terre qui devait nous nourrir. Nous n'avions aucune des compétences nécessaires pour cultiver, construire, tisser, dessiner, lire ou écrire. Nous étions une tempête vivante qui dévastait toute société qui avait l'infortune de se trouver sur notre chemin. Dès qu'un peuple se retrouvait captif, la loi de Sumon s'appliquait – pour peu qu'on accepte d'appeler cela une loi ; Sumon était strictement un conquérant et non un monarque, car il ne se souciait guère de gouverner quoi que ce soit. Toutes les personnes capturées de force devaient alors cuisiner pour nous, nettoyer pour nous, fabriquer nos vêtements et les selles des *épus** que nous chevauchions, coudre les tentes sous lesquelles nous vivions, tisser les *tallums** sur lesquels nous dormions, cultiver les terres qui allaient nourrir nos rangs et forger les armes qui finiraient par les achever. C'était il y a plus de mille ans et je ne connaissais que ce qui nous avait été transmis de génération en génération, mais ce que je savais, c'est que nous ne vivions que pour tuer, conquérir, mutiler, mettre à feu et à sang et nous battre. Et quand la terre occupée devenait si dévastée que son peuple ne pouvait plus ni nous donner ses vivres, ni périr sous nos coups, nous poursuivions notre chemin jusqu'au suivant. La soif du massacre nous poussait en avant.

C'est Ourla la Grande, la Remarquable, la Sauveuse, notre Mère et Protectrice, Ourla, fille de Sumon, qui nous a conduits dans les arbres.

On dit qu'elle a été emportée par le Mad'la sur quatre ou cinq *sarpents** avant d'attraper une branche et de grimper dans un arbre pour se mettre à l'abri des flots en colère. Elle a crié aux autres de la suivre et ce sont les enfants, surtout, qui l'ont imitée et qui sont allés avec elle dans les arbres – Tout comme les déluges d'aujourd'hui, le Mad'la de l'époque était rapide, vicieux et malin.

Elle a nommé leur refuge la *forêt des arbres penchés** parce que les branches étaient toutes pliées, toutes tordues et penchées et qu'elles s'enroulaient les unes autour des autres, ce qui par endroits semblait former un arbre énorme, de vingt à trente *tor'ocs** de hauteur.

Ils ont passé leur premier *sombre** ici, blottis les uns contre les autres pour se tenir chaud et, durant la *lueur** qui a suivi, ils se sont déplacés d'arbre en arbre pour explorer ce territoire qui ne les accueillait qu'à la condition qu'ils y évoluent dans la paix et l'harmonie. Je ne raisonne pas que mes ancêtres aient été naturellement très enclins à se plier à de quelconques règles, cependant, s'ils voulaient survivre, il fallait bien qu'ils apprennent. Et c'est ce qu'ils ont fait, menés par Ourla la Remarquable, qui n'avait que 240 lunes[4] lorsque le Mad'la a emporté son père et tous les autres.

Ils sont restés dans les arbres pendant des semaines jusqu'à ce qu'un autre miracle se produise : l'arrivée des oryx. Un beau matin, les grandes antilopes étaient là, sous les arbres, broutant paisiblement des *buissons-de-feu** qui avaient résisté au Mad'la. Pensant que tous les Tor'ocs avaient été éliminés de la surface de la terre, les Quatre Mères avaient-elles décidé de la repeupler ? Les oryx avaient-ils traversé la rivière à la nage ? Quoi qu'il en soit, la présence des oryx a incité les survivants à s'aventurer hors des arbres ; si ces animaux n'avaient pas peur, pourquoi les Tor'ocs devraient-ils avoir peur ? Au début, les Tor'ocs ont traité les oryx simplement comme une

4. 20 ans.

source de viande, puis mon peuple a appris à les monter comme des épus. À la longue, ils ont fini par les élever en trois espèces distinctes : les petits oryx, qu'ils appelaient *anilées**, dont ils consommaient la viande, les *joïouns** qu'ils élevaient pour leur lait et l'*oryx géant**, qu'ils montaient et qu'ils ont utilisé, quelques siècles plus tard, pour labourer la terre et effectuer d'autres travaux pénibles. Bien que les oryx aient encouragé mon peuple à s'aventurer de nouveau sur le sol de la forêt, quand le sombre arrivait, c'est dans les arbres que, chaque sombre, mes ancêtres remontaient pour dormir. Ils s'étaient déjà trop habitués au doux balancement des branches pour avoir envie d'aller rêver ailleurs.

Nos cocons, les kolloks, ont d'abord été tordus et façonnés par *Oroleïa**, la fille d'Ourla. Aucun de ces anciens kolloks n'a survécu jusqu'à aujourd'hui. J'ai cru comprendre qu'il s'agissait d'habitations rudimentaires et inconfortables, sans planchers ni fermetures. Ils offraient à peine plus de protection que celle, naturelle, des arbres penchés. C'est cent cinquante ans plus tard que sont apparus les premiers kolloks modernes, tissés et façonnés pour le confort de leurs occupants. Et mon kollok date de cette époque ; une nacelle individuelle, aux pétales refermés, qui autrefois pouvait abriter une famille entière. Les parois extérieures, en lianes, étaient épaisses et solides, d'une belle couleur marron un peu poudreux. L'intérieur était lisse et brillant, et la résine, produite par des siècles de fumée des buissons-de-feu, lui donnait une belle patine rouge. Mais la chose la plus merveilleuse, dans mon kollok, c'était son odeur, celle de la vie.

J'ai marché le long de la Voie Suspendue, elle-même faite de lianes qui avaient poussé, qui avaient été tordues et façonnées pour relier entre eux tous les arbres et tous les kolloks. Il fallait des mois et des mois pour façonner un kollok et il a fallu des années et des années pour façonner n'importe quel tronçon de la Voie Suspendue. Et, au cours des décennies suivantes, une douce épaisseur de mousse vert tendre avait poussé et recouvert la voie, petit à petit, d'abord le sol puis ses parois latérales. J'aimais marcher le long de la Voie Suspendue et, mon seau rempli d'eau toujours à la main, j'ai pris mon temps pour retourner vers mon kollok.

Mon hamac était à l'envers, mis sens dessus dessous par mon réveil en sursaut et ma panique quand j'ai senti l'arôme du feu. J'ai accroché le seau à une branche solide qui poussait à l'intérieur de mon kollok, le traversait et ressortait de l'autre côté. La branche avait profité de l'inattention d'un ancien habitant qui l'avait laissée se développer mais c'était très pratique qu'elle soit là, surtout pour y suspendre des choses. J'ai remis mon hamac à l'endroit pour me coucher dedans et j'ai stabilisé le seau qui se balançait encore depuis que je l'avais accroché à la branche. Mes muscles me faisaient mal et une immense fatigue m'a envahi. J'ai fermé les yeux en espérant que le sommeil me prendrait, sauf que, au-dessus de ma tête, le mouvement du seau causait un tel raffut que j'ai rouvert les yeux. J'ai regardé le seau, j'ai vu qu'il bougeait, qu'il se balançait même, et plus inquiétant encore, qu'il était entouré de ces *marques** étranges qui m'apparaissaient parfois et qui semblaient se balancer en rythme avec le seau. Ces marques – une voix dans ma tête m'avait un jour déclaré qu'elles s'appelaient des *sibylles* –, je les avais déjà vues flotter dans l'air et, au cours de ces dernières semaines, je les avais vues de plus en plus souvent. Je les avais toujours observées dans les entre-lueurs de la rosée ou du presque sombre et, curieusement, elles n'avaient jamais été visibles pour personne d'autre que moi. Mais depuis peu, je les voyais dans toutes sortes de lumières et elles semblaient m'appeler. Cette fois-ci, les sibylles autour du seau étaient plus nettes que jamais.

J'ai tendu la main, stabilisé le seau et refermé les yeux. Mon corps s'est relâché dans mon hamac... Puis, le balancement a repris, et de façon inexplicable j'ai senti qu'il augmentait, comme si un vent tambourinait dehors à faire frémir mon arbre... En réalité, il n'y avait pas un souffle de vent et, ni mon arbre, ni quoi que ce soit d'autre ne se balançait dans le coin. Quand j'ai remis ma main sous le seau pour qu'il arrête de bouger, j'ai senti un mouvement qui venait de l'intérieur. J'ai de nouveau stabilisé le seau mais, dès que je l'ai relâché, les tremblements ont repris et il s'est balancé de plus belle.

J'ai raisonné que je ne pouvais pas me fier à ce que je voyais. Le plus simple était probablement de décrocher le seau, de le poser par terre et de regarder ce qu'il y avait à l'intérieur. Lorsque j'étais dans la rivière, j'avais dû ramasser quelque chose par mégarde dans le Divul. J'ai regardé dans le récipient fixement : il n'y avait rien d'autre que de l'eau claire et propre.

« Tu as perdu la raison », ai-je dit tout haut. J'avais pris la mauvaise habitude de parler tout seul, comme si déjà je n'entendais pas assez mes pensées à l'intérieur de ma tête.

« S'il vous plaît », a gargouillé l'eau du seau, « bien vous fasse ! »

Les yeux rivés sur l'eau, je me demandais si les mots avaient vraiment pu sortir de là.

« Bien sûr que non. Déraisonné, déraisonné », me suis-je dit tout haut, certain que le fait d'avoir quitté mon corps si longtemps, tout en le laissant travailler jusqu'à l'épuisement, avait causé un effet catastrophique.

« Tout raisonné. Bien vous fasse ! » bouillonna l'eau à nouveau. « S'il vous plaît, sortez-moi de là. »

L'eau me demandait-elle de la ramener à la rivière ? Si c'était le cas, c'était compréhensible, mais enfin, elle ne pouvait ni parler ni formuler de requête ni poser de questions. C'était de l'eau ! Ce devait être une conversation que je tenais tout seul dans ma tête… J'étais manifestement en train de dormir et de rêver. Oui, c'était sûrement ça : je dormais et je rêvais. J'ai donc décidé de me recoucher et d'orienter mon rêve vers un endroit beau et calme où l'eau ne parlait pas et où les seaux ne se balançaient pas tout seuls. J'allais me recoucher dans mon hamac quand l'eau a bouillonné pour la troisième fois.

« Pas un rêve », a-t-elle dit.

J'étais sûr de ne pas avoir parlé tout haut de rêve ou de sommeil. L'eau lisait-elle dans mes pensées ? Que raisonnais-je ? Même si j'avais parlé à voix haute, l'eau ne pouvait ni entendre ni parler et encore moins lire dans les pensées ! À moins que… Dans un rêve… tout était possible ! Voilà une pensée qui était réconfortante : les rêves étaient capables de tout. Je me suis détendu un peu.

« Plongez vos mains dans l'eau et sortez-moi de là », a plaidé l'eau.

« À vos ordres, eau rêvée ! » ai-je répondu. Puis je me suis dit à moi-même : « Voyons voir… » Et j'ai plongé ma main dans l'eau froide. Quelque chose s'est glissé dans ma paume et s'est enroulé autour de mes doigts. Je l'ai retirée brusquement : une créature faite d'eau était attachée à ma main – une créature avec une tête, un torse, des bras, des mains, des jambes, des pieds et, dans son dos, il y avait des ailes. Elle a tourné sa petite tête puis elle m'a regardé, d'abord avec l'air de s'excuser, puis avec un air de tristesse et de frayeur mêlées.

« *Iz** », ai-je cru entendre.

« Rêve, s'il te plaît, parle-moi dans une langue que je comprends. »

La créature a craché un filet d'eau qui m'a mouillé. Et là, c'était sûr, c'était réel, j'étais bien réveillé et je tenais dans ma main de l'eau solide et liquide qui pouvait à la fois parler, cracher et me tenir la main.

« Mon nom est Iz. Bien vous fasse. Je suis désolée de cette visite impromptue… Pardonnez-moi pour la peur occasionnée et… d'avoir mis le feu aux arbres. »

« C'est vous qui… avez mis le feu aux arbres ? »

Tout cela n'avait ni queue ni tête.

« Ce n'est pas moi, c'est nous », a rectifié la créature liquide, avec un air encore plus désolé. « Nous devions vous attirer dans la rivière. »

J'aurais probablement dû remettre la créature dans le seau à ce moment-là, porter le seau à la rivière et tout balancer dans le Divul. Peut-être qu'après cela, ma raison aurait recommencé à raisonner convenablement. Mais je ne l'ai pas fait. Je suis resté planté là, à regarder cette espèce de monstre minuscule respirer. J'étais complètement réveillé maintenant et la chose était là, elle s'accrochait à moi. Je sentais qu'elle s'agrippait.

« Qui êtes-vous ? » ai-je balbutié, une fois ma langue décoincée.

« Je suis une *fée**, une *fée des eaux** », a-t-elle dit comme si j'aurais déjà dû le savoir.

« Pfff ! N'importe quoi... Une fée ! Les fées n'existent pas, ce sont des êtres inventés, des mythes, qui n'existent que dans les histoires... »

« Moi, un mythe ! » m'a-t-elle répondu, choquée. « Le mythe parmi tous les mythes m'accuse, moi, de ne pas exister ? » Elle a dégluti puis elle m'a regardé, soudain l'air gêné d'avoir été trop dure. Elle a repris d'une voix radoucie :

« Savez-vous ce que vous représentez, vous, aux yeux du monde ? Vous êtes le plus effroyable mythe de tous les temps ; vous êtes le monstre qui rôde la nuit, la créature que les parents utilisent pour effrayer leurs enfants quand ils ne sont pas sages. » Pour illustrer son propos, elle s'est penchée en avant comme si elle s'adressait à un petit garçon ou une petite fille et, en imitant la voix d'un adulte, elle a dit : « Sois sage, sinon, les Tor'ocs vont venir t'attraper. Attention, ils mangent les enfants désobéissants ! » La fée des eaux a semblé avoir un peu honte de son imitation grossière, mais elle a quand même poursuivi : « Vous êtes l'esprit malin qui vit dans l'ombre, le monstre qui se cache derrière les chaises, celui qui attend dans les coins sombres et sous les lits des enfants pour mieux les attraper. Il n'y a pas un enfant de moins de cinq ans qui ne soit pas terrorisé par vous et pas un de plus de huit ans qui ne sache avec certitude que vous n'existez pas. Vous, les Tor'ocs, vous êtes LE MYTHE.

Bien vous fasse, maintenant, quel est ton nom ? Je t'ai donné le mien. »

Ça en faisait, des choses à avaler, mais j'ai répondu sur-le-champ :

« Æon. »

« As-tu un personnifiant ? »

« On m'appelle "la Feuille". »

« Es-tu vraiment de la lignée de Sumon ? »

« Oui… je le suis. »

« Tu veux dire que le sang de Sumon, l'infâme chef de guerre, le grand meurtrier devant l'éternel, s'est perpétué jusqu'à ce que sa lignée se réduise à un gentil Tor'oc nommé la Feuille ? »

« Oui… C'est ça. »

« Comme quoi, finalement, les cieux ont un sens aiguisé de l'ironie et de la justice… Tu peux me poser à plat, que je te voie bien ? » Elle m'a montré un rebord, sur le mur de mon kollok. J'ai fait ce qu'elle m'a dit ; elle s'est assise et elle m'a regardé bien en face.

« Serait-il possible que je m'adresse au mauvais descendant ? » a demandé la fée. Manifestement, ce n'était pas à moi qu'elle parlait.

« Non, je suis le seul descendant. »

« Alors, tu es le bon », a susurré Iz.

« Le bon ? » ai-je dit.

« Oui, celui que nous sommes venus chercher », a répondu Iz.

« Mais, vous ne me connaissez pas. Il y a un instant, vous ne connaissiez même pas mon nom… Comment puis-je être celui que vous êtes venue chercher ? »

« On savait que tu serais celui qui irait dans la rivière. »

Je me suis éloigné autant que possible de cette petite chose faite d'eau. Il fallait que je raisonne.

« ... Vous avez mis le feu aux arbres pour m'attirer dans la rivière ! » ai-je dit. Je commençais enfin à y comprendre quelque chose.

« Non, ce n'est pas moi qui ai mis le feu à la forêt. Ce sont les autres. » Elle me suppliait d'être compréhensif, d'admettre que ce n'était pas sa faute. « Bon, c'est vrai, l'incendie est de notre fait. Mais on l'aurait éteint, si tu n'étais pas venu. »

« Mais je suis venu ! Et c'est nous qui avons noyé le feu, pas vous ! » ai-je répliqué, en colère. « Pourquoi es-tu là ? »

Iz a eu tôt fait de changer de sujet pour éviter la question du pourquoi.

« Æon la Feuille, excelles-tu dans un domaine particulier ? »

« Je suis bon à l'*oro-arc**. »

« Ah, bien, bien », a-t-elle opiné puis elle a souri autant qu'une chose faite d'eau pouvait sourire. Son sourire faisait des vaguelettes sur la petite surface de son visage.

« Qu'est-ce que tu veux ? »

Je savais que j'étais en train de parler à une créature aquatique et cela m'émerveillait. J'étais malgré tout sur mes gardes.

Iz a soupiré, elle a plongé sa main dans son corps en farfouillant et elle a sorti un tube qui s'est cristallisé dès qu'il a été au contact de l'air. Elle l'a ouvert, a pris l'espèce de parchemin qui était à l'intérieur et l'a déroulé. J'avais vu à travers Iz, jusqu'au mur derrière elle, et il n'y avait pas eu le moindre tube ou parchemin dans son corps. Comment avait-elle fait pour, tout à coup, les faire apparaître ?

« Je suis venue identifier et saisir ta personne… » a-t-elle dit. J'ai reculé d'un pas, j'étais prêt à me battre. « … pour te convoyer là-bas, bien te fasse. » Elle essayait d'adoucir sa demande, mais ç'allait de mal en pis. Elle a fini par brandir le parchemin et l'agiter dans ma direction. « C'est une sorte d'invitation… »

J'ai penché la tête pour voir ce qui était écrit mais les lettres ressemblaient à des empreintes de pattes d'oiseaux sur le sol.

« Tu ne pourras pas le lire », a dit Iz avant de reprendre le parchemin pour le lire elle-même. Elle a fait un bruit étrange, quelque chose entre le gargarisme et le raclement de gorge.

« Cher Sang de Sumon, c'est avec beaucoup de considération, de respect et de frayeur que votre présence est requise au *Camarode** des Nations Susceptibles pour y représenter les Tor'ocs de l'*île-prison de la frontière Est**. Il vous sera fourni une escorte à travers les eaux frontalières qui vous garantira un passage sécurisé sur tous les territoires, des terres frontalières jusqu'à la cité d'*Orzamond**. Ceci n'est ni une grâce, ni un pardon, ni l'excuse de crimes passés, plutôt une première étape vers votre réémergence partielle ou totale. Il est dans notre intérêt à tous – le vôtre et le nôtre – que le Sang de la lignée de Sumon apparaisse et participe aux activités du Camarode, tant qu'il s'engagera à respecter les principes et les intentions pacifiques dudit Camarode.

En toute susceptibilité,

Signé : *Hasmapludi III*, gouvernabule de la Haute-Bossaguine* et de la Bossaguine Centrale**. »

Iz a enroulé le parchemin et me l'a tendu. Elle attendait ma réponse. Je fixais le parchemin, médusé. Soudain, il était devenu grand dans mes mains, aussi grand qu'il avait été petit dans les siennes. Ça alors ! sa taille s'adaptait à la personne qui le tenait. Je l'ai tourné et retourné, histoire de me donner le temps de digérer tout ce que j'avais entendu, puis j'ai regardé la fée des eaux, dont j'avais maintenant complètement accepté la réalité, et j'ai balbutié :

« J'ai… j'ai des questions. » À vrai dire, celles-ci s'adressaient autant à Iz qu'à moi-même.

« Oh, des questions ? Oui, bien sûr », a opiné la fée.

Iz avait fini par aiguiser ma curiosité et bien que je n'aie aucune intention d'aller à Ourza-truc ni de faire quoi que ce soit loin de mon kollok, je voulais néanmoins en savoir un peu plus, plus que tout ce que j'ignorais encore pour l'instant.

« D'abord, un "Camarode", c'est quoi ? »

« Il n'y a pas eu de Camarode, de vrai Camarode depuis plus d'un millénaire, depuis que les Quatre Mères vous ont emprisonnés, toi et ceux de ton espèce. Il n'y en a pas eu depuis qu'elles ont tenté de vous noyer pour débarrasser la terre des Tor'ocs. Lors du dernier Camarode, toutes les Nations Susceptibles, c'est-à-dire celles qui ont été – ou auraient pu être – menacées, attaquées, assujetties ou massacrées par votre tribu guerrière et itinérante de Tor'ocs, toutes vous ont intenté un procès. Vous avez été jugés et déclarés coupables de tous les crimes qui peuvent être perpétrés contre un peuple, c'est-à-dire le meurtre, le vol, l'esclavage, la terreur mentale et psychique, le viol, l'incendie criminel et l'agression pure et simple. La liste est encore longue, à quoi bon continuer ? Un Camarode a pour mission de trouver un terrain d'entente entre diverses parties pour élaborer un plan contre une menace extérieure, à savoir un ennemi commun. Personne n'a eu besoin d'un Camarode depuis que vous avez disparu de la circulation. »

« La phrase qui précise qu'il ne s'agit "ni d'une grâce, ni d'un pardon", ça veut dire quoi, exactement ? »

« Grandes Eaux ! Par où commencer ? » a dit Iz dans sa barbe. Elle s'est tournée vers moi et, pour la première fois, elle m'a regardé d'un air sérieux.

« Tu sais ce que c'est, une prison ? » Je ne le savais pas, alors j'ai secoué la tête, pour dire « Non ».

« Eh bien, tu es dans une prison ; vous, les Tor'ocs, vous êtes dans une prison. Une prison, c'est un endroit où l'on met ceux qui ont fait quelque chose de mal et où on les garde enfermés, pour les punir. »

« Mon kollok, c'est une prison ? »

« Toute votre île est une prison », a-t-elle rétorqué. « Vous, vous l'appelez encore "la Péninsule" ; ce qu'elle était, avant. »

« La Péninsule, c'est une prison ! » ai-je dit. Soudain, je comprenais. « C'est une bonne et belle chose qu'une prison, alors. En quoi est-ce une punition ? »

« C'est une punition parce que vous y êtes enfermés et que vous ne pouvez aller nulle part. Et surtout, vous ne pouvez pas aller embêter les braves gens qui vivent dans le reste du monde », a-t-elle dit.

« Je peux aller où je veux », lui ai-je fait remarquer.

« Écoute, Æon, tu es un prisonnier, dans une prison », a-t-elle énoncé lentement pour que je l'intègre bien. « Et tu n'as aucune possibilité de quitter cet endroit, ton île, autrefois péninsule. »

« Et pourquoi serais-je un prisonnier dans une prison ? » ai-je demandé.

« Parce que tu es coupable des crimes tor'ocs ! » s'est-elle exclamée, du ton de « Tout le monde sait ça ».

« Je suis né dans une magnifique prison où je suis prisonnier, coupable de crimes commis par d'autres il y a plus de mille ans ? » Je voulais lui faire comprendre à quel point c'était ridicule.

« C'est ça, tu es un Tor'oc, donc né coupable. » Il était clair que pour Iz ça coulait de source. Mais elle voyait bien que je ne comprenais pas. « Pour le Monde du dehors, ton peuple et toi, vous êtes de terrifiants guerriers sanguinaires et, depuis des lustres et des lustres, personne n'a voulu prendre le risque de croiser un Tor'oc. Donc, vous avez été bannis ici. »

« Et si je suis l'un de ces guerriers terrifiants et sanguinaires, pourquoi veulent-ils me voir, là-bas ? »

« S'ils te voyaient, je suis certaine qu'ils rayeraient le mot "frayeur" de leur parchemin. Pour être tout à fait franche, j'ignore la raison pour laquelle ils t'ont convoqué. » La fée des eaux faisait mine de s'excuser de ne pas en savoir davantage. Ou peut-être de me mentir en prétendant ne rien savoir. Elle n'avait pourtant pas obtenu mon accord et elle le savait. Alors, elle a déclaré :

« Tu as vu les marques de ton peuple, les sibylles ; je le sais, bien te fasse. Tu en verras d'autres. Ces marques que tu vois de-ci, de-là, sont des sibylles tor'oques.

Ces sibylles anciennes t'appellent. Elles voudraient que tu retournes dans le monde. »

Ses mots m'ont percuté avec force. C'était vrai. Depuis que j'étais petit, je sentais que les sibylles – que j'apercevais ici ou là – voulaient m'attirer vers le Monde du dehors, de l'autre côté de la rivière. Comment le savait-elle ?

« Où se trouve cette cité d'Orzamond ? Y trouve-t-on des arbres penchés comme le mien pour dormir ? Ou bien, n'y a-t-il là-bas que des kolloks carrés, hideux, construits à même le sol, empilés les uns sur les autres, et les uns contre les autres, dans lesquels on ne peut pas respirer ? Nos légendes disent que c'est à ça que ressemblent les villes du Monde du dehors. Cela correspond bien plus à des prisons que notre belle Cité dans les Arbres. Aussi, en toute considération, je vais décliner l'invitation et rester ici, dans ma prison. Je vous propose de revenir et de réessayer le millénaire prochain », ai-je dit, en essayant de rendre le parchemin à Iz, qui refusait de le prendre.

« Le Monde du dehors… » a-t-elle dit, en retournant les mots dans sa bouche comme si elle les goûtait. Elle a regardé en direction de la rivière et au-delà, a hoché la tête et dit : « Très bien, je vois. » Elle s'est retournée vers moi et elle a ajouté : « Là-bas, les gens l'appellent *Æmira**. »

« Ils peuvent bien l'appeler comme ils veulent, je n'irai pas. »

Je lui ai tendu le parchemin, mais elle ne l'a pas pris. Elle a simplement dit :

« Tu dois y aller. »

« Et si je n'y vais pas ? »

« Le Monde du dehors – comme vous l'appelez – et tous ses habitants ont besoin de toi. Toi et tes semblables, vous les avez massacrés et terrorisés pendant des siècles, votre nom même signifie "terreur" dans de nombreuses langues d'Æmira. Vous avez une dette envers eux et, même après mille ans, un équilibre doit être rétabli. J'ignore pourquoi ils ont besoin de toi aujourd'hui, mais l'eau m'en est témoin, ils n'auraient jamais laissé un Tor'oc et encore moins le Sang de Sumon revenir sur leurs terres si cette mission pouvait être remplie par qui que ce soit d'autre. Tu dois partir. Comme tu l'as souligné, tu es redevable de cette dette, depuis ta naissance. »

« Je n'ai rien souligné du tout ! J'ai raisonné, voilà tout ! » J'avais dit cela avec fermeté mais les mots d'Iz avaient été percutants et une fois de plus, ils m'ont fait vaciller.

Iz a souri, de son sourire ondulant et ses petites épaules se sont soulevées d'une manière qui, j'ai pensé, voulait exprimer l'amusement.

« Ce sera l'aventure ! » a dit la fée des eaux, faisant claquer ses lèvres. Elle pensait probablement que ce son à lui seul évoquait tout l'émerveillement d'une aventure dont elle voulait me communiquer le goût et la saveur jusque dans l'intérieur de mon petit kollok.

« Réfléchis bien, Æon ! N'as-tu pas envie d'explorer le monde au-delà de ton île ? Bien sûr qu'ici ce n'est pas vraiment une prison, comme ils le prétendent dans le Monde du dehors. Vous, les Tor'ocs, avez fait quelque chose de tout à fait remarquable dans ces arbres. Votre cité a un charme terrestre qui doit être assez ravissant, pour un être humain. Mais moi, je te parle d'une aventure avec un grand A, Æon, Sang de Sumon ! Sors, viens découvrir les plaines que tes ancêtres ont brûlées et pillées… Même si ce n'est pas le nom adéquat, le Monde du dehors est un endroit rempli de merveilles et tu seras le premier Tor'oc à le retrouver. Tu te rends compte ? Cela devrait quand même compter pour quelque chose, non ? »

« Il y a tant de merveilles, ici. Ma réponse est "non". Je te remets dans le seau ? » ai-je demandé. J'essayais d'être cordial, tout en ne laissant aucune place à l'argumentation.

« Donc, tu ne vas pas venir », bredouilla Iz, si ramollie qu'elle peinait à trouver l'énergie nécessaire pour tourner sa phrase en une question qui m'était destinée.

« Non. J'écoute la petite voix dans ma tête et cette petite voix me dit de ne pas suivre à l'aveuglette une espèce de farfadet qui ne fait rien que de m'insulter, et de ne pas me précipiter dans un monde où, à en croire le farfadet lui-même, tout le monde me hait déjà. »

« Tes arguments sont valables mais tu oublies ta dette », a rétorqué la fée.

« Moi, j'irais ! » a crié une voix, qui n'était pas dans ma tête, tandis que le corps dont elle provenait s'engouffrait dans mon kollok par une ouverture près du tronc d'arbre.

Uthiriule a atterri à quatre pattes dans mon kollok, comme un chat sauvage, entre la fée et moi. Elle s'est relevée, elle a fouillé la pièce des yeux, elle devinait Iz sans la voir. Elle s'est retournée, ne percevant rien d'inhabituel qu'elle n'avait déjà vu auparavant.

« Tu parlais à quelqu'un, ou bien… tu soliloques ? » a-t-elle demandé. Ses yeux se sont rétrécis pour essayer de voir ce qui lui échappait.

« Depuis combien de temps es-tu là ? » Je lui ai répondu par une question, en pointant la branche derrière l'ouverture par laquelle elle avait surgi.

« Tu n'es pas seul. Qui est là, avec toi ? » Elle a de nouveau balayé le kollok du regard pour voir ce qui se dérobait à sa perception. Je l'ai laissée chercher un peu, puis j'ai fait un signe de tête en direction de la fée qui était tranquillement assise sur le petit rebord, contre le mur. Uthiriule a suivi mon regard et ses yeux lui ont enfin permis d'identifier la forme que je lui montrais ; elle ne croyait pas ce qu'elle voyait.

« C'est une fée ; une fée des eaux », lui ai-je annoncé, l'air aussi dégagé que possible.

Elle s'est retournée vers moi, incrédule. Elle ne croyait ni ses yeux ni moi. Elle a répété :

« Une fée ? »

« Tu vois bien, les fées existent ! Et il y en a une, juste ici. Elle a même un nom, elle s'appelle Iz. »

« Izzzz ? » a répété Uthiriule. Elle a pivoté vers la fée qui attendait patiemment qu'elle comprenne.

« Ça ne se prononce pas exactement comme ça, mais oui, je m'appelle Iz, bien vous fasse », a dit la fée d'un regard accueillant.

« Je t'ai vue dans l'eau du seau », a-t-elle dit, ce qui m'a surpris.

« C'est vrai », a acquiescé Iz. « Je t'ai vue aussi. »

« Et tu es réelle… », a-t-elle ajouté, plus pour se l'entendre dire qu'autre chose.

« Aussi réelle que toi ! » a répondu Iz pour mettre les choses à plat.

Uthiriule s'est ressaisie. Elle s'est plantée face à Iz, en m'arrachant le parchemin des mains.

« Tu dois m'emmener. C'est moi que tu es venue chercher. »

« Uthiriule ! » J'ai crié mais pas très fort. Je ne voulais pas que d'autres Tor'ocs m'entendent et voient la fée des eaux dans mon kollok.

« Il raisonne avoir pris sa décision en suivant sa raison », a dit Uthiriule, en me pointant du doigt. « Mais c'est une *invérité**. Æon refuse de partir parce qu'il a peur. » Elle s'est rapprochée d'Iz. « Et même s'ils disent qu'Æon est le dernier de la lignée d'Ourla la Remarquable, c'est-à-dire qu'il est le sang de Sumon, moi, j'ai des doutes. Comment pouvons-nous être absolument sûrs qu'une prétention à un tel héritage ne soit pas simplement fentésimale ? Nous parlons d'une époque très lointaine, avant même l'apparition de l'écriture et de notre *élémenta**. Comment savoir qui est vraiment né de qui ? Si tu devais départager entre la Feuille et moi la probabilité de parenté avec Sumon, comment raisonnerais-tu ? » Iz a souri et son sourire rayonnait car elle entrevoyait un possible succès pour sa quête.

« Es-tu en train de me dire que toi aussi, tu es le Sang de Sumon ? » Iz riait presque.

« Je le sens depuis mon enfance. Le sang bouillonne en moi comme chez les Tor'ocs d'avant les arbres. »

« Tu as la langue bien pendue aux branches, et pas de mousse dans les oreilles, à monter sur ton grand chêne à tout bout de champ ! Qu'as-tu entendu ? » ai-je crié.

« J'en ai entendu suffisamment. Je sais ce que c'est qu'un Camarode et je sais que là-bas, ils veulent le Sang de Sumon… »

Je l'ai interrompue.

« Ils me veulent, moi. »

« Non, ils veulent le sang tor'oc, et moi, j'offre le mien ! » a dit Uthiriule avec assez de férocité pour que le sang me monte au visage et que son odeur se répande autour de moi. Elle s'est retournée vers Iz, sa nouvelle meilleure amie. « Comme tu l'as peut-être remarqué avec ce spécimen qu'on appelle la Feuille, pendant ce millénaire, les arbres nous ont apprivoisés. Quant à lui, les arbres le chérissent comme un animal de compagnie ; c'est bien simple, il est leur petite mascotte. Est-ce que c'est ça qu'ils avaient en tête en convoquant un Tor'oc à leur Camarode ? Une gentille petite feuille ? »

« C'est difficile à imaginer », a répondu Iz.

« Alors c'est fentésimal, c'est *décidé et posé**. *Plions et lions** nos volontés ! Pliée et... » Elle a avancé sa main vers celle d'Iz.

« Ne t'avise pas de faire ça ! » J'ai écarté sa main avec brusquerie.

« C'est une invitation et moi, je l'accepte ! » a-t-elle craché à son tour.

« ... d'aller vers l'inconnu ? »

« D'embrasser l'inconnu, parfaitement ! J'aspire à ça depuis que tu m'as parlé de tes rêves. Tu as vu mes jours à venir mais tu n'as jamais compris ce que tu as vu. Moi, si », a-t-elle dit en brandissant le parchemin. « Cette invitation est pour moi. Pourquoi penses-tu que je suis là, dans ton kollok ? »

« Tu as toujours été rusée, rusée et sournoise ! » ai-je répondu.

« J'ai été attirée ici par tes rêves ! Tu vois, c'est ma finalité, ça ne te frappe pas ? » Elle s'est rapprochée de moi, à un *souffle** de distance.

« Regarde-la », ai-je dit. Je lui ai montré la fée. « Comment peux-tu si rapidement faire confiance à cette chose, sans parler de l'écouter ou de la suivre ? C'est un monstre des eaux venu nous piéger. »

« Ce n'est pas un piège », est intervenue Iz.

« Ce n'est pas un piège », a répété Uthiriule. « Tu m'as dit, dans tes rêves, que je ne vieillissais pas dans les arbres, que je ne restais ni paisible ni pacifique, que je ne montais pas d'oryx, que tu me voyais monter une autre bête, belle et élancée comme les épus de nos légendes. Tout à l'heure, j'ai dormi quelques *jiffes**. J'ai rêvé de cette bête, celle dont tu m'as parlé. Quand je me suis réveillée, j'ai su où aller et voilà qui j'ai trouvé. » Elle a pointé Iz du doigt. « Dans toutes mes respirations, il n'y a jamais rien eu de plus clair pour moi que cette finalité ! Je n'ai pas peur. Je pars. »

« C'est déraisonné pour toi d'y aller. Je suis ton aîné… »

« De seulement quelques souffles ! » a dit Uthiriule pour m'arrêter.

Je me suis tourné vers Iz.

« Tu as gagné ! » Je lui ai lancé un regard furieux qui disait que je lui ferais volontiers la peau si je le pouvais. « Tu as ma parole. Plié et lié. Donne-moi ça ! » ai-je déclaré à Uthiriule en lui montrant le parchemin.

« Emmène-nous, tous les deux ! » Dans la bouche d'Uthiriule, c'était un ordre plutôt qu'une supplique.

« Oh, c'est impossible. Je n'ai qu'un seul octroi de passage, pour une seule personne et dans une seule direction. »

« Tu veux dire qu'il n'y a pas de retour ? » Cette notion m'a abasourdi.

« Je suis certaine qu'ils seraient ravis de te reconduire dans ta prison dès que ta mission sera remplie, mais ce sera probablement une autre fée qui te raccompagnera. Quant à moi, je ne peux emmener qu'un seul d'entre vous », a dit Iz en regardant Uthiriule.

« Je donnerais toutes les eaux des océans pour t'emmener car tu es plus vraie que les marées, mais mon esprit me dit qu'il est bien le Sang de Sumon. Le mystère veut qu'ils obtiennent sa présence, bien qu'il soit fort probable qu'il leur brise le cœur, tandis que toi, tu leur apporterais l'obscurité ou la lumière ; je vois le soleil rayonner en toi. Donne-lui le parchemin. Nous partirons à la nuit tombée. »

Uthiriule voulait continuer à se battre pour remporter la bataille mais elle a raisonné qu'elle avait perdu l'avantage et que la capitulation temporaire était sa meilleure option. Je ne lui faisais pas confiance.

Elle m'a rendu le parchemin sans me regarder. Elle fixait Iz de ses yeux vifs.

« Change d'avis ! » aboya-t-elle à la fée des eaux avant de disparaître par l'ouverture du kollok.

Je regardais fixement Iz, me demandant comment ma vie avait pu m'échapper si complètement et si vite... pour vriller ainsi dans une telle direction.

« Ramène cette chose étrange à la rivière, jette-la à l'eau, grimpe dans ton hamac bien-aimé et rendors-toi ! Quand tu te réveilleras, ce ne sera plus qu'un mauvais rêve. » Voilà les idées qui tambourinaient à l'intérieur de ma tête. Mais il y en avait d'autres. Parmi elles, il y avait les images insidieuses et obsédantes de marques tor'oques et autres sibylles dont le silencieux pouvoir grandissait et m'accablait.

« Elle est loin, cette ville ? » ai-je demandé. J'espérais exprimer par ces quelques mots que je n'étais pas encore convaincu d'y aller. « Combien de sombres faudra-t-il pour y aller ? »

« De sombres ? Tu veux dire de jours et de nuits ? Ouh là, des jours, oui, il faudra des jours pour y arriver », a répondu Iz. « Combien exactement, voilà qui est difficile à dire. » À chaque syllabe, son corps minuscule se contorsionnait malaisément. Une invérité était donc bien difficile à dire, même pour une chose faite d'eau.

« J'y vais… si tu me garantis un octroi de passage pour le retour. »

« Qu'est-ce que tu veux dire ? » a demandé la fée en tentant de dissimuler sa peur. Je lui ai répliqué :

« Ça veut dire que, pour le retour, lorsque je me présenterai sur l'autre rive du Divul pour rentrer chez moi, octroi ou pas octroi, tu m'escorteras personnellement pour traverser la rivière… sans me noyer. Faisons un pacte là-dessus, toi et moi, ou bien je te remets tout de suite dans la rivière et on n'en parle plus. »

Elle a considéré en silence ma proposition, somme toute assez simple.

« Je suis pliée et liée », a-t-elle dit à contrecœur.

Une fois de plus, je me demandais ce qu'elle me cachait. Je sentais frémir des secrets sous sa surface translucide, si près qu'ils me touchaient presque.

« Fée des eaux, qu'est-ce que tu me caches ? »

« Rien. » Elle s'est encore tortillée avant de poursuivre : « Æmira est presque aussi mystérieuse pour moi que pour toi. Je ne saurais pas te décrire exactement ce que tu trouveras de l'autre côté. Je vis dans l'eau, je pourrais tout te raconter à ce sujet, mais tu seras sur la terre ferme, et une fois que tu auras traversé la rivière, tu seras dans un monde au-delà de mes connaissances. Tu es grand, tu es fort, et d'après toi tu as des talents, n'est-ce pas ? Donc, tout devrait bien se passer. Comme le mentionne l'invitation, le Monde du dehors a peur de toi. Il se méfie plus de toi que tu ne devrais te méfier de lui. »

Je n'étais pas convaincu. J'étais certain qu'elle ne m'avait pas tout dit, qu'elle en savait bien davantage. Mais il y avait aussi Uthiriule. Et Uthiriule était têtue. J'étais son aîné, ce qui voulait dire que je devais me présenter face aux dangers, en premier, avant elle, ce qui signifiait que je devais prendre les devants. Je ne pouvais pas la laisser courir vers l'inconnu comme elle le souhaitait.

« Je vais me baigner, manger et rassembler mes affaires, puis nous partirons. » Je me suis entendu prononcer ces mots et c'est comme ça que je me suis rendu compte que j'avais vraiment l'intention de partir.

« La fin de la journée est loin. Tu peux dormir », m'a-t-elle dit, avec un début de considération dans la voix.

« On ne peut pas attendre le sombre, je le sais », ai-je répondu. « Je connais Uthiriule. Elle n'a ni accepté sa défaite, ni abandonné ; elle se cache quelque part et attend le moment propice. Si nous restons jusqu'à la fin de la lueur, je ne partirai pas ; on me retrouvera évanoui quelque part, sans doute au bord de la rivière, et tu seras obligée de l'emmener, elle. Elle te forcera. Elle trouvera ton point faible et c'est toi qui seras pliée et liée. »

Iz a acquiescé.

« As-tu besoin d'emporter quelque chose ? » a-t-elle demandé en sa qualité de fée qui voyage avec des choses invisibles, rangées à l'intérieur d'elle-même.

« Pas grand-chose : ma sacoche en anilée, mon couteau finnif, mon oro-arc, mon hamac, un *montereau** et un ou deux *assis-longs**. »

« Tu n'emportes pas de *semelles** ? »

« J'en prendrais peut-être si je savais ce que c'était. J'en aurai besoin ? »

« C'est ce que les hommes portent aux pieds », m'a-t-elle expliqué.

« Ah bon, pour quoi faire ? Je ne raisonne pas que des semelles puissent aider à grimper aux arbres ».

« Les gens du Monde du dehors doivent avoir des pieds plus fragiles que les tiens », a raisonné tout haut la fée des eaux. « … Et, je ne crois pas qu'ils grimpent beaucoup aux arbres. »

L

Chapitre 2

J'ai emprunté la Voie Suspendue qui se faufilait entre les arbres, le seau à la main avec Iz dedans – de nouveau, l'eau et la fée ne faisaient qu'un. Je me suis dirigé vers un quartier peu habité de la ville qui bordait la rivière. Il y avait encore moins de Tor'ocs que d'habitude ; ils récupéraient probablement tous de la nuit passée à combattre le feu et c'était exactement ce que j'avais envie de faire : dormir pour oublier les courbatures que j'avais partout et les cris épouvantés des arbres qui résonnaient encore dans ma tête. Je me suis demandé quand je pourrais redormir paisiblement. Je ne savais pas si j'allais tenir ma parole et quitter ma Péninsule. Je me suis promis que si je partais mon absence serait de courte durée.

Et si je balançais l'eau et la fée dans la rivière… que pourrait-elle me faire ? Peut-être qu'elle m'attraperait et me noierait la prochaine fois que j'irais puiser de l'eau pour sauver les arbres d'un nouvel incendie ? Oui, j'ai raisonné qu'elle était bien capable de ça.

En mille ans, tout avait grandi. Les filets d'eau étaient devenus des ruisseaux et les rares jeunes pousses, de vieux arbres enchevêtrés. Les plus vieilles branches recouvraient entièrement la berge et une partie du cours d'eau. De longues lianes entrelacées et serrées formaient un ancien kollok qui surplombait la rivière. Au fil du temps, les longues ramures avaient comprimé le kollok laissé à l'abandon, les lianes l'avaient étiré en un fin et long cocon que les oiseaux avaient investi pour y faire leur nid, bien à l'abri. La Voie Suspendue s'arrêtait bien avant ce dernier kollok mais la branche où il s'enroulait était grosse, solide et suffisamment large pour former un pont au-dessus de la berge. Je me suis aventuré entre les branches jusqu'à l'entrée du kollok, puis je me suis penché pour regarder l'onde qui défilait en dessous. Elle était vive et profonde. L'énergie du courant était si forte que, par une sorte de magnétisme, elle tirait sur le seau d'eau qui pendait à mon bras. J'ai plongé ma main dans le seau et j'ai senti la fée qui s'accrochait à mes doigts. J'ai vivement sorti ma main et, au creux de ma paume, la fée est redevenue quelque chose que je pouvais voir. Iz a inspecté les environs. Elle a d'abord regardé les arbres puis le kollok en ruine et enfin la rivière en contrebas.

« Bien, bien », a-t-elle fait en fronçant les sourcils. « J'ai pensé et repensé que tu ne te sentirais en rien plié et lié et que je pourrais me retrouver à faire un vol plané avant de revenir chez moi, au fond de la rivière… sans mon butin ! »

« Et qu'est-ce qui te fait penser que ça n'arrivera pas ? » ai-je demandé.

« Parce que tu as raisonné. Tu sais parfaitement que ne pas venir est plus dangereux que de venir. » Sa menace a continué de flotter dans l'air entre nous après que ses mots s'étaient évanouis.

« Parce que tu supposes qu'un jour ou l'autre j'irai dans la rivière. Et si je n'y retournais jamais ? » ai-je dit.

« Qui d'autre que toi ira ! Tu ne laisseras jamais les arbres brûler. Pas plus que tu ne laisseras la fille prendre ta place. Il y aura d'autres incendies, naturels… ou surnaturels, qui sait. Tu sais, chez les habitants du "Monde du dehors", comme tu dis, il y a un jeu qui s'appelle le *rond-ruban**… Eh bien, te voilà fi-ce-lé, tu es ficelé ! » Triomphante, la fée conclut sa diatribe en croisant ses bras délicats sur son petit corps.

« Mais là, tu te trompes. Si je viens avec toi, il n'y aura personne pour aller dans le Divul quand les arbres brûleront. Alors ils brûleront et peut-être que la ville entière aussi. Fi-ce-lée, c'est toi qui es ficelée ! » ai-je dit, triomphant à mon tour.

« Si tu pars, quelqu'un te remplacera, ça s'est toujours passé comme ça. Tandis que si tu restes et que tu refuses de retourner dans la rivière, ta peur se propagera comme une traînée de poudre et les gens auront encore plus peur de la rivière qu'avant. Personne n'arrêtera l'incendie. Celui de cette nuit, ce n'était pas grand-chose… Peut-être que la prochaine fois des dizaines d'arbres brûleront, dont certains au cœur de ta Cité dans les Arbres, et tu crois que tu n'iras pas dans la rivière pour sauver et tes arbres et ta ville ? Moi, je pense que tu iras et que tu sais très bien ce qui se passera à ce moment-là. Raisonne bien, Æon. » Elle a terminé comme ça, en me regardant droit dans les yeux. Elle lisait dans mes pensées.

C'était bien vu et je savais qu'elle avait raison, pourtant, je ne pouvais me résoudre à capituler. Je ne voulais pas y aller. Je connaissais le jeu de rond-ruban : j'étais bel et bien ficelé.

« C'est impossible, je ne sais pas nager donc je ne peux pas traverser la rivière. » Je disais ça dans l'espoir qu'il y ait une faille dans le plan de la fée qui me permettrait de rester dans mon kollok, en sécurité et bien au sec.

« Mais, tu n'as pas besoin de nager. » Iz s'est alors mise à chanter. « C'est nous qui t'emmenons de l'autre côté. »

Son chant s'est envolé dans les aigus qui vibraient depuis le centre de son corps et se fondaient en une musique qui s'est élevée de la rivière, sous nous. L'eau a bouillonné et elle s'est transformée. Le courant s'est divisé en plusieurs flux dont le débit était tel que je ne pouvais pas tous les suivre des yeux, et la musique leur donnait des formes qui se faisaient et se défaisaient au rythme de pulsations ondulatoires qui créaient des tourbillons et des tourbillons d'eau. Ceux-ci étaient faits de fées ; il y en avait d'innombrables, qui, dès qu'elles apparaissaient, s'accrochaient les unes aux autres pour former une farandole dans l'eau, juste sous moi, à peine à un tor'oc de distance de la branche où j'étais perché.

La farandole grandissait à vue d'œil jusqu'à devenir suffisamment longue et large pour contenir un corps. Je me suis souvenu de la poigne qu'avait eue Iz et j'ai raisonné que les innombrables fées auraient la force de me soulever, non pas comme de l'eau mais comme quelque chose de solide, pas exactement sec, mais pas tout à fait mouillé non plus, quelque chose dans l'entre-deux. Iz a sauté de ma main et s'est jetée dans la farandole où elle a disparu dans la masse des fées. Ses bras se sont levés pour me faire signe de m'élancer à mon tour, d'avoir confiance, de me laisser tomber comme elle l'avait fait.

Je n'ai pas sauté tout de suite. J'ai d'abord touché l'arbre pour lui demander conseil. Il m'a murmuré d'y aller, de lâcher prise, de me laisser tomber. Que savait-il que j'ignorais ? Il en savait beaucoup et sa réponse m'importait. On nous apprenait à faire confiance aux arbres. J'ai déplacé mes doigts le long de l'écorce rugueuse, je sentais l'énergie de l'arbre qui me repoussait, encore et encore, il me disait de lâcher prise, d'y aller, de me laisser tomber en avant, de sauter vers l'inconnu. J'ai pris une dernière bouffée d'air du monde que je connaissais... et je me suis laissé tomber. La longueur de ma chute était égale à ma hauteur d'homme mais ma peur en a rendu chaque jiffe d'une durée interminable.

Je n'ai pas heurté la farandole, j'ai été avalé par elle. Elle m'a enveloppé. Les fées se sont resserrées autour de moi pour fermer la farandole et créer un sas de protection qui la rende étanche. Puis elles ont plongé dans le corps de la rivière, sous la surface de l'eau, avec moi et de l'air à l'intérieur. Une fois sous l'eau, la farandole s'est mise à tourner plus vite et plus fort sur son propre axe comme une toupie, puis elle s'est déplacée dans la direction vers laquelle mes pieds étaient tournés : vers l'autre rive, de l'autre côté de la rivière. J'ai levé la tête pour essayer de distinguer la rivière devant moi, mais tout était flou, de la même couleur, de la même densité et de la même luminosité que la farandole. J'avais l'impression qu'on volait mais je voyais bien que les seuls mouvements étaient ceux du tournoiement des fées. Je ne voyais pas l'eau avancer ni rien dans l'eau qui pouvait me donner une idée approximative de notre vitesse. J'ai poussé un peu le dos des fées et je me suis tortillé pour pouvoir regarder à ma droite puis derrière moi, et j'ai vu la trace blanche que la farandole laissait derrière elle tandis que l'eau nous contournait et s'ébrouait derrière nous. Elle se déchaînait comme la mer de Sumon quand elle était en colère. Cette eau passait à toute vitesse, beaucoup plus rapidement que la chute du plus rapide des Tor'ocs qui s'élançait vers son destin.

Chez nous, les Tor'ocs, la chute faisait partie de notre apprentissage, de notre vie. Quand un enfant atteignait sa cent-unième lune, il devait accomplir un rituel destiné à lui enseigner le respect des arbres et à surmonter la peur du vide afin de pouvoir y vivre en sécurité. Ce rituel, appelé *Lige-Causie-Aňtanane-acu** avait lieu la veille de la pleine lune. Chaque enfant était emmené au lieu symbolique de l'origine de notre cité, sur le promontoire naturel où la Remarquable avait exhorté les survivants à la suivre dans les arbres. Sous l'entrée située à l'est du promontoire, il y a un passage secret, une ouverture naturelle à travers les branches, qui atteint le sol sans aucune obstruction. Au fond du passage secret, il y a une mousse épaisse qui a poussé en couches successives et qui a formé, au cours des siècles, un lit profond.

Un jour, alors que notre peuple venait à peine de s'établir dans les arbres, autour du promontoire, une enfant est tombée accidentellement dans ce passage secret ; elle a atterri sur un lit de mousse et s'est relevée sans la moindre égratignure. Elle est remontée dans les arbres, auprès des siens qui n'en revenaient pas de la voir vivante. Sa chute l'avait littéralement transfigurée : sa peur du vide, sa maladresse dans les arbres, son vertige – en une chute, tout avait disparu. Elle était devenue agile, avec une assurance et un équilibre impressionnants. Elle s'appelait *Lige-Causie** et, lorsqu'elle est tombée, elle venait d'avoir 101 lunes. Alors, après Lige-Causie, nous avons tous célébré nos 101 lunes en tombant. La chute dans le passage secret n'était pas lente comme l'a été la mienne quand je suis tombé dans la farandole des fées. Elle était rapide et furieuse, et chaque partie de l'arbre que nous voyions défiler nous transformait un peu plus. Au cours de la descente, la manne de l'arbre nous imprégnait goutte à goutte et nous liait à jamais à l'essence du bois. C'était presque impossible de ne pas avoir peur de cette chute parce qu'on nous apprend, dès notre plus jeune âge, à toujours faire attention dans les arbres, à bien regarder où l'on met les pieds, les mains, à rester concentrés sur l'arbre sur lequel on se trouve et les branches en dessous, au-dessus ou à côté… Vivre dans les arbres est dangereux et, pour un enfant, une chute pourrait être mortelle.

J'ai essayé de refuser mon Lige-Causie-Áńtanane-acu ; je m'étais accroché à une feuille qui s'est arrachée quand ma mère m'a poussé en avant. Pour moi, cette chute est restée un souvenir fragmenté. Je me souviens de la sensation de la chute plutôt que d'images ou de sons précis, mais des couleurs me reviennent chaque fois que j'y repense. Quand je me suis retrouvé en bas, allongé sur le lit de mousse, j'ai vu tout en haut des visages qui me regardaient, et c'est comme ça que j'ai compris que j'étais vivant, que j'avais survécu à ma chute, comme tous les autres enfants avant moi. Je me souviens des étincelles de lumière que les arbres ont émises pendant ma chute. Je m'étais souvent penché au-dessus du passage secret mais c'était toujours sombre et inquiétant, et il n'y avait jamais eu la moindre étincelle de lumière. J'ai raisonné que les arbres émettaient une lumière particulière qui n'était destinée qu'à illuminer ceux qui tombaient.

Fendre l'eau avec une farandole, c'était comme tomber, mais sans lumières spéciales ni connexion particulière avec l'eau… Il y avait juste la vitesse, lisse et fluide, et la sensation vertigineuse de l'envol. La blancheur moussue de l'eau, derrière nous, créait l'illusion qu'il y avait quelque chose de plus sombre, au-delà de la mousse, qui se déplaçait aussi vite que nous, quelque chose qui nous suivait ; un gros poisson qui nous prenait pour du menu fretin, un jeu de lumière dans l'eau – poisson, eau, ou lumière –, cela ne nous rattrapait jamais, notre vitesse augmentait.

Soudain, j'ai entendu de la musique autour de moi. Jusque-là, le seul son audible était celui d'un tourbillon qui ressemblait au bruit que fait le vent lorsqu'il s'infiltre dans la fissure d'un arbre dans laquelle une petite feuille est restée coincée. Je me suis alors retourné pour regarder dans la direction vers laquelle nous allions. L'eau devant nous devenait plus claire et de plus en plus lumineuse. J'ai eu l'impression que le fond de la rivière se dressait vers nous. Nous arrivions de l'autre côté. On n'avançait plus droit devant, on remontait plutôt à la surface. La farandole s'est ouverte comme les pétales d'une fleur et le ciel a repris sa place au-dessus de ma tête. Mon monde à moi se trouvait désormais de l'autre côté de la rivière. Je me suis redressé.

L'eau de ce côté-ci était calme, douce et accueillante, aux antipodes des rivages agités que j'avais connus toute ma vie. La musique s'est estompée et la farandole a disparu sous mes pieds. Les fées, les unes après les autres, sont redevenues elles-mêmes – chacune apparaissait pour aussitôt se fondre dans l'onde. Après avoir recouvré ma liberté de mouvement, je me suis avancé dans le lit doux et sablonneux de la rivière. L'eau fraîche pressait le sable fin entre mes orteils. Je me suis mis debout ; la rivière m'arrivait aux genoux. La farandole avait complètement disparu. À l'un de mes mollets, j'ai senti une pression qui m'était familière. J'ai mis ma main dans l'eau et Iz s'est glissée dedans. Je l'ai soulevée. Iz parlait déjà quand je l'ai sortie de l'eau.

« C'est ici que je te laisse. Tes compagnons ne sont pas loin. Ils te guideront jusqu'à la *Route lointaine** et au-delà. Puisse ton voyage ne pas s'éterniser au-delà du nécessaire. Sois valeureux, et que ta foulée soit sûre. Aie confiance en elle et en toi-même. »

La fée n'a rien dit de plus et elle a disparu sous la surface de l'eau.

Je suis resté planté dans la rivière, à regarder autour de moi. Je n'étais pas pressé d'entrer dans le monde inconnu qui m'attendait.

Je me suis retourné une dernière fois et j'ai regardé longtemps mon île. Nous n'avions pas de mot pour dire « au revoir » ou « adieu » parce que nous n'en avions pas l'utilité ; en mille ans, j'étais le premier à avoir besoin d'un tel mot. En guise d'adieu, j'ai bandé mon oro-arc en X pour qu'il soit le plus puissant possible. J'ai pris une flèche dans le carquois qui était dans mon dos, je l'ai encochée, j'ai tiré sur la corde de mon oro-arc et j'ai lancé ma flèche par-delà la rivière. Elle a décrit un grand arc de cercle au-dessus de l'eau et, comme je l'avais prévu, elle a atteint l'autre côté et s'est plantée dans le sol, au pied d'un arbre de la

Péninsule. Bientôt, quelqu'un la trouverait et, grâce à mes marques, saurait qui l'avait lancée. En observant l'angle de la flèche dans le sol, il pourrait aussi déduire d'où elle provenait. Mon peuple regarderait de l'autre côté de la rivière et saurait ainsi que j'étais vivant. À part Uthiriule, personne n'apprendrait ce qui m'était arrivé. Elle raconterait une histoire abracadabrante que nul ne croirait. Seule ma flèche prouverait qu'elle disait la vérité.

Je me suis détourné de mon île et j'ai regardé le paysage autour de moi. Tout était nouveau. J'ai plié mon oro-arc, je l'ai rangé dans mon carquois et je suis sorti de l'eau.

La terre sous mes pieds ressemblait exactement à celle de l'autre côté. J'avais pensé qu'elle serait différente : plus chaude ou plus froide, plus douce ou plus dure, j'avais tout imaginé, sauf qu'elle serait pareille. J'étais déçu. J'avais cru que la nouveauté m'aurait aidé à me tenir sur mes gardes mais cette similitude me donnait une fausse impression de déjà-vu et de sécurité retrouvée, comme si je n'avais rien à craindre alors que ma raison me disait, elle, que tout était nouveau, que les apparences étaient trompeuses, que rien n'était pareil, qu'il fallait avoir peur et que je devais rester sur le qui-vive. J'ai posé ma main sur le manche de mon couteau finnif mais j'ai laissé mon couteau dans son étui. Il y avait un sentier en terre battue que des animaux avaient tracé pour aller s'abreuver à la rivière. Je l'ai emprunté.

Le chemin débouchait sur une clairière aux herbes hautes, entourée d'arbres. Personne n'était là pour m'accueillir ; il n'y avait rien d'autre que la vie de la forêt. J'ai alors pensé que les arbres seraient peut-être mes seuls compagnons de route. Je me suis demandé s'ils parlaient la langue du vent, celle qu'on utilisait pour s'adresser aux arbres. Doucement j'ai soufflé l'air par ma bouche ouverte. Avec mes bras, j'ai imité le balancement des branches et, avec mes doigts, le tremblement des feuilles. Je leur ai simplement dit que ma présence faisait écho à la leur, c'était une salutation courante chez nous. Je leur ai dit aussi mon nom. « Je suis Æon la Feuille. » Puis je leur ai demandé s'ils pouvaient m'indiquer où se trouvait la Route lointaine, parce que je ne connaissais rien de cet endroit ni dans quelle direction elle était.

Près de moi, un arbre penché, très grand et très vieux a pris le souffle léger du vent qui bruissait autour de nous, il a forcé ses courants dans ses branches et il a soufflé :

« Æon la Feuille, ça, c'est un nom extra ! Notre présence fait écho à la tienne. » Il a répété ce que j'avais soufflé et il a ri doucement. « Ça fait des cernes que je n'ai pas entendu cette salutation. Tu es très vieux ou bien tu parles en ancien vent ? “Nous te connaissons et tu peux grandir ici”, c'est comme ça qu'on se salue aujourd'hui et depuis que je suis en terre. Alors, je te dis : Æon la Feuille, nous te connaissons et tu peux grandir ici. »

« Je suis jeune mais je parle sûrement un ancien vent », me suis-je entendu balbutier. Je me suis confondu en excuses. Mon embarras et ma honte transparaissaient dans le mouvement de mes doigts.

« Mon peuple a été séparé du monde pendant plus de mille ans. Vos cousins, de l'autre côté de la rivière, nous ont appris leur vent, c'est donc la langue que nous parlons. Je suis honoré et heureux de grandir ici parmi vous. Êtes-vous mes compagnons ? Et, connaissez-vous la Route lointaine ? »

« Nous connaissons la Route lointaine, elle se trouve loin et loin, dans la direction opposée à celle de nos frères et sœurs. » Le vieil arbre m'a indiqué la direction de l'intérieur des terres et les extrémités de ses branches les plus hautes ont pointé vers l'extérieur et vers le haut, pour me signifier que c'était plus loin que loin et loin, plus loin que je ne l'avais imaginé. « Nous ne sommes pas tes compagnons, tes compagnons sont ici, ils ne sont pas des nôtres. Ils sont étrangers à nos coutumes et ne savent pas communiquer avec nous comme tu le fais si bien. Ça alors, de toutes mes cernes, je n'ai jamais entendu un animal parler le vent ! »

À ce moment-là, autour de la clairière, les feuilles se sont mises à bruire et, à mon tour, j'ai lancé mes bras en l'air, faisant bruire mes doigts pour répondre à leurs sourires et je me suis tourné pour sourire à chacun d'eux, ce qui les a bien fait rire : ils n'avaient jamais vu un sourire rendu par une créature qui pouvait se mouvoir si facilement.

« Tu es une graine libre et tu voles au vent. Comment fais-tu pour que tes racines dansent ainsi ? » m'a demandé un jeune sapin en sifflant.

« Mes racines sont hors-sol et je bois mon eau par le haut de mon corps plutôt que par le bas », ai-je répondu en montrant ma bouche, sans pour autant perdre le fil de mon discours. Quand les arbres ont compris la signification incroyable et improbable de ce que je leur disais, le vent, dans la forêt, a soufflé un grand :

« Ahhhhh. »

« Je me déplace par terre comme n'importe quel animal et je dors dans les arbres qui m'autorisent à passer la nuit dans leur branchage. »

Je me suis incliné pour leur demander s'ils accepteraient de me laisser grimper sur leurs branches.

« Tu es le bienvenu dans chacun et dans tous les arbres », a répondu le vieil arbre sans qu'un souffle de vent ne soit venu se glisser entre mes paroles et les siennes. Puis il a fait osciller ses branches les plus basses et les plus lourdes : il m'invitait à me rapprocher.

Je me suis avancé sous la voûte de ses branches et je me suis agenouillé à ses pieds. J'ai posé mon front contre l'écorce épaisse de son tronc.

« Merci, père », ai-je murmuré dans ma propre langue en me balançant et en soufflant un son aigu entre mes lèvres pour qu'il comprenne ce que je venais de dire.

« Qui-est-vo-tre-père ? » La question ne venait pas de l'arbre mais de quelque chose ou de quelqu'un qui se tenait dans l'ombre, près de moi.

J'étais déconcerté. La phrase avait été dite d'un ton banal, que n'importe qui aurait pu prononcer, mais elle avait ceci de particulier que chacun des mots qui la composaient provenait de trois directions différentes. Aussitôt, mon couteau s'est retrouvé dans ma main et j'ai fait volte-face pour surprendre celui ou ceux qui les avaient prononcés. Je ne voyais rien d'autre que l'ombre et la lumière jouant dans la clairière, et au-delà de cette lumière, un petit carré d'herbes.

« C'est mon imagination », ai-je raisonné.

« Nous-ré-i-té-rons-no-tre-de-man-de : qui-est-ce-père que-vous-re-mer-ci-ez ? » ont demandé simultanément les trois directions.

J'ai reculé, je me suis appuyé quelques instants contre l'arbre pour y chercher du réconfort mais aussi pour vérifier qu'il n'y avait personne qui pouvait m'attaquer par-derrière. J'avais l'impression que c'était l'ombre elle-même qui me questionnait.

« Montrez-vous ! » ai-je dit d'une voix forte, tentant de dissimuler la peur qui transpirait dans ma voix tremblante. « Vous m'encerclez mais attention, je suis armé ! » ai-je dit, avec autant de fermeté que possible, tout en faisant tournoyer mon couteau dans l'air, pour que mes agresseurs potentiels le voient bien. « Montrez-vous et je rengainerai mon couteau. »

Sous l'arbre, dans la lumière tamisée qui se faufilait entre les feuilles, trois silhouettes identiques se sont avancées, chacune revêtue d'une longue soutane aux couleurs de l'ombre elle-même. Était-ce la coutume commune aux êtres du nouveau monde que de pouvoir apparaître et disparaître dans l'étoffe même de l'univers ?

« Bois ancien, comment me défendrais-je dans ce monde ? » ai-je soufflé, sans avoir conscience de mon propre questionnement.

Le vieil arbre au-dessus de moi a émis quelques bruissements de rires.

« Ce sont tes compagnons de route », a-t-il dit entre deux rires. « Ils t'ont attendu une lueur de rosée, une lueur tardive, un sombre et une lueur de rosée. »

« Mes compagnons sont des créatures de l'ombre ? » ai-je soufflé, ébahi par l'étrangeté de tels compagnons.

« Non, ils se cachent… Ils sont très doués pour ça », a répondu l'arbre.

« Par-lez-nous-de-ce-pè-re… » Les cachés me parlaient doucement, d'une telle manière que j'ai compris qu'ils se méfiaient de moi. Ils ne devaient pas apprécier ma façon de parler ni celle de remercier mon père comme s'il était là. Je les discernais maintenant individuellement dans la pénombre qui les enveloppait toujours. Leur manière de se partager les syllabes de chaque mot me déconcertait. Le résultat était si entremêlé qu'il était impossible de distinguer qui parlait, comme s'ils ne formaient qu'un seul et même être. Aucune agressivité n'émanait d'eux, alors j'ai décidé de renoncer momentanément à comprendre leur façon de parler.

« Cet arbre est le "père". Nous nous sommes parlé, nous avons fait connaissance et je l'ai remercié de son accueil », ai-je expliqué en rangeant mon couteau. « Et vous, qui êtes-vous ? »

« Nous-sommes-des-*Jan-na-nons**-mais-on-pen-sait-que-vous-l'au-riez-de-vi-né. Vous-n'avez-jamais-enten-du par-ler-de-nous ? » ont-ils demandé avec leur cadence à trois voix. Ils avaient l'air si surpris que je me suis dit qu'ils devaient être très connus par ici.

« Là d'où je viens, personne ne vous connaît. Vous êtes mes compagnons de route, c'est l'*arbre-père** qui me l'a dit. La fée des eaux m'avait prévenu que vous m'emmèneriez à la Route lointaine. »

« La-Route-loin-taine... et-au-de-là », ont répondu les trois.

« Je ne vous vois pas très bien, dans l'ombre », ai-je avoué. « Ça ne vous dérangerait pas de passer de l'ombre à la lumière ? »

D'un même élan et sans un mot, les trois se sont avancés dans la pleine lumière du soleil et je les ai suivis. Peut-être parce que j'avais d'abord été effrayé par eux, je n'avais pas remarqué que leurs voix provenaient d'en bas. Ils étaient beaucoup, beaucoup plus petits que moi ; ils avaient la même taille, leur tête m'arrivait au milieu. J'ai toujours ouï dire que les Tor'ocs étaient grands selon les mesures du Monde du dehors, mais à présent, je me demandais si, en fait, nous n'étions pas un peuple de géants. Certes, nous n'étions pas géants comme les arbres, mais nous étions imposants ; la fée des eaux pouvait tenir dans ma main et, à vue de nez, les Jannanons mesuraient à peine plus de la moitié de ma taille et devaient peser le quart de mon poids. Chacun de mes petits compagnons avait un visage distinct. Cependant, la chevelure qui auréolait leurs têtes et recouvrait leurs épaules était de la même couleur et de la même longueur : un brun boisé, foncé. Comme moi, ils n'avaient pas de poils sur le visage, mais il y avait une noirceur sous leurs peaux qui venait leur couvrir les mâchoires, le dessus et le dessous des lèvres. À part ça, ils étaient très différents les uns des autres, l'un avait des yeux violet clair, le second vert forêt et le troisième, du même jaune que les fleurs d'été. Dans les yeux du dernier, il y avait un cercle marron qui diminuait l'impression de jaune. Même la forme de leurs visages, de leurs nez, de leurs joues et de leurs lèvres différait : un grand nez chez l'un, un petit nez chez l'autre, un nez pointu chez le troisième ; l'un avait des lèvres fines, celles des autres étaient charnues, l'un avait des joues creuses, les deux autres les avaient grassouillettes ; l'un avait des rides qui sillonnaient son front, tandis que le plus jeune avait un visage lisse comme le mien, quant au troisième, il était mi-lisse, mi-ridé. Ils parlaient et bougeaient comme une seule personne et si, au premier abord, j'avais eu du mal à les distinguer les uns des autres, en les dévisageant mieux, je voyais clairement que chacun avait son petit caractère, avec sa propre expression. Je raisonnais que si je pouvais communier avec chacun séparément, je pourrais apprendre à les connaître tous.

« Vous-a-vez-faim ? » Une phrase de trois mots, prononcée par trois voix distinctes. Déjà je commençais à m'y faire.

« Non », ai-je répondu. J'avais mangé avant d'être envoyé en toupie dans l'eau.

« A-lors, vous-êtes-prêt ?! » ont-ils demandé, à la fois comme une question et une réponse.

« Pour la Route lointaine ? ! » ai-je répondu sur le même ton.

« Et… au-delà », a dit le vieux ridé aux yeux jaunes.

« C'est loin et loin d'ici, c'est pour ça qu'on l'appelle la Route lointaine », ai-je raisonné tout haut pour qu'ils me le confirment.

« Non. On l'appelle la Route lointaine parce que, depuis chez nous, c'est la dernière route avant les *Terres Maudites**. Elle finit là-bas. Personne ne va au-delà de cette limite car les Terres Maudites sont craintes et, comme le dit le proverbe : "Il n'y a qu'un Tor'oc pour vouloir s'y aventurer", mais vous êtes un Tor'oc et votre peuple est allé au-delà de cette limite puisque vous vivez de l'autre côté. »

« Alors, en route pour l'aventure. »

« Fidèle au proverbe », ont-ils dit.

J'ai regardé le Divul et au-delà, vers chez moi et vers tout ce que j'avais toujours connu. Était-ce la dernière fois que je voyais ma Péninsule ? Finirais-je mes lueurs loin et loin ? Je voulais déjà rentrer. Telles étaient les pensées qui occupaient mon esprit, auxquelles d'autres, de couleurs sombres et contradictoires, se mêlaient ; je ne voulais pas traverser les Terres Maudites ni aller sur la Route lointaine. Je voulais les arbres que je connaissais. Je voulais mon kollok. Je voulais mon peuple. Je me suis retourné vers les Jannanons.

« Je ne peux pas venir avec vous », ai-je déclaré. Les trois petits étaient trop petits pour me forcer.

Les Jannanons, d'un seul geste, ont suivi mon regard vers l'autre côté de la rivière.

« Vous-vou-lez-dé-jà-ren-trer-chez-vous ? » m'ont-ils questionné de leur manière entrelacée.

« Oui, je dois rentrer chez moi ! » ai-je répondu.

Les trois se sont retournés et ont regardé loin et loin, vers la Route lointaine.

« Le seul re-tour pos-sible, c'est en al-lant de l'a-vant », ont-ils repris avant de pointer du doigt la direction opposée à la Péninsule. « En a-vant. C'est le seul mo-yen de re-ve-nir. »

« Vous me montrez le chemin qui s'éloigne, ce n'est pas celui qui me ramène chez moi », ai-je répliqué.

« Et pourtant ; vous ne pou-vez pas re-tour-ner en ar-rière car l'a-vant et l'ar-rière ne font qu'un », ont-ils dit en se retournant vers moi.

Incapable de traverser les eaux féroces du Divul sans les fées, je ne pouvais donc pas revenir en arrière. Je n'étais pas en mesure de survivre tout seul de ce côté-ci de la rivière, donc je ne devais pas rester là où j'étais. Je n'étais pas content de ce choix, mais c'était le seul qui s'offrait à moi.

« Je raisonne que nous devons gagner les Terres Maudites et les traverser. Alors, où et quand trouverons-nous ces terres-là ? » ai-je demandé.

« Nous sommes au bord de là où elles commencent », ont-ils répondu.

J'ai regardé les arbres et leurs feuilles souriantes pour puiser la force et le courage dont j'allais avoir besoin.

« Eh bien, si elles commencent là, je suis prêt ! » ai-je dit en riant pour que mon rire m'emporte dans la bonne direction. Puis j'ai regardé de nouveau l'arbre-père et j'ai souri aux Jannanons.

« Oui, c'est plaisant, plaisant, plaisant. » Chacun des Jannanons a répété ce dernier mot avant de poursuivre. « Comme vous le voyez, ces sarpents sont beaux… mais de grands dangers se cachent dans l'ombre et au-delà, là où nous allons. Les légendes racontent que les Quatre Mères ont usé d'un subterfuge pour attirer vos ancêtres sur une terre qu'elles pourraient couper du monde. Puis cette terre a été cernée par un territoire si hostile que même si, par extraordinaire, il advenait qu'un Tor'oc isolé parvienne à s'évader de son île-prison, il ne survivrait jamais aux Terres Maudites. »

« Si ce que vous dites est vrai, alors pourquoi mes ancêtres sont-ils allés sur la Péninsule ? » Ma raison me disait qu'ils ne l'avaient pas fait tout seuls.

« Ils ont été piégés », m'ont-ils répondu tous les trois. « On a donné à Sumon une carte d'Æmira, qui l'a convaincu qu'il existait, au-delà des Terres Maudites, une nation riche, aux ressources inépuisables. On lui a parlé de grands chevaux noirs à la crinière dorée qui couraient plus vite que le vent, d'un peuple qui forgeait des flèches aussi solides que le fer, de troupeaux de bêtes dont la chair était plus tendre que n'importe quelle autre, d'arbres qui portaient des fruits en toute saison et même de lézards qui pouvaient être bouillis pour en faire un vin fort et délicieux. »

« Fantastique ! » ai-je dit. Je m'étonnais que mon ancêtre, malgré toute sa férocité, ait pu gober un mensonge aussi gros. Puis je me suis dit que j'étais peut-être, moi aussi, en train d'en avaler un de taille. « Elles l'ont piégé et maintenant c'est mon tour, n'est-ce pas ? » ai-je ajouté.

« Pourquoi ? Qu'est-ce qu'on vous a promis ? »

« Rien », ai-je admis.

« Alors, où est le piège ? »

« Le piège, c'est de m'avoir fait venir ici. »

« Ce n'est pas un piège, c'est une mission, une épreuve, un engagement et chacun de nous espère que la Providence nous prêtera assez de souffle pour pouvoir raconter notre périple à notre descendance », ont-ils déclaré. Il y avait une menace palpable dans la profondeur des sons qui formaient leurs mots.

« Mais vous n'êtes pas passés par les Terres Maudites pour venir ici ? » ai-je demandé.

« Si, nous les avons traversées et nous avons survécu. Mais nous avons un atout… de taille. Nous nous déplaçons silencieusement et, comme vous avez pu le constater, nous avons le talent du caméléon. Cependant cette fois-ci, vous êtes avec nous. Bientôt et bientôt, vous nous exposerez. »

« À quoi ? » ai-je demandé.

« Au danger. »

« Eh bien, j'essaierai de ne pas nous attirer les foudres des bois vengeurs… et je m'efforcerais de ne pas être un fardeau trop encombrant pour vous », ai-je balbutié poliment bien qu'en y raisonnant de plus près je ne sache pas trop pourquoi je me sentais déjà si obligé à leur égard.

« Encombrant, c'est le mot juste », a commenté le plus jeune aux yeux violets.

« Mais la fée des eaux m'a dit que les To'rocs étaient la plus grande terreur que ce monde n'ait jamais connue ! Je suis un Tor'oc, alors, qu'est-ce que j'ai à craindre ? La réputation qui me précède nous protégera. »

« Il y a des créatures pires que les Tor'ocs, mais elles ne s'aventurent pas au-delà des limites des Terres Maudites : elles ne supporteraient pas la lumière, qui, n'importe où ailleurs, leur serait fatale. »

« La description que vous me faites du futur qui nous attend ne me donne pas la moindre envie d'y aller. Pourquoi ne pas rester ici ? »

« Parce que vous n'êtes pas en sécurité ici non plus : vous ne survivriez pas sans nous. »

Quelque chose dans leur voix me disait qu'ils disaient vrai, plus vrai sans doute qu'il n'y paraissait, mais je n'aimais pas être piégé par une décision déjà prise pour moi. Alors, je me suis éloigné de mes compagnons d'infortune, je suis retourné auprès de l'arbre-père et je me suis appuyé contre le bois chaud du vieux tronc.

« Les cachés me disent qu'il y a du danger dans les terres qui précèdent la Route lointaine », ai-je soufflé au vieil arbre en me balançant. « Peux-tu me dire ce que le vent t'a soufflé sur le chemin qui mène aux Terres Maudites et au-delà ? »

« Sur ton chemin, tu rencontreras des natures dérangées et vengeresses – des bêtes effrayantes, à même le sol et aussi en dessous. Il y a même une terre brûlante et colérique où les arbres ne poussent plus. Jusque là-bas, nos frères et sœurs seront avec toi et pourront vous aider, les cachés et toi, surtout toi : nous leur avons soufflé vent de ta venue et de la valeur qui est la tienne. »

« Les cachés ont dit que je n'étais pas en sécurité, ici non plus. »

« Ils ont raison. Après la lueur viendra le sombre et un animal qui se déplace librement, comme toi, et qui est craint par tous les êtres vivants : tu ne voudras pas le rencontrer, mais lui, si. Attiré par ton odeur, il cherchera à te dévorer. Tu pourras grimper en moi et je te protégerai ; mais au sol, il n'y a aucune protection. Il te sentira, t'attrapera, te déchiquettera et te dévorera. Il mange tout ce qui est animal », m'a mis en garde le vieil arbre.

« Ne serais-je pas plus grand que cette bête ? » ai-je rétorqué. Je pensais aux fées et aux cachés.

« Non, tu es plus petit », a dit le vieil arbre en balançant ses branches vers le bas. Une branche s'est abaissée davantage et a caressé le sommet d'un jeune arbre pour me montrer de combien je serais plus petit.

« File avec les cachés avant que la lueur ne s'éteigne », a conseillé le vieil arbre. « Reste près des arbres, réfugie-toi en eux pendant le sombre et méfie-toi du nid où les racines s'emmêlent. »

« Un nid ? Quel nid ? » ai-je demandé.

« Un nid de bêtes inférieures qui ne sont pas faites pour vivre ensemble mais qui y ont été contraintes. Des créatures empoisonnées qui infestent les terres brûlantes et infectent le bois des arbres et les racines qui ont poussé près d'elles. Après avoir été infectés, les arbres ne sont plus tout à fait des arbres et nous ne les considérons plus comme tels : ils sont vivants et morts à la fois, ce sont des morts-vivants. »

« Et où et comment vais-je trouver ce nid ? »

« Ce nid se trouve sous la terre brûlante. Si le vent le veut, tu chemineras près de ce nid avant un autre sombre et sombre. »

« Tes feuilles me recommandent d'éviter absolument de passer près du nid pendant le sombre si je ne veux pas être empoisonné, moi aussi », ai-je expliqué. J'avais en effet remarqué plusieurs branches dont les feuilles s'étaient repliées sur elles-mêmes. Mélangées à l'arôme de l'arbre, elles me délivraient un message visuel, que je voyais à la fois à l'intérieur et à l'extérieur de ma tête. Le langage des arbres est bien plus compliqué et sophistiqué que celui des hommes ; tout n'est pas que dans le son du vent, qui ne transporte qu'une fraction des sens. Ce sont les arômes mêlés au vent qui créent les images qui viennent habiller les mots, des images qui dansent devant les yeux. Celles que je voyais, à cet instant précis, provenaient d'un endroit désolé où des ombres, à demi repliées sur elles-mêmes, glissaient sous des arbres pleins de feuilles marron, sèches et mortes.

« Ne les rencontre pas durant le sombre, ne te fie pas aux arbres dont les feuilles mortes ne tombent pas et, surtout, regarde le ciel. »

« Et qu'y aura-t-il dans le ciel ? »

« Ton avantage. » Le vieil arbre semblait ne rien savoir de plus. « Tu devrais partir, maintenant », a-t-il dit en indiquant une direction qui s'enfonçait dans les profondeurs de la forêt. « Tu rencontreras, sur ton chemin, un *bosquet de dairs** ; il faut que tu l'atteignes avant le sombre. Les dairs ont des défenses contre lesquelles les bêtes du sombre n'ont jamais su se prémunir. Ils sauront te protéger. »

Je me suis incliné avec gratitude devant le vieil arbre. En réponse, les branches les plus basses ont frémi.

« Que tes racines trouvent toujours de l'eau, Æon la Feuille. »

« Qu'il te soit donné de pousser aussi haut que la lumière, père », ai-je répondu. J'espérais que ce n'était pas une salutation trop désuète.

« Allez, file, maintenant », m'a ordonné le vieil arbre.

J'ai fait quelques pas à reculons, jusqu'à ce que je sois de retour dans la lumière éclaboussante du soleil, puis j'ai tourné le dos à l'arbre-père et j'ai rejoint la compagnie des Jannanons.

Même si l'arbre-père m'avait mis en garde contre des dangers que je ne pouvais pas encore comprendre, j'avais l'impression que ce monde n'était pas si différent du mien. Tant qu'il y aurait des arbres, je serais sain, sauf et heureux. J'ai regardé mes trois compagnons et le réconfort de cette pensée a disparu dès qu'ils se sont mis à parler avec leur cadence à trois voix.

« Veux-tu-res-ter-i-ci-plus-long-temps ? »

Leur ton indiquait clairement que nous devions partir sur-le-champ.

« Partons. J'ai appris l'essentiel et j'ai fait mes adieux. Je reviendrai », ai-je dit. Cette dernière phrase était destinée aux arbres et j'ai tenté un signe qui leur était dédié. Je leur exprimais mon souhait le plus vif : celui de revenir.

« Si les esprits te sont favorables, tu reviendras », ont affirmé les trois. C'était une expression que je n'avais jamais entendue et je ne savais pas si je l'aimais beaucoup.

« Allons-nous rencontrer des esprits ici et au-delà ? » ai-je demandé aux Jannanons.

« Non, pas ici », ont-ils répondu d'une façon qui m'a inquiété. Puis les Jannanons se sont mis en mouvement à l'unisson et ils ont traversé les hautes herbes de la clairière qui les ensevelissaient presque entièrement, leurs têtes dépassant à peine des tiges drues.

Je les ai suivis, me retournant une fois de plus pour saluer une dernière fois les arbres, sans pour autant perdre la cadence, ni me laisser distancer. Les arbres faisaient bruire le vent dans leurs branches et s'inclinaient vers moi pour m'embrasser. Ils m'ont enveloppé de l'image de mon corps, se balançant entre leurs branches, et j'ai souri. Puis je me suis contenté de suivre les trois petits bonshommes étranges qui me ressemblaient tellement – en plus petit – mais qui ne comprenaient rien de ce que nous partagions, moi et mes amis à branches qui nous accueillaient dans leur ombrage.

La forêt que nous traversions était pleine de taillis naturels qui poussaient facilement à l'ombre des géants qui se dressaient au-dessus de nous, sans discontinuer et de façon si enchevêtrée qu'on ne voyait pas le ciel. Dans notre forêt, de l'autre côté de la rivière, le sol sous les arbres était beau, net et bien entretenu, de sorte que les broussailles ne se développaient pas de façon anarchique comme ici, où il n'y avait pas de Tor'ocs pour prendre soin de la nature.

Il y avait des souches et des arbres morts en décomposition, des tourbières infranchissables, pleines de fougères, de plantes vénéneuses et de taros noirs et magiques ; des colonies de champignons qui m'arrivaient aux genoux et des pierres à n'en plus finir, couvertes d'une mousse glissante. De gros rochers enfouis sous la végétation, qu'on ne voyait qu'au dernier moment, obstruaient notre route. Mais rien ne nous ralentissait autant que ces guirlandes d'épines et de lianes tordues qui traînaient par terre et qui nous bloquaient la route. Nous n'avions alors pas d'autre choix que de rebrousser chemin et de nous frayer un passage à travers des labyrinthes et des labyrinthes d'épines et de lianes qu'il nous fallait contourner et contourner encore.

Les Jannanons traversaient ce monde de plus en plus hostile sans faire de bruit. Ils marchaient séparément mais à l'unisson, chacun de leurs pas, chacun de leurs mouvements parfaitement identique et synchronisé à ceux des autres, même quand l'un d'eux butait sur un rocher et qu'il devait contourner un buisson ou traverser un ruisseau. Et si l'un d'eux avait entendu un bruit et qu'il se retournait pour voir d'où provenait le son, tous regardaient dans cette même direction, au même instant, avec le même mouvement de cou, de la tête et des yeux. Pour des personnes de petite taille, ils avançaient vite ; je me retrouvais souvent à la traîne, et je devais me dépêcher pour ne pas les perdre. Ils ne se retournaient jamais pour voir si je les suivais ou non, probablement parce qu'ils entendaient chacun de mes pas résonner avec force. Je n'étais pas aussi silencieux qu'eux et je ne voyais pas bien pourquoi j'aurais dû l'être.

En dépit des difficultés rencontrées au cours de cette traversée, j'aimais cette forêt sauvage. La Péninsule devait être comme ça quand Sumon l'avait vue pour la première fois et quand Ourla la Remarquable avait guidé notre peuple dans les arbres, avant que les générations suivantes aient construit la Cité dans les Arbres et qu'ils entretiennent la forêt.

Nous avons traversé cette forêt sans nous arrêter. Moi, j'avais envie de m'attarder pour respirer encore un peu de ce vieux monde mais les Jannanons, eux, voulaient marcher toujours plus vite, pour laisser la forêt derrière eux et retrouver le monde qui leur était familier. Devant nous, il y avait les Terres Maudites que nous respirerions bien assez tôt, et ma raison me disait qu'elles seraient plus difficiles à traverser que cette forêt ancienne, sauvage et foisonnante. Ce monde vers lequel nous cheminions serait encore plus dur et plus étrange. Il serait encore plus difficile, là-bas, de discerner les obstacles qui s'élèveraient sur notre route. Alors ça ne m'aurait pas dérangé qu'on reste ici plus longtemps. Peu m'importait le danger de ces choses qui voulaient me dévorer. Évidemment, je n'avais jamais été une proie pour personne, comment aurais-je pu savoir ce que cela signifiait ?

Les dernières lueurs rencontraient tout juste l'horizon quand la forêt s'est soudain ouverte devant nous. Les arbres étaient suffisamment éloignés les uns des autres pour laisser passer la lumière tardive de la fin de lueur et le sous-bois était débarrassé de la vie végétale des grandes profondeurs qui, auparavant, avait ralenti notre progression. Le sol était recouvert de la même mousse de velours vert tendre que celle qui poussait sur la Voie Suspendue. J'ai levé les yeux. Je m'attendais à trouver une Cité dans les Arbres. Tout me semblait familier. Mais dans ce nouveau monde, il n'y avait plus de Cité dans les Arbres.

Soudain, les Jannanons se sont arrêtés à la lisière d'une clairière encore plus grande dans les arbres, au bord d'un tapis de mousse. On avait l'impression que la mousse bougeait, qu'elle ondulait imperceptiblement. Pourtant, quand je me concentrais sur n'importe quel point de sa surface, elle était aussi stable et immobile que la mousse devrait l'être. Les Jannanons se sont tournés vers moi et ils m'ont regardé. Dans une paire d'yeux il y avait de l'inquiétude, dans une autre de l'anticipation méfiante, dans la troisième de l'impatience.

« N'aie pas peur ! » m'ont dit les trois qui se penchaient vers moi pour donner plus de force à leurs mots.

« Il n'y a pas de quoi avoir peur », ai-je répondu. « C'est la forêt. Je la connais mieux que vous. »

Le plus vieux a souri. L'inquiétude de celui du milieu s'est transformée en grimace et le plus jeune s'est penché vers moi pour me chuchoter :

« Tu ne sais pas de quoi tu parles ! »

« Ce n'est pas dangereux, ils ne te feront aucun mal », ont dit les trois d'une seule voix avant de faire leurs premiers pas sur la mousse.

Lorsque leurs pieds ont touché la mousse et qu'ils se sont enfoncés légèrement dans le velours vert tendre, une lumière blanche mêlée d'or a encerclé leurs pieds et elle a brillé suffisamment pour éclairer leurs corps par en dessous. Ils se sont immobilisés et se sont retournés vers moi. Ils m'ont regardé pour voir si j'avais compris.

« Ils ne te feront pas de mal », ont-ils répété.

Je n'ai pas du tout eu peur parce que je n'ai jamais imaginé que la lumière pouvait être nocive. J'étais émerveillé par cette magnificence et, sans la moindre hésitation, j'ai fait un, deux, trois pas dans la mousse tendre et, contrairement à la lumière autour de leurs pieds, celle autour des miens était bleue avec des filaments violet foncé. Je ressentais de la chaleur, j'avais l'impression qu'une force me repoussait du sol. J'ai regardé par terre et j'ai souri à la personne ou à la chose qui faisait advenir ce miracle lumineux puis j'ai levé la tête et lancé un sourire idiot aux trois visages qui me regardaient avec l'air de dire : « Est-ce qu'il va bien ? »

« Qu'est-ce que c'est ? » ai-je demandé afin de rompre le silence.

« Ce sont des *lucillets** », ont-ils dit doucement, comme pour m'initier en douceur à cette nouvelle expérience.

« Des lucillets », ai-je répété, pour le plaisir d'entendre ce nouveau mot.

« Ce sont des créatures incroyablement petites, trop petites pour que l'on puisse en voir une seule, mais lorsqu'elles sont nombreuses et nombreuses, et nombreuses encore, à s'unir au-delà de ce qui peut se compter, alors elles peuvent faire des choses merveilleuses. »

« Mais je leur marche dessus ! » Cette considération m'a foudroyé : mon poids devait les écraser. « Elles ne me font aucun mal, mais moi, maintenant, je suis en train de les tuer ? »

« Non, non, tu ne peux pas les tuer, elles sont beaucoup trop petites pour être tuées comme ça. Elles se nourrissent. »

« … De moi ? ! » Je n'aimais pas cette idée.

« À leur manière, oui… mais en fait, non. Tu sais, notre corps ne s'arrête pas là où est la peau. On se projette tous au-delà de ce que nous considérons être notre corps », m'ont-ils expliqué, comme s'ils s'adressaient à un enfant. « Dans l'espace qui nous entoure, on émet des émanations stimulantes qui ne sont pas nous : ce sont ces stimulations dont se nourrissent les lucillets. Ils en raffolent. »

« Eh bien, régalez-vous ! » ai-je claironné aux petites choses. Puis j'ai couru à travers la clairière, tombant et roulant et, pendant que je caracolais dans la mousse, la lumière bleue et violette irradiait et pétaradait ; elle virevoltait et clignotait tout autour de mon corps. À un moment donné, une lumière de couleur pourpre a tout illuminé. Le ventre contre la mousse, mes bras et mes jambes écartés aussi loin de moi que possible, j'ai arrêté de rouler. J'ai regardé dans la mousse, la lumière bleue des lucillets qui m'aveuglait puis j'ai aperçu au loin les Jannanons. Ils n'avaient pas bougé, leurs pieds étaient toujours plantés là où ils avaient fait leurs premiers pas.

« Comment se fait-il que la lumière autour de moi soit bleue alors que celle qui est à vos pieds est blanche ? » ai-je demandé.

« Chacun émet des stimulations qui peuvent être différentes de celles émises par quelqu'un d'autre et cela crée des lumières de couleurs différentes. Mais le bleu et le violet, c'est ce qu'il y a de mieux pour eux, ils adorent ça. Le blanc est bénéfique, positif mais rien à voir avec le bleu. »

Comme j'aimais beaucoup ces lumières, je ne voulais pas quitter cet endroit.

« Est-ce que c'est la seule clairière de lucillets au monde ? » ai-je demandé.

Les trois ont ri et leurs rires étaient délicieux. Pour la première fois, chacun d'entre eux est devenu lui-même. Bien que leurs rires se mélangent joliment, chaque rire avait un son particulier, avec son propre caractère et ses notes joyeuses qui s'imbriquaient les unes dans les autres, comme de la musique. Toujours en riant, ils m'ont dit :

« Les lucillets se trouvent presque partout. »

« Et les fées ? » Je me demandais s'il y avait aussi des fées partout.

« Il y a bien plus de fées que de lucillets, il y a des fées de toutes sortes et de toutes natures. En ce moment, nous sommes sûrement entourés de fées. »

J'ai bougé mes yeux dans l'espoir d'en apercevoir une, mais je ne voyais rien qui ressemble à Iz.

« Elles sont où ? Et comment font-elles pour vivre hors de l'eau ? »

« Les fées des eaux ne peuvent pas vivre hors de l'eau mais il existe des fées de l'air, de la terre, du bois, du feu et ainsi de suite, pour tous les éléments. »

« Est-ce qu'elles sont toutes aussi bizarres qu'Iz ? » Je leur demandais ça tout en espérant qu'ils me répondraient : « Non, pas du tout ! »

« Chaque fée est aussi différente l'une de l'autre que chacun de nous, en vérité », ont-ils répondu d'un air entendu. « Mais les fées des eaux ont typiquement mauvais caractère, pire encore que les fées du feu. »

Les trois s'avançaient dans la mousse. Ils marchaient sur les lucillets ; chaque pas créait un nouvel éclairage merveilleux sur la mousse. Je les observais de manière « infinitésimale », comme aurait dit Uthiriule si elle avait été là. Je me suis redressé pour profiter au maximum du spectacle.

« Nous devrions manger bientôt et nous préparer pour la nuit. » À mesure qu'ils parlaient, chaque mot apportait des nuances dorées à la lumière.

Soudain, je me suis rappelé ce qu'avait dit l'arbre-père, puis j'ai regardé dans la direction qu'il m'avait indiquée.

« Nous devons atteindre les dairs. »

« Comment sais-tu qu'il y a des dairs par ici ? » Leurs voix étaient devenues suspicieuses comme si je leur avais caché des informations de première importance.

« … L'arbre-père me l'a dit », ai-je répondu avant que leurs visages se soient détendus. Ils m'ont rejoint et les rivières de lumière qui se dessinaient dans la mousse ont fusionné : le bleu et le violet se sont coulés dans le blanc et l'or. J'ai passé ma main dans la mousse et, de nouveau, la clairière entière a explosé en mille rayons de pourpre et d'or mêlés.

« Tu as raison. Nous devons aller jusqu'aux dairs, ce n'est pas loin », m'ont-ils dit. Clairement, je les agaçais à jouer sans cesse avec les lucillets. « Lève-toi, s'il te plaît. Nous devons arriver là-bas avant la nuit. »

Je prenais mon temps pour me relever… en touchant la mousse avec autant de parties de mon corps que je le pouvais. Puis j'ai fait un test. J'ai fait tournoyer la pointe de mon oro-arc sur la surface de la mousse et ça n'a fait aucune lumière. Les trois m'ont encerclé, je sentais leur impatience : la lumière à leurs pieds avait diminué, elle était devenue sombre puis elle s'était disséminée.

« Ne t'inquiète pas. Les champs de lucillets vont jusqu'aux dairs et au-delà. Allons-y ! »

J'ai senti une petite main pressante dans mon dos, une main bienveillante, qui me poussait dans la bonne direction. Je me suis relevé et nous sommes repartis. J'aimais tellement marcher et regarder les lucillets par terre que je n'ai pas levé les yeux lorsque, sur notre chemin, les arbres passaient d'une variété à une autre, puis à une autre encore.

Après un moment, j'ai perçu le rythme abrupt et authentique des dairs. Ils n'utilisaient pas que le vent pour parler, ils faisaient aussi résonner des sons dans le sol. Même quand ils se taisaient, leurs cœurs battaient si fort que j'avais l'impression d'entendre des mots.

Quand j'ai levé les yeux, on était sur une crête surplombant une vallée peu profonde où poussaient les dairs en très, très grand nombre. Je me suis arrêté, puis, à la surprise de mes compagnons, j'ai tapé du pied. C'était une salutation que les dairs comprendraient, une salutation qui demandait la permission de s'approcher. Sur la Péninsule, il y avait bien une parcelle de dairs isolée, mais personne n'avait osé faire pousser son kollok dedans. Les dairs sont bien connus pour leur sensibilité à fleur d'écorce et leur complexe de supériorité. On doit leur témoigner le plus grand respect, ou bien il faut s'attendre à être puni. Je n'aimerais pas monter dans un dair que j'aurais insulté ! En grimpant, ses branches se tortilleraient juste assez pour me faire perdre l'équilibre. Et une feuille à l'extrémité d'une petite branche viendrait frapper mon œil seulement pour m'aveugler. J'ai donc frappé du pied et j'ai attendu leur invitation.

Ils savaient que ce salut frappé venait d'un étranger, un étranger qui pouvait bouger, contrairement à eux. La réponse des dairs a été rapide. Un bruissement s'est propagé dans le sol. C'était un mélange de confusion et de curiosité à mon égard – la curiosité était l'une de leurs faiblesses.

« Qui ? » Cette question, formulée ainsi, voulait dire : « Expliquez-vous ! »

J'ai fait deux pas dans leur direction et j'ai frappé avec mes pieds le message suivant :

« Puis-je m'approcher pour vous expliquer, car ma langue est ancienne et bizarre et il se pourrait que je sois difficile à comprendre. »

« Attention ! »

Les dairs voulaient que je m'approche lentement et avec respect. Je me suis tourné vers les trois.

« Marchez derrière moi, en ligne et en silence comme vous le faites si bien. Arrêtez-vous quand je m'arrête, agenouillez-vous quand je m'agenouille. Ne dites pas un mot. »

Et j'ai commencé à descendre la colline pour me diriger vers les dairs. Les Jannanons m'ont suivi avec grâce, aussi silencieux que des étoiles. Nous sommes descendus lentement, les yeux rivés au sol ; les lucillets éclairaient notre chemin. J'ai baissé la tête, non pas pour voir leur lumière, mais en signe de respect pour les dairs. J'ai senti que les trois petites têtes derrière moi se penchaient, elles aussi, vers le sol.

« Ça suffit ! », ont déclaré les dairs.

Les dairs nous signifiaient par là que nous étions assez près d'eux pour qu'ils puissent me voir et m'entendre. Je me suis arrêté, je me suis agenouillé et les Jannanons ont fait pareil.

« Puis-je grandir ici ? » ai-je soufflé en me suis balançant. J'espérais que l'expression de l'arbre-penché était connue par ici.

« Tu es la bête qui parle le vent et dont les racines ne sont pas dans la terre. Le vent nous a parlé de toi. Tu peux grandir ici. »

Pour être plus éloquent, je me suis relevé et j'ai soufflé :

« Je suis un homme-bête et ces trois-là le sont aussi. Nous aimerions passer la nuit dans vos branches. »

« Vous voulez dormir dans nos bras ? » a demandé un dair en soufflant. J'ignorais quel était l'arbre m'avait parlé, si bien que je ne savais pas à qui m'adresser. Leurs voix semblaient provenir de toutes les directions à la fois et d'aucune en particulier, surtout lorsqu'un mot arrivait par le sol et remontait sur mes pieds, le long de mes jambes.

« Nous souhaiterions dormir dans vos branches. J'ai un hamac avec moi mais les autres hommes-bêtes n'ont rien et on m'a dit que, par ici, c'était dangereux pour nous de dormir par terre. »

Les dairs ont sombré dans une conversation faite de grondements sourds que je ne pouvais pas comprendre. Or il était évident qu'ils pesaient le pour et le contre de notre requête et qu'ils essayaient de trouver un moyen de nous aider. Ce que je comprenais, c'était qu'ils se souciaient de notre sécurité. Ils étaient rudes et je me sentais petit parmi eux, pas tant à cause de leur taille que de leur tempérament. S'ils nous permettaient de grimper dans leurs branches, nous serions alors en sécurité ; j'étais certain qu'ils avaient les moyens de nous défendre contre n'importe quel prédateur. Les grondements ont cessé puis un arbre a pris la parole.

« Il y a des nids d'oiseaux inutilisés depuis long et long mais qui ont gardé leurs formes. On va vous y conduire. »

« Mes amis sont petits mais pas aussi petits que des oiseaux », ai-je précisé.

« Ces nids ont été tissés par les *grands-d'or** », ont répondu les dairs. Il y en a trois qui sont encore assez bien conservés. Chaque homme-bête pourra tenir dans l'un d'eux. »

« Je vais le leur faire savoir », ai-je informé les dairs pour qu'ils ne s'impatientent pas. Puis je me suis retourné vers mes compagnons.

Ils étaient encore agenouillés, la tête penchée, ils écoutaient mon étrange conversation avec les dairs sans rien y comprendre. Le visage placide, ils ont levé la tête à l'unisson.

« Cette nuit, on pourra tous dormir dans les arbres », ai-je annoncé. À ces mots, les trois se sont regardés, soucieux et inquiets. « ... Ils ont trois nids d'oiseaux géants pour vous trois. Avec les lucillets, vous ne pourrez pas vous cacher. C'est plus raisonnable de dormir dans un arbre. »

Les Jannanons ont regardé leurs pieds illuminés et ont bien été obligés d'admettre que j'avais raison. Ils n'avaient pas envie de grimper aux arbres ni de dormir dans des nids d'oiseaux mais, visiblement, ils comprenaient qu'ils n'avaient pas le choix. Toutefois, ils ont émis une réserve de taille.

« Mais... Les branches les plus basses sont trop hautes pour nous. Comment pourrons-nous les atteindre ? » ont-ils demandé, en espérant que je n'aie pas de réponse.

« Par là-bas ! » Je leur ai pointé du doigt un petit arbre à proximité. « Ce sont de jeunes arbres, vous pourrez facilement grimper dans ceux-là. On les traversera de branche en branche, puis on ira d'un arbre à l'autre et les dairs nous conduiront jusqu'aux nids. Je trouverai bien une branche où suspendre mon hamac. Vous n'avez jamais dormi dans un arbre tandis que moi je n'ai jamais dormi par terre, mais je ne peux pas imaginer que dormir sur cette terre dure puisse être aussi agréable et réconfortant que dans les bras souples d'un arbre. Méfiez-vous, après cette nuit peut-être que vous ne voudrez plus jamais redescendre », ai-je dit avec malice.

« Nous voulons déjà être redescendus ! » ont répliqué les petits hommes d'un air résigné. « Mangeons d'abord. Nous essaierons de dormir là-haut, mais pas question de préparer le repas ni de manger dans les arbres. » Ils avaient capitulé.

J'ai expliqué aux arbres que nous acceptions leur généreuse offre de nous protéger dans leurs branches mais que nous mangerions d'abord en bas avant de grimper dans leurs bras. Je leur ai demandé s'il était imprudent de rester à terre encore un moment. Ils m'ont assuré que nous avions le temps, que la bête ne viendrait pas chasser par ici tout de suite. Ils ont ajouté qu'elle nous avait certainement déjà sentis et suivis et qu'ils étaient donc certains qu'elle viendrait, ils me l'ont bien fait comprendre. Lorsque je me suis retourné pour le leur dire, j'ai vu que les Jannanons avaient déjà déployé une étoffe à même le sol, sur laquelle étaient disposés des viandes, des fruits secs, les tiges vertes d'une plante comestible et quatre gobelets vides. Le jeune Jannanon s'est emparé des gobelets et il a disparu. Voyant mon air étonné, les deux autres m'ont dit :

« Il y a un ruisseau avec de l'eau fraîche qui coule près d'ici ! »

Les gobelets n'avaient rien à voir avec ceux que nous avions de l'autre côté de la rivière. Ceux-là avaient des motifs élaborés. Ils étaient faits de métal et paraissaient à la fois fins et solides. Nos couteaux avaient aussi une lame en métal mais, pour nous, le métal était si difficile à travailler que nous ne l'utilisions jamais pour en faire des gobelets. Tous les ustensiles que nous utilisions pour manger étaient en bois, celui qui nous était donné par les arbres.

Le plus jeune, celui aux yeux violets, avait couru vers le ruisseau qu'on entendait couler. Chacun de ses pas produisait dans les lucillets la lumière blanche qui me ravissait tant. Je me disais que jamais je ne me lasserais de la contempler. La lumière des lucillets, qui venait de sous nos pieds, éclairait notre repas par en dessous, d'une lumière douce et chatoyante.

C'était mon premier repas loin de la Péninsule et ça n'avait rien à voir avec ce que j'aurais pu imaginer. Où avaient-ils donc porté cette nourriture pendant tout ce temps ? Sur leurs petits corps ? Sous leurs longues soutanes, sûrement, mais quand ils marchaient, s'agenouillaient ou s'asseyaient, rien ne dépassait jamais. Et le tissu lui-même, sur lequel nous allions manger, de quoi était-il fait ? J'ai pris l'extrémité de l'étoffe étalée sur le sol et je l'ai caressée. Le toucher était très différent de l'étoffe de nos montereaux – faits de peau de bêtes que nous chassions – ou des assis-longs que nous confectionnions pour nous vêtir ; il ne ressemblait pas non plus aux herbes tressées de nos hamacs ni à celles de mon carquois. Je le tripotais, en essayant de deviner de quelle plante ou de quel animal il provenait.

« N'as-tu-donc-ja-mais-vu-du-co-ton ? » ont demandé les deux Jannanons. Cela me faisait étrange d'entendre une phrase prononcée seulement à deux voix.

« Non », ai-je répondu. J'ai raisonné que les vêtements qu'ils portaient et le tissu sur lequel nous allions manger s'appelaient « coton ». « Quelle sorte d'animal est le coton ? » ai-je voulu savoir.

« Ce n'est pas un animal, c'est une plante qui fleurit en faisant des petites boules blanches, qui peuvent être tissées en cordes ou en petites ficelles, comme celles de ton arc, mais petites et petites encore. »

J'ai observé le tissu de plus près et j'ai remarqué sa trame de cordelettes, de merveilleuses petites cordelettes qui s'entrecroisaient pour former un tout qui bougeait et coulait comme de l'eau. Notre tissage, le tissage de l'herbe pour faire des hamacs, des carquois, des bonnets, des bandeaux et des bandoulières – que mes ancêtres avaient mis plusieurs générations à mettre au point – était grossier comparé à l'infinie délicatesse de leur coton.

« Cette étoffe est faite dans un coton grossier et rêche, mais dans les villages et les villes que nous traverserons, tu verras des tissus encore plus fins et plus délicats », m'ont expliqué les deux petits hommes à propos du coton extraordinaire que je tenais entre mes doigts. « Là où nous allons, il y a des tissus en fils de vers, doux et solides comme du métal liquide, plus légers que le vent et qui procurent, pendant les mois chauds, une sensation de fraîcheur sur la peau. »

Mon esprit s'est engourdi en essayant de concevoir ce qui pouvait être plus fin encore que ce coton, que je considérais à présent trop précieux pour manger dessus.

J'ai regardé mes propres vêtements et, pour la première fois, ils m'ont paru grossiers.

« Et que penseront de moi les habitants des villes ? » ai-je demandé, en montrant mes oripeaux.

« Ils seront à la fois impressionnés et apeurés par ton apparence. Ils seront méfiants à ton égard et ils ne s'approcheront pas trop de toi. »

« Pourquoi ? » Mon visage interrogatif implorait une réponse. Les deux se sont regardés. Le plus vieux a hoché la tête et a fini par avouer :

« Tu as un arôme difficile à respirer. »

« J'ai un arôme qui ne sent pas bon ! » Je n'en croyais pas mes oreilles. « On m'a toujours dit que je sentais bon. »

« Pour un Tor'oc, certainement, et pour nous, c'est acceptable ; mais nous, on a marché dans la boue, à travers champs et forêts depuis des semaines, donc nous aussi, on doit avoir un arôme assez corsé, on n'est donc pas des plus objectifs. »

« Alors comme ça, je raisonne que non seulement je ressemble à un animal sauvage mais que j'en ai aussi l'arôme. Comment vais-je pouvoir participer au Camarode ou m'approcher du moindre village sans inspirer du dégoût ? » ai-je questionné.

« Dès que possible, on te fera prendre un bain, on aérera tes vêtements et on les parfumera », ont-ils répliqué, gênés. Craignant de me froisser ou de me contrarier davantage, ils se sont tus.

« Il faudra que je m'en accommode, j'imagine. » Circonspect, j'ai hoché la tête.

Le jeune Jannanon est revenu avec les gobelets remplis d'eau fraîche et nous avons mangé en silence ; je ne voulais plus rien entendre à mon propos. Les trois se nourrissaient avec une certaine désinvolture, moi, je craignais à chaque bouchée de faire tomber la moindre miette ou goutte sur le précieux tissu. Tout en mangeant, l'un des mots qu'ils avaient prononcés me trottait dans la tête ; ils avaient dit « semaine » et même « des semaines ». Si une semaine est faite de lueurs, alors des semaines sont faites de plusieurs fois des lueurs, cela faisait au moins des lueurs et des lueurs, si ce n'étaient des lueurs et des lueurs et des lueurs. Iz m'avait dit que la ville du Camarode était à plusieurs jours de marche, à présent, j'entendais qu'il était question d'un nombre de jours qui formait des semaines et pourquoi pas des mois. On m'avait donc trompé. Le monde, de ce côté-ci de la rivière, était plein de fourberies. J'ai raisonné que ce ne serait pas la dernière fois que je me ferais avoir ici.

Après le repas avalé dans un silence de plomb, le coton a été plié. Nourriture, gobelets et coton ont été escamotés sous les soutanes, et, vu de l'extérieur, il n'y avait plus la moindre trace de quoi que ce soit sur eux, alors qu'ils en trimbalaient, des choses et des choses. Je leur ai fait signe qu'il était temps de grimper dans les arbres. Ils se sont levés et m'ont suivi jusqu'à un jeune dair dont je pouvais facilement atteindre les branches les plus basses pour me hisser dessus. Les trois ont regardé la branche : elle était encore trop haute pour eux.

« Je vais vous hisser l'un après l'autre et vous grimperez jusqu'au milieu du tronc. Là, il y a un endroit sûr où vous vous assiérez jusqu'à ce que nous soyons tous dans l'arbre », ai-je indiqué. Je leur ai montré le long de la branche le chemin que je voulais qu'ils prennent et l'endroit où je voulais qu'ils s'assoient pour m'attendre. C'était la première fois que j'avais desserré les dents depuis qu'ils m'avaient dit que je sentais mauvais. C'est pour ça que le ton de ma voix était plus dur que je ne le voulais.

J'ai d'abord attrapé le plus jeune parce que je pensais qu'il serait plus disposé à grimper dans l'arbre et que ça encouragerait les deux autres à faire pareil. En le prenant pour le hisser jusqu'à moi, j'ai vu qu'il s'était arrêté de respirer. Ça m'a mis en colère et j'ai eu envie de le laisser tomber, de préférence sur la tête. Je savais pourtant que ce n'était pas sa faute s'il ne pouvait pas respirer mon arôme. Je devrais d'ailleurs ajouter qu'à ce moment-là, si proche de lui, je n'aimais pas tellement son arôme non plus. Je l'ai donc poussé un peu plus vigoureusement que nécessaire et le haut de sa tête est venu heurter l'arbre en faisant un bruit sec de craquement. J'ai présenté mes excuses à l'arbre mais je n'ai rien dit au petit homme et j'ai eu honte de me comporter comme un enfant.

« Attrape la branche et relève tes pieds », lui ai-je expliqué pour me calmer. Il a fait ce que je lui ai dit. Il a attrapé la branche étonnamment vite, puis il s'est déplacé pour laisser la place aux deux autres. J'ai attendu qu'il soit près du tronc avant de m'occuper du suivant. Cette fois-ci, je m'y suis pris autrement. J'ai regardé en l'air pour éviter de voir sa bouche fermée, sa poitrine serrée et son nez chiffonné, bref tout son corps qui se tortillait pour éviter de sentir les effluves de mon arôme qui l'indisposait. Le troisième s'est retrouvé en haut avec les deux autres peu de temps après. Ils s'étaient tous faufilés jusqu'au tronc. Plus aimable avec le dair qu'avec eux, j'ai remercié l'arbre d'avoir accepté mes compagnons, puis je lui ai demandé la permission de grimper à mon tour.

« Viens », a frappé le jeune dair.

Après avoir rejoint les trois, je leur ai dit que j'allais avancer lentement pour qu'ils puissent me suivre. Les arbres m'ont soufflé le chemin ; les arômes dans le vent créaient une carte sur laquelle je pouvais voir comment me déplacer, sur quelles branches et où exactement je devais poser mes mains. Les arbres me guidaient, de plus en plus haut, de plus en plus loin, vers la cime des plus hauts dont les branches basses s'élevaient à cinq tor'ocs au-dessus du sol. La carte des arômes m'a également indiqué où se trouvaient les nids des grands-d'or et un endroit fiable où attacher mon hamac.

C'était facile de se faufiler à travers ces grands arbres et j'ai eu l'impression d'atteindre l'emplacement des nids d'oiseaux en *deux-deux**. Derrière moi, les petits hommes étaient complètement trempés de la tête aux pieds et ils respiraient très fort. La lune et les étoiles éclairaient les branches sur lesquelles on avançait. Mais les nids, eux, se trouvaient dans l'obscurité. On s'est arrêtés au premier nid. Tous les quatre, on a inspecté de fond en comble l'endroit où les grands oiseaux avaient pondu leurs œufs et élevé leurs petits. Le nid était suffisamment grand pour qu'un Jannanon puisse dormir à l'aise dedans.

« Ces oiseaux doivent être des géants », ai-je chuchoté. Ils surpassaient en taille les plus grands des oiseaux de proie de la Péninsule. C'était difficile pour moi d'imaginer à quoi ils pouvaient ressembler. J'avais très envie d'en voir un mais surtout pas maintenant ! De toute façon, les grands-d'or ne risquaient pas de revenir, les nids avaient l'air vieux et abandonnés bien qu'encore solides. Les arbres m'ont soufflé l'emplacement des deux autres nids ; ils étaient heureusement à côté les uns des autres. On s'est hissés jusqu'au deuxième nid. Le Jannanon aux yeux verts s'est installé dedans, puis le plus jeune m'a suivi jusqu'au troisième nid, qui était le plus haut, à côté d'un endroit où les branches se divisaient en trois rameaux, tous suffisamment solides pour supporter le poids de mon hamac avec moi dedans.

Je me suis allongé et j'ai souri… J'ai souri à l'arbre et à la nuit. J'étais empli de la joie d'être là, bercé par une douce brise chaude qui nous balançait dans un arbre si accueillant.

J'ai fermé les yeux et j'ai imaginé que j'étais dans mon kollok, en sécurité parmi les miens. Mon corps s'est détendu ; il pouvait enfin se libérer de l'épuisement et des émotions qui s'étaient accumulés depuis l'incendie du dernier sombre. Était-il possible qu'il ne se soit écoulé qu'une seule lueur depuis l'incendie ?

L'incendie… Je m'étais réveillé avec l'incendie et, allongé dans les branches de ce dair du Monde du dehors, je n'étais déjà plus le même Æon la Feuille. J'essayais de me calmer pour m'endormir. C'était à la première lueur que, dans ce même hamac, j'avais fait le rêve du feu dans l'eau puis que je m'étais réveillé avec un vrai feu sur la Péninsule. Dans la vie éveillée, j'étais entré dans l'eau effrayante, j'avais recueilli une fée des eaux dans la rivière, qui m'avait convaincu de quitter la vie dans les arbres que je connaissais pour traverser le Divul dans une farandole de fées. J'ai repensé à ma conversation avec l'arbre-père, à ma rencontre avec les Jannanons taciturnes et à leur évocation d'une Route lointaine au-delà des Terres Maudites qu'il nous faudrait traverser. J'ai songé à mes roulades exaltantes dans les champs de lucillets luminescents et à la découverte des nids des grands-d'or dans lesquels mes compagnons étaient sur le point de s'endormir. Ces événements me donnaient l'impression qu'il s'était écoulé des lunes et des lunes depuis l'incendie. Comment tout cela avait-il pu tenir à l'intérieur d'une seule et même lueur ? C'était une question et une réponse.

C'était un miracle. Je craignais que le Monde du dehors ne se révèle être un endroit où les merveilles ne s'arrêtaient jamais.

Chapitre 3

La terre noire et brillante brûle – elle brûle, elle bout, elle tremble, elle fume, se consume, elle éclate –, et je cours dans cette noirceur dure et rageuse, à travers cette plaine plate et sinistre. Les Jannanons sont avec moi, ils ne portent pas leurs longues robes mais des montereaux épais, faits d'innombrables et minuscules galets d'argent plats, tissés ensemble qui forment une toile métallique qui leur couvre le cou, le torse et les bras. La toile reflète la lueur des flammes lorsque nous passons devant. Les trois Jannanons ne se déplacent pas à l'unisson mais séparément, comme n'importe qui. Ils ont des armes : des épées courtes et larges, des frondes en peau et un petit arc plat qui tire sur le côté et que le plus vieux tient sur son avant-bras.

Nous ne sommes pas seuls, ici, il y a des ombres qui grouillent, des ombres dépourvues d'objet, des ombres orphelines. La terre est noire, mais les ombres sont encore plus noires ; elles courent, nous encerclent, ne sont attachées à aucun corps visible, elles sont elles-mêmes des bêtes faites d'ombres, toutes griffes et dents dehors. Des ombres jaillissent et s'élancent de tous les côtés et les Jannanons les combattent. Je me bats aussi, je les frappe avec mon arc que j'utilise comme un bâton ou une massue. Des ombres, d'innombrables ombres sortent du sol, s'élancent de partout et s'abattent sur nous. Il n'y a pas moyen de les vaincre toutes. J'ai peur de devenir moi-même une ombre, je les tiens à distance, je les repousse. Les ombres hurlent, elles hurlent un horrible cri de bête, mais elles ne sont pas vaincues, elles continuent à affluer en nombre. Je suis sûr qu'il y a un secret pour les vaincre, mais je ne le connais pas et je ne sais pas comment le découvrir.

Et là, je me suis réveillé – et comme le sombre précédent, j'ai entendu un cri qui n'était pas seulement dans mon rêve mais aussi dans le monde. Le cri se propageait dans l'arbre sur lequel j'avais dormi. J'étais surpris de me retrouver là, puis je me suis souvenu peu à peu des événements de la veille et je me suis rendu compte que, bien que je sois dans mon hamac, je n'étais pas dans mon arbre, ni dans mon kollok. J'étais un Tor'oc loin de sa Péninsule. Désorienté, mon corps était toujours assoiffé de sommeil. J'ai regardé autour de moi pour savoir d'où provenait le cri et j'ai découvert que ce n'était pas de l'arbre où nous étions mais d'en bas. J'ai agrippé les bords de mon hamac et je me suis redressé : à un tor'oc de moi, dans son nid géant, le jeune Jannanon aux yeux violets était penché en avant à scruter le sol. Lorsqu'il a senti ma présence, il a tourné vers moi son visage sérieux, toujours embué de sommeil mais alerte. Quand le cri a retenti de nouveau, le jeune Jannanon a regardé vers le bas et j'ai suivi son regard. À une dizaine de tor'ocs en dessous de nous, il y avait quelque chose de grand et de rouge qui hurlait et se débattait contre le tronc de l'arbre. Puis la grande chose rouge a senti ma présence. Elle a levé la tête, ses yeux ont trouvé les miens et j'ai reculé.

La créature était mi-homme, mi-bête. Elle avait l'air sauvage et fou du prédateur qui sentait sa proie mais ne pouvait l'atteindre. Je me suis rallongé dans mon hamac ; je sentais les griffes de la bête rentrer dans l'écorce de l'arbre, dans la partie du tronc qui sortait de la terre et s'enfonçait en elle. La peau du dair était épaisse. Elle n'était pas blessée par les morsures de la bête mais l'arbre était fâché et il réfléchissait à ce qu'il allait faire. Je sentais tout cela dans l'arôme de l'arbre que la brise diffusait. La bête, frustrée, a renoncé à grimper dans l'arbre. Je me suis redressé.

« Qu'est-ce que c'est ? » ai-je demandé au jeune Jannanon qui était toujours penché vers le bas.

« C'est un *Muon** », a-t-il dit simplement, comme si cela aurait dû me suffire, puis il s'est souvenu que je ne connaissais rien à ce monde et il a ajouté : « Les Muons font partie des *Légendes de la Damnation** », comme si cela expliquait tout.

« On dirait un homme à quatre pattes », ai-je commenté, en regardant l'énorme corps qui n'était pas vraiment rouge mais qui baignait dans la lumière de la mousse que les lucillets irradiaient en rouge tandis que l'homme-bête, rageur, tournait en rond au-dessus d'eux, en me jetant des regards mauvais. La bête humaine me sentait, elle me voulait, comme l'avait prédit l'arbre-père. Je la voyais maintenant et j'avais une idée plus précise de sa taille. Pour le Muon, j'avais la taille d'un Jannanon.

« Les Muons sont des hommes, ou plutôt, étaient des hommes. » Pour mieux chercher dans sa mémoire, le jeune Jannanon a froncé les sourcils. « Ils étaient des chasseurs, une race qui avait appris des grands félins à chasser dans l'obscurité. Leurs yeux sont devenus comme ceux des chats et ils ont commencé à voir dans l'obscurité comme en plein jour, si bien que le jour est devenu une impossibilité pour eux. »

Le jeune Jannanon s'est tu, ne quittant jamais des yeux le Muon qui s'agitait, grognait et bondissait en bas. Je m'étais habitué aux phrases à trois voix de mes compagnons et j'ai été surpris d'entendre la voix haletante du plus jeune quand il s'est exprimé tout seul. Je ne m'étais jamais posé la question, mais sans ses compagnons, chaque Jannanon devait penser et parler par lui-même, ce qui leur paraissait sans doute curieux.

Je regardais le Muon en dessous de nous. Il se déplaçait à quatre pattes comme un félin, mais il pouvait se redresser comme un homme, même s'il ne se tenait jamais tout à fait debout. Il se penchait vers l'avant, accroupi, et tendait le cou chaque fois qu'il voulait regarder en l'air. Les muscles de ses bras, de ses jambes et de son dos se mouvaient comme ceux d'un animal et leurs lignes saillantes étaient clairement visibles. Cette créature avait la force d'un fauve, elle était plus forte et plus grande que n'importe quel Tor'oc. Elle était nue et glabre comme un homme, avec des cheveux sur la tête et sur les joues, mais pas sur le reste de son corps. Elle était sale : une couche de boue sèche et craquelée recouvrait sa peau, une peau blanche qui n'avait rien à voir avec la peau cuivrée des Tor'ocs. Je me disais que nous, les Tor'ocs, nous pourrions devenir tout aussi blancs si notre peau ne voyait que le sombre et jamais le soleil.

« Il y a beaucoup de Muons ? » ai-je demandé en pensant que si les Muons étaient vraiment une race, nous ne pourrions sans doute jamais nous en débarrasser.

« Non, i-ils sont p-peu nombreux. Je-je pensais d'ailleurs que je-je n'en rencontrerais ja-jamais ! » Le jeune

Jannanon bégayait. « Il y a bien longtemps, lorsqu'ils ont pris goût au sang humain, ils ont été repoussés dans les Terres Maudites. La plupart sont morts là-bas, mais comme tu le vois, certains ont survécu et ceux-là se sont frayé un chemin à travers la forêt à coups de griffes. Mais ils n'ont jamais retrouvé leur nombre d'origine. On ignore pourquoi. On dit par ici qu'ils sont aussi rares qu'une rencontre entre le soleil et la lune. »

Je fixais le Muon en bas. Je pensais à son passé et à celui de ses ancêtres, qui, comme les miens, s'étaient un jour retrouvés par ici pour y rester prisonniers.

« Ils chassaient et dévoraient les hommes ? Ils sont si grands que je ne comprends pas comment ils ont pu être vaincus par ces hommes qu'ils chassaient », ai-je dit, mais c'était une question.

« Leur faiblesse était le jour ; le jour était notre force. On les débusquait de leur cachette, on les tuait ou on les repoussait dans la lumière qui les aveuglait ; ils fuyaient, erraient et se sont retrouvés dans les terres que nous atteindrons bientôt, les Terres Maudites », a-t-il dit d'une voix inquiète.

« Ça s'est passé il y a des générations et des générations. Comment tu la connais, cette histoire ? » ai-je demandé.

« Comme je l'ai dit, ça fait partie des Légendes de la Damnation et on ne grandit pas et on n'atteint pas sa taille maximale sans connaître les Légendes », a-t-il répondu en essayant de dissimuler sa consternation devant mon ignorance.

« Et les Tor'ocs, est-ce qu'ils font aussi partie de ces Légendes de la Damnation ? » Dans le même souffle, je voulais et je ne voulais pas le savoir.

« Vous représentez la première, la plus grande et la plus terrifiante partie de ces Légendes. » Ses mots s'enchaînaient à toute vitesse et le jeune Jannanon a été gêné d'avoir à les prononcer. « Les Tor'ocs étaient pires que les Muons qui chassaient et qui mangeaient les hommes. » Je n'ai pas aimé cette phrase.

« Toutes vos légendes se finissent ici, de ce côté-ci des Terres Maudites ? » ai-je repris.

« Non, il n'y a que deux Légendes qui se terminent ici », a-t-il dit. Et, il a fait un signe de tête dans ma direction puis un autre vers la créature, en bas. « La tienne et la leur. Les Terres Maudites se trouvent à la fin de la troisième Légende. »

« Tooooooiiiiiiiii ! »

Ce cri affreux qui déchirait la nuit venait de la créature d'en bas. Avait-elle vraiment crié « Toi » ou bien était-ce moi qui avais imaginé ce son dans le cri ? Je me suis penché et, même à cette distance, ses yeux haineux m'ont déchiqueté.

Un peu plus loin, un petit animal a couru sur la mousse. Au contact de ses pattes, les lucillets ont illuminé la clairière d'éclats luminescents verts et jaunes. Le Muon l'a vu comme je l'ai vu et, sans un regard dans ma direction, il s'est rué à la poursuite du petit animal. Je voyais toujours les éclairs verts et jaunes, suivis des explosions rouges du Muon qui frappaient la mousse ; il utilisait ses meilleures armes : la vitesse et la faim qui le tenaillaient. Les éclairs verts et jaunes ziguaient et zaguaient tandis que les explosions de rouge suivaient une ligne droite. Le petit animal a dû quitter la mousse car les éclairs verts et jaunes ont disparu, tandis que la ligne d'explosions rouges s'est tracé encore quelques jiffes avant de disparaître elle aussi. Une jiffe plus tard, un petit cri aigu a fendu la nuit. Ce devait être le petit animal pris entre les mâchoires acérées du Muon, dépecé sur-le-champ et avalé tout cru – muscles, poils et os. J'ai regardé dans la direction du cri, écoutant le sombre pour y discerner des sons qui proviendraient du Muon, mais la forêt est restée silencieuse. Peut-être que les Muons se cachaient dans des tanières pour y manger tranquillement. Le Muon ne revenait toujours pas et je me suis dit qu'il ne reviendrait pas ce sombre-là.

Je me suis retourné vers le jeune Jannanon. Son regard aussi fouillait les ténèbres, là où l'animal avait été mis en pièces et avalé tout cru. Il m'a regardé. Son regard était lointain et pensif. Il a murmuré :

« C'est un jour rare et rare. »

« Pour moi, depuis que j'ai quitté mes arbres, chaque jiffe est rare et rare », ai-je répondu pour le distraire de ses pensées.

« J'ai vu un Muon », a-t-il dit, puis il a croisé mon regard et il est sorti de sa rêverie. « Assis à bavarder avec un Tor'oc dans le nid d'un grand-d'or, j'ai vu un Muon courir après une proie et la tuer. Quand on m'a choisi, on m'a dit que je verrais et vivrais des jiffes bien au-delà de ce qui m'était familier et que cela me transformerait, séparément et individuellement. Je ne les ai pas crus et pourtant, dès le premier jour et la première nuit passés avec toi, c'est déjà arrivé. » Dans ses mots, il y avait un mélange de peur, d'émerveillement et de tristesse.

J'attendais qu'il poursuive mais il ne l'a pas fait. Il est resté assis, à regarder dans la direction où les éclairs verts et jaunes avaient disparu. Les Jannanons étaient connectés entre eux, ce qui faisait leur force, mais dans leurs expériences individuelles ils étaient tous trois des êtres à part entière.

« As-tu un nom à toi, différent de ceux des autres ? » Pour la première fois, je m'interrogeais sur lui en tant qu'homme. Il m'a regardé avec un air étonné, surpris que je lui pose cette question, ou simplement surpris d'entendre ma voix dans la nuit.

« Oui, bien sûr », a-t-il répondu. Mais il ne m'a pas dit son nom.

« Comment tu t'appelles ? As-tu un personnifiant comme "la Feuille", par exemple ? »

« Non, nous n'avons pas de personnifiant. C'est contraire à la philosophie jannanone. Je m'appelle *Wéodou-Yé** *Jannanon*. »

« Wéodou-Yé… Ça veut dire quelque chose ? »

« C'est un nom que nous nous transmettons dans notre famille. Il ne peut pas y avoir deux Jannanons vivants qui portent le même nom. Ça fait partie de la manière dont nous partageons nos consciences. » Je me disais qu'il évoquait la façon dont ils étaient connectés entre eux. « Il y a longtemps, dans ma famille, il y a eu un autre Wéodou-Yé. Le nom de ce Wéodou-Yé Jannanon figure dans les Légendes de la Damnation. »

Ça m'a ragaillardi et j'ai souri. Il n'y avait pas que les Tor'ocs et les Muons qui étaient des créatures damnées.

« Les Jannanons sont aussi dans les Légendes de la Damnation alors ? »

Wéodou-Yé m'a fusillé du regard. Visiblement, il n'appréciait pas mon sourire qui l'incluait dans notre groupe.

« Oui, nous sommes dans les Légendes mais on n'y figure pas comme des damnés, nous ! Nous, on est les héros ! Et après les épreuves que nous allons traverser, peut-être que mon nom y figurera aussi. »

« Les Légendes ne sont pas finies, anciennes et révolues ? » Quel genre de légendes se prolongeaient donc ainsi, dans le présent, me suis-je demandé.

« Elles sont anciennes… mais ensuite l'histoire a continué et elle continue toujours. »

« Quelle histoire ? » ai-je questionné. J'espérais une vraie réponse.

« Celle que nous vivons ! » a-t-il dit d'un ton définitif. Puis il s'est laissé glisser dans son nid.

Je ne le voyais plus, mais je savais qu'il m'entendait toujours.

« Y a-t-il une ville d'où tu viens ? »

« Oui. » Sa voix s'est envolée par-delà le bord de son nid et elle s'est posée à côté de moi.

« … C'est une ville où les habitants sont tous des Jannanons ? »

« Oui, rien que des Jannanons. »

« Et je pourrais la voir, ta ville ? » J'espérais bien que oui.

« C'est l'avant-dernière ville sur la Route lointaine qui mène à Orzamond. Tu verras d'abord une autre ville », m'a répondu sa voix.

Je me suis rallongé dans mon hamac. Avant de m'endormir, je lui ai demandé :

« Je peux t'appeler Wéodou-Yé ? »

« Oui, maintenant que tu le sais. Tu peux m'appeler Wéodou tout court. »

« Et toi, tu peux m'appeler Æon, Æon tout court aussi, sans "la Feuille". »

« Æon », ça a été son dernier mot.

Je ne sais pas comment, mais à cet instant, j'ai su que chaque Jannanon devait vous dire son nom, qu'on ne pouvait pas l'apprendre de quelqu'un d'autre et que, par respect pour lui, je ne devais pas prononcer le nom de Wéodou sans sa permission. Je l'ai utilisé ici, dans mon récit, parce que plus tard, quand il respirait encore, il m'a dit que je pouvais le faire. Après cette dernière pensée, je me suis laissé aller dans l'herbe tressée de mon hamac et j'ai sombré dans les profondeurs du sommeil et du rêve.

Je me suis réveillé brusquement. La rosée était déjà sèche. Le souvenir nébuleux d'un rêve m'enveloppait. Je marchais avec précaution sur de la mousse couverte de lucillets. J'essayais de ne pas faire de bruit pour ne pas attirer l'attention, mais les illuminations blanches et bleues des lucillets m'éclairaient et révélaient ma présence aux yeux de tous. Alors j'ai grimpé haut dans l'arbre, bien au-delà du nid, pour me cacher.

À mon réveil, je suis allé voir Wéodou dans son nid de grand-d'or. Le nid était vide. En bas, j'ai aperçu les trois Jannanons qui étaient déjà assis par terre et qui m'attendaient. Un repas était disposé sur le beau tissu que moi, je n'aurais jamais osé poser par terre. Je me suis levé, j'ai plié mon hamac, j'ai mis sur mon dos tout ce que je possédais sur cette terre et je me suis frayé un chemin à travers les arbres, jusqu'à eux. Je me suis déplacé de branche en branche, d'arbre en arbre et j'ai remercié les nombreux dairs pour leur hospitalité et leur protection. Les arbres m'ont soufflé le plaisir qu'ils avaient eu à nous avoir parmi eux.

Je me suis approché de mes trois compagnons et je les ai salués comme je saluais mes amis sur la Péninsule :

« Que le jour vous trouve au sec et bien nourris. »

Ils ont hoché la tête à l'unisson. J'ai fait un signe de tête à chacun d'eux puis j'ai dit au plus jeune :

« Wéodou. »

Les deux autres, à la fois stupéfaits et choqués, ont tourné la tête pour regarder Wéodou, puis ils m'ont observé. Une question était lisible dans leurs regards : « Comment est-ce arrivé ? »

Je ne les avais jamais vus être si proches tous trois et, au lieu de se mouvoir d'un même élan, bouger séparément ainsi. Wéodou se tenait à l'écart des deux autres, les yeux baissés. Son corps exprimait son regret d'avoir failli au protocole.

« Hier soir, nous avons été pourchassés ensemble », a commencé Wéodou. Je sentais qu'il disait ça pour que je l'entende, moi aussi. « Comme vous le savez, ce ne sera ni le dernier jour ni le dernier sombre où nous serons des proies… Æon le Tor'oc et nous, nous allons voyager pendant des jours et des jours au milieu de dangers dont nous ignorons tout encore. Nous allons combattre ensemble et peut-être que nous allons mourir ensemble. Il mérite de connaître nos noms. »

Les deux regardaient toujours Wéodou de leur air sévère et silencieux. Ils sont restés comme ça, un long moment, puis le plus âgé a tourné ses yeux vers moi et il s'est levé.

« *Sheïos** », a-t-il annoncé. Il s'est incliné et il s'est rassis.

L'autre Jannanon s'est levé à son tour.

« *Goïel** », a-t-il murmuré avant de s'incliner comme l'avait fait son ami et de reprendre sa place sur le sol.

« Wéodou, Sheïos, Goïel. » Je les ai salués l'un après l'autre d'un léger signe de tête en prononçant leurs noms. « Je suis heureux d'être parmi vous et je me réjouis des lueurs et des sombres à venir où nous serons ensemble. Que la force et la vie soit avec nous. »

Sheïos fut le premier à sourire, puis Wéodou et enfin Goïel. Ils ont souri de tout leur corps, je ne peux pas dire ça autrement. Une force douce émanait d'eux, comme une brise chaude qui m'enveloppait et m'accueillait pour la première fois. Je me suis assis avec eux, j'ai souri à mon tour, j'ai regretté de ne pas pouvoir sourire comme eux, en irradiant de tout mon corps. Puis nous avons mangé.

J'ai fait mes adieux aux dairs et je les ai encore remerciés. Ils m'ont répondu de leurs grondements souterrains, m'ont invité à revenir les voir, m'ont assuré qu'ils seraient heureux, lorsque je reviendrai, que je reste grandir parmi eux, dans leurs ramures. J'ai ri avec mes doigts et je leur ai dit que je reviendrais avec plaisir ! Je me suis retourné vers mes compagnons – ils l'étaient véritablement à présent – et nous sommes partis vers la Route lointaine.

Nous avons vite quitté la mousse et la lumière des lucillets. Les Jannanons m'ont assuré que ce n'était pas la dernière fois qu'on en verrait. Je me suis quand même retourné et j'ai marché à reculons pour profiter encore un peu de la mousse et de la lumière des lucillets. Je n'arrivais pas à quitter des yeux la magie lumineuse de cette vie invisible qui se nourrissait d'une partie immanente de notre être pour créer cette lumière qui me ravissait tant.

Ce matin-là, la terre ressemblait beaucoup à celle de l'autre côté de la rivière. Il y avait toutes sortes d'arbres que je connaissais, des terres qui s'enroulaient, se pliaient en arrondi et se relevaient, des sentiers formés par des générations et des générations d'animaux qui facilitaient notre passage dans les broussailles... et, en haut des arbres, les chants d'oiseaux étaient les mêmes que ceux que j'entendais chez moi. Tout cela m'était si familier que j'aurais pu oublier que je n'étais pas chez moi, que je n'avais pas dormi dans mon kollok, que je me dirigeais vers des villes inconnues qui n'étaient pas construites dans les arbres et d'où je ne reviendrais peut-être jamais. Parfois, je marchais les yeux fermés pour m'imprégner des odeurs qui m'étaient familières et j'avais l'impression d'être chez moi, jusqu'à ce que j'entende le bruit des pas – rarement audible – d'un Jannanon.

Tout le long du chemin, les Jannanons ont ramassé des gousses pleines de graines d'une plante que je ne connaissais pas. Ils en extirpaient des petites boules blanches et sèches qu'ils faisaient disparaître promptement sous leurs soutanes. Ils les ramassaient d'un mouvement vif et furtif, sans perdre le rythme de leur foulée collective. Ils les récoltaient avec délicatesse pour la plante qui leur donnait son fruit, en tâchant de lui faire le moins de mal possible. Pensant qu'on les mangerait plus tard, j'ai porté une gousse de ces graines à mon nez pour en sentir le parfum, j'ai posé la gousse sur mes lèvres et je l'ai entrouverte pour verser les graines dans ma bouche... quand une main a vivement repoussé la mienne. Les trois Jannanons s'étaient arrêtés et me regardaient fixement.

« Ne-man-ge-pas-ça, ça-tue ! » se sont-ils exclamés en chœur. Puis ils se sont retournés et sont repartis.

Abasourdi, je n'ai pas osé leur demander : « Alors, pourquoi vous les cueillez, vous ? » J'ai continué à les suivre sur le sentier des bêtes, certain qu'à la fin de la lueur je découvrirais ce qu'ils allaient faire de toutes ces graines empoisonnées. J'avais envie d'entendre le nom de cette plante, mais j'avais décidé d'être patient.

J'ai senti la présence de l'eau et cela m'a paru logique : la plupart des chemins tracés par les animaux menaient à des points d'eau. Le chemin descendait à flanc de colline et, dans mon œil intérieur, j'ai vu un joli petit lac d'eau douce comme ceux que nous avions sur la Péninsule. Ces lacs étaient toujours froids et clairs et l'eau y était plus fraîche que n'importe quelle autre eau sur l'île – mais nous, les Tor'ocs, nous étions intimidés par l'eau et, dans un lac, nous n'allions jamais bien loin. Les Tor'ocs ne savaient pas nager, n'avaient jamais essayé de nager et n'avaient aucune envie de combler cette lacune. Pourtant, moi, j'aimais l'eau et j'étais tenté d'aller plus loin. J'avais envie de nager mais l'idée même du principe de la nage était un mystère que je n'arrivais pas à résoudre. Parfois, quand j'étais seul, je m'aventurais de plus en plus loin dans le lac, assez loin pour que l'eau recouvre mon corps tout entier, et je m'arrêtais là, mon esprit plein d'une lumière blanche et vide, sans que rien ne me dise comment faire bouger l'eau afin qu'elle soulève mon corps. J'étais sûr qu'elle pouvait le faire mais je ne savais pas comment m'y prendre. J'ai demandé aux arbres plusieurs fois, mais ils en savaient encore moins que moi sur le sujet.

Nous sommes sortis du couvert des arbres. Nous étions arrivés au bord de la forêt que nous traversions depuis qu'on avait quitté les dairs. Devant nous, se trouvait un lac, comme je me doutais qu'il y en aurait un, mais il était beaucoup plus grand que tous ceux autour desquels j'avais grandi ; l'eau s'étendait et s'étendait si loin qu'on n'en voyait pas le bout. Je percevais quelque chose de l'autre côté du lac, mais c'était difficile de savoir quoi. Cela pouvait être des rochers, ou alors des îles. D'ailleurs était-ce vraiment un lac ou bien une mer excessivement calme ? J'ai marché jusqu'au bord, j'ai trempé ma main dans l'eau et j'ai tout de suite su que c'était un lac. J'ai attrapé de l'eau dans ma main, je l'ai goûtée – elle n'était pas salée, elle avait bien le goût d'un lac, à moins que ce ne soit une mer en formation ou une nouvelle rivière qui serait encore douce. Je ne raisonnais pas comment on pourrait la traverser.

« C'est quoi, toute cette eau ? » ai-je demandé aux Jannanons qui connaissaient ce lac et qui avaient déjà dû le traverser.

« C'est un lac. Vous n'avez pas de lac dans la prison Est ? »

« Si mais rien d'aussi grand. » J'étais émerveillé qu'un lac puisse être si grand. « Je ne vois aucun chemin pour en faire le tour. »

« Ce lac est plus grand que tu ne peux le raisonner et on ne peut pas le contourner, il faut le traverser », m'ont-ils expliqué.

« Comment on va faire ? Avec des fées ? » Je me demandais si j'avais envie de renouveler l'expérience.

« L'eau est profonde et, ici, il n'y a pas de fées à notre service. Ça ira, tu verras, bientôt. Avant, on a quelque chose à te montrer. »

Ils ont souri, ils ont marché le long du lac puis ils sont revenus sur leurs pas. Ils se sont dirigés vers un léger brouillard qui s'élevait au-dessus d'un amas de buissons.

On a contourné des buissons qui nous empêchaient de progresser et on s'est retrouvés dans une petite crique au milieu des rochers, pleine d'une eau fumante. Je voyais l'eau comme bouillonner par en dessous et la brume était plus dense là où le bouillonnement atteignait la surface. De l'autre côté de la crique, l'eau débordait et formait un ruisseau qui se déversait dans le lac.

Je contemplais la crique fumante quand les Jannanons sont passés devant moi, nus, tenant des poignées de petites graines blanches qu'ils avaient ramassées, puis ils se sont précipités dans l'eau. Ils ont eu l'air de s'y asseoir. Ils ne souriaient pas mais leurs visages se détendaient en une expression béate. Ils ont levé les yeux vers moi et m'ont fait signe de les rejoindre. Je me suis dit que si des petits Jannanons comme eux n'avaient pas peur de l'eau fumante, alors comment le grand Tor'oc que j'étais pouvait-il hésiter ? J'ai fait comme eux, j'ai enlevé mon montereau et mes assis-longs, je suis entré dans l'eau, j'ai trouvé un endroit pour m'asseoir et je me suis assis.

Et ce n'était pas de l'eau, c'était de la lumière liquide ! Je n'avais jamais senti de l'eau chaude en une telle abondance ! Il y avait assez d'eau pour m'allonger dedans, pour m'y déplacer, c'était comme si je volais, cette eau me soulevait sans que je ne fasse rien. Je pouvais me détendre dedans encore plus que dans mon hamac… Quand je me mettais au-dessus de la source bouillonnante – avec l'élan qu'elle avait pris en jaillissant avec force –, l'eau miraculeuse me portait facilement. J'ai regardé les autres pour voir si, dans cette eau vaporeuse, ils étaient aussi heureux qu'un Tor'oc et j'ai vu qu'ils frottaient les graines blanches entre leurs mains et que ça produisait de l'écume blanche comme celle qui lèche le sable au bord de la mer d'O'bira. Wéodou est venu vers moi et m'a tendu de l'écume pour que je la prenne.

« Æon, c'est du savon. Frotte ton corps avec », m'a-t-il expliqué. Il a poussé la mousse blanche dans mes mains – elle était plus lourde et plus épaisse que je ne l'avais imaginé.

« À quoi ça sert ? » ai-je demandé.

« Ça te lave. Tu as besoin de te nettoyer, comme tout le monde. »

« Est-ce que ça rendra mon odeur plus agréable ? »

Les trois Jannanons m'ont fait un grand sourire. J'ai frotté mes mains l'une contre l'autre, comme eux, ce qui a augmenté le volume de la mousse, ensuite, je l'ai étalée sur ma peau et j'ai frotté fort, comme eux. C'était agréable, pas autant que la lumière liquide mais ma peau a aimé être lavée, elle a aimé la mousse, elle a tout aimé de l'eau fumante de cette petite crique. Je ne savais pas comment nous allions traverser la très grande eau devant nous et je m'en fichais, pourvu que je puisse rester long et long dans cette eau merveilleuse.

« Est-ce que c'est le seul petit lac chaud d'Æmira ? » leur ai-je demandé. Si la réponse était oui, je n'étais pas certain de vouloir aller plus loin.

« Comme les lucillets, il y en a beaucoup d'autres », m'ont-ils assuré. « Il y a même de l'eau chaude dans de grandes assiettes creuses fabriquées par l'homme, tellement grandes que même toi, tu pourrais t'asseoir dedans. » J'étais certain qu'ils me disaient une fausseté, mais ils avaient probablement senti que je ne continuerais pas le voyage avec eux s'ils ne me donnaient pas l'espoir de retrouver cette eau chaude ailleurs.

Ils se sont levés ensemble et sont sortis de l'eau. Moi, je suis resté dedans jusqu'à ce qu'ils aient fini de préparer le *repas du milieu**. Il y avait beaucoup de choses dérangeantes dans ce nouveau monde, comme les Muons et les Terres Maudites vers lesquelles nous faisions chemin, mais il y avait aussi des choses merveilleuses. Et ma raison disait qu'il y avait certainement d'autres merveilles à venir que je ne pouvais raisonner. Et je devrais sortir de cette eau merveilleuse pour aller découvrir ces autres merveilles. Si cette pensée ne m'était pas venue, je pense que je serais encore dans l'eau chaude du bord du lac, ou en tout cas tout près.

Je suis resté nu, au bord de la crique, puis j'ai cherché mon montereau et mes assis-longs. Ils n'étaient pas là où je les avais laissés. J'ai pensé que les Jannanons avaient dû en faire quelque chose. Alors, j'ai marché jusqu'à un rocher plat et je me suis allongé pour me sécher au soleil. J'étais encore fatigué des deux derniers sombres, où mon sommeil avait été écourté par des réveils brusques et des rêves fracassants. Ensuite, je me suis assoupi doucement dans un somme que j'espérais sans rêves, parce que les rêves de ces deux derniers sombres m'avaient troublé et épuisé.

Ils m'ont laissé dormir. Quand je me suis réveillé, mon montereau et mes assis-longs étaient pliés à côté de moi. Autour, ils avaient éparpillé des petites fleurs bleu ciel qui les parfumaient de leurs senteurs fleuries. J'ai fait glisser mes jambes dans mes assis-longs et mes bras dans mon montereau, j'ai respiré l'odeur de la peau de mon montereau quand il a glissé contre mon visage, le long de ma poitrine et de mon ventre. Il n'avait jamais été si doux ni senti aussi bon et cet arôme se fondait maintenant sur ma peau. Les Jannanons n'étaient pas loin, ils m'attendaient pour le repas du milieu qu'ils ne mangeraient pas tant que nous ne serions pas tous ensemble. C'était la façon de faire des Jannanons.

Je me suis assis avec eux et j'ai mangé les viandes, les fruits séchés et une feuille dans laquelle ils avaient enveloppé la viande pour lui donner un goût particulier. C'était probablement une feuille qui poussait près du lac parce que je ne les avais pas vus cueillir autre chose que les graines blanches, or cette feuille était fraîche. Quand j'ai terminé de manger, les trois se sont rapprochés de moi pour ramasser les ustensiles autour de moi. Je voyais bien que c'était en fait pour me sentir. Ces cachottiers de nature cachaient bien leurs intentions. Ils sont pourtant venus tout près, en posant presque leur nez sur moi. Je les ai laissés faire.

« Je sens bon ? » ai-je demandé. Les trois m'ont regardé avec l'innocence des petits enfants, comme s'ils ne comprenaient pas ce que je voulais dire. Alors, j'ai continué : « Je pourrais maintenant vous hisser dans un arbre sans que vous ne vous bouchiez le nez ? »

« Oh… oui, oui, oui », ont-ils répondu. « Tes *couvre-tout** auront besoin de plus de fleurs, mais ton arôme est bien plus gentil qu'avant… bien plus gentil. »

L'eau fumante, le sommeil sur le rocher ainsi que le repas du milieu m'avaient complètement détendu. Je me suis accoudé sur un rocher et j'ai contemplé l'eau qui semblait infinie.

« S'il n'y a pas de fées et que l'eau est profonde, comment allons-nous faire pour traverser ? Je ne sais pas nager, moi », ai-je annoncé en regardant l'un après l'autre mes petits compagnons.

« Nous avons un *batiau** », ont-ils répondu.

« Un quoi ? »

« Un batiau… qui flotte sur l'eau et on va monter dedans », m'ont-ils répliqué, pensant que cette explication était suffisante.

« Qui flotte sur l'eau… comme un oiseau d'eau ? Et nous on va monter dedans ? » ai-je demandé, ne voyant pas du tout à quoi pouvait ressembler ce batiau dont ils parlaient.

« Non, pas comme un oiseau. Ça ressemble plutôt à une longue auge faite dans un tronc d'arbre. »

« Et où on va le trouver, ce batiau ? » Je ne raisonnais pas comment on pouvait trouver ou fabriquer une chose pareille.

« Nous l'avons fabriqué de l'autre côté du lac et nous avons traversé le lac avec. Puis nous l'avons caché ici et, maintenant, nous allons le reprendre. »

Ils avaient tué un arbre afin de fabriquer leur batiau pour venir jusqu'à moi. Je me suis senti responsable et j'étais en colère parce qu'ils avaient inutilement blessé un arbre.

« L'arbre n'aurait jamais dû mourir pour moi. Vous n'auriez pas dû faire ce batiau », ai-je dit. Ils pouvaient entendre la colère qui bruissait dans mes paroles.

« L'arbre était déjà mort et c'est pour ça qu'on l'a choisi. » Ils énonçaient une vérité, je pouvais l'entendre dans leurs voix. « Il a été brûlé par un feu, probablement un *feu du ciel**. Ce bois fait les meilleurs batiaux – il est bien sec, facile à creuser et il fend mieux l'eau. Alors, nous avons traîné le tronc de cet arbre brûlé sur plusieurs sarpents parce que nous savions qu'il y avait un lac à traverser et que nous aurions besoin d'un batiau. »

« Est-ce que je pourrais le voir, ce batiau ? » Je les croyais pour l'arbre déjà brûlé et déjà mort avant d'être creusé, mais je n'étais pas sûr de monter dedans avec eux et de partir sur cette eau infinie.

Le tronc de l'arbre était couché sur le côté, caché sous des branchages et des feuilles mortes que les Jannanons avaient ramassés. Ils ont sorti le tronc, l'ont retourné, et j'ai vu ce qu'ils avaient fait : ils avaient creusé le côté où le feu avait tué l'arbre, assez profondément et d'une largeur suffisante pour que des hommes puissent s'asseoir dedans, même quelqu'un de ma taille. Ils m'ont laissé toucher le tronc – le batiau – le temps nécessaire pour que je sois convaincu que tout ce qu'ils m'avaient dit était vrai.

Puis ils ont tiré le tronc jusqu'au bord et ils l'ont mis à l'eau pour me montrer qu'il ne coulait pas, qu'il restait à la surface comme un oiseau posé sur l'eau.

« On doit partir maintenant. Le Muon peut nous sentir et ici, au bord de l'eau, il n'y a pas de grands dairs où nous pourrions dormir », m'ont-ils prévenu, comme si je ne l'avais pas remarqué.

« La lumière est déjà basse », ai-je dit en regardant le ciel. « Est-ce que ce batiau peut nous transporter de l'autre côté du lac avant le sombre ? »

« Non. »

J'attendais d'en savoir plus. Je n'allais pas monter dans cet arbre mort et rester à flotter tout le sombre au milieu de cette eau immense. Je me suis éloigné pour trouver un arbre où dormir en sécurité.

« Il y a une île que nous pouvons atteindre avant la nuit », ont-ils dit. Tous trois ont pointé du doigt une tache noire, au loin, sur le lac. « Le Muon pourrait très bien nager jusqu'à nous mais il ne le fera pas parce qu'il ne saura pas qu'on est là-bas. Il perdra notre odeur au bord de l'eau et il fera demi-tour », ont-ils fait avant de voir sur mon visage que je ne les croyais pas. « Il ne saura pas raisonner où nous sommes allés. Il ne nous cherchera pas. Il ira chasser une proie plus facile. »

J'ai regardé la tache sombre, essayant de distinguer ce que ça pouvait être.

« Y a-t-il un arbre sur cette île ? »

Ils ont hésité avant de répondre.

« Peut-être, un petit. »

« Vous voulez dire qu'il n'est pas assez grand pour que je dorme dedans. »

« À l'aller, on n'a pas dormi sur l'île. Il y a un arbre ; on ne connaît pas sa grandeur exacte, mais c'est une assez petite grandeur », ont-ils dit, en espérant que cela m'irait.

« Alors, allons-y, allons voir sa taille », ai-je déclaré, puis je suis allé chercher mon arc, mon couteau et ma sacoche.

Ils ont tenu le batiau au bord de l'eau pour que je puisse monter dedans à ma façon, c'est-à-dire bien maladroitement : j'ai manqué le faire basculer dans l'eau et moi avec. Alors, j'ai d'abord lancé mes affaires par-dessus bord : mon oro-arc, mon carquois et mes flèches, puis j'ai plongé dedans la tête la première ! Je me suis retrouvé au fond du batiau et j'ai un peu grogné. Les Jannanons, qui faisaient presque la moitié de ma taille, se sont faufilés à bord sans la moindre difficulté. Wéodou s'est posté à l'avant, Goïel au milieu, et Sheïos à l'arrière avec moi qui essayais de trouver l'équilibre sur cette chose, par terre. J'avais pensé que l'équilibre se trouvait peut-être au fond du batiau et que si je regardais là, il me viendrait peut-être. Puis j'ai senti qu'on glissait sur l'eau. J'ai levé les yeux : Wéodou était debout, penché en avant, il tirait quelque chose dans l'eau qui nous faisait avancer. À genoux, Goïel effectuait le même mouvement que Wéodou avec un objet dans sa main qui ressemblait au manche d'une longue lame en bois. Avec le manche, il tirait la lame de bois vers l'arrière, la soulevait, la poussait en avant, la replongeait dans l'eau et tirait de nouveau de l'avant vers l'arrière, en rythme avec Wéodou. Ils poussaient tous deux l'eau vers l'arrière pour faire avancer le batiau vers l'avant. Je me suis redressé en m'agrippant aux bords du batiau et j'ai été stupéfait de voir à quel point nous nous étions déjà éloignés de la terre.

« Avant, tu n'as jamais été sur l'eau ? ! » Dans la bouche de Sheïos, c'était à la fois une question et une réponse.

« Jusqu'à il y a deux jours, je n'ai jamais été dans l'eau plus haut qu'à la poitrine et, jusqu'à aujourd'hui, je n'ai jamais été entièrement dans l'eau tout en étant réveillé », ai-je répondu, en regardant l'eau qui passait autour de nous et s'engouffrait sous le batiau. « Et, que l'on puisse glisser sur l'eau, ça ne m'est jamais apparu, même en rêve. »

« Mais vous, les Tor'ocs de la prison Est, vous êtes entourés d'eau ! Comment se fait-il que vous n'ayez jamais réussi à conquérir l'eau, comme vous l'avez fait avec tout le reste ? » Il me parlait sans que les deux autres ne l'aient remarqué ou n'aient mêlé leurs voix à la sienne.

« Sheïos, comment se fait-il que tu parles tout seul alors que Goïel et Wéodou sont juste là ? »

« C'est le lac, il y a une confusion sur l'eau et le lien entre nous est rompu. » Il a regardé la surface. « Si nous étions tous les trois dans l'eau, le lien entre nous serait fort, plus fort que sur la terre ferme. Mais sur l'eau, c'est la friction entre l'air et l'eau qui crée cette confusion des sons. Dis, c'est quoi, le problème entre l'eau et vous ? » m'a-t-il demandé.

« L'eau autour de la Péninsule est mortelle », ai-je expliqué. Cette réponse a eu l'air de convenir à Sheïos. « Pourrais-tu me montrer comment manier la lame ? Je voudrais apprendre à faire avancer le batiau ! »

Sheïos a sorti la lame de l'eau et j'ai été surpris par sa longueur et par la profondeur à laquelle il fallait l'enfoncer. Il me l'a tendue pour me montrer comment la tenir et comment la faire pénétrer dans l'eau.

Je me suis agenouillé comme lui et je l'ai plongée dans l'eau, sauf que, quand il s'est agi de tirer le manche vers moi, mes bras ont peiné. J'ai regardé Sheïos pour voir comment il s'y prenait – il était bien plus fort que je ne le pensais. Il m'a montré comment utiliser mon corps et pas seulement mes bras. En deux-deux, j'ai compris le mouvement et le batiau a pris de la vitesse. Wéodou s'est même retourné pour comprendre pourquoi, soudain, nous avancions si vite ; nous allions tellement vite que l'île se rapprochait de nous à toute allure.

Nous sommes arrivés près de l'île et je pensais que nous allions la dépasser pour atteindre l'autre côté du lac, or l'autre côté était loin et loin, bien plus loin que ce que nous avions déjà parcouru.

Wéodou nous a guidés jusqu'à l'île et, quand la terre s'est beaucoup rapprochée, il a sauté par-dessus bord et il a tenu le batiau. L'eau lui arrivait au milieu du corps, ce qui voulait dire qu'elle m'arriverait aux genoux. J'ai sauté dans l'eau et je l'ai aidé à tirer le batiau sur la plage. J'ai ensuite regardé autour de moi pour décider où j'allais dormir. Il y avait un arbre, un seul, qui pouvait être assez solide pour mon hamac et moi. Je lui demanderais s'il voulait bien accepter de m'accueillir dans ses bras pour le sombre.

Sur cette petite île, il n'y avait donc qu'un arbre. Sur la dune couverte d'herbes courtes, de petits buissons et de cailloux, à la rigueur, un bosquet aurait pu pousser, mais il n'y avait qu'un seul arbre tordu qui faisait à peine trois tor'ocs de hauteur et qui n'avait pas l'air d'avoir envie de grandir davantage. J'ai marché jusqu'à la branche la plus proche qui s'enroulait d'abord vers le bas, se courbait puis se redressait vers le haut, et je me suis agenouillé comme je l'avais fait avec les dairs. J'ai écarté mes bras et j'ai soufflé :

« Je m'appelle la Feuille. Puis-je grandir ici pour le sombre ? »

L'arbre est resté silencieux… Pas un coup, pas une brise, pas le moindre arôme. Je me suis dit qu'il ne savait peut-être pas parler ou qu'il ne pouvait pas me comprendre. Je me suis relevé, je me suis approché de lui et j'ai glissé mes mains autour du tronc, il était fin mais robuste. Il était vivant et il savait que j'étais là. Il a peut-être été si longtemps tout seul qu'il avait oublié comment parler ou peut-être qu'il n'avait jamais appris ; il se trouvait au milieu du lac, si loin des autres arbres. Je ne voulais pas grimper dans l'arbre sans sa permission, alors, j'ai réitéré ma demande. J'ai fait un geste vers ma poitrine, j'ai soufflé puis j'ai frappé :

« La Feuille. Je suis ici comme toi. »

Les feuilles de l'arbre se sont mises à bruire. Elles se sont tournées vers moi puis les racines ont grincé un peu et elles ont frappé :

« Feuille, ici comme tu es. »

C'était donc un frappeur et probablement un frappeur seulement. J'ai frappé ma requête pour le sombre, je lui ai demandé si je pouvais grimper et le connaître. Il m'a répondu :

« Bienvenue. »

J'ai grimpé dans la vieille branche tordue, je n'ai pas dit ça par manque de respect mais parce qu'elle était vraiment vieille et vieille, des générations et des générations. L'arbre était mince et court, sa peau était dure, tranchante même, mais il y avait de la force dans ses branches ; le bois avait du fer en lui. J'ai grimpé dans l'arbre et mon poids a à peine fait bouger les branches, même les plus fines. Pourtant, l'arbre était souple, il se balançait comme n'importe quel arbre en bonne santé.

« Je suis tellement content de pouvoir dormir à l'intérieur d'un arbre pour le sombre », ai-je pensé quand, soudain, je l'ai entendu frapper.

« Tu n'es ni un arbre ni une graine. Qu'es-tu ? »

J'étais dans l'arbre et je ne pouvais pas utiliser le sol pour frapper, alors, j'ai frappé dans mes mains.

« Je suis homme. »

« Homme, oui », a-t-il frappé, et il m'a fait part d'une réflexion.

« Il y a eu un homme, ici, bien avant que je sois une graine et que je grandisse. »

« Qu'est-il arrivé à cet homme ? » ai-je frappé.

« Il ne s'est rien passé. L'homme est ici, toujours, là où mes racines l'effleurent », a-t-il répondu.

J'ai regardé l'île que je pouvais voir en entier depuis la petite hauteur de l'arbre, mais il n'y avait rien qui ressemblait, de près ou de loin, à un homme, pas la moindre trace humaine, ni dans la terre ni au-dessus, si ce n'étaient les Jannanons qui installaient leur campement. L'arbre tordu avait frappé que l'homme se trouvait là où ses racines l'effleuraient… L'homme devait donc se trouver dans la terre et s'y trouver déjà lorsque sa graine a pris racine et qu'il a commencé à pousser. L'arbre parlait donc d'un homme enterré.

« Où est cet homme ? » ai-je alors demandé à l'arbre.

Pour la première fois, l'arbre a utilisé l'arôme pour me parler. Il m'a montré les ossements de l'homme sous la terre et j'ai su où celui-ci était enterré et qu'il avait été enterré avec ses couvre-tout et ses armes. Je suis descendu de l'arbre ; j'étais attiré vers l'endroit où se trouvait la dépouille, à quelques pas de là, au centre de l'île qui était son point le plus élevé. Je me tenais au bord de sa tombe, je savais que c'était là, je cherchais un indice. Il devait être enterré profondément. La terre était comme celle de toute l'île : de l'herbe rase, des cailloux, des rochers, un petit buisson de baies sauvages qui s'accrochait pour tenir le coup dans ce climat aride. Le vent devait parfois être violent sur l'île et, pour des petites plantes comme celles-ci, ça devait être difficile de résister. Sous une branche du buisson, il y avait un petit rocher qui semblait différent de tous les autres ; il était brun rouille et ressemblait à un objet antique. Je me suis penché, j'ai retiré une couche de sable, je l'ai sorti de terre et je l'ai pris dans ma main. Ce n'était pas un rocher, mais quelque chose en fer, une sorte de bol avec une étrange poignée à moitié rouillée. J'ai senti quelqu'un derrière moi.

« Tu as trouvé un casque », a dit Wéodou.

« Quel genre de bol est-ce, un casque ? » ai-je demandé en faisant tourner l'objet dans mes mains avant d'enlever la terre qui était dedans.

« Ce n'est pas un bol. Ça se porte sur la tête, pour protéger la tête d'un guerrier. » Il savait exactement ce que c'était.

« Alors, un guerrier est enterré ici. » Avec ma main, j'ai pointé l'endroit où je savais qu'il se trouvait.

« Regarde ! » s'est exclamé Wéodou en me montrant une forme qui ressemblait aussi à du métal et qui sortait du sol, caché par une touffe d'oignons sauvages – c'était une poignée ou une anse de quelque chose qui n'avait rien à faire là. J'ai tendu la main et j'ai touché la chose. C'était lisse, froid et sans aucun point de rouille, comme il y en avait sur le casque. La chose était restée lisse malgré le vent, la pluie et la terre qui l'avaient malmenée pendant long et long. J'ai tiré sur l'extrémité de cette forme métallique qui dépassait de terre mais elle était solidement enfoncée comme si elle avait poussé là. J'ai placé ma main autour et j'ai de nouveau tiré de toutes mes forces sur la chose, j'ai tiré en poussant avec mes bras et mes jambes, j'ai tiré vers l'arrière, j'ai tiré vers le haut et soudain, la terre s'est soulevée sous moi. Je me tenais debout, au-dessus de la chose, la forme était longue et large et se trouvait juste là, sous la surface du sol. J'ai écarté mes pieds pour lui donner suffisamment d'espace pour pouvoir la sortir de terre. Je me suis accroupi et, cette fois, j'ai pu l'attraper avec mes deux mains – la chose dépassait à présent suffisamment de la tombe – et j'ai tiré. La terre a lâché, je suis tombé à la renverse et mon dos a heurté le sol. La chose a volé vers moi et m'a frappé à la tête alors que, elle et moi, nous atterrissions. Toujours sur le dos, je l'ai levée pour voir ce que j'avais déterré. C'était un long bâton en métal, presque aussi long que moi, autour duquel étaient attachés les os d'un animal qui, par endroits, étaient recouverts de peau. Cette peau était très endommagée. Cela ressemblait à une grande assiette ou à un bol peu profond ; le long bâton se trouvait sous ce bol auquel il était attaché. Wéodou était au-dessus de moi, il observait le bâton et le bol. Je le regardais, je me demandais s'il savait ce que c'était. À son expression, je me suis dit que oui. Il a vu la question sur mon visage.

« C'est-un-bou-cli-er », a-t-il déclaré de sa manière saccadée.

De leur campement, Sheïos et Goïel ont levé les yeux vers nous et ils ont dit ensemble :

« Un-bou-cli-er ! »

Ils se sont levés et se sont approchés.

« C'est un-bou-cli-er-et-une-lan-ce. » Wéodou se parlait autant à lui-même qu'aux deux autres et à moi.

Je me suis redressé et ce que Wéodou avait appelé « bou-cli-er » s'est effondré en une pluie de morceaux d'os, de peau pourrie et de lanières en cuir à peine plus solides que le nuage de poussière auquel la chose s'était soudain réduite. Debout, je tenais toujours le long bâton en métal qu'il avait appelé « lance ». Avec ma main, j'ai dépoussiéré la lance du mieux que j'ai pu. Le métal de la lance ne ressemblait pas à celui du « casque ». À l'exception de la poussière, elle ne semblait pas avoir été touchée par le vent, la pluie ou la terre. Elle était plus longue que les Jannanons, mais pas autant que moi. Sur les côtés, il y avait des inscriptions et des symboles, trop lisses pour avoir été gravés. Au milieu, il y avait une poignée. Quand je l'ai touchée, mes doigts ont naturellement pris place autour. La chose avait un équilibre particulier qui, lorsqu'elle était tenue de cette façon, la rendait légère et facile à manier.

« On peut la toucher ? » ont demandé les trois Jannanons qui parlaient de nouveau d'une seule voix. Ils m'ont pris la lance, en la tenant de leurs six mains. Puis chaque Jannanon a étudié la partie qui se trouvait sous son nez.

« Vous savez ce que c'est ? »

J'ai posé la question en les regardant l'un après l'autre. Aucun d'eux n'a levé les yeux ; ils examinaient avec attention le long bâton en métal.

« Oui », ont-ils répondu. La lance semblait les agiter. Puis Sheïos a ajouté :

« Elle a été forgée pour un chef guerrier, il y a long et long. » Sheïos a montré un symbole sur le bout qu'il tenait.

« Pensez-vous que le chef guerrier pourrait avoir été enterré ici ? » ai-je demandé. J'ai fait un mouvement de tête vers le trou où j'avais trouvé la lance et le bouclier.

Les trois m'ont rendu la lance. Ils se sont agenouillés là où la terre était souple et légère, ils se sont mis à creuser avec leurs mains, puis des ossements sont apparus. Autrefois blancs, ils avaient probablement été brunis par la terre qui les avait ensevelis pendant si longtemps et qui les recouvrait encore partiellement ; c'étaient des ossements humains. Ils ont continué à déblayer la terre jusqu'à ce que le crâne d'une petite personne apparaisse et nous regarde. Comment quelqu'un de si petit aurait-il pu manier une lance tellement plus longue que lui ?

« C'est le chef guerrier ? » ai-je demandé, me doutant bien que ce n'était pas le cas, mais je voulais que les Jannanons me disent ce qu'ils savaient – ils avaient l'air troublés –, mais ils ne voulaient rien me dire.

« C'est un enfant, un garçon… Regarde son vêtement », ont-ils fini par dire en me montrant les lambeaux de tissu qui couvraient à peine les restes de la petite poitrine.

« Qu'est-ce que vous voyez d'autre ? » Je sentais qu'ils ne me disaient pas tout, qu'ils en savaient plus et qu'ils ne voulaient pas me dire ce qu'ils avaient vu. Puis ils ont déclaré :

« C'était un Tor'oc. »

« Un Tor'oc ! » Je me le répétais en me penchant sur la tombe ouverte et j'ai tendu ma main gauche pour effleurer le front du petit crâne. « Mais, pourquoi a-t-il été enterré ici ? »

« Ce sol est vieux. Il a été enterré ici il y a des générations et des générations. » Ils essayaient de toutes leurs forces de me dissimuler quelque chose.

« C'est un Tor'oc qui est mort ici », ai-je répété.

Je comprenais soudain la signification de « des générations et des générations ». Avec leur façon de dire quelque chose quand ils préféraient ne rien dirent du tout, les Jannanons ont ajouté :

« Cet enfant est mort il y a mille ans, en traversant le lac pour aller à la Péninsule. »

De la main, j'ai effleuré doucement le crâne puis je l'ai glissée jusqu'aux lambeaux de tissu qui étaient encore accrochés. Je les sentais dans mes doigts et, à travers eux, le passé de ma nation, du temps où nous étions encore des guerriers. Pour moi, ça n'avait été qu'un mythe : la nation guerrière, le voyage vers la Péninsule, la naissance du Divul, le Mad'la, le refuge dans les arbres, les générations qui avaient construit la Cité dans les Arbres, l'évolution du caractère de mon peuple. Au fond de moi, je croyais que rien de tout cela n'était vrai, que nous avions toujours vécu dans les arbres, que nous avions toujours été pacifiques et attentionnés, que nous avions toujours su comment façonner un kollok, comment cultiver la terre, comment forger le fer, comment réaliser nos couvre-tout avec des peaux et nos hamacs avec des herbes tressées. Mais voilà que je touchais à présent un tissu lisse et doux comme celui des Jannanons et que je tenais une longue lance qui n'était pas en fer ; elle était faite d'un métal noble que ni le temps ni la terre ne pouvaient altérer. C'était un Tor'oc, et pourtant il était si différent de moi. J'examinais la lance.

« C'est un garçon. S'il n'était pas le chef guerrier, alors pourquoi avoir enterré la lance du chef guerrier avec lui ? »

Je regardais les Jannanons avec insistance pour leur arracher une réponse. À leurs visages, je voyais qu'ils n'étaient sûrs de rien mais qu'ils pensaient savoir. Ils sont restés assis en silence. Ils considéraient ce qu'ils savaient avec certitude... ou pas. Et ce qu'ils souhaitaient partager avec moi... ou pas. Ils ont soupiré puis, enfin, ils ont parlé.

« Le chef guerrier a déposé son bouclier et sa lance ici. Cet enfant, nous pensons que c'est son fils. »

« Comment le savez-vous ? Vous êtes des Jannanons, vous n'êtes pas des Tor'ocs. Et ne me dites pas que tout ça se trouve dans les Légendes de la Damnation ! »

Ma voix s'élevait, plus forte. Les émotions me saisissaient, traversaient mon corps et formaient des vagues qui me secouaient.

« À moins que ce ne soit l'une des légendes intitulée "Le célèbre chef et son non moins célèbre fils" ? »

« Non, ça ne fait pas partie des Légendes, du moins, pas d'une histoire connue. Nous avons raisonné ainsi... » Leurs yeux se sont tournés et sont venus se poser sur la partie haute de la lance qui était dans ma main. « ... Le chef de guerre, tu le connais. »

Ils avaient raison, je le connaissais et, dans un souffle, j'ai prononcé son nom :

« Sumon. »

Je tenais la lance de Sumon, mon sang, et dans la tombe se trouvait son fils, le frère d'Ourla la Remarquable, ma lignée. Ils avaient de bonnes raisons d'être prudents avec moi. C'était un choc. J'avais l'impression de ne plus rien savoir et, simultanément, qu'à l'intérieur de moi tout se déchirait. Une partie de moi, qui avait toujours été moi, se fissurait, se brisait, était dissoute et une nouvelle partie grandissait et formait quelque chose d'inconnu dont je ne voulais pas. J'ai jeté la lance au loin.

« Comment savez-vous que c'est le fils de Sumon, le sang de Sumon ? » ai-je demandé, les implorant de me dire qu'ils n'en étaient pas certains, qu'ils le devinaient seulement – ou qu'ils le souhaitaient.

« Cela fait longtemps que nous conservons des armes, des boucliers, des tissus et des vêtements tor'ocs. Ils recouvrent les murs des palais de nos rois et de nos reines, ils sont accrochés dans les salles où se réunissent nos *Aréopages**, et tout le monde peut venir les admirer et les étudier. » Ils ont fait une pause pour permettre aux mots de prendre racine. « Tous les enfants apprennent les armes et les symboles tor'ocs. C'est une base nécessaire pour comprendre les Légendes. Ce que nous savons, c'est que chaque guerrier tor'oc, c'est-à-dire chaque Tor'oc, avait un symbole qui lui était propre qu'il gagnait sur le champ de bataille et que ce symbole était gravé sur toutes ses armes. »

« Je raisonne que vous parlez de leur sibylle ? » ai-je dit.

Les Jannanons ont réfléchi et ils ont opiné de la tête.

« Sibylle, symbole, oui, c'est ça. Eh bien, la sibylle la plus célèbre est celle de Sumon. Elle était tissée sur les drapeaux qui flottaient sur les terres conquises, elle était gravée sur les portes de leurs cités, dans les salles de leurs palais, et, aujourd'hui encore, on peut la voir sur certains murs anciens qui ont été préservés. »

« Et vous-mêmes, avez-vous des armes tor'oques ? » ai-je demandé.

« Non, il est interdit d'en posséder. Si l'on en trouve une, comme celle-ci, par exemple, elle doit être remise à un aréopage. » Ils parlaient avec précaution comme si c'était une nouvelle qui allait me bouleverser. « Personne n'a jamais trouvé une arme qui ait appartenu à Sumon. Les Légendes disent qu'il n'en a jamais perdu une seule et qu'aucune ne lui a été enlevée de son vivant. Celle-ci est rare et rare. »

Les trois se sont approchés de la lance, ils l'ont prise là où je l'avais jetée, ils se sont rassis et ils l'ont posée sur leurs trois paires de genoux. À ce moment-là, j'étais heureux qu'elle soit près d'eux. Je ne la voulais pas, je ne voulais pas la voir, ni la toucher. Ils ont dû le deviner parce qu'ils se sont levés, se sont retournés et l'ont emportée vers le campement où ils l'ont enveloppée dans le tissu sur lequel on mangeait, le seul suffisamment long pour cela. Je les ai rejoints plus tard, je n'avais pas voulu voir où ils mettaient la lance, mais je la sentais et je savais où elle était.

Ils ont fait un feu et ils ont rôti de la viande blanche sur les flammes. C'était un arôme que je ne connaissais pas. L'arôme m'a fait sortir de mes pensées et m'a fait comprendre que j'avais faim, très faim, de viande rôtie, même d'une viande blanche comme celle-ci que je ne connaissais pas.

« Quel animal est-ce et quand l'avez-vous chassé ? » Je me demandais bien comment, sur cette île minuscule où il n'y avait pas la moindre trace d'animaux, à part celle des oiseaux, ils avaient pu chasser sans que je m'en aperçoive. Je n'avais pas cessé de regarder.

« Nous n'avons pas chassé. C'est du poisson du lac. »

J'ai regardé la viande sur le feu et j'ai grimacé ; ils ont compris que ça ne me plaisait pas.

Autour de la Péninsule, nous avions tous vu leurs formes se mouvoir dans l'eau et nous connaissions le nom des poissons, mais aucun Tor'oc n'avait jamais essayé d'en attraper un ni de le manger.

La lumière baissait, le poisson était grillé. Nous avons commencé à manger. Ç'avait un goût inhabituel que je n'ai pas beaucoup aimé au début, mais que j'ai vraiment apprécié une fois qu'il n'y en avait plus. Je leur ai demandé de me montrer comment on chassait le poisson.

« Sache qu'on ne chasse pas le poisson, on part aux poissons et on les poissonne », ont-ils répondu.

« Je ne savais pas. Est-ce qu'on devrait dire aussi : on part à l'antilope et on l'antilope ? »

Ils ont ri de leur rire à trois voix et aux mille harmonies qui tintinnabulaient à l'intérieur, mille notes qui s'imbriquaient joliment les unes dans les autres comme dans une chanson.

« C'est de la raison solide que tu fais là, Æon, mais la langue dit que l'on pêche le poisson. »

J'ai pensé qu'il faudrait que j'invente un mot pour ça, comme nous le faisions sur la Péninsule quand on découvrait qu'on n'avait pas de mot pour désigner quelque chose. Je les observerais attraper leur poisson – j'avais hâte de voir ça – et la façon dont ils s'y prendraient me donnerait le mot. C'est comme ça qu'on faisait chez nous, n'importe quel Tor'oc pouvait le faire, mais certains étaient plus doués que d'autres et moi, j'avais toujours été plutôt doué pour ça.

Après avoir mangé le poisson et réfléchi à la façon de nommer le fait de le pêcher, mon humeur s'est égayée et le trouble profond que j'avais ressenti devant la tombe et la lance s'est estompé. Les Jannanons ont ravivé le feu, ils ont soufflé sur les flammes pour les faire grandir et qu'elles nous réchauffent plus. Nous nous sommes installés tous les quatre autour du *feu de sombre**, et nos regards se sont perdus dans l'incandescence flamboyante. Nous respirions le calme et la paix. La lumière est tombée de l'autre côté de l'horizon puis le sombre s'est emparé du ciel.

« Tooooоiiiiiiiiiii !!! »

Le cri venait de l'endroit où nous avions plongé nos corps dans l'eau fumante, il s'était envolé sur le lac et nous avait rattrapés. Reconnaissable entre tous, c'était le cri du Muon qui nous cherchait. Le feu allait trahir notre présence et l'aiguiller vers nous. Le lac nous séparait de lui, mais les Jannanons m'avaient dit que le Muon savait nager. Il allait traverser le lac à la nage et il n'aurait aucun mal à grimper à cet arbre ; il faisait déjà trop sombre pour s'échapper en batiau.

« Il faut éteindre le feu ! » me suis-je exclamé en jetant de la terre dessus.

« Non, arrête ! Non ! » ont dit les Jannanons sans la moindre frayeur.

« C'est le Muon. Il sait que nous sommes ici : le feu lui indique où nager pour nous retrouver. » Ils auraient dû le savoir aussi bien que moi.

« Le Muon ne connaît du feu que les feux follets qui s'enflamment dans les marais et les tourbières. » Ils me parlaient de nouveau comme à un enfant. « Le Muon n'est plus un homme. C'est une bête et toutes les bêtes ont peur du feu. Il ne sait pas que c'est nous, il ne sait pas que nous avons pu avoir envie de faire un feu seulement pour l'agrément. Notre odeur s'est dissipée au bord de l'eau. Pour lui, nous avons disparu comme des esprits malins. Il va partir chasser autre chose. »

L'idée du Muon qui nageait jusqu'à nous, surgissait sur la berge et passait à l'attaque m'a donné envie de reprendre la lance. Aussitôt, ma main l'a cherchée à côté de moi, comme si elle était déjà là, prête à être utilisée, comme si elle avait toujours été là. D'où me venait cet instinct ? Je voulais que la lueur de rosée apparaisse avant que le Muon n'arrive. Je voulais qu'une proie l'attire loin du lac, puis que cette proie lui échappe. Plus tard, quand j'ai accroché mon hamac dans l'arbre de l'île, j'ai entendu des bruits de lutte dans les arbres, de l'autre côté du lac, puis il n'y a plus eu de cri. Et quand je me suis couché dans mon hamac, je me suis endormi rapidement, comme d'habitude.

C'est le sombre. Je suis sur l'île mais il n'y a ni arbre ni lac. L'île est une petite montagne au milieu d'une vallée. Je ne suis pas seul, je suis entouré de Tor'ocs. Ils ont un air étrange, ils portent des couvre-tout étranges. D'une main, ils tiennent contre eux de longues assiettes de la taille de leur corps et de l'autre, ils brandissent des armes de toutes tailles et de toutes sortes. Sur leurs têtes, ils ont des bols en métal semblables à celui que Wéodou avait appelé « casque ». La plupart sont à pied, d'autres chevauchent des bêtes comme nous montons les oryx ; leurs animaux sont ceux de nos mythes, ceux qu'on appelle des épus. Ils sont magnifiques, élancés et gracieux, et les Tor'ocs qui les montent sont les effroyables guerriers de nos légendes. Les Tor'ocs, à pied ou à dos de bête, regardent vers la vallée, leurs regards immobiles ne quittent pas des yeux l'armée de ceux qui montent vers eux.

Les hommes de l'autre armée, en bas dans la vallée, sont grands et terrifiants, mais leur allure est échevelée, hagarde et désorganisée.

Le contraste est saisissant entre eux et les hommes calmes et majestueux qui les attendent là-haut. Les brutes d'en bas crient et courent à flanc de montagne, en factions désordonnées, tandis que les Tor'ocs, en haut, attendent silencieusement le combat : forts, dignes et sans frémir. Les soldats dépenaillés ressemblent à des hommes, ils portent des couvre-tout comme des hommes, mais ce sont des Muons, une armée de Muons. Celle-ci atteint le sommet de la montagne dans une explosion de violence – épées, lances, flèches, sang, mort, cris se mêlent aux hurlements des hommes qui étranglent d'autres hommes. Les Muons sont assez grands pour terrasser des chevaux à mains nues. Les Tor'ocs, eux, manient leurs lames savamment. D'un geste précis, ils déchirent, mutilent et démembrent leurs adversaires – ils sont nés pour le combat et la mise à mort. Même si les Muons sont plus larges et plus grands que n'importe quel Tor'oc, ils ne sont pas à la hauteur des lames, des flèches et des lances des Tor'ocs qui les prennent de vitesse. Les Muons ne font pas le poids ; l'absence de peur dans le cœur de leurs ennemis les rend invincibles. Les Tor'ocs aiment la bataille et le sang. Ce n'est pas l'idée de se battre jusqu'au dernier qui les meut ; la simple idée de se battre leur suffit. Il y a tant de Muons morts dont les corps sans vie recouvrent le sol que le combat devient difficile, comme un combat qu'il faudrait mener sur d'immenses rochers mous qui ne cesseraient de se multiplier.

Les Muons, ceux qui ne sont pas encore morts, voient leur propre mort imminente qui s'abat sur eux à tire-d'aile. Ceux qui le peuvent s'enfuient. Les Tor'ocs ne les poursuivent pas, ce n'est pas l'usage ni la loi des Tor'ocs. Ils savent que, si d'aventure ils rencontraient ces Muons une nouvelle fois, ils les tueraient à ce moment-là. La bataille est finie, tout est allé si vite qu'il semble qu'elle n'a jamais eu lieu. Cependant, le sommet de la montagne, cette île, est jonchée de morts, presque tous des Muons. Le peu de Tor'ocs morts sur le champ de bataille sont emportés. Les Muons morts sont arrosés d'un liquide et brûlés. Un feu vif qui flambe et consume tout, des cheveux à la peau, jusqu'à l'os.

Au centre de cette vallée de feu et de morts se trouve un homme imposant, agenouillé au-dessus d'un petit corps couvert de l'armure et des insignes tor'ocs. Le visage de cet homme - un Tor'oc - est submergé de douleur. Consumé par la peine, l'égarement, l'angoisse, l'indicible défaite et la souffrance de la perte ultime, il retire le casque de la tête du petit garçon étendu à terre et le pose délicatement sur le côté. Il approche sa main et la pose doucement sur le front du petit mort, comme je l'ai fait avant le sombre. L'homme crie sa douleur, il pleure son fils, son fils mort sur le champ de bataille.

Je me tourne et me retourne pour regarder la vallée désolée et je vois qu'elle est remplie des restes fumants des Muons réduits en cendres, que le vent emportera bientôt. Je me détourne et je remarque qu'un trou a été creusé là. Des hommes soulèvent le corps de l'enfant, ils le descendent doucement dans la tombe. Ils les déposent avec délicatesse et respect, ils replient ses bras sur sa petite poitrine et mettent ses mains l'une sur l'autre. L'homme prend les mains de l'enfant et y place sa lance, puis il pose son bouclier sur le petit corps, comme une ultime protection. Le bouclier est frappé du même sceau que celui que les Jannanons m'ont montré sur la lance. Je m'agenouille près du guerrier pour l'observer de plus près. C'est Sumon... et le petit garçon est son fils, mon sang.

Je regarde l'enfant qui gît sous le bouclier, la pointe de la lance dépasse au-dessus de sa tête, elle sort du bouclier et révèle le sceau qui marque la lance de Sumon. Je touche le sceau du doigt, la sibylle de Sumon. À ce moment-là, le regard de Sumon se lève et ses yeux plongent dans les miens. Comme je le vois, il me voit.

Je me suis réveillé en sueur. Il m'a fallu plusieurs longueurs de temps pour savoir où j'étais et ramener mon esprit sur l'île, au milieu du lac et dans le temps qui était le mien. La lueur était là, mais elle était encore ténue. J'ai repéré les Jannanons qui dormaient un peu plus loin, à même la terre. Mais c'était vrai que le Muon avait peur du feu, et à juste titre : ses ancêtres avaient été des hommes et le feu les avait consumés jusqu'au dernier.

Je suis sorti lentement de mon hamac, je suis descendu le long des branches et j'ai sauté à terre. J'ai marché jusqu'à l'endroit où les Jannanons dormaient puis j'ai continué jusqu'à l'emplacement où ils avaient caché la lance. Ils l'avaient glissée sous des buissons juste assez larges pour dissimuler l'arme pointue. J'ai dégagé le tissu qui enveloppait la lance, je l'ai déroulé et je l'ai étendu sur le buisson. Toutes les sensations troublantes que la lance avait éveillées en moi avaient disparu. J'ai saisi la lance par le manche, un manche qui avait été façonné pour mon ancêtre et qui semblait être fait pour moi. J'ai eu envie de la lancer vers une cible, mais il n'y avait pas grand-chose sur l'île, les seules cibles possibles en dehors des buissons et du sol étaient les Jannanons et l'arbre où j'avais dormi, or je n'allais pas prendre ces amis pour cibles.

J'ai entendu l'eau clapoter autour du batiau qui flottait sur le lac et je me suis demandé si, de là où j'étais, je pouvais l'atteindre avec la lance. J'étais tellement sûr de rater mon coup que je ne me suis pas posé la question de savoir si, au cas où j'atteindrais ma cible, je risquais d'abîmer le batiau. Je n'avais jamais vu de lance avant la fin de la lueur précédente et je n'en avais jamais vu une être lancée, sauf dans mon rêve. Pourtant, la sensation dans ma main était incroyablement naturelle et elle semblait vouloir que je l'utilise. Alors, comme pour tirer à l'arc, j'ai pris mes appuis au sol, j'ai reculé mon bras comme si j'allais jeter une grosse pierre, puis j'ai visé le batiau qui était bien trop loin pour être atteint avec une pierre et je l'ai lancée.

La lance s'est couchée sur l'air bien mieux que toutes les flèches que je n'avais jamais tirées ; elle a gagné en vitesse et elle a flotté sur l'air, puis le vent s'en est saisi, l'a soulevée et l'a poussée plus loin pour qu'elle atteigne sa cible.

Elle a percuté le batiau avec une telle force que les Jannanons se sont réveillés en sursaut. Ils m'ont regardé, moi, je regardais le batiau, ils se sont retournés pour voir de quoi il s'agissait. Le projectile dépassait du tronc évidé. Ils n'ont pas compris tout de suite ce que c'était, ni que j'étais à l'origine de cet impact. Lentement, ils se sont levés, ils ont marché jusqu'au batiau, ils ont touché la lance puis ils m'ont observé. J'ai marché vers eux, sachant qu'il me serait impossible d'expliquer mon geste, ni pourquoi j'avais eu à le faire. Je n'en étais pas sûr moi-même.

Je suis arrivé au batiau, j'ai saisi la lance, je l'ai retirée du trou qu'elle avait fait et personne n'a dit un mot. Je la tenais de nouveau dans ma main, j'aimais sentir son poids et son point d'équilibre. Ils pouvaient voir que mon attitude avait changé et que la lance revêtait pour moi un sens nouveau.

J'ai tenu la lance devant moi et j'ai déclaré :

« Elle m'a appelé. »

Ils m'ont répondu :

« Tu-ne-peux-pas-la-gar-der. »

« Si, je pense que je vais la garder, justement », ai-je dit. J'ai regardé la lance avec tendresse. Je ne comprenais pas pourquoi j'avais dit ça, ni d'où venait cet élan soudain.

« C'est la loi, on ne peut pas garder une ancienne arme tor'oque. Tu devras la remettre à un aréopage dès qu'on arrivera dans une ville », ont-ils insisté. Cette fois-ci, ils ne me parlaient plus comme à un enfant.

« C'est une loi de votre monde, pas pour ici et certainement pas pour moi », leur ai-je dit en regardant la lance. Je ne voulais pas les contrarier mais je voulais être clair. « Cette lance était celle de Sumon, mon sang. Maintenant, elle est à moi. »

« Tu peux la garder pour l'instant », ont-ils ajouté, comme s'ils avaient le pouvoir d'en décider. « Mais, par la suite… »

« Ce n'est pas par hasard si nous sommes ici », ai-je repris. C'était une vérité si manifeste que je savais que les Jannanons ne trouveraient rien à redire. « La lance est à moi. Personne ne me l'enlèvera et encore moins un "aréopage". »

Je suis retourné à l'arbre, j'ai grimpé dedans pour récupérer mon hamac, mon arc, mon carquois, mon couteau finnif et ma sacoche. Une fois redescendu à terre, j'ai vu que je pouvais attacher les lanières de mon carquois de manière que je puisse y glisser la lance et qu'elle soit en sécurité sur mon dos. Puis je me suis dit que je trouverais un moyen de l'attacher plus solidement pour être prêt quand mes amis me demanderont de la remettre à un « aréopage ».

Il me restait encore une chose à faire avant de quitter le sommet de la montagne de l'île que je ne considérais plus comme telle. Je me trouvais devant la tombe de ce grand-et-grand-oncle qui n'avait été qu'un enfant. J'ai posé les restes du bouclier de Sumon sur le corps de l'enfant, je l'ai recouvert de terre ainsi que le petit squelette, puis je me suis agenouillé devant la tombe pour entonner notre chant de deuil. Celui-ci contenait des mots anciens que je ne comprenais pas tout à fait mais qui exprimaient la douleur, la détresse, le manque et le désespoir. Mes compagnons m'ont laissé me recueillir seul, chanter et faire mes adieux.

Quand j'ai eu fini, j'ai vu qu'ils avaient préparé le batiau. Il n'avait pas coulé. Par chance, le trou que j'avais fait était suffisamment haut ; la lance s'était plantée au-dessus du niveau de l'eau. Nous l'avons poussé dans l'eau, nous sommes montés dedans et nous nous sommes dirigés vers la rive opposée, de l'autre côté du lac.

Chapitre 4

J'ai pris place au milieu du batiau. Je n'ai pas proposé de « ramer » – c'était le mot que les Jannanons avaient utilisé –, je regardais l'eau fraîche glisser sous le batiau. La découverte de mon passé réveillait en moi des émotions qui me submergeaient. Sous la surface du lac où nous voguions, il y avait la vallée où mes ancêtres avaient vécu, s'étaient battus, là où certains avaient perdu la vie. L'esprit guerrier qui les avait animés était partout ; non pas que l'eau soit tumultueuse, bien au contraire, elle contenait une sorte d'éclat, d'énergie et de gaieté qui infusait jusqu'à l'air que je respirais. Je sentais presque la pointe de la lance de Sumon m'aiguillonner le dos, m'intimant d'ouvrir grands mes yeux et mes oreilles. Je savais que l'eau et la terre allaient me révéler des secrets qui s'ancreraient profondément en moi. Bientôt ils gouverneraient mes actions et exerceraient un pouvoir dont j'ignorais encore la nature mais dont je sentais déjà l'emprise… au-delà de tout ce que je pouvais raisonner.

J'étais perdu dans mes pensées quand une voix m'a posé une question. Je l'ai entendue plusieurs fois avant de me rendre compte que la voix n'émanait pas de mon esprit mais qu'elle venait du batiau.

« Tu chasses avec l'arc qui est dans ton dos, dans ta prison ? »

C'était celle de Goïel. Il avait pris place à l'arrière du batiau pour relayer Sheïos et ramer à son tour. Je ne me suis pas retourné, je n'avais pas envie de le regarder mais ça ne me dérangeait pas de lui parler.

« Oui, parfois, on chasse avec, mais on s'en sert surtout pour les jeux », ai-je répondu en montrant mon oro-arc. « Il est trop puissant pour les animaux qu'on chasse. Ça éclaterait leur chair. »

« Les jeux... ? »

Je lui ai coupé la parole.

« ... C'est une vieille tradition qui se perpétue depuis qu'Ourla la Remarquable a transmis aux jeunes le savoir-faire tor'oc. » Et, j'ai réalisé que, dans le Monde du dehors, ce ne serait sans doute pas la dernière fois qu'il me faudrait expliquer nos coutumes et notre histoire, l'histoire des Tor'ocs de la Péninsule, que personne ne connaissait puisque nous étions un mythe, le mythe qui nous avait ôté toute existence réelle. « Avant le Mad'la, avant la vie dans les arbres et tous les déluges, les jeunes Tor'ocs apprenaient à se battre, d'abord en assistant aux batailles puis en y participant ; mais après le Mad'la, il n'y a plus eu de bataille. Voyant que les jeunes n'auraient plus l'occasion de manier l'arc, le couteau ou l'épée, et pour éviter que cette pratique et cet art ne se perdent à jamais, Ourla la Remarquable a créé les jeux. »

« Vous vous entretuez, dans ces jeux ? » a demandé innocemment Goïel.

« Les Tor'ocs ne tuent pas de Tor'ocs », ai-je répondu. Je n'ai pas su lui dire à quel point cette règle était ancrée en nous. « Les jeux ne sont là que pour créer une émulation et s'entraîner… »

« … à tuer. » Goïel a fini ma phrase. Ses mots m'ont blessé.

« … à exceller aux jeux. » J'ai dit cela lentement pour que cela pénètre en lui.

« Soit ! Alors, parle-nous de tes jeux », a dit Goïel.

« Nous jouons à l'oro-arc d'abord avec un arc simple pour flèches courtes, ensuite avec l'arc double, croisé en X, pour flèches longues, comme le mien, et nous pratiquons aussi le tir à l'arc sur le dos d'un oryx lancé au grand galop. »

« Vous montez des oryx ! » C'était une réaction de surprise plus qu'une question.

« Oui, ce sont des animaux répandus sur la Péninsule. Les meilleurs oryx avancent dans la nature avec la fluidité de l'eau. » Je faisais onduler ma main pour illustrer mon propos.

« Vous avez des oryx, par ici ? »

« Bien sûr, mais ce sont des bêtes sauvages, on ne peut pas les monter. » Ses sourcils se sont arqués ; j'ai raisonné que le fait d'imaginer la possibilité de monter un oryx suscitait chez lui de l'admiration.

« Si on en trouve un, je l'attraperai et je le monterai », ai-je dit.

« Nous montons un animal qui est beaucoup plus facile à attraper. »

« Je pense que j'ai déjà vu cet animal en rêve », ai-je répliqué, me souvenant d'Uthiriule qui chevauchait un animal noir et élancé. « Moi, je préfère l'oryx. Si vous n'en montez pas, je ferai fabriquer une selle pour lui… »

L'idée semblait l'émerveiller.

« Une selle pour un oryx ! J'espère que tu as beaucoup de *cendrins** parce que ça va te coûter cher ! »

« Coûter ? » C'était un mot nouveau que je n'avais jamais entendu. « C'est quoi, des cendrins ? » J'ai montré les quelques affaires que j'avais. « Je n'ai pas grand-chose avec moi, je ne pense pas avoir ça. »

« Les cendrins, c'est avec ça qu'on achète des choses. » Il a dit ça avec une telle évidence qu'il devait s'imaginer que je devais comprendre tout ce qu'il m'avait dit. Voyant ma tête, il a fouillé ses poches et il a sorti quelques rondelles de cuivre aplaties sur lesquelles une tête d'homme était gravée avec des mots inconnus. Il m'en a tendu une. « Tu vois, ça, c'est dix *lurons** de cendrins. »

« Tu fais quoi avec ça ? » Je ne raisonnais pas à quoi cette rondelle pouvait servir.

« Si tu en as suffisamment, tu pourrais t'acheter une selle pour ton oryx. »

J'ai tourné et retourné la rondelle dans ma main, ayant du mal à comprendre comment on pouvait faire une selle avec ça, même avec une grande quantité de rondelles. J'ai rendu la rondelle à Goïel et je lui ai déclaré :

« Ça ferait une très mauvaise selle. »

« On ne fait pas une selle avec ça ! Non, tu utilises les rondelles pour payer la personne qui fabriquera ta selle », a-t-il expliqué. Voyant que je ne comprenais pas, il a poursuivi : « Toi, tu donnes des cendrins à quelqu'un et, en échange, il te donne la chose que tu veux… »

« … Je donne ça à un fabricant de selles et en échange il me fabriquera une selle et il me la donnera ? » J'ai éclaté de rire en pensant au monde dans lequel j'avais atterri.

« Tu veux dire qu'ici un homme prend un petit morceau de cuivre rond et plat pour une selle entière ? Tu me prends vraiment pour un idiot pour croire que je vais gober un truc pareil ! »

« C'est pourtant vrai. »

« Ce n'est pas possible ! » ai-je articulé entre deux éclats de rire.

« En Æmira, nous nous sommes tous mis d'accord pour donner à ça… » Il pointait la rondelle. « … Une certaine valeur. Nous connaissons tous celle d'un cendrin… Et on mesure la valeur des choses en cendrins. Quand tu en as beaucoup et beaucoup, tu peux avoir tout ce que tu veux ! »

« Et si, comme moi, tu n'en as pas ? » ai-je demandé.

« Tu n'as pas le choix. Il faut en avoir. »

« Est-ce que les cendrins tombent du ciel ? » Avec mes mains, j'ai mimé une pluie de rondelles. « Ou est-ce qu'on les ramasse par terre ? On les cueille ? Ou bien il faut creuser pour en trouver ? »

« Non, tu dois les gagner. »

« Comment ? »

« … En faisant quelque chose qui a de la valeur. »

« Ma venue au Camarode, ça a de la valeur ? »

« Oui, je pense que oui, certainement », a dit Goïel.

« Ils me donneront beaucoup de cendrins quand je viendrai ? »

Goïel a fait une drôle de tête. Il a froncé les sourcils et son front s'est plissé pendant qu'il réfléchissait. Puis il a dit :

« Non, je ne crois pas. »

C'est ce qui m'a fait le plus rire.

« Alors la valeur est un serpent sournois en Æmira ! Considérable par ici et ridicule par là… » J'aimais bien sa façon de plaisanter mais je ne voulais pas qu'il pense que j'étais idiot au point de gober n'importe quoi. Je suis allé près de lui et j'ai posé ma main sur son épaule.

« Si je fais quelque chose qui a de la valeur, tu me le diras, hein, pour que je sache… »

Il a esquissé une grimace qui devait être un sourire, comprenant sans doute que je n'étais pas une proie si facile, et il a arrêté son cirque. Il a rangé son cercle en cuivre et il m'a demandé :

« Vous avez du cuivre sur votre île ? »

J'ai hoché la tête et j'ai répondu :

« On en fabrique à partir de roches vertes. C'est difficile à fabriquer, c'est pour ça qu'on ne gaspille pas notre cuivre à en faire des petites rondelles. » J'ai souri une nouvelle fois à l'idée qu'ils devaient avoir tellement de cuivre qu'ils pouvaient s'en servir pour faire des blagues. « On l'utilise pour faire les lames de nos couteaux et pour les fourches avec lesquelles on retourne la terre dans nos plantations. »

« De toutes vos armes, il n'y a que les lames de vos couteaux qui soient en cuivre ? » Goïel avait l'air de penser qu'à mon tour je me payais sa tête.

« Oui. Mais nos crochets aussi, regarde ma sacoche. » Je lui ai montré mon sac pour qu'il puisse observer le fermoir. « Vous devez avoir des champs et des champs de roches vertes pour fabriquer tous vos cendrins en cuivre. »

« Non, on extrait le cuivre de mines souterraines. » Avec ses mains, il a mimé des rochers enfoncés sous la terre. « On doit creuser pour le trouver. » Il a marqué un temps, puis il a ajouté : « J'aimerais en savoir plus sur tes jeux. »

Je lui ai fait signe que j'allais tout lui expliquer. « Les jeux durent un cycle lunaire. Ce sont des jeux d'adresse, de prouesses physiques, comme le lancer de couteau finnif en autant de positions que l'on peut raisonner. Je t'ai déjà parlé de l'oro-arc. Il y a aussi des combats à l'épée, un contre un. Nos épées sont en bois, ce qui marque la peau et donnent de vilains bleus, mais ce n'est jamais très grave. » J'ai décidé de lui confier un détail à propos de nos épées, pour qu'il ne pense pas que je sois inculte. « Nous avons également trois épées anciennes, en métal. Personne ne les utilise mais on les expose pendant les jeux. Elles sont magnifiques. On a tenté de fabriquer du métal pour en produire d'autres, mais on n'y est jamais arrivé. Les épées en fer sont trop lourdes et les épées en cuivre sont trop précieuses et fragiles. »

« Alors, vous lancez des couteaux et vous tirez des flèches… » Goïel a marqué une *mesure**, je voyais qu'il cherchait ses mots. « Sur quoi les lancez-vous ? »

« … Sur des cibles. »

« Et à quoi ressemblent-elles ? »

« Elles ressemblent à des gens un peu plus petits que nous. » Juste après avoir dit ça, j'ai immédiatement pensé à la façon dont il pouvait comprendre ce que je venais de dire.

« Des gens… faits en quoi ? » a-t-il demandé, mal à l'aise.

« En foin. Mais ce ne sont que des cibles. »

« Hum, non. Depuis mille ans, vous n'avez jamais cessé de vous entraîner pour être prêts au moment opportun », a-t-il dit. Je percevais de la crainte dans sa voix qui tremblait.

« Nous sommes un peuple pacifique, maintenant, ce n'est pas comme dans le temps. » Ça, j'en étais certain. « Nous vivons dans les arbres. Les arbres nous ont transmis leur savoir et nous avons appris le reste par nous-mêmes. Quand mon peuple s'est installé dans les arbres, nous étions des guerriers entraînés exclusivement à combattre. Aujourd'hui, nous sommes fermiers, bâtisseurs, maçons, nous fabriquons nos couvre-tout, nos outils, nous cuisinons, nous créons des kolloks et des ponts de lianes comme ceux qui forment la Voie Suspendue. Nous réalisons nous-mêmes tout ce dont nous avons besoin. »

« Vous êtes peut-être encore plus dangereux qu'avant. » Il a dit ça d'un air triste.

Je voulais qu'il comprenne que nous n'étions plus les guerriers qu'il imaginait. Je lui ai dit :

« Nous avons une autre épreuve, la *course du dernier homme**. » Goïel, intéressé, a levé les yeux. « C'est une course qui se déroule sur toute la longueur et la largeur de la Péninsule et qui se termine lorsqu'il n'y a plus qu'un seul participant qui court encore. Elle peut durer longtemps et longtemps. Une fois, je suis arrivé cinquième et je peux te dire que ce n'est pas facile ; nous sommes un peuple de coureurs. »

« Oui, les prédateurs doivent être de bons coureurs. »

La remarque de Goïel m'a une fois de plus blessé. Comment lui faire comprendre que nous n'étions pas plus prédateurs que lui ? Soudain, j'ai eu une idée :

« Qu'en pensent les poissons ? Lorsque tu les pêches, n'es-tu pas leur prédateur ? »

Il était chasseur lui-même, il savait parfaitement qu'il n'y avait pas la moindre différence entre lui et moi, mais il tenait à ce qu'il y en ait une. Après de longues respirations, il m'a demandé :

« Vous avez des courses et des jeux différents pour les hommes et pour les femmes ? »

« Non, pourquoi ? »

« À cause de la taille et de la force, les femmes sont plus petites », a-t-il commencé avec un ton qui sous-entendait que je devais le savoir.

« Chez vous, les femmes sont plus petites, plus petites que vous ? » ai-je demandé ; je ne voulais pas être offensant.

« Partout les femmes sont plus petites », a-t-il dit.

« Pas chez les Tor'ocs. » J'ai fait un non catégorique de la tête. « Les hommes et les femmes ont des corps de forme différente, mais c'est l'unique différence. Nos femmes sont aussi fortes que nous et elles gagnent aux jeux aussi souvent que nous. »

« Elles peuvent gagner au tir à l'arc, au couteau, à l'épée ou à la course ? » a-t-il demandé, sceptique.

« Oui et elles sont particulièrement douées au couteau finnif. Leurs doigts sont plus agiles, elles les manient mieux. Personne ne sait pourquoi, mais les hommes ont toujours eu du mal à gagner au couteau. »

« Pourquoi as-tu pris la lance ? » Il me regardait froidement. « D'après ce que tu m'as dit, sur la Péninsule, vous ne vous en servez plus depuis longtemps. »

« Nous n'avons pas de lance. » Il fallait bien que je l'admette.

« Alors pourquoi en veux-tu une maintenant ? »

Je n'étais pas certain de pouvoir le lui expliquer, ni même de me l'expliquer à moi-même. Pourquoi je l'avais prise, pourquoi je devais l'avoir ? Je ne savais pas quoi répondre. Cette lance était à moi, je le savais. Pas question que je m'en défasse pour qu'on aille la suspendre à un mur, que chacun puisse bien imaginer les crimes odieux que Sumon avait dû commettre avec. De toute façon, je ne les laisserais jamais la suspendre à un mur ! La lance était vivante et elle voulait être tenue. Ma main la réclamait. La lance m'attendait depuis longtemps, avant même que cette terre ne devienne une île, elle était plantée là, à m'attendre. Pendant des siècles, elle dormait, elle m'attendait. Je ne trahirais ni la lance ni moi-même en l'abandonnant déjà. J'en aurais besoin, je le savais, mais je ne savais pas quand ni pourquoi. Je n'allais pas tuer avec, je n'en étais pas capable. Mais elle était à moi. S'ils la voulaient, ils devraient me la prendre de force ! Et je raisonnais que personne n'aurait cette force-là.

« Elle m'appartient. » Goïel a su que je n'en discuterais plus.

L'autre côté du lac approchait. J'étais heureux de pouvoir bientôt sortir du batiau et d'en finir avec cette discussion, même si, au début, j'avais aimé parler avec Goïel. Bien que l'on soit encore loin du bord, je pouvais voir que le fond du lac se rapprochait du batiau. Dès que je m'en suis aperçu, j'ai sauté par-dessus bord. L'eau m'arrivait à la taille et c'était bon d'être dans l'eau. Je pouvais voir les poissons, les petits qui étaient curieux et qui embrassaient mes jambes pour me goûter. J'ai attrapé le batiau et je l'ai poussé au bord du lac ; il a touché le fond avant que le lac ne se termine.

Wéodou a sauté à l'eau à son tour et, tous les deux, on a tiré et hissé le batiau jusqu'à la terre ferme – une terre blanche, cristalline, qui disparaissait derrière une rangée de buissons et des hautes herbes qui étaient différentes de toutes celles que nous avions vues : c'étaient de grandes et minces brindilles.

Je regardais fixement la terre blanche. Les Jannanons m'ont dit :

« C'est du sable. Il vient du fond du lac. Avec le temps, beaucoup de temps, l'eau transforme la terre et les coquillages en sable. »

« Nous avons la même chose au bord des mers de la Péninsule, mais il n'est pas si blanc », ai-je expliqué.

Les Jannanons ont transporté le batiau jusqu'à une cachette. Ça m'a surpris, je pensais que je serais le seul à revenir ici. J'étais heureux de savoir qu'il serait là pour le retour, que je pourrais retourner sur l'île et vers l'autre bord du lac, pour rejoindre ma Péninsule.

Je vais probablement devoir me battre contre le Muon qui m'attendait sûrement, même s'il ne le savait pas. Après mon rêve, j'ai beaucoup pensé au combat contre le Muon. Le rêve m'avait appris comment le tuer. Une partie profonde de moi voulait ce combat. Ce sentiment, cette force, je n'avais jamais ressenti cela auparavant.

« Y a-t-il des Muons de ce côté-ci ? » ai-je demandé aux Jannanons.

« Non, ils sont de l'autre côté du lac ; ici, il n'y a pas de Muons. »

« Mais il y a des oryx ! » ai-je dit en souriant. Je venais de repérer sur le sable du crottin tout frais d'oryx.

Les Jannanons se sont regardés et Goïel leur a dit ce que je voulais faire. Les trois m'ont dévisagé :

« Tu veux attraper un oryx pour le monter ? »

« Je vais en attraper un », ai-je annoncé en pointant une direction. « Il a filé par là. »

« Ce n'est pas notre chemin. Ça va nous éloigner de la Route lointaine. »

« J'attraperai cet oryx pendant le sombre », ai-je déclaré. Je n'avais pas envie d'expliquer que l'oryx nous conduirait à la Route lointaine et au-delà plus vite que leurs petits pas de Jannanons.

« On fera quoi, d'un oryx sauvage ? » Ils étaient choqués d'apprendre que j'avais l'intention de maintenir prisonnier un animal sauvage.

« Après deux lueurs et deux sombres, il ne sera plus sauvage », ai-je assené d'une manière qui n'incitait pas à poser d'autres questions.

« Deux jours ! Ça nous fait perdre du temps ! »

« Au contraire, nous en gagnerons. Comme vous êtes petits, nous pourrons monter tous les quatre sur l'oryx qui marche beaucoup plus vite que nous. Au bout du compte, on aura gagné beaucoup et beaucoup de mesures. »

« Non. Nous n'avons pas besoin d'un oryx », ont-ils contré, pensant que ça suffirait à me faire abandonner mon projet. « On continue sans perdre du temps à chasser une bête dont on ne tirera rien. »

« Allez-y sans moi ! » Je leur ai fait un signe de la main qui leur indiquait que je partais dans une direction qui n'était pas la leur. Je me suis retourné et je suis parti vers l'oryx. Il fallait que je me dépêche pour le trouver avant le sombre. Je marchais de plus en plus vite, en suivant sa trace. L'animal était passé par là, mais peut-être pas si récemment que ça. Je n'avais pas besoin de me retourner pour savoir que les Jannanons me suivraient ; de toute façon, ils n'avaient pas le choix mais je me doutais bien qu'ils n'arriveraient pas à tenir le rythme. Je chassais et, si je voulais avoir une chance d'attraper l'oryx, je courrais. Les Jannanons finiraient bien par me rejoindre, ils n'auraient qu'à suivre mes traces. Comme ils étaient silencieux et que le vent soufflait sur nous, leur présence n'effrayerait pas l'oryx. J'ai remercié le vent.

Nous avons traversé la plaine, l'oryx et moi derrière lui. Ses traces me parlaient, elles me disaient qu'il marchait. Moi, j'ai couru pour être certain de le voir avant que la lumière ne devienne rasante et n'allonge tant les ombres qu'elles se confondraient avec le sombre. En courant, j'ai regardé s'il n'y avait pas d'autres empreintes de grandes bêtes ou d'hommes… mais je n'en ai pas vu. Je commençais à me dire que l'oryx était roi dans ce royaume et c'était un sentiment que j'aimais parce que les rois n'ont pas peur.

Le sol de cette contrée était différent de tous ceux sur lesquels j'avais déjà couru. Il était dur et blanc, et les buissons, les herbes ou les arbres n'étaient pas aussi forts que la vie végétale présente naturellement dans la terre brun foncé. Les plantes, ici, étaient de braves guerrières alors que la terre était avare. Ce n'était pas sa faute, elle avait peu à donner. Comme dans la plupart des paysages, il y avait des vallons, des pentes raides qui versaient sur des descentes abruptes, puis d'autres vallons et ainsi de suite, à perte de vue.

Après des jours passés à marcher, c'était bon de courir, de sentir cette terre blanche qui se dérobait sous mes pieds lorsqu'ils la frappaient et la frappaient encore. Par moments, je ne savais plus où j'allais ni pourquoi je courais. Je courais et cela me suffisait.

À un moment donné, j'ai gagné le haut d'une colline dans la partie la plus éloignée de la vallée qui s'ouvrait devant moi et j'ai vu une grosse tache marron qui se déplaçait lentement. Ce n'était pas une pensée raisonnée mais une voix m'a dit de m'arrêter. Lorsque j'ai ralenti ma course pour me mettre au pas, j'ai senti que mon corps voulait courir de nouveau, dévaler la colline et traverser la vallée, encore et encore. Je me suis forcé à m'arrêter, à ne pas bouger, à regarder. La grosse tache marron était un animal ; il était loin et s'enfonçait dans un bosquet d'arbres qui le cachait partiellement. De là où j'étais, je ne pouvais pas voir ses cornes ni le reste de son corps, mais la taille correspondait : c'était un oryx. J'ai fait quelques pas vers le bord du champ qui s'ouvrait sur la vallée.

Je me suis immobilisé. Quand ils voulaient s'annoncer, les oryx émettaient un grondement sourd qui provenait du plus profond de leur poitrine, un gémissement qui ondulait au-delà de leur bouche fermée. Sur la Péninsule, on apprenait à imiter ce son qui les calmait aussitôt, qu'ils soient en liberté ou quand on les montait. Je me suis agenouillé pour me cacher dans les hautes herbes et les fleurs des champs et j'ai donc imité ce son. Il suffisait de le faire doucement : les ondes se propageraient facilement, dans cet endroit. J'ai attendu mais je n'ai eu aucune réponse. J'ai gémi de nouveau puis j'ai regardé ; j'ai aperçu un léger mouvement dans les gros buissons, là où la grande bête brune avait disparu – mais elle n'est pas sortie du bosquet et elle ne m'a pas répondu. Peut-être que je m'étais trompé, que ce n'était pas un oryx mais une autre bête qui s'était mise sur mon chemin. J'ai râlé une dernière fois. Après quelques mesures, un gémissement rauque m'a répondu. Et l'oryx est sorti de derrière les arbres pour voir qui l'appelait.

Il ne pouvait pas me distinguer mais il savait d'où le son était venu ; il était planté là, ses yeux fixés dans ma direction. Je me suis relevé doucement d'entre les herbes, juste assez pour faire dépasser ma tête et mes épaules au-dessus des fleurs et j'ai râlé une nouvelle fois. La bête a tourné vivement son cou puis ses yeux se sont braqués sur moi. Il en avait vu, des choses dans sa vie mais ça, jamais : une bête qui n'était pas un oryx mais qui en avait le râle. Je me suis rassis et j'ai disparu de son champ de vision. J'ai encore râlé. Cette fois-ci, un râle m'a répondu.

Après quelques souffles, je me suis redressé. L'oryx était immobile mais il était plus près. Il s'était rapproché d'une vingtaine de pas et me fixait. Je me suis aplati dans l'herbe et j'ai attendu, cette fois-ci, plus longtemps. Quand j'ai réapparu, l'oryx était encore plus près. Il s'était avancé au milieu de la plaine où, immobile, il me fixait toujours. Il pressentait que j'allais me relever et il s'est arrêté pour me regarder. J'ai soutenu son regard. Nous nous voyions à présent distinctement l'un l'autre. Ses narines se sont gonflées dans la brise qui venait de la colline derrière moi, lui apportant mon odeur dans ses courants. Je me suis rassis, je me suis couché un instant sur le dos puis j'ai roulé sur le côté et je me suis mis à plat ventre. Ensuite, je me suis éloigné de l'oryx ; j'ai rampé jusqu'à un rocher derrière moi, qui était assez grand pour que je puisse m'y asseoir et qui me permettait d'être toujours hors de son champ de vision.

Au pied du rocher, j'ai défait mon carquois, mon oro-arc et la lance, je les ai laissés là, puis j'ai grimpé dessus. J'ai râlé à nouveau et je me suis allongé sur la pierre. J'ai doucement regardé par-dessus mon épaule. L'oryx marchait, il marchait lentement vers moi. Je me suis retourné, je me suis assis et je l'ai regardé approcher. Ses yeux n'ont jamais quitté les miens. Il se demandait quel pouvait être l'animal qui n'arrêtait pas de l'appeler. Il s'est arrêté à deux tor'ocs de distance. Je pouvais le sentir désormais, c'était une bonne odeur, propre et musquée, que je connaissais bien. Nos regards ont plongé l'un dans l'autre. Je pouvais voir qu'il n'était pas très sûr de ce qu'il allait faire. J'espérais qu'il n'avait pas décidé que j'étais un animal qu'il n'aimerait pas, qu'il valait mieux s'éloigner de moi ou, pire, partir au galop. Je lui ai tourné le dos et je me suis laissé glisser lentement à terre, laissant les hautes herbes me bercer quand j'ai disparu de sa vue derrière le rocher. Je suis resté à plat ventre ; j'attendais en silence, mon visage enfoncé dans l'herbe écrasée.

Je l'ai entendu et senti en même temps. Le museau de l'oryx soufflait sur mon dos.

Il me humait. À sa façon, il m'examinait. Avec curiosité, il inhalait lentement cette nouvelle odeur. Il prenait tout son temps. Moi, j'attendais, immobile et heureux. J'ai déplacé ma main vers la jambe la plus proche de moi, mes doigts ont glissé doucement dans son pelage soyeux et le long de ses muscles bandés. Mon buste s'est relevé pour accompagner mes doigts qui trouvaient son poitrail entre ses deux jambes avant. J'étais à genoux et je ne savais déjà plus comment je m'étais redressé. Ma main, appuyée contre son poitrail, sentait les battements de son cœur ; je gardais la tête baissée, je souriais. Ses naseaux flairaient ma tête, mes cheveux. Enfin, j'ai relevé mon visage pour qu'il puisse le flairer aussi. J'ai soufflé mon haleine dans ses narines et j'ai plongé mes yeux dans les siens.

Je me suis relevé en soutenant son regard, je le maintenais là, avec mes yeux. Mes mains ont caressé son cou, elles sont remontées le long de sa crête dorsale jusqu'à sa tête, j'ai contourné ses oreilles avant d'arriver à son long visage. Pour l'oryx, c'était une pluie de nouvelles sensations. Je voulais qu'il apprenne à aimer mon contact. J'ai dessiné l'arche entre ses yeux, mes doigts ont caressé la ligne noire qui remontait vers ses cornes puis je les ai passés dans la bande de poils dressés qui formait sa crête. J'ai chuchoté pour qu'il puisse entendre ma voix.

« On m'appelle Æon la Feuille. Tu me diras ton nom, toi aussi ? » J'ai attendu une mesure pour que l'oryx se familiarise avec le son de ma voix, puis je lui ai demandé : « Montre-moi où tu t'es arrêté pour brouter. Ça doit être un bon endroit. »

J'ai fait quelques pas dans cette direction. J'ai repris mon arc, ma lance et mon carquois. Je ne voulais pas me retourner.

Si je voulais attraper l'oryx, c'était maintenant. Il est d'abord resté derrière moi, à me regarder, puis il m'a suivi sur quelques pas et enfin a marché à mes côtés. On a traversé la plaine comme ça, côte à côte, tranquillement jusqu'aux arbres où il mangeait quand je l'ai aperçu pour la première fois. Les arbres et les buissons d'épineux que l'oryx broutait étaient différents de ceux que je connaissais sur la Péninsule, mais c'étaient des variétés cousines qui se ressemblaient quand même beaucoup. J'ai pris une branche et je lui ai tendu les feuilles. Il m'a regardé d'un air étonné, puis il les a acceptées.

Pendant que l'oryx broutait, je me suis avancé dans une trouée, au milieu des arbres.

« Je suis Æon la Feuille », ai-je soufflé. « *Puis-je grandir parmi vous** ? »

Les arbres m'ont aussitôt renvoyé des arômes de bienvenue et ont fait glisser le vent entre leurs feuilles pour que je sente leur accueil chaleureux.

« Je voyage avec la bête qui broute le buisson d'épines », ai-je dit. J'étais curieux de savoir s'ils connaissaient l'oryx. Ils le connaissaient bien. « J'essaie de le garder ici avec moi, ce sombre et les deux sombres suivants. Pourriez-vous m'aider ? »

« Nous pouvons le garder parmi nous », ont-ils soufflé en guise de réponse. « Tant que la pluie tombe ailleurs, nous pouvons le garder ici. »

« Les deux prochains sombres, puis-je dormir dans vos bras ? » ai-je demandé, soufflant mon vent avec autant d'humilité que possible.

« Oui, tu le peux. » Ils me soufflaient la bienvenue si chaleureusement que des notes joyeuses se sont élevées de mon cœur pour former un doux chant mélodieux qui s'est répandu dans les arbres. « Il y a des racines sucrées tout près. Fais venir ton animal, on te montrera où elles sont. »

Quelle chance ! Des racines sucrées ! Tant qu'il y en avait dans le sol, je n'avais pas besoin de l'aide des arbres. Je suis retourné près de l'oryx qui paissait paisiblement. J'ai pris une autre branche d'épines et de feuilles et je me suis planté devant lui, en attendant qu'il ait fini. Dès qu'il a relevé la tête pour regarder ce que j'avais dans la main, je me suis retourné vers les arbres et j'ai commencé à marcher en tenant ma branche au ras du sol. L'oryx m'a suivi. Nous sommes entrés sous l'arbre qui m'a aussitôt envoyé son arôme. Des images ont afflué vers mon œil intérieur et m'ont montré le chemin vers les racines sucrées qui poussaient à proximité, dans le sol. J'ai posé par terre la branche d'épines et, doucement, j'ai reculé.

L'oryx a humé les racines sucrées ; il a donné un coup de sabot dans la branche d'épines qui est partie valdinguer plus loin. Avec son mufle et ses sabots, il a dégagé un tubercule de *jalap**, juste là, sous la surface aride. D'un coup de langue, il a glissé la racine marron entre ses dents et l'a arrachée du sol. Les oryx adorent les jalaps. Une fois, pour connaître le goût, j'en ai pris. J'ai trouvé ça horrible, d'une amertume épouvantable et j'ai été malade ; une colique à n'en plus finir ! J'en ai tellement chié que j'ai cru que j'allais y passer.

J'ai grimpé dans l'arbre pour le sentir. De là-haut, je pouvais voir la terre d'où j'étais venu.

Les Jannanons me suivaient, j'en étais certain, mais je ne les voyais pas sur la piste que j'avais empruntée et qui m'avait conduit jusqu'à l'oryx. Ils arriveraient à la fin de la lueur, ou pas. Je les verrais bientôt. Ils allaient être surpris de voir que j'avais déjà mon oryx et que je le montais. Bientôt et bientôt, ils n'en reviendraient pas de le monter eux-mêmes.

Goïel se méfiait de moi depuis notre conversation dans le batiau. Les trois étant tous liés, j'ai pensé que Sheïos et Wéodou se méfieraient aussi. Mais une fois qu'ils seraient montés sur l'oryx, leur méfiance disparaîtrait complètement. Je ne voyais pas comment ça pouvait être autrement.

En descendant de l'arbre, j'ai repéré une branche pour tendre mon hamac. Je l'ai tendu là et j'ai suspendu mon arc, mon carquois et ma lance à côté. J'avais faim de viande, mais il n'était pas question de chasser ni d'en manger alors que je gagnais l'oryx. À la lisière des arbres, j'avais vu des plantes comestibles et un arbre qui portait des fruits. Je m'en contenterais jusqu'à ce que je réussisse à monter sur l'oryx. Je me suis installé près de l'oryx pendant qu'il se régalait de jalaps ; il y en avait plein, et des grosses, et il ne s'arrêterait pas avant de les avoir toutes mangées.

Alors, je me suis allongé par terre puis je me suis redressé légèrement pour voir l'oryx et essayer d'entendre son nom.

« J'ai perçu le son "bol" plusieurs fois, mais je ne sais pas si c'est ton nom ou bien un son qui a voyagé sur les ailes du vent », ai-je dit à l'oryx qui ne me prêtait pas la moindre attention. Il était bien trop occupé avec ses jalaps.

« Essayons quelque chose », ai-je repris. J'avais décidé que j'allais prononcer tous les noms qui me passaient par la tête. « Oudjé-I ? » Pas de réaction. « Dho-èje ? » Toujours rien. « Ka-é-roix ? » C'étaient de jolis noms pour un oryx mais lui, il n'avait pas l'air de les connaître et ça ne lui plaisait pas du tout.

« Bol » ai-je lancé. Soudain, il a levé les yeux vers moi puis un frémissement a parcouru son dos. "Bol" ! C'est ton nom ! Je ne peux pas dire que j'aime beaucoup, mais si c'est le tien, je t'appellerai *Bol**. » En effet, je n'avais aucune raison de l'appeler par un autre nom qui n'était pas le sien. « Bol, tu te souviens de mon nom ? C'est Æon la Feuille, mais tu n'es pas obligé de m'appeler "la Feuille". Tu sais, je n'aime pas plus mon nom que Bol... mais bon, c'est comme ça, hein ? Tous les deux, on a ces noms qui nous collent à la peau et voilà, on est coincé avec... C'est pas d'bol ! »

C'était bon de parler à Bol. Il m'écoutait avec attention, il aimait bien le son de ma voix. Un oryx qui n'aime pas votre voix ne reste jamais à vos côtés, peu importe le nombre de racines sucrées qui se trouvent à vos pieds.

« Ta terre est belle. Tu vis dans un pays magnifique. Je te présente mes excuses, je vais t'emmener loin d'ici. » Je raisonnais que je devais lui dire ça le plus vite possible. « Mais tu sais, on m'a dit que nous allions vivre de grandes aventures, toi et moi ! Je ne m'y attendais pas plus que toi, mais comme tu le vois, je suis là et j'essaie de prendre les choses du bon côté. »

J'ai mangé quelques fruits qui poussaient par là et je me suis demandé ce que je pouvais dire d'autre à Bol. J'ai raisonné et j'ai ajouté :

« Tu vas probablement rencontrer mes compagnons de voyage demain. Tu devras être patient avec eux. Ils ne comprennent presque rien à rien mais, tu verras, ils ont bon cœur. Il faudra que tu fasses attention à ne pas les écraser ni à leur marcher dessus parce qu'ils sont tout petits et, sans le vouloir, tu pourrais leur faire mal, Bol, vraiment mal. Avec moi, tu peux être insouciant, je n'ai besoin d'aucune attention particulière, Bol. » Il m'a regardé à nouveau quand j'ai prononcé son nom. C'était vraiment le sien !

Le sombre s'est répandu autour de nous. Les arbres ont libéré un arôme empli de quiétude et de douceur mêlées. Ça sentait bon, c'était un arôme qui donnait envie de rester là et de s'endormir tranquillement. Je me sentais en paix et en sécurité… et j'espérais que cet arôme inspirait aussi les oryx et que Bol ressentait tout cela. J'ai raisonné que, sur la piste, les Jannanons avaient dû trouver un refuge où s'arrêter pour le sombre. C'étaient des cachés d'exception qui seraient en sécurité dans ces collines où il n'y avait ni Muons, ni grands félins… ni âme qui vive, d'ailleurs. J'étais heureux que l'on puisse avoir un sombre rien que pour nous, Bol, les arbres et moi. Je dormirais bien et je me réveillerais tout joyeux de voir, près de moi, l'oryx que j'étais en train de gagner. J'ai grimpé dans l'arbre et j'ai traversé les branches jusqu'à mon hamac.

Je me suis dit qu'à la prochaine lueur je tresserais des hautes herbes pour faire une corde pour Bol. Il ne serait pas heureux d'être attaché, et moi non plus, mais c'était nécessaire pour qu'il soit en sécurité une fois qu'on aurait quitté cet endroit.

Je me suis vite endormi et je ne me suis pas souvenu d'avoir rêvé. Quand je me suis réveillé, ma première pensée a été pour Bol. Je me suis penché : il était là, près de l'arbre, juste à l'endroit où je l'avais laissé la veille. Je me suis demandé si je ne l'avais pas déjà gagné mais je devais quand même faire attention.

Ce jour-là serait notre jour de marche. On allait quitter les arbres fruitiers et marcher longtemps et longtemps pour découvrir le monde ensemble, Bol et moi. Je voulais partir tôt pour éviter les Jannanons. On les retrouverait bien assez tôt. Quand ils arriveraient ici, ils verraient notre campement avec mon hamac et toutes mes affaires dans l'arbre, ils comprendraient bien que j'avais passé la nuit ici et que c'était donc ici qu'il fallait m'attendre.

Avant de partir, les arbres m'ont montré l'endroit où poussaient les jalaps ainsi qu'une autre racine que les oryx aimaient plus que tout. Je pourrais l'utiliser pour attirer Bol et le faire revenir au campement. J'ai conduit Bol vers les premiers jalaps, je l'ai laissé brouter un peu, je me suis levé, j'ai arraché un bout de jalap et je me suis éloigné avec le bout de racine à la main. Bol m'a suivi. J'ai continué à marcher et il a mangé dans ma main.

Je n'ai pas regardé le paysage. Je ne m'intéressais qu'à Bol. Je ne pourrais pas dire où nous avons marché, ni donner le moindre détail sur les paysages traversés, les arbres, la végétation, les herbes, les plantes ou les prairies que nous avons foulées. On a marché et marché et quand Bol a fini ses jalaps, j'ai déplacé ma main dans laquelle il avait mangé, je l'ai posée sur son museau, ses narines, son visage, derrière ses oreilles et le long de son cou. Puis je l'ai mise sur son épaule et nous avons continué à marcher comme ça ; je le laissais me guider. Une fois que j'ai raisonné qu'on avait été loin et loin, j'ai exercé une légère pression sur son épaule pour lui faire faire demi-tour et nous sommes revenus sur nos pas, vers nos arbres fruitiers. C'était un chemin que Bol n'aurait jamais pris tout seul.

Nous sommes passés près d'un buisson d'épines que j'étais sûr qu'il aimerait alors on s'est arrêtés et je l'ai laissé brouter. Ça m'a donné faim, mais je n'ai rien vu alentour dont je pouvais me nourrir même si, plus tôt, il y avait sur notre chemin des plantes comestibles et des fruits. Alors je me suis assis et j'ai regardé Bol. J'ai entendu un ruisseau couler à côté. Le bruit de l'eau qui glissait entre les cailloux m'a donné soif. Le ruisseau était tout proche, je l'ai trouvé en deux-deux. Je me suis penché au-dessus de l'eau et j'ai bu. Ensuite j'y ai plongé mes mains jusqu'au lit du ruisseau. J'ai attrapé de la boue pour boucher l'espace entre mes doigts, j'ai joint mes mains en forme de bol pour recueillir de l'eau, j'ai sorti mes mains et j'ai marché jusqu'à Bol pour lui offrir le liquide qui était dans mes mains. Il a bu, reconnaissant. Comme il n'y avait pas assez d'eau pour étancher sa soif, on est allés ensemble jusqu'au ruisseau et on a bu encore et encore, jusqu'à plus soif.

Il était temps de revenir au campement. J'ai ouvert la marche. Parfois, ma main se posait négligemment sur sa croupe, d'autres fois, je caressais ses cornes ; il fallait qu'il s'habitue à moi. Je ne connaissais ni le pays, ni le trajet mais je reconnaissais le chemin du retour. On marchait lentement, plus lentement qu'à l'aller : je raisonnais que les Jannanons devaient être probablement déjà arrivés et je n'étais pas sûr de ce que Bol penserait d'eux. Je me disais qu'il ne réagirait pas très bien.

Je gardais mes yeux fixés sur l'endroit où notre bosquet d'arbres fruitiers devait se trouver. Lorsqu'il est apparu, les silhouettes de mes trois Jannanons étaient là, debout, à m'attendre. Dès que je les ai vus, je me suis arrêté. Bol aussi. Tous deux, dans l'immensité du paysage, nous avons regardé les Jannanons. Il devait les voir mieux que moi. Je n'ai pas bougé et je n'ai pas montré ce que j'allais faire. Je les fixais silencieusement, sans un signe de la main, alors que les trois scrutaient mon immobilité pour savoir comment réagir.

J'aurais aimé être connecté à eux comme ils l'étaient entre eux ! J'aurais pu leur transmettre de se cacher, de me laisser faire ce que j'avais à faire. Ils devaient être émerveillés de me voir ainsi, une main posée sur un oryx. Ils devaient raisonner que je l'avais capturé et que je l'avais gagné ; j'avais dit à Goïel, que je le ferais. Mais ils ne pensaient pas que ce serait là, maintenant, tout de suite. Ils pensaient que je n'y arriverais jamais.

Ils n'ont pas bougé, moi non plus. Quelques mesures suspendues se sont écoulées ainsi. Je ne voulais pas m'avancer vers eux avec Bol, alors j'ai levé une main, celle qui était libre, la paume ouverte vers eux, comme si d'un geste, je pouvais les repousser contre les arbres.

Ils sont restés immobiles encore une mesure ou deux puis ils se sont enfoncés sous les arbres. Je savais qu'à notre retour, ils seraient là ; à présent, je leur laissais le temps de s'effacer. Puis, Bol et moi, nous avons avons marché jusqu'aux arbres. Bol savait lui aussi que les trois seraient là quand nous rentrerions, mais il ne s'en souciait pas… Les rois n'ont peur de rien.

Quand on s'est retrouvés sous nos arbres, j'ai montré à Bol où se situaient les nouvelles racines, celles qu'il allait préférer aux jalaps. J'ai déterré moi-même un premier bout et je l'ai posé par terre pour qu'il le mange. Pendant qu'il se délectait, j'ai caressé doucement son pelage, de la tête à la queue, pour qu'il associe ma présence et mon odeur au souvenir des délicieuses racines. Pour un premier jour, c'était bien. Je l'ai laissé manger et se reposer. Puis je suis parti chercher les Jannanons.

Je les ai trouvés de l'autre côté des arbres. Ils s'étaient installés sous le vent pour que leur odeur n'arrive pas jusqu'aux narines de l'oryx – peut-être qu'ils en savaient davantage que je ne l'avais supposé. Ils mangeaient et moi, j'étais bienheureux de voir la nourriture et un repas tout prêt qui m'attendaient. Je me suis assis avec eux et j'ai commencé à manger sans rien expliquer de ce qui s'était passé depuis la dernière fois qu'on s'était vus. Ils me regardaient, impatients, mais j'avais vraiment faim.

« Allez-y, posez-moi des questions », ai-je dit, la bouche pleine de tiges d'une plante que je ne connaissais pas.

« Comment est-ce arrivé ? » ont-ils demandé, ensemble.

« Pure chance », ai-je répondu. Je les ai regardés avec un grand sourire.

« Oui, c'est sûr, tu as le vent en poupe ! » ont-ils répondu en souriant.

« Vous aurez deviné que je n'en suis pas à mon premier coup d'essai », ai-je dit. J'ai tourné ça de manière à leur signifier qu'ils auraient dû me faire confiance. « Déjà sur le batiau, je savais que ça allait se passer comme ça, qu'on se trouverait, lui et moi. S'il me laisse faire, je le monterai demain. Quand je l'aurai monté, je lui laisserai un sombre et une lueur de rosée, pour qu'il dise au revoir à son pays. Il vaudrait mieux que vous restiez face au vent jusqu'à ce que vous me voyiez revenir sur son dos. »

Ils n'ont pas répondu mais ils ont acquiescé en silence. Ils comprenaient ce que je voulais faire sans savoir comment j'allais m'y prendre. Je me suis levé, j'ai hoché la tête et je me suis éloigné en direction de Bol qui mangeait joyeusement ses nouvelles racines.

J'ai passé le reste du temps avec lui, sans le toucher ; je lui ai raconté ma vie et l'histoire de mon peuple. Je pensais qu'avant de me laisser monter sur son dos, il valait mieux qu'il sache tout.

Puis je me suis dit qu'il en savait assez ; j'ai marché à travers champs et j'ai choisi les herbes qui seraient bonnes à tresser afin de faire de la ficelle pour Bol. J'ai passé le reste de la lueur à les tresser.

Ce sombre-là, les arbres ont exhalé un arôme calme et serein et, comme la veille, j'ai bien dormi.

Je me suis réveillé à la lueur de rosée et Bol était toujours là, sous mon arbre. Il m'attendait. À la lueur de rosée, nous avons couru et couru, sans raison. Bol me conduisait à travers champs et collines. Pendant ce temps, j'ai posé ma main sur lui et j'ai laissé ma raison courir avec le paysage. On a traversé des champs, une forêt épaisse, puis un sentier battu par de nombreux oryx qui avaient vécu bien avant Bol. Bol connaissait ce chemin et je pense qu'il voulait me le montrer. Il courait et courait parce que je le laissais faire mais il m'emmenait aussi vers un endroit précis où nous pourrions nous arrêter, manger et nous reposer. Nous avons couru sur une colline jusqu'à une crête qui donnait sur l'immensité du paysage. Bol avait imaginé qu'il y aurait des buissons d'épines ici, ceux qu'il aimait : ses buissons étaient là, ils poussaient dans les crevasses de la terre aride.

C'était la terre la plus haute d'où je n'avais jamais vu le monde. Pendant que Bol arrachait les buissons et mangeait des feuilles d'épineux, moi, j'ai marché pour voir loin et loin ; j'ai cru apercevoir la Péninsule. Si j'avais eu des yeux d'oryx, je l'aurais parfaitement distinguée ; sauf que, de mon point de vue, c'était une ligne d'ombre posée sur l'horizon, un morceau de nuage qui, je le savais, contenait mon peuple et ma cité.

« C'est de là que je viens, Bol. » Je lui ai montré du doigt un point sur l'horizon auquel il n'a pas fait attention.

« Là-bas, nous avons des oryx comme toi. S'ils te voyaient, ils seraient jaloux ; tu es plus beau que le plus beau des oryx de la Péninsule. »

Bol s'en fichait complètement. Alors j'ai dit :

« On y va ? »

À partir du sommet, on a dévalé la colline. Cette pente m'offrait une dénivellation idéale pour monter sur Bol. Il était plus rapide que moi sur un terrain plat ou bien en montée – en vérité, j'étais toujours un peu derrière lui, même quand il ralentissait pour courir avec moi et rester à ma hauteur –, mais courir dans une descente était plus difficile pour un oryx que pour moi.

Avec la pente, je pouvais facilement courir à côté de lui et le laisser filer d'un pas ou deux en avant pour qu'il soit un peu plus bas que moi. Mon cœur était prêt à exploser, j'ai respiré pour me calmer. Si je ratais mon saut ou si je trébuchais, cela pourrait effrayer Bol et le faire partir au galop. Il pourrait alors se cabrer et me faire tomber – et s'il croyait que j'avais voulu lui faire mal exprès –, il pourrait même m'empaler avec ses cornes. Et s'il était aussi intelligent que je l'imaginais, il pourrait aussi courir à toute vitesse et me faire tomber en passant sous un arbre aux branches basses. Ça m'était déjà arrivé ! Mais ce n'était pas le moment d'hésiter.

La pente est devenue soudain beaucoup plus raide, si bien que Bol a dû ralentir son allure jusqu'à marcher au pas pour s'avancer sans trébucher sur la corniche. C'était le moment idéal ! Mes jambes ont poussé, mes bras ont tiré et hop ! Je me suis élancé. Je me suis retrouvé en haut, j'ai atterri sur son dos, juste derrière sa bosse, et j'ai pris ses cornes dans mes mains. Il n'a pas bronché. Il était vraiment surpris que je sois sur lui ; il voulait décider de ce que cela signifiait. Puis il y a eu un léger éboulis. Pour garder l'équilibre, il a dû ralentir encore son allure et avancer en posant délicatement ses jambes, l'une après l'autre, sur le terrain incertain. Je me suis alors penché en avant et, tout en gardant ses cornes dans mes mains, je me suis allongé sur son cou. J'ai respiré contre sa peau et j'ai râlé doucement, comme l'aurait fait un oryx, d'un son apaisant qui s'est propagé de mon corps au sien. J'ai eu l'impression que, soudain, il se souvenait de moi, de qui j'étais et de ce que je faisais là. Il s'est rempli d'air qu'il a soufflé d'un coup. Je ne savais pas exactement ce que ça voulait dire mais j'ai eu l'impression que c'était sa façon à lui de m'accepter. Pourtant, je suis resté serré contre lui, au cas où quelque chose d'inattendu se produirait.

C'était une longue marche pour redescendre jusqu'à la plaine. Il prenait son temps et ça me plaisait. Il commençait à s'habituer à m'avoir sur son dos. Quand nous serions en bas et que le terrain serait de nouveau plat, je me demandais comment cela allait se passer.

Quand on est arrivés au pied de la colline, il a fait une chose que je n'avais jamais vu aucun oryx faire avant lui : il a tourné en cercle serré pour regarder derrière lui. Je pense qu'il essayait de me voir, de vérifier si c'était bien moi qui étais sur son dos. Et il a su avec certitude que j'y étais, de tout mon être. Je lui ai murmuré doucement à l'oreille :

« Bol, cours avec moi ! »

J'ai pressé mes jambes autour de son corps, j'ai enfoncé la partie ronde de mes pieds dans le creux de ses flancs et j'ai projeté mon esprit en avant. Il s'est cabré et s'est élancé au galop. La terre est devenue un flou abstrait fait d'herbe, de pierres et de poussière. Il courait aussi vite que tous les oryx de la Péninsule, il était même plus rapide. Je me suis penché en avant, j'ai enfoui mon visage dans son cou, mes jambes serrées contre lui. La ficelle d'herbe que j'avais tressée pour fabriquer ses rênes me permettrait de me redresser plus tard. Mais pour cette première course, je devais simplement m'agripper à Bol pour ne pas tomber, sachant qu'il allait courir jusqu'à l'épuisement. Cela transcenderait sa peur et alors, il serait à moi.

Peu m'importait de savoir où il courait, je n'ai pas levé la tête pour regarder. À cette vitesse, j'aurais pu perdre l'équilibre et tomber. C'était sa course. Il a traversé une plaine, une forêt, une rivière, il est monté à flanc de colline, est redescendu par un chemin bordé de buissons aux couleurs flamboyantes puis il est passé entre des rochers rouges et lisses, s'élevant en miroir de chaque côté, comme des falaises. À l'extrémité du col, il a sauté un rocher presque aussi grand que lui, couru le long d'un étroit sillon couvert d'éboulis, galopé sur le lit craquelé d'une rivière asséchée puis il a débouché sur la terre blanche qui bordait un lac. Il avait couru si vite et si loin que je n'aurais pas été surpris qu'on se soit retrouvés au bord du Divul, avec la Péninsule devant nous. Quand il a ralenti et qu'il s'est mis au pas, j'ai levé les yeux et constaté que le lac était là, devant nous. Nous étions à son extrémité, là où une rivière se déversait dans l'immense étendue d'eau. La rivière coulait vite ; elle était tumultueuse et se jetait sur de gros rochers dans une furie blanche avant d'atteindre le lac. Comme il était impossible de traverser cette rivière, c'est là que Bol s'est arrêté.

Il respirait fort, je savais qu'il avait soif. Moi-même qui n'avais pas couru, j'avais la gorge sèche ; celle de Bol devait être sèche et sèche. J'ai glissé contre lui, j'ai frôlé son flanc et je me suis approché de sa grosse tête. J'ai caressé son visage, surtout la ligne de velours entre ses deux yeux. Une légère pluie a commencé à tomber. J'ai tourné ma tête vers le ciel et j'ai souri : la pluie était de bon augure, c'était une bénédiction du ciel. J'ai maintenu mon corps contre le sien déjà trempé de sa transpiration et de la pluie, et nos odeurs se sont mélangées. Je l'ai laissé me sentir puis je me suis retourné et j'ai marché jusqu'à la rivière. Il m'a suivi et nous avons bu ensemble pendant que la pluie tombait.

J'ai étanché ma soif deux ou trois souffles avant lui et j'ai utilisé ces jiffes pour le gagner un peu plus : mes mains caressaient son cou puissant pendant qu'il buvait à longs traits. Les nuages se sont éloignés, la pluie est devenue plus fine et, quand Bol a eu fini de boire, la pluie avait cessé.

« Nous sommes loin et loin, Bol », ai-je dit, en plissant les yeux comme si cela me permettait de mesurer la distance que nous avions déjà parcourue. « J'ai traversé ce grand lac, mais d'ici, je ne vois pas l'endroit où nous l'avons traversé. Nous allons remonter le long du lac jusqu'à ce que je puisse voir l'île. Je sais que toi, tu n'es pas perdu mais moi, si. Nous devons retourner auprès de mes compagnons. Tu as senti leur odeur, là où poussent les racines que tu aimes, tu te rappelles ? »

Je me suis levé et, sachant que Bol aurait faim, j'ai cherché des buissons d'épineux qui souvent poussaient près des rivières. Sur une butte, non loin, j'ai repéré le haut d'un de ces buissons. Même s'il n'y en avait qu'un, celui-là suffirait. J'ai marché vers le buisson, je voulais voir si Bol me suivrait ; c'était un moment crucial qui me permettrait de savoir si nous étions liés pour de bon. Il est resté au bord de la rivière tandis que moi, je m'éloignais. Puis il a tourné la tête pour me suivre des yeux et quand il a estimé que j'étais suffisamment loin, il a commencé à me suivre.

Je me suis retourné vers lui et j'ai dit :

« C'est posé et plié : je suis à toi, tu es à moi, je suis ton homme et tu es mon oryx. Nous allons vivre de grandes aventures et, après, je t'emmènerai sur la Péninsule. Là-bas, tu seras le roi des oryx. »

Mais il était déjà roi dans le Monde du dehors, alors, qu'est-ce qu'il en aurait à faire, d'être roi sur la Péninsule ?

Un bruissement dans les broussailles, à ma gauche, a interrompu mes pensées. Je me suis retourné brusquement. Le bruit provenait d'un animal imposant, lourd et rapide qui nous chargeait. Je n'avais rien sur moi pour me défendre, ni arc, ni couteau, ni lance – j'avais voulu être libre de mes mouvements, pour ma première course sur Bol. Mes mains cherchaient désespérément des armes qui n'étaient pas là lorsqu'une bête sauvage a jailli d'un buisson, explosant tout sur son passage. Tête baissée, défenses en avant, il visait mon milieu. C'était un *apraxus**.

Je suis tombé à la renverse et mon dos a heurté le sol. L'apraxus s'est précipité sur moi, il s'est immobilisé un instant, il a tourné sur lui-même dans un demi-souffle et il m'a chargé. Ses défenses géantes se sont abattues sur moi, prêtes à m'empaler. J'ai levé mes mains devant moi pour me protéger – c'était une défense ridicule –, quand la bête a été percutée par une force prodigieuse. La tête de Bol avait transpercé l'apraxus en plein milieu. L'animal a fait un vol plané et Bol s'est lancé à sa poursuite. L'apraxus a heurté violemment le sol et, après trois roulés-boulés, il s'est redressé et secoué, tremblant et furieux. Bol est arrivé rapidement derrière lui et ses deux longues cornes ont transpercé de part en part le corps velu de l'apraxus. Puis la tête de Bol l'a soulevé et l'a balancé dans les airs comme si ç'avait été un porcelet.

J'étais dos à terre quand j'ai vu l'apraxus tournoyer au-dessus de ma tête. Son corps a heurté brutalement le sol et n'a plus bougé : mort sur le coup, à deux ou trois tor'ocs de moi. Je suis resté un moment à terre. Bol s'est penché sur moi pour s'assurer que je respirais encore et que je n'étais pas blessé. J'ai tendu mes mains pour attraper sa tête avant qu'il me soulève, jusqu'à ce que je tienne debout.

J'ai embrassé le museau de cette bête extraordinaire qui m'avait sauvé la vie puis j'ai murmuré : « Nous sommes pliés et liés, Bol. Je ne laisserai rien ni personne te faire de mal, tant que j'en aurai la force. »

Bol a soufflé et je l'ai lâché – les oryx n'ont jamais aimé être remerciés. Il s'est détourné et a fait quelques pas vers l'apraxus qui gisait – il a baissé sa tête et, avec son museau, il l'a poussé pour s'assurer qu'il n'allait pas se relever pour se battre de nouveau. Rassuré, Bol s'est redressé et il a inspiré profondément. Il imprégnait ses poumons d'air pur.

À présent, Bol avait faim. Je l'ai emmené au buisson d'épines que j'avais repéré depuis la berge. Or nous avions surpris l'apraxus dans sa bauge ; qu'y faisait-il ? Fouissait-il le sol pour déterrer les racines que Bol appréciait tant ? Les cochons étaient les meilleurs chasseurs de racines ! Je me suis approché du buisson d'où il a jailli, je me suis glissé dessous ; l'apraxus avait creusé un trou d'où affleuraient des racines sucrées. Je les ai arrachées et je les ai apportées à Bol. Cela valait mille mots.

J'ai laissé Bol manger et se reposer. Puis le temps est venu de rentrer au campement. Il était repu et prêt à repartir. Je suis remonté sur son dos et il m'a laissé faire ; ses muscles ont tressailli une fois que j'étais bien assis. J'ai exercé une légère pression sur l'une de ses cornes pour le faire tourner et lui montrer le chemin du retour, le long du lac. Quand j'apercevrais l'île loin et loin, nous nous enfoncerions à l'intérieur des terres et nous retrouverions le chemin du campement et des Jannanons. Il y avait assez de lueur dans le ciel pour que nous puissions rentrer avant le sombre.

Pendant le trajet du retour, j'ai posé mes mains sur son garrot contre lequel j'étais assis. Le balancement de l'oryx m'était doux et familier et je pouvais contempler le Monde du dehors comme si j'étais chez moi. Bol avait tout transfiguré ; je commençais à me familiariser avec ma nouvelle vie. Jusqu'alors, je n'avais pas eu conscience de mes peurs et de mes doutes mais, à cet instant, j'ai senti qu'ils se dissipaient. J'ai caressé le cou de Bol et j'ai remercié les pouvoirs invisibles qui nous avaient guidés, moi vers lui et lui vers moi.

Le lac était long et long, mais l'île avec son arbre a fini par apparaître dans le lointain et plus tôt que je ne l'avais raisonné. C'est là que nous devions bifurquer dans la forêt pour rejoindre le chemin qui nous mènerait au campement. Nous serions de retour plus vite que je ne l'avais pensé mais c'était bien, parce que Bol pourrait se reposer tout son soûl avant notre départ, à la prochaine lueur de rosée.

Les arbres fruitiers qui abritaient notre campement sont apparus au loin. Les Jannanons se tenaient à l'orée des arbres, immobiles, nous regardant fixement. Ils attendaient manifestement que je leur fasse un signal qui leur indiquerait s'ils pouvaient rester ou devaient se cacher ; je ne leur ai donné aucun signal si bien qu'ils sont demeurés là où ils étaient. Bol les a vus et les a sentis, mais leur présence ne l'a pas dérangé. Je pense qu'il avait compris qu'ils étaient avec moi. Nous nous sommes approchés d'eux et, lorsque j'ai posé ma main sur la base de ses cornes, Bol s'est arrêté. Les Jannanons nous regardaient, Bol et moi. Ils essayaient de former des pensées cohérentes mais leurs esprits étaient trop embrouillés par leur propre stupéfaction.

« Il s'appelle Bol », ai-je dit simplement.

« Comment as-tu fait ? »

« Je vous avais prévenu que je savais le faire. » J'ai caressé l'encolure de Bol. « La prochaine fois, quand je parlerai de quelque chose que vous ignorez mais que je connais, vous devrez me croire. Sur le Monde du dehors, je n'ai aucun savoir ; votre connaissance des Tor'ocs est semblable à la mienne. Moi, j'apprendrai et j'apprendrai, mais le Monde du dehors devra aussi apprendre à nous connaître. Laissez-le vous sentir. »

J'ai bougé un peu ma main et j'ai modifié mes appuis sur le dos de Bol afin que mes talons le fassent pivoter vers Wéodou. Il était préférable que Bol le sente lui, en premier. Bol a fait quelques pas vers Wéodou qui, étant le plus jeune des Jannanons, était aussi le plus ouvert d'esprit. Wéodou est resté stoïque, il n'a pas bronché. Le bel oryx a penché sa jolie tête et il a absorbé l'odeur de Wéodou. Ensuite, je lui ai présenté Sheïos, puis Goïel. Ils étaient tous trois pleins de respect et d'admiration et, bien qu'ils soient effrayés, ils ont gardé leur peur enfouie. Bol ne s'en est pas offusqué.

Mais quand j'ai glissé à terre, les Jannanons se sont reculés ; ils n'arrivaient pas encore à cacher toute leur peur.

« Est-ce nécessaire que… ? » ont-ils demandé. « … Ne serait-il pas préférable que tu restes dessus ? »

« J'ai faim ! » ai-je dit, me rendant compte soudain à quel point j'étais affamé après des heures passées à monter et à courir, le ventre vide. J'ai commencé à marcher et, sans quitter l'oryx des yeux, les Jannanons m'ont suivi tandis que Bol nous suivait tranquillement. Nous nous sommes avancés jusqu'à la clairière derrière les arbres où les Jannanons avaient préparé un repas qui nous attendait, tout prêt, sur le coton qu'ils avaient déployé. Ils me comprenaient davantage que je ne l'avais raisonné ; j'étais heureux. Avant de commencer à manger, j'ai demandé aux arbres de me montrer où poussaient les racines que Bol préférait encore aux jalaps. Ils m'ont envoyé les images dans leur arôme et j'ai pu conduire Bol aux racines. J'en ai déterré un premier morceau que j'ai donné à Bol. J'espérais qu'il comprenait qu'il aurait toujours la priorité et qu'il mangerait toujours avant moi. Ensuite, j'ai pris place sur le coton et, comme la fois précédente, je me suis immédiatement jeté sur la nourriture.

Les Jannanons, toujours interdits et n'ayant toujours pas quitté l'oryx des yeux, m'ont demandé :

« Tu ne vas pas l'attacher ? »

J'ai regardé Bol puis mes compagnons.

« Il n'ira nulle part. Nous sommes pliés et liés. » Ça suffisait, je ne voulais pas me répandre en explications. Je me suis retourné et j'ai commencé à manger.

Les Jannanons étaient intimement persuadés qu'à la prochaine lueur de rosée Bol aurait décampé et qu'on avait perdu trois précieuses lueurs pour rien. Alors je me suis levé plus tard qu'eux pour que leurs yeux les aident à comprendre ce que leur raison ne pouvait concevoir : que mon oryx resterait tranquillement sous mon hamac, à m'attendre, jusqu'à ce que je me réveille.

Pendant la fin de la lueur et jusqu'à ce que je tombe de sommeil, j'avais tressé des rênes de fortune ; il fallait qu'elles soient suffisamment longues pour les trois Jannanons quand ils monteraient Bol. Bol n'aimerait pas les rênes mais, venant de moi, il les accepterait. À la lueur de rosée, je lui ai mis les rênes autour du cou, juste devant ses cornes et j'ai laissé l'extrémité la plus longue sur son dos.

« Il est temps de se mettre en route », ai-je dit en me tournant vers Wéodou, Goïel et Sheïos. « Je vais vous soulever. Tenez les rênes à deux mains mais ne tirez pas dessus. N'ayez pas peur, il se laissera faire. »

Aucun d'eux ne voulait se retrouver sur le dos d'une bête sauvage qui venait d'être à peine apprivoisée par un Tor'oc. Mais c'était le plan, même s'ils ne l'avaient pas complètement accepté, ou n'avaient pas cru que c'était même possible. J'allais hisser Wéodou qui était toujours ouvert aux nouvelles idées et le plus intrépide. Lorsque je l'ai soulevé, il s'est raidi comme un bout de bois.

« Passe ta jambe de l'autre côté », lui ai-je indiqué, voyant que ça ne lui venait pas instinctivement. Il l'a levée et je l'ai installé contre le garrot, là où j'étais assis auparavant. Bol a fait tressaillir ses muscles… et j'ai cru que Wéodou allait se mettre à hurler ou qu'il allait sauter à terre.

« Il doit s'habituer à toi, c'est tout », ai-je expliqué pour calmer le jeune Jannanon. « À ton tour », ai-je dit en regardant Goïel. Bien qu'il soit tout aussi raide, il a passé sa jambe vite fait de l'autre côté, comme il avait vu Wéodou le faire, puis Sheïos l'a suivi. Ils étaient tous les trois sur l'oryx, les rênes pendaient autour de leurs pieds. J'ai soulevé les rênes et je leur ai montré comment les tenir. J'ai caressé le flanc de Bol, son encolure, son visage. Je me suis penché vers mon oryx et, aussi doucement que possible, je lui ai dit : « Vas-y ! »

« Attends, attends… tu ne montes pas avec nous ? » se sont écriés les Jannanons, paniqués.

« Je vais vous suivre à pied, il faut d'abord qu'il s'habitue à vous. »

À l'aller, les Jannanons n'étaient pas passés par là, mais ils connaissaient le chemin pour se rendre aux

Terres Maudites. Ils avaient tellement peur de Bol qu'ils arrivaient à peine à articuler un mot pour m'indiquer la direction à suivre. Je les ai amadoués et, petit à petit, ils ont retrouvé toutes leurs facultés.

La vision lugubre que m'avait donnée l'arbre-père en guise de mise en garde me hantait. Nous suivions un sentier tracé par les animaux vers ce qui allait être le pire passage de notre traversée, j'en étais sûr… Passer encore un sombre à l'abri ! Je ne voulais pas m'y aventurer cette lueur, et j'allais faire tout mon possible pour qu'il en soit ainsi. Il nous fallait trouver un bosquet d'arbres pour le sombre et on reprendrait notre traversée à la lueur de rosée.

En marchant, je leur ai parlé de l'apraxus, raconté comment il m'avait attaqué et comment Bol m'avait sauvé. Ça les a calmés, et le doux balancement de la foulée de Bol a eu un effet encore plus puissant sur eux. Je pense qu'ils commençaient à bien aimer mon oryx. J'aurais voulu qu'ils l'aiment autant que moi mais je raisonnais qu'ils ne le pouvaient pas car ils n'étaient pas tor'ocs et ils n'avaient pas grandi avec l'oryx depuis leur naissance. Du moment qu'ils pouvaient l'apprécier, je n'en demandais pas plus.

Quand le soleil a été au milieu du ciel, on s'est arrêtés pour le repas du milieu. On a trouvé une jolie ravine, où poussaient des buissons pour Bol, ainsi qu'un ruisseau et une surface plane, idéale pour y installer le coton.

À la façon dont les Jannanons avançaient ou plutôt à la façon dont ils essayaient d'avancer, j'ai pu voir que chevaucher Bol n'avait pas été une mince affaire pour eux, or, avec l'oryx, on se déplaçait bien plus vite qu'à pied. Bon, ils pouvaient à peine marcher, tellement et tellement ils avaient mal aux fesses et aux jambes. En quelques jours, leurs corps s'habitueraient et bientôt ils n'auraient plus toutes ces douleurs. Ils ne s'étaient pas plaints et je les ai remerciés en silence. C'étaient de braves gars, des types bien. Je voyais qu'ils étaient courageux, solides et vaillants, et qu'ils ne rechignaient ni à l'effort ni devant la difficulté. J'étais heureux de les avoir comme compagnons.

Après le repas, nous avons poursuivi notre chemin. Alors que la lumière baissait derrière nous, le vent a tourné ; on aurait dit qu'il y avait quelque chose d'étrange dans le vent qui n'y était pas auparavant. Bol a été le premier à le sentir. Il était sur ses gardes, ses muscles ont été parcourus de spasmes, ses oreilles se sont couchées en arrière ; il a tourné la tête pour sentir ce qui se cachait dans le vent. Je l'ai senti ensuite et les Jannanons, eux, en dernier. Ils regardaient droit devant eux, un point fixe, comme s'ils avaient su d'avance que l'adversité viendrait de là. C'était troublant, inquiétant, et cela venait de la direction vers laquelle nous nous dirigions. Une couche de gris se répandait autour de nous et, tout est devenu gris : la terre, l'herbe, les arbres, les buissons. Il n'y avait plus aucune fleur. Jusque-là, le Monde du dehors avait été rempli de fleurs de toutes les couleurs et de toutes les tailles, des fleurs que je n'avais jamais vues sur la Péninsule. Des fleurs, il y en avait eu dans toutes les directions, elles avaient été la constante de tous nos paysages. Même les arbres qui ne fleurissaient pas avaient des lianes piquetées de fleurs qui s'enroulaient autour d'eux. Mais maintenant, nous entrions dans un monde où les fleurs ne voulaient pas aller. Cependant, il y avait encore de nombreux buissons d'épineux ici et c'était déjà ça. J'espérais que leurs feuilles étaient encore bonnes et qu'elles plairaient à Bol.

« À l'heure qu'il est, nous ne devrions pas aller plus loin », ont dit les Jannanons en regardant droit devant.

« Je vais chercher un bosquet d'arbres pour monter notre campement », ai-je annocé. Je n'avais pas du tout envie qu'on s'arrête de marcher ni qu'on monte un campement ici, dans cet endroit sordide.

« À quelle distance sommes-nous des Terres Maudites ? » ai-je demandé.

« Nous atteindrons la lisière après le sombre, après la lueur de rosée et avant le repas du milieu », ont répondu les Jannanons. La tension était palpable, elle suintait de leurs mots et des inflexions de leurs voix.

Quelques mesures plus tard, j'ai repéré des dairs qui se trouvaient à une faible distance. On a marché jusqu'à eux. Je me suis agenouillé comme à l'accoutumée, je leur ai témoigné mon plus grand respect et je leur ai humblement demandé l'hospitalité pour le sombre.

« Toi ! » Ce mot a claqué comme une gifle. Il venait du vieil arbre. « Qui es-tu ? »

« Je suis Æon la Feuille. » Comprenant qu'un regard aurait été malvenu, je suis resté les yeux baissés.

« Tu n'es pas un dair ! Tu n'es qu'une bête venue nous duper. »

« Je ne suis pas un arbre, je suis bien une bête, mais je suis honnête. Pour ce sombre, nous aimerions grandir parmi vous. »

« Et dans l'obscurité, que ferez-vous de nous ? Nous couper, nous brûler, nous manger ! »

« Nous sommes trop petits pour vous manger, vous êtes si grands ! » J'ai levé mon visage vers eux puis j'ai écarté mes bras. « Nous n'avons rien sur nous pour vous couper, nous n'avons pas de feu non plus. »

« Qu'est-ce que vous foutez ici, alors ? » a cogné un autre arbre. S'il était possible d'être encore plus désagréable, eh bien, celui-ci, toutes cernes comprises, remportait la palme.

« Nous sommes en chemin pour les Terres Maudites et au-delà. » Les dairs ont tressailli à l'évocation des « *Terres Maudites* ». Je n'aurais rien pu dire de plus désastreux… Mes mots avaient engendré une pluie d'effets négatifs supplémentaires.

« Vous êtes des créatures des Terres Maudites ! » nous a accusés le vieil arbre, mais il semblait douter.

« Non, mais à la prochaine lueur, nous devons nous y rendre et les traverser. » J'ai fait un geste vers les Jannanons et Bol. « L'oryx vient des terres voisines et moi, de l'autre côté de la rivière. » J'ai montré la direction de la Péninsule, puis j'ai pointé les Jannanons. « Eux trois viennent de loin et loin au-delà des Terres Maudites. Nous ne voulons pas y aller, dans ces foutues Terres Maudites, mais c'est par là qu'il faut passer pour arriver là où nous sommes attendus. »

« Vous n'y arriverez jamais ! Les Terres Maudites vous prendront. Faites demi-tour et laissez-nous ! »

« Ces trois-là les ont déjà traversées et connaissent le chemin. » Je me suis levé et j'ai fait quelques pas vers le vieil arbre. « Le vent ne vous a pas parlé de nous ? »

Un silence s'est abattu sur le bosquet d'arbres pendant quelques mesures, puis une voix s'est élevée pour prendre la parole. Elle venait de l'extrémité du bosquet, du point le plus éloigné des Terres Maudites mais aussi le plus à même de recevoir le vent frais des plaines verdoyantes.

« Oui, nous avons entendu parler de vous et on vous attendait bientôt et bientôt », a-t-elle dit. C'était une jeune *séda**.

« Alors, laissez-nous grandir parmi vous pour le sombre. »

À nouveau, les arbres se sont tus, puis la jeune séda a dit :

« Si personne ne veut vous accueillir, vous pourrez grimper dans mes branches. Je suis jeune et pas si grande que ça, mais je suis assez forte pour vous porter. »

Je me suis tourné vers les Jannanons pour leur expliquer :

« Aucun arbre ne veut de nous ici, sauf une jeune séda, elle propose de nous accueillir. On devrait dire oui. »

Les Jannanons se sont empressés d'accepter. J'ai guidé Bol vers la petite séda, au bord de la plaine. Je me suis agenouillé pour la remercier de sa générosité.

« N'en voulez pas aux autres... Ce n'est pas facile de grandir près des Terres Maudites », m'a-t-elle soufflé. « Moi, je suis un peu protégée par eux et je reçois le vent qui vient des plaines. Mais eux, les pauvres, ils en reçoivent beaucoup moins. »

Je lui ai parlé de Bol et je lui ai demandé s'il y avait des jalaps ou d'autres racines sucrées qui poussaient par là. Elle m'a dit que oui mais qu'elles n'étaient peut-être pas très bonnes, ni très sucrées. J'ai creusé à l'endroit qu'elle m'avait indiqué et j'ai trouvé les racines. Elles étaient plus foncées et plus ratatinées qu'à l'ordinaire. Bol les a regardées par-dessus mon épaule. Il les a reniflées, puis il s'est éloigné sans y toucher. Il est sorti de sous les arbres et il a trouvé un buisson d'épineux que le vent plus frais des plaines avait pu atteindre. Il y avait bien un ruisseau qui coulait, à proximité, mais on ne savait pas si son eau était vraiment bonne à boire.

Sans s'être concertés, nous avions tous décidé de ne rien manger ni boire de cette terre avant d'avoir atteint l'autre côté des Terres Maudites.

Ce sombre-là, aucun de nous n'a bien dormi. Quand nous nous sommes retrouvés à la lueur de rosée, nous étions devenus de bien tristes compagnons.

Chapitre 5

Lueur de rosée. Le ciel était gris de tristesse et de mélancolie. Je me suis retourné, j'apercevais dans le loin et loin les plaines que nous avions parcourues et l'endroit où le bleu et le gris du ciel se fondaient l'un dans l'autre. Pas de bleu, ni au-dessus de nous, ni devant nous ; c'était un océan de gris qui fonçait l'horizon.

Les pensées qui envahissaient nos quatre esprits étaient palpables : *À quoi bon aller dans ce pays ? Retournons sur nos pas. Nous étions bien là où nous étions…* Je sentais que chacun de nous était prêt à aller n'importe où, excepté droit devant. Notre *repas de première lueur** était terminé et nous n'avions qu'une seule lueur pour traverser les Terres Maudites et quitter ce gris de plomb.

Avant notre départ, la jeune séda qui nous avait accueillis dans ses branches nous a prodigué de précieux conseils pour, disait-elle, survivre aux Terres Maudites. Elle m'a montré des herbes, des buissons et des arbustes spécifiques dont je devais prendre l'écorce, la sève ou bien les feuilles qui nous soigneraient. Elle a demandé à chaque arbre vert de nous permettre de cueillir ce dont nous avions besoin. Ils utilisaient un vent différent de celui que je connaissais. Son message se propageait dans le sol, je percevais le subtil grondement de notre séda qui circulait d'arbre en arbre alors qu'elle s'adressait avec véhémence à chacun d'eux. Puis elle m'a expliqué quand et comment utiliser chacun des échantillons que j'avais prélevés et j'ai tout rangé méticuleusement dans ma sacoche. Ses instructions m'ont été transmises par un arôme qui a formé des images dans mon œil intérieur ; le moment venu, je pourrais les consulter à ma guise. Notre séda était gentille, généreuse et attentionnée, elle prenait soin de nous. Je me disais qu'elle aurait eu une ramure magnifique si elle avait poussé sous des cieux plus cléments.

Je lui ai fait mes adieux. Je l'ai abondamment remerciée et je lui ai promis qu'à mon retour je prendrais quelques-unes de ses graines pour les planter sur la Péninsule, afin qu'elles puissent grandir dans un environnement plus propice et devenir des arbres pleins de force et de majesté.

De sarpent en sarpent, le paysage perdait toutes ses couleurs et sa vie. L'air stagnait de plus en plus et sa lourdeur remplaçait la fraîcheur et la légèreté de l'air des plaines où Bol avait habité. Dans la forêt où nous marchions, les arbres se recourbaient ; ce n'étaient pas des arbres penchés, c'étaient des dairs, des pins ou des *pleureurs** anormalement tordus sous la pression d'une force qui noircissait tout. Leur écorce, qui aurait dû être marron, verte ou blanche était toute noire. L'arôme de la douleur s'élevait de toutes parts et devenait de plus en plus oppressant.

Les trois Jannanons s'étaient déjà frottés à ces terres inhospitalières. Il allait de soi que le faire à dos d'oryx serait autrement plus agréable et rassurant. Cependant, pour eux, ça n'allait pas du tout de soi : ils avaient toujours l'air malheureux, tendus et nerveux. Je marchais à côté de

Bol et, à chaque pas, j'avais la sensation d'être enlisé dans le sol, comme si celui-ci cherchait à me retenir. Ce n'était pas comme des sables mouvants qui vous aspiraient, non, c'était plutôt comme si la force qui vous retenait à terre était plus forte ici qu'ailleurs.

Cette terre était étrange de différentes façons. Sa texture – ridée et ondulée – était constituée de vaguelettes pétrifiées, comme si la mer d'O'bira avait gelé en plein vol. À force de monter et descendre ces petites vaguelettes, j'avais l'impression d'approcher le bord du monde. Bol, lui, marchait avec stabilité et constance. Au rythme des fausses vagues, le mouvement de ses trois passagers faisait un balancier lancinant sur son dos qui le calmait.

« Quand on sera près des Terres Maudites, on descendra et on marchera. Ce serait mieux que ce soit toi qui montes l'oryx. Ça sera nécessaire », m'ont-ils annoncé.

J'étais surpris de les entendre parler.

« Pourquoi ? » ai-je demandé.

« Tu seras à l'aise, ce sera un avantage. » Les trois en étaient certains.

J'entendais bien que leur ton était des plus sérieux, mais je ne comprenais pas pourquoi il valait mieux que je prenne leur place sur Bol.

« Je ne vois pas pourquoi… »

Ils m'ont interrompu :

« Dans vos jeux, vous combattez à dos d'oryx… Pas nous. Toi, tu as l'habitude d'être perché là-haut ; nous, on ne sera bons à rien. »

« On va devoir se battre ? »

Les trois ont soupiré puis, prenant un air troublé, ont dit :

« À l'aller, nous n'avons pas eu besoin de nous battre. En terre étrangère, nous savons nous fondre dans la masse, même dans les contrées les plus inhospitalières. Les créatures de l'ombre nous ont sentis, elles ont senti des intrus parmi elles, mais elles n'ont jamais pu nous voir pour en être certaines et elles n'ont jamais su où attaquer. Mais avec toi, elles sauront ! »

« Nous devons faire la traversée avant la tombée du sombre », ai-je dit, me rappelant soudain la prédiction de l'arbre-père.

« Nous n'avons pas d'autre choix que de traverser avant les ténèbres. L'obscurité est leur élément, plus encore qu'il n'est celui des Muons. L'obscurité leur appartient et si nous sommes encore là, elles nous prendront et nous serons perdus. »

Une odeur fétide s'est mélangée à une odeur de brûlé. Je sentais qu'elles attaquaient mes narines et ma peau. Je ne savais pas exactement quand elles s'étaient répandues autour de nous ; probablement lorsque les feuilles des arbres étaient devenues toutes mortes – des feuilles brunes, sèches et racornies qui restaient accrochées aux branches, comme dans un éternel automne. Je n'ai pas parlé avec ces arbres. Ils étaient antipathiques. D'ailleurs, ils semblaient n'avoir aucun ami. Ils n'avaient pas l'air vivants, mais ils n'étaient pas morts non plus. Je pouvais sentir la vie en eux mais celle-ci était aussi sombre que le ciel gris et plombé au-dessus de nos têtes.

Les petites vallées entre les vaguelettes de terre s'étaient remplies d'une eau noire et dense comme de l'encre. Quand cette eau est apparue, elle était à peine plus profonde que le bout de mon orteil ; mais quelques mesures plus tard, elle m'arrivait déjà aux chevilles. Bol supportait mal l'eau d'encre visqueuse sur ses sabots. Il grognait toutes les trois ou quatre foulées pour me faire savoir qu'il n'aimait pas cette marche mais qu'il continuait pour moi. J'ai posé ma main sur son cou et je l'ai caressé.

« Merci, mon copain, on va en venir à bout, tu vas voir. » C'était ce que signifiait mon geste.

Le niveau de l'eau a cessé de monter. Cependant, dans les vallées de vaguelettes, elle était toujours là, visqueuse et grasse, tachant mes pieds et ceux de Bol. J'ai regardé les pieds de mes trois compagnons qui pendaient sur les flancs de Bol : ils étaient cachés par quelque chose qu'ils avaient mis dessus – probablement les *semelles* dont m'avait parlé Iz et qu'elle voulait que j'emporte. Néanmoins, je me souvenais que, auparavant, il n'y avait aucune tache sur leurs pieds. Comment étaient-ils passés ici sans marcher dans l'eau d'encre ? S'ils avaient un secret, pourquoi ne me l'avaient-ils pas dit ? Sheïos m'a vu observer leurs pieds d'un air pensif et contrarié.

« Si tu marches dans l'herbe rêche et coupante, ça part en deux jours », ont répondu les Jannanons après que Sheïos a lu dans mes pensées. « Ce n'est pas agréable mais, à chaque pas, il faudra bien te racler les pieds et les frotter dans l'herbe pour que ça parte. On trouvera plein de cette herbe rêche de l'autre côté des Terres Maudites. »

Je n'avais jamais entendu parler d'herbe rêche auparavant, mais je voyais très bien de quelle plante il s'agissait et comment elle pourrait m'aider à nettoyer mes pieds. C'était une plante rase et, comme la plupart des plantes, ses petites feuilles étaient tendres ; c'étaient ses rameaux qui étaient rêches. Ils étaient durs, rigides et impitoyables. L'endroit où les tiges se rencontraient formait un nœud dur et coupant ; c'était vraiment désagréable de marcher dessus. C'était pourquoi, jusqu'à présent et chaque fois que c'était possible, j'avais toujours évité de marcher dessus. Même les bêtes à sabots robustes, comme Bol, évitaient les prairies où elles poussaient. D'ailleurs, je n'ai jamais vu aucune bête se frayer un chemin dans cette herbe. Il y a un proverbe tor'oc qui dit : « *À toute chose, usage est bon et il faut donner du temps au temps pour comprendre pleinement la valeur de chaque chose.* » Voilà que j'avais vécu assez longtemps pour découvrir enfin une vertu à l'herbe rêche.

« Il y a mille ans, ces terres étaient-elles déjà comme ça ? » ai-je demandé, désireux de savoir si mes ancêtres avaient vu la même chose.

« Non, il y a mille ans, tout était verdoyant, ici. »

« Et ce qui s'est passé ici, c'est dans vos Légendes ? »

« Oui. »

En chœur, les Jannanons ont inspiré et soupiré comme le font les gens qui se préparent à raconter une longue histoire.

« L'armée des Muons a été la première à être reléguée dans cette contrée reculée d'Æmira. Il n'y avait jusqu'alors personne ici, si ce n'est à l'extrême est, les *premières-tribus** qui vous ont précédés sur la Péninsule », ont commencé les Jannanons comme s'ils récitaient une leçon. « Ce sont les Quatre Mères qui ont conçu l'idée de tuer les Tor'ocs et les Muons, ou plutôt de faire en sorte qu'ils s'entretuent. Les Muons ont été mis en déroute et ils ont été contraints de s'installer dans ces plaines désertes, loin des dernières villes. C'était avant l'arrivée des armées tor'oques sur Æmira. Jusqu'alors, on pensait que les Muons étaient la plus grande menace qui pesait sur notre civilisation, or le monde a constaté avec terreur que les Tor'ocs constituaient une menace autrement supérieure. L'armée de Muons, certes, chassait et tuait pour s'approprier des terres ou d'autres trésors tandis que les Tor'ocs massacraient pour la jubilation du geste et pour la sensation du pouvoir indicible qu'ils retiraient de l'éradication de masse. Leurs massacres ne connaissaient aucune limite et ils ont continué à se perpétrer après que les peuples ont été conquis et les terres occupées. Les Quatre Mères ont imaginé le mensonge qui attirerait les Tor'ocs aux confins du continent, là où les Muons s'étaient établis. Et il y a eu de nombreuses batailles entre les Muons et les Tor'ocs dont la plus sanglante s'est déroulée au sommet d'une montagne aujourd'hui disparue. »

« C'est faux, nous y avons dormi », ai-je dit.

Les trois Jannanons ont été surpris par mon affirmation.

« Quand ? ! » ont-ils demandé d'une seule voix.

Lorsqu'ils ont prononcé ce mot, je me suis rendu compte à quel point j'appréciais désormais le chant de leurs voix simultanées.

« C'est l'île au milieu du lac où nous avons dormi, là où nous avons trouvé la tombe. C'est l'emplacement de la bataille. Je l'ai vue dans mon rêve. »

« Quel rêve ? » ont-ils demandé.

« Quand on a dormi sur l'île, j'ai rêvé de la bataille », ai-je dit. « J'étais au sommet de la montagne, avec les Tor'ocs, et j'ai vu les Muons arriver de la vallée. J'étais sur le champ de bataille ; les Muons se sont fait massacrer.

J'ai vu le chaos de la guerre. J'ai vu la fin de mon grand et grand-oncle. J'ai vu tout ce que Sumon avait vu. »

« Ça ressemblait vraiment à un rêve ? » ont-ils demandé.

« Non. J'avais l'impression d'être avec eux, au cœur de la bataille », ai-je répondu et, en un souffle, la chaleur vive du chaos et du massacre est revenue à mes narines.

J'étais impatient de connaître la suite de l'histoire et surtout, de savoir comment elle menait aux Terres Maudites. Ils ont poursuivi leur récit.

« Lors de cette dernière bataille, les Tor'ocs ont anéanti la plupart des Muons et ont continué à les exterminer chaque fois qu'ils en rencontraient un sur leur chemin. Les quelques Muons qui ont survécu sont devenus ce que nous avons vu : d'horribles créatures animales, consumées par la peur jusqu'au plus profond de leur âme, à un paroxysme tel qu'elles avaient peur les unes des autres. Les Muons se sont néanmoins reproduits, ce qui demeure un mystère car personne n'a jamais vu un Muon fréquenter l'un de ses congénères. »

« Mais pourquoi "les Terres Maudites" ? » Je revenais au sujet qui me préoccupait.

« Les Terres Maudites étaient le fruit d'une erreur », ont-ils expliqué avant de me laisser le temps d'assimiler ça. Puis ils ont repris leur récit : « Les Quatre Mères avaient banni les Tor'ocs derrière les flots rageurs d'une rivière infranchissable. Là-dessus, n'est-ce pas, tu en sais plus que nous. Après, les Quatre Mères, satisfaites de leur stratagème, pensaient que c'était une mesure de protection suffisante, mais certains pans de la population nourrissaient encore une telle hantise des Tor'ocs que les

Quatre Mères ont finalement accepté de provoquer le Mad'la. Ce cataclysme n'a pas suffi à exterminer tous les Tor'ocs ni à mettre fin à la peur panique des *Æmiriens** ; les gens vous pensaient indestructibles, ils croyaient que vous étiez capables de survivre à tout et qu'un jour, dans un élan de rage et d'ultime vengeance, vous retraverseriez la rivière pour venir tuer chaque homme, chaque femme et chaque enfant. Les Quatre Mères, elles, étaient certaines que vous étiez bel et bien emprisonnés par les eaux et que vous ne sauriez jamais comment les franchir. Elles ont donc annoncé au peuple d'Æmira qu'elles avaient rempli leur part du marché, mais qu'en revanche elles n'avaient pas été suffisamment honorées ni remerciées par ce peuple ingrat… *Peuple ingrat* c'était comme ça qu'elles ont fini par appeler leur peuple, c'est-à-dire nos ancêtres.

Une délégation a alors été nommée pour convoquer les Quatre Mères à un Camarode au cours duquel il leur serait demandé de prendre une mesure supplémentaire pour assurer la sécurité de leur peuple. Elles ont répondu à l'appel, ce qui, en vérité, était la pire chose qui pouvait se produire. »

Dans la transmission orale des récits traditionnels, c'était là qu'un enfant – que j'incarnais – posait une question qui relançait le récit, alors j'ai joué ce rôle :

« Pourquoi était-ce la pire chose ? »

« Parce que les Quatre Mères sont arrivées au Camarode en colère. La délégation leur a d'abord demandé puis a ensuite exigé d'elles qu'elles prennent une mesure supplémentaire pour protéger Æmira. La délégation a même eu l'outrecuidance de sermonner les Quatre Mères : « Vous, qui êtes immortelles et si puissantes, vous avez la responsabilité de nous protéger pendant notre courte vie. » *Diluhao**, qui était toujours celle qui parlait au nom des Quatre Mères, a demandé à la délégation : « Si vous, vous étiez immortels et détenteurs d'un pouvoir auquel même les Tor'ocs ne sauraient résister, proposeriez-vous votre corps pour défendre votre pays contre cette *nation d'assassins* ? » C'était comme ça qu'on vous appelait. »

Cette dernière remarque m'était adressée.

« Pourquoi vous acharnez-vous à dire "vous" comme si j'y étais ? »

« Parce que tu es un Tor'oc et que nous n'avons pas encore réussi à te dissocier de l'image que nous avons toujours eue des Tor'ocs. À l'avenir, nous essaierons d'éviter cette confusion », ont-ils répliqué timidement.

« Tant mieux. Parce que ce n'est pas mon histoire que vous racontez là. »

« La délégation, qui n'avait pas vraiment compris ce que Diluaho lui avait demandé, a déclaré qu'elle serait ravie de s'ériger en barrage humain pour la défense de la nation, si et seulement si chacun des membres qui la constituaient devenait immortel. »

« Les Quatre Mères les ont donc rendus immortels, mais elles les ont maudits », ai-je murmuré en moi-même, devinant la fin tragique de l'histoire.

Les trois ont acquiescé.

« Oui, maudits. Immortels mais pas vivants et, parce qu'immortels, pas morts non plus. Elles les ont transformés en morts-vivants ou en ni morts, ni vivants. »

« Et ont-ils hérité d'un pouvoir particulier ? » ai-je relancé.

« Celui de partager leur infamie, le pouvoir horrible de transformer quiconque à leur image, en le rendant ni vivant, ni mort ou ni mort, ni vivant, ce qui est du pareil au même. »

Je n'arrivais pas à visualiser la scène, alors j'ai demandé :

« Les Quatre Mères ont agité leurs mains ou leurs baguettes magiques ou je ne sais quoi pour transformer la délégation en morts-vivants, en immortels maudits ? »

« Non, ce n'est jamais aussi simple que ça… » L'histoire rendait les Jannanons de plus en plus tristes, comme si tout cela leur était arrivé la veille. « Pour que la malédiction opère, la délégation devait se réunir une dernière fois. Les membres de la délégation ont donc été informés que, s'ils voulaient vraiment bénéficier de cette mesure défensive exceptionnelle, ils devaient se présenter à une cérémonie au cours de laquelle chaque volontaire deviendrait immortel, non pas comme les Quatre Mères, mais immortel. On leur a donné trois jours pour réfléchir à toutes les conséquences et bien considérer le prix de l'immortalité : ne jamais mourir, survivre aux êtres aimés, ainsi qu'à sa propre époque, indéfiniment.

Lorsque les Quatre Mères sont parties, la délégation s'est réunie en secret. Les membres qui la composaient se sont disputés, opposant leurs interprétations de ce que cela signifiait d'être immortel, aujourd'hui et dans le temps et au final, ils ont fini par conclure qu'il devait s'agir d'un test, que les Quatre Mères n'avaient sûrement pas le pouvoir de rendre qui que ce soit immortel. Et par conséquent, ils ont décidé de tromper les Mères en leur faisant promettre que ce serait aux Immortels de monter la garde et d'être la dernière défense, si bien que ce serait à elles qu'il incomberait de monter éternellement cette garde.

Le troisième jour, un imposant *cassion** s'est présenté aux portes de la ville. Il s'est posté sur la *grand'place** pour attendre les treize *Umbrare** – c'est comme cela qu'on les a appelés par la suite. Le cassion était un chariot dont les parois arboraient de jolies décorations, sans roues mais avec six colonnes qui se dressaient aux quatre coins et sur deux des côtés, et chacune de ces colonnes se terminait par de grands disques métalliques. Les treize délégués ont pris place à l'intérieur du cassion. Les sièges sur lesquels ils se sont assis étaient recouverts d'un tissu inconnu, doux mais ferme, qui procurait une sensation de calme, de confort et de bien-être qui a dissipé toute angoisse et toute appréhension dans le cœur des passagers, tant et si bien que leurs doutes se sont évaporés au-dessus de leurs têtes. C'est alors que six grands-d'or sont apparus dans le ciel. Ils sont descendus des nuages, ont survolé la grand'place puis se sont posés sur le cassion. Avec leurs serres ouvertes, les six grands-d'or ont agrippé les six disques en métal, se sont emparés du cassion et de ses passagers, l'ont soulevé dans les airs, puis le cassion a traversé le ciel.

Ils l'ont transporté jusqu'à l'*alcazar de Tribula**. *Tribula** était l'une des Quatre Mères, c'était elle qui organisait les cérémonies. Elle accueillait toute la délégation dans son palais situé à flanc de falaise. Elle a conduit les membres dans une grande salle de banquet où une table était somptueusement dressée, avec d'élégants gobelets remplis d'un breuvage inconnu. Les trois autres Mères attendaient là, chacune assise au milieu d'un des côtés de la table. Tribula a pris place au centre du quatrième, puis elle a invité les treize membres de la délégation à s'asseoir.

Quand tout le monde a été installé, Diluhao a demandé à chacun s'il avait bien réfléchi et s'il avait pris sa décision. Elle a répété une dernière fois qu'une mesure défensive supplémentaire n'était pas nécessaire. Les *délégationnaires** s'attendaient à de tels propos. Pour eux, c'était la preuve formelle que tout ceci n'était que mascarade. En outre, ils étaient intimement persuadés qu'un rempart supplémentaire contre les Tor'ocs était une absolue nécessité et ils se pensaient assez malins pour forcer les Quatre Mères, sans que celles-ci ne s'en aperçoivent, à devenir cet ultime rempart et ce, de manière permanente.

On ne sait plus qui a pris la parole au nom de la délégation mais cette personne a dit aux Mères que tous les membres optaient pour cet ultime rempart, qu'ils requéraient l'immortalité, qu'ils voulaient l'assurance que les Immortels soient, à jamais, cet ultime rempart. Les Quatre Mères ont accepté sans tergiverser. Les treize devaient sceller leur engagement d'un toast fatidique. Les convives ont levé leurs coupes et ont bu le breuvage d'une traite. Puis Diluhao a poursuivi : «Vous n'êtes pas encore immortels. Le breuvage a scellé notre accord, mais, pour obtenir l'immortalité, il faut un pacte de sang.»

Une fois encore, Tribula a conduit le groupe à travers son alcazar jusqu'à un balcon qui s'ouvrait sur les grandes vallées situées à l'est d'Æmira. Jamais la délégation n'avait pu embrasser du regard un si grand pan de leur propre royaume qui s'étendait à perte de vue, devant eux. Diluhao leur a montré la direction de la prison tor'oque, trop éloignée pour être vue, mais les treize délégués regardaient l'horizon avec terreur, comme si les Tor'ocs ne se trouvaient qu'à une longueur de bras d'eux.

*Vissana**, qui accomplissait les rituels pour les Quatre Mères, a allumé un feu vert, au milieu du balcon. Elle a enjoint aux treize délégationnaires de se mettre en cercle autour du feu puis elle a demandé à chacun de mettre ses paumes vers le haut, au-dessus des flammes qui s'élevaient à leur hauteur. Leurs mains tendues n'étaient pas seulement au-dessus du feu, mais aussi au milieu. Les délégués tremblaient, de peur de brûler vifs.

«Vous devez vous soumettre à l'épreuve du feu», leur a dit Vissana. La première à mettre ses mains dans le feu a été la Jannanone, nous le savons de source sûre. Elle a tendu ses mains qui n'ont pas brûlé – le feu était froid et même glaçant. Soulagée, elle a souri et les douze autres, confiants, l'ont imitée. Soulagés, ils ont arboré le même sourire ébahi.

Une lame est apparue dans la main de Vissana. Elle leur a répété de ne pas avoir peur et de rester calmes. Elle a lancé en l'air la petite lame tout en prononçant les mots incompréhensibles d'une incantation ancestrale. Ensuite, la lame a volé à travers toutes les paumes tendues et a entaillé chacune d'elles d'une coupure nette et profonde. Leur sang s'est mis à couler. Après le choc de l'entaille, il y a eu une douleur fulgurante, celle qui scellait leur destin. L'effet du breuvage qu'ils avaient tous bu les maintenait ainsi, immobiles et ensanglantés, au milieu des flammes. Ils voulaient retirer leurs mains du feu ensorcelé qui aiguisait tant leur douleur… mais ils n'y parvenaient pas. Lorsque Vissana a vu que le sang s'était suffisamment déversé, elle leur a fait signe de retourner leurs mains et de laisser couler leur sang dans les flammes, et le feu, dans un regain de vie, s'est embrasé de jaune et de bleu ;

enfin, la chaleur brûlante et suffocante a poussé les treize à retirer vivement leurs mains du feu.

Chacune de leurs paumes portait désormais la marque d'une brûlure violacée, leur peau avait été enlaidie, mais les coupures de la lame s'étaient déjà refermées. Les treize souffraient terriblement. Les Quatre Mères ont saisi chacune des paumes des treize délégués pour y étaler un baume, non pas pour apaiser la douleur mais pour l'emprisonner. Cette douleur n'a jamais été libérée, elle est restée emprisonnée dans leurs corps, à jamais. On peut la sentir, elle est emprisonnée ici, dans la terre même sur laquelle nous marchons. »

C'était vrai, je sentais la douleur dont ils parlaient.

Nous avons continué à marcher en silence. J'attendais patiemment que les Jannanons poursuivent leur histoire. Ils regardaient droit devant, vers cette contrée où la douleur était une chose vivante et où, peut-être, elle s'était muée en créature.

« Nous avons un mot en Æmira, *umbrare,* qui signifie « banni avec les ombres ». Les treize ont été bannis parmi les *ombres**, mais il leur a fallu des jours et des jours pour qu'ils s'en rendent compte. Puis la douleur s'est accrue et elle les a changés ; ils ont disparu et sont devenus les ombres d'eux-mêmes. L'ombre gagnait leurs corps. Elle s'est élevée tout d'abord de leurs pieds puis s'est propagée le long de leurs jambes et de leur poitrine, de leurs bras et de leur cou. Quand il n'est resté plus d'eux que la tête et leurs visages, les Quatre Mères sont réapparues. Les gens avaient pris peur des membres de la délégation ; ils ont été obligés de se réfugier dans la *grand'salle**, où se tenaient les Camarodes. C'est là que les Quatre Mères sont venues les trouver.

« Que nous avez-vous fait ? »

Les membres de la délégation hurlaient aux Quatre Mères leur colère ; en guise de réponse, elles ont souri. Diluhao a ajouté :

« C'est le prix de l'immortalité. »

« Mais vous, vous ne ressemblez en rien à ça ! Regardez ce qui nous arrive ! » a objecté un membre de la délégation.

« Mais nous ne sommes pas immortelles, nous ! D'où vous est venue cette idée saugrenue ? » a répondu Diluhao.

« Bien sûr que vous l'êtes, enfin ! Vous êtes là depuis toujours. »

« Nous vivons dix mille ans et après nous, nos filles vivront dix mille ans et ainsi de suite », les a informés Diluhao. Puis elle leur a expliqué les choses ainsi : « À vos yeux, nous semblons immortelles pour la simple et unique raison que votre vie à vous est courte et courte. Mais cette impression d'immortalité est toute relative. Dès que le sortilège sera accompli, vous treize serez les seuls immortels d'Æmira. »

« Mais regardez-nous ! Si nous ressemblons à ça, qu'allons-nous faire de cette immortalité ? » ont pleuré les délégationnaires.

« Vous serez le dernier rempart », a dit Diluhao en se demandant comment ils n'avaient pas encore compris cela. « Vous vivrez votre immortalité aux confins du monde, à la bordure est du territoire, afin de nous protéger des Tor'ocs ; s'il advenait qu'un jour, ils s'évadaient de leur prison à ciel ouvert. »

« Vous nous avez piégés ! » pleurnichait encore la délégation.

« Vous vous êtes piégés vous-mêmes », a répliqué vivement Diluhao. « Vous, d'insolentes petites vermines qui vivez et mourez en un clin d'œil. » Elle a fait claquer ses doigts. Et elle a ajouté : « Vous vouliez nous piéger ? Vous pensiez que nous tomberions dans votre ridicule petit guet-apens ? Vous avez été les chasseurs et vous voilà les chassés. Tout cela est de votre fait. Nous vous avons seulement aidés à réaliser votre vœu le plus cher – celui de vous protéger – si bien que vous treize serez les créatures les mieux protégées qui aient jamais existé, de toute éternité ! »

Il y avait quelque chose dans ses mots qui a mis mal à l'aise la délégation. Ses membres lui ont demandé ce qu'elle voulait dire par là.

« Quand vous serez immortels, que vous ne serez plus que des ombres, toute créature vivante que vous parviendrez à garder toute une nuit parmi vous, deviendra comme vous, une ombre immortelle. »

Un délégué a posé naïvement cette question :

« Et qu'est-ce qui nous empêcherait de vous garder avec nous toute une nuit ? »

« Vous serez des ombres, certes, mais vous ressentirez encore et toujours la douleur », a répondu Diluhao, alors que la quatrième Mère, *Fula**, celle qui accomplissait les prouesses physiques, a fait apparaître dans les airs autour de sa main une fléchette qu'elle s'est empressée de lancer, visant la jambe du délégué qui avait osé poser la question mais qui, déjà, n'était plus qu'une ombre. Il a poussé un hurlement puis a déguerpi en rampant se tapir sous une chaise. « Avec nos pouvoirs magiques, vous n'avez aucune chance de nous faire du mal et encore moins de nous séquestrer toute une nuit. Si vous tentiez de le faire, cela serait terrible pour vous, voyez-vous ? »

« Que faire… ? Nous sommes fichus, définitivement fichus ! » se sont lamentés les délégués qui commençaient à comprendre l'ampleur de leur défaite et à quel point leur destin avait tourné au plus horrible des cauchemars.

« Pour vous, ici, le temps est compté. Nous devons vous emmener aux Terres Lointaines où vous existerez désormais à jamais », a dit Diluhao en se penchant vers eux pour leur faire plus d'effet. « Je dis *existerez* parce que vous n'aurez pas l'impression de vivre, bien que vous soyez immortels. Vous n'aurez ni à boire ni à manger ni à dormir. Vous serez éternellement sur vos gardes, à vous prémunir d'un danger ou d'une attaque qui ne viendra jamais. » Elle leur a montré la sortie. « Votre cassion vous attend dehors, il est temps que vous partiez. »

Depuis qu'ils avaient pénétré dans la grand'salle et que le sortilège avait été scellé, ils n'avaient effectivement plus eu ni faim ni soif ni sommeil, cela prouvait que Diluhao disait la vérité. Il ne restait plus rien de leurs vies, plus rien à faire que de fuir vers les Terres Lointaines où personne n'irait jamais les voir, où nul ne les reconnaîtrait. »

Les Jannanons se sont arrêtés, comme si l'histoire finissait là, mais je voulais savoir la suite.

« Les grands-d'or les ont-ils emmenés jusqu'ici et les ont-ils déposés ? Que s'est-il passé après ? » J'ai montré les terres sinistres qui nous entouraient. Leur désolation putréfiée n'était-elle pas la preuve tangible qu'après la venue des ombres, quelque chose de terrible s'était produit ?

« De prime abord, il ne s'est rien passé. » Les Jannanons m'ont jeté ces quelques mots en pâture, puis ils ont continué leur récit, par petits bouts. « … Mais au fur et à mesure que le temps passait, la colère des ombres grandissait et ils ont cherché à punir quelqu'un, quelque chose, n'importe quoi. Ils ont commencé par capturer des petites puis des plus grosses bêtes qui vivaient ici, des hommes et des femmes qui passaient par là, quelques Muons perdus qui cherchaient à revenir dans le monde. Ce faisant, ils ont découvert que la lumière non seulement leur faisait mal, mais de surcroît, qu'elle accroissait leurs douleurs incessantes. Ils ont alors entrepris la construction d'un monde souterrain fait de tunnels et, à mesure que le nombre de tunnels augmentait, ils devenaient de plus en plus longs et de plus en plus larges. Sous l'effet de la douleur qui les tenaillait sans relâche, la terre au-dessus des tunnels est devenue brûlante et, peu à peu, à la surface, la vie est morte.

« Les Terres Maudites, c'était une création des Quatre Mères, non ? » ai-je dit. Je faisais un grand raccourci pour expliquer comment on était passé d'une réalité à une autre, ici, dans les terres devenues maudites.

« Non », ont répondu les Jannanons en secouant la tête. « Elles n'avaient pas bien évalué les conséquences du bannissement des ombres. Quand elles s'en sont rendu compte, elles se sont empressées de créer une frontière dans chaque direction, deux fois plus large que tu n'es grand et qui s'enfonce profondément dans le sol. C'est une frontière faite d'une roche aux nombreuses vertus ; c'est la *Tourmaline**, une frontière souterraine, affleurante, qui encercle les Terres Maudites. »

« Pourquoi les ombres ne traverseraient-elles pas la Tourmaline ? » ai-je demandé.

« Elles ne le peuvent pas. Cette pierre dure les repousse. Elle possède peut-être des propriétés électriques qui pourraient les affecter, par exemple, en rendant leurs douleurs insupportables. Toujours est-il qu'elles n'ont jamais essayé de s'échapper. Elles n'ont plus guère d'autres désirs que celui de séquestrer et de punir. »

« Comment les ombres s'y prennent-elles pour nous capturer et nous séquestrer tout un sombre ? »

« On l'ignore », ont répondu les Jannanons. « Les seuls à le savoir sont ceux qui sont eux-mêmes devenus des ombres. Pour nous défendre, on devra leur infliger de la douleur avec nos propres armes, en espérant que l'on gardera suffisamment le dessus pour nous permettre de traverser les Terres Maudites avant le sombre. »

« Lorsque vous avez traversé, à l'aller, vous avez vu des ombres ? »

« Oui, on en a vu mais ça ne nous a avancés à rien. On n'en sait pas plus qu'avant. »

Au fur et à mesure que les Jannanons racontaient leur histoire, on se rapprochait des Terres Maudites et l'odeur de putréfaction et de brûlé s'intensifiait à chaque pas. Les arbres, les buissons et les plantes se faisaient rares, et le sol sous nos pieds était plus sec, plus craquelé et plus sombre encore qu'avant. Bol s'est immobilisé sur une arête de terre boursouflée… Juste là, devant nous, s'étendait une large bande de terre qui brûlait comme si un feu l'avait consumée. La terre brûlée s'étendait à droite et à gauche aussi loin qu'on y voyait.

« À partir de là, nous, on continue à pied et c'est toi qui montes sur l'oryx », ont déclaré les Jannanons. Aussitôt dit, aussitôt fait : ensemble, ils ont glissé de Bol et ont atterri souplement sur leurs pieds.

Je n'avais pas envie de monter sur l'oryx. J'ai tiré la bride de Bol vers l'avant et nous nous sommes avancés vers la terre brûlée. Les Jannanons ne marchaient plus à l'unisson. Sheïos était à ma gauche, Wéodou, juste à côté de Bol et Goïel, de l'autre côté de Wéodou. Nous avons marché comme ça, en ligne, jusqu'à ce que l'on atteigne les Terres Maudites. Et là, on s'est arrêtés. Les relents de la terre qui brûlait, mêlés à l'odeur de la douleur dont ils avaient parlé, produisaient une puanteur tellement vieille et forte qu'elle a submergé mes sens. Nous avons regardé, circonspects, ce paysage lugubre que nous devions traverser.

Sheïos s'est tourné vers moi et m'a dit :

« Quand on y pense, les ombres vont enfin remplir la mission qui leur a été confiée… » Il m'a dévisagé. Il voyait que je ne comprenais pas ce qu'il voulait dire. « Le dernier rempart contre les Tor'ocs… ! » a-t-il ajouté.

En réponse à sa blague, j'ai fait un sourire forcé qui devait ressembler davantage à une grimace.

J'ai tiré sur ma sacoche jusqu'à ce que je puisse l'ouvrir et j'ai sorti les ingrédients que j'avais cueillis sur les précieux conseils de la gentille séda, le dernier arbre chaleureux dans lequel on avait dormi.

« Il y a là de la sève que nous devons appliquer sur la plante de nos pieds avant de les entourer avec ces feuilles qui vont adhérer à la sève. Ça tiendra. Je ne sais pas exactement ce que ça fait mais ça nous aidera. »

J'ai d'abord soulevé, l'un après l'autre, les sabots de mon oryx pour étaler la sève dessus, puis je me suis dit qu'il n'aimerait pas les feuilles collées et j'ai raisonné qu'il n'en avait pas besoin. J'ai donc appliqué la sève sur mes pieds que j'ai enroulés dans des feuilles, un liant les maintenant sur mes pieds ; les feuilles se sont ramollies au contact de la sève formant un moule autour de mes pieds, comme une seconde peau. Les Jannanons me regardaient faire. Ensuite, je suis allé les voir l'un après l'autre pour leur montrer comment appliquer la sève et poser les feuilles. Je pensais que ce serait inconfortable d'avoir les pieds tout enrubannés, mais non, sur cette terre aride, c'était frais et apaisant.

« Tu devrais monter sur ton oryx ! » a crié Wéodou qui se trouvait de l'autre côté de Bol. Les Jannanons parlaient désormais séparément.

« Oui, ce serait préférable », a acquiescé Sheïos.

Ils devaient avoir de bonnes raisons pour me le répéter. Je leur faisais confiance à présent. Je suis monté sur Bol ; ses muscles ont tressailli sous moi. J'ai pensé que ça le réconfortait de sentir de nouveau la pulsation de la vie sur son dos. J'ai pressé mes jambes contre ses flancs et il a avancé d'un pas sur le sol fumant. La fine couche de terre desséchée qui le recouvrait comme une carapace a craqué sous son poids. On a continué à marcher.

Les Jannanons se sont éloignés de nous. Je ne sais pas si c'était une illusion d'optique provoquée par l'endroit, mais j'avais l'impression qu'ils avaient rapetissé. Ils étaient accroupis, se déplaçant à la même vitesse que

Bol. Ignorant ce qui pouvait nous arriver, ni de quel côté quelque chose surgirait, j'ai attrapé mon oro-arc dans mon dos et j'ai préparé une flèche, au cas où. La terre était silencieuse. Rien de vivant, rien qui ne se soit mû.

Tout autour de nous il y avait des trous, des trous géants. Certains étaient sombres comme des puits sans fond, d'autres émettaient des bouffées de fumée qui provenaient de quelque chose qui brûlait dans les profondeurs de la terre. Ils étaient tous plats, contrairement aux trous des petites bêtes qui vivaient dans le sol de la Péninsule et formaient des monticules de terre en creusant leurs galeries. Je me suis demandé si ces trous géants étaient si anciens, peut-être qu'avec le temps, la terre autour avait été emportée par le vent. Je me suis aussi demandé s'il avait déjà plu par ici, car le sol était tellement sec qu'on aurait pu imaginer que la pluie avait peur de tomber dans des terres si contaminées.

Nous nous étions déjà enfoncés loin dans les Terres Maudites sans avoir vu le moindre signe de vie. Juste au moment où je commençais à me dire que, finalement, on arriverait peut-être à traverser ces terres désacralisées sans encombre, un son terrible s'est élevé de l'un des trous : on aurait dit le bruit de bâtons qui s'entrechoquaient. Il devait provenir d'un endroit profond car il y avait de l'écho. Bol l'entendait aussi car, durant une vingtaine de foulées, ses oreilles n'ont pas cessé de tressaillir. Les Jannanons aussi l'avaient perçu : leurs pas sont devenus plus lents, plus prudents et plus alertes.

Nous avons continué à marcher pendant que le son grandissait, se multipliait. On entendait alors, sous nos pieds, une horde de bâtons dont les grattements, les claquements et les cliquètements incessants s'échappaient de chaque trou. Bol passait la tête d'un trou à l'autre, à mesure que le bruit s'amplifiait ; des craquements ici et là, isolés, plus forts et plus distincts, jaillissaient de toutes parts. Pourtant, il n'y avait toujours rien à voir, aucun mouvement. La terre était aussi immobile qu'un corps sans vie.

Puis, au loin, il y a eu un frémissement. Une forme noire se traînait sur le sol brûlé. Elle n'était pas tout à fait opaque mais gris anthracite sur un fond encore plus foncé, si bien que lorsque j'ai essayé de la fixer des yeux, ma raison me disait qu'il n'y avait rien, sauf que je pouvais la sentir et réciproquement. Les ombres se méfiaient de nous et ne sortaient du sol qu'à une certaine distance. Ce n'était pas un phénomène nouveau, j'avais déjà vu cette scène auparavant.

Dans son arôme, l'arbre-père m'avait montré ce moment. Je pensais alors que c'était pour me donner un aperçu de ce qui nous attendait et pour m'avertir. Qu'y avait-il eu d'autre dans cette vision qui m'échappait encore… ? Je me suis détendu, j'ai laissé mon esprit vagabonder pour retrouver mes souvenirs de quand j'étais sorti de la rivière. Il fallait que je sente l'arôme de cette vision. J'étais de retour auprès de l'arbre-père quand soudain, ce moment précis est remonté à la surface de ma mémoire : il y avait des choses sombres partout, sous la terre, devant nous et surtout derrière nous. Je me suis retourné pour voir ce qu'il y avait dans mon dos : des légions d'ombres qui s'approchaient de moi. Je suis revenu à la réalité, puis je me suis retourné comme je l'avais fait dans ma vision et j'ai remarqué la même chose : des légions de créatures faites d'ombres gris anthracite, d'animaux, d'hommes, d'oiseaux, qui rampaient sur la terre brûlée, suffisamment vite pour nous rattraper. Nous avions été piégés par les sons et les quelques ombres que nous avions aperçues ici et là. Le vrai danger s'était propagé jusqu'à nous en silence et avait presque atteint son but.

J'ai hurlé et les Jannanons se sont retournés d'un seul mouvement. Avec un cri de guerre que je ne leur connaissais pas, ils ont foncé sur les formes, leurs longs vêtements se sont envolés autour de leurs corps et j'ai aperçu l'étrange sous-vêtement qu'ils portaient. Il était fait d'une couche de métal souple qui bougeait comme du tissu. Dans leurs mains, ils tenaient chacun une arme prête à être utilisée.

Wéodou a fait tournoyer une corde métallique au bout de laquelle un crochet déchirait les ombres et les faisait crier, hurler et puis s'enfuir. Ces hurlements provenaient de morts-vivants qui n'avaient pas peur de la mort mais qui redoutaient la douleur de la vie. Ils souffraient continuellement, comme le racontait la légende, mais cette nouvelle douleur devait être atroce et au-delà de ma raison. J'avais toujours entendu dire qu'il y avait pire que la mort.

Sheïos, lui, brandissait une épée à double tranchant. Il fendait les ombres autour de lui qui ne s'échappaient pas à temps pour mettre fin à leurs supplices.

Quant à Goïel, il tenait une arme dans chaque main, dont une hachette à deux lames en argent, dans l'une, et une balle qu'il avait enfilée comme un gant, dans l'autre, et qui crachait des éclairs chaque fois que des ombres se jetaient sur lui. Quand les éclairs touchaient les ombres, cela les faisait hurler de manière plus aiguë que n'importe quelle autre douleur.

Bol et moi étions un peu à l'écart. Je regardais la scène comme s'il s'était agi d'un spectacle d'ombres mis en scène pour notre seul bénéfice ; je me demandais aussi pourquoi nous n'avions pas tous cette espèce de balle-gant qui était d'une efficacité redoutable. Plus tard, j'ai découvert que ce gant était plus lourd qu'il n'en avait l'air et que chaque éclair envoyait aussi une secousse fulgurante dans le bras qui le tenait. Goïel était fort comme un bœuf et coriace comme personne, bien plus coriace que moi.

Soudain, j'ai senti quelque chose derrière moi ; ça m'a immédiatement ramené à la réalité. J'ai fait volte-face, j'ai aperçu une ombre qui se dirigeait vers nous, prête à bondir. Sans même y réfléchir, mon arc a tiré la flèche déjà engagée sur la corde qui l'a décochée. La flèche s'est envolée puis a frappé l'ombre en pleine poitrine et elle est restée là, enfoncée. Les mains de l'ombre se sont agrippées à la flèche qui semblait désormais faire partie de son corps. Elle a crié et essayait de retirer la flèche, ce qui ne faisait qu'augmenter sa douleur.

Je me suis retourné pour chercher des yeux mes amis sur le champ bataille.

J'ai serré mes jambes contre Bol et j'ai crié à mon tour :

« Yaaah ! »

Bol a chargé : il a baissé sa tête pour que ses cornes géantes soient les premières à percuter les ombres quand on les atteindrait. J'ai cherché ma lance dans mon dos, que j'ai attrapée, puis j'ai maintenu la hampe sous mon bras tandis que ma main se saisissait du corps de la lance pour diriger la pointe en avant et vers le bas. Nous avons frappé les ombres à la vitesse d'un oryx. Les cornes de Bol déchiraient le corps des ombres tandis que ma lance frappait tout sur son passage, transperçant les ombres parfois si profondément qu'elles étaient soulevées en l'air et restaient là, accrochées, suspendues à ma lance… que je devais secouer pour la libérer. J'ai été surpris par la légèreté des ombres. Ce n'était pas des choses vaporeuses, de simples riens aplatis par terre ; elles avaient de l'envergure et de la profondeur, c'est pourquoi je m'attendais à ce qu'elles aient un poids, or il n'en était rien.

Apparemment, nous étions sur le point de gagner la bataille. Les ombres étaient de moins en moins nombreuses. Cependant, elles ne battaient pas en retraite tant qu'elles n'étaient pas frappées, tant qu'elles ne ressentaient pas suffisamment de douleur pour fuir, ramper et disparaître dans un trou où elles resteraient tapies. De l'énorme masse d'ombres qui nous avait assiégés par-derrière à presque cent contre un, il ne restait plus que quelques ombres isolées. Grâce à l'exceptionnelle habileté des Jannanons qui étaient agiles, rapides et sûrs, ces dernières ombres seraient bientôt touchées, nous laissant seuls vainqueurs sur le champ de bataille. Mon premier champ de bataille.

Wéodou, Sheïos et Goïel ont frappé simultanément les trois dernières ombres, les envoyant détaler dans les trous et les passages souterrains où la douleur les garderait captifs suffisamment longtemps pour nous permettre de traverser les Terres Maudites et de gagner sains et saufs la frontière de Tourmaline. Nous avons vérifié les alentours puis nous nous sommes regardés, stupéfaits que l'assaut ait pris fin et émerveillés d'avoir remporté la victoire.

« Fi-lons ! » Les sens en alerte, les Jannanons parlaient de nouveau à l'unisson. « Reste sur Bol et vas-y ! » ont-ils déclaré en montrant la direction que je devais prendre pour traverser les Terres brûlées jusqu'à la frontière de Tourmaline.

« Venez avec moi, nous tiendrons tous sur Bol ! » ai-je dit en tendant mes bras pour les hisser sur Bol.

« Non ! Pars ! » ont-ils ordonné brusquement. « Laisse-nous et déguerpis ! »

Ils m'ont tourné le dos, en surveillant les environs, et ont commencé à marcher en direction de la frontière. Vu la vitesse de Bol, j'aurais pu partir au triple galop et atteindre la frontière de Tourmaline vite et vite, mais je craignais que sans nous les Jannanons ne soient en péril. Pourtant, ils m'avaient surpassé au combat et leur score face aux ombres était bien meilleur que le mien. Malgré cela, Bol et moi sommes restés à marcher derrière eux et chacun d'eux se retournait régulièrement vers nous, impatient et furieux que nous soyons toujours là.

Soudain un immense craquement a jailli de tous les trous qui nous entouraient. On aurait dit le bruit d'un grand arbre qui se fendait en deux sur toute sa hauteur. Comme le son nous est parvenu de tous les trous en même temps, on avait l'impression qu'il provenait du sol, juste sous nos pieds. Ça nous a littéralement cloués sur place. Quelque chose se dirigeait vers nous depuis les profondeurs.

Des corps faits d'ombres ont commencé à sortir de tous les trous sombres. Ils se postaient par groupe de trois autour de nous. Les ombres au sol se faisaient bousculer par d'autres ombres qui ne cessaient d'affluer autour de nous en nous fixant du regard. Elles étaient soutenues, d'en bas, par les mains et les corps des ombres que nous avions déjà vaincues, qui gémissaient et pleuraient à l'intérieur des trous, sous l'effet de la douleur que nous leur avions infligée. Tandis que les ombres endolories se retiraient sous terre, de nouvelles ombres atteignaient la surface, se dégageaient du sol en ruine et nous encerclaient. Je les ai comptées ; il y en avait treize. C'étaient les treize Umbrare de la délégation maudite, les Umbrare qui avaient contaminé la surface et les profondeurs de la terre, les Umbrare qui avaient transformé toutes les créatures vivantes à leur portée en ombres maudites. Je n'avais pas vraiment vu les visages des ombres que nous avions combattues et blessées mais j'ai eu le temps de bien voir celui des Umbrare qui me fixaient. Elles avaient des visages avec des traits discernables, des yeux grands ouverts, effrayants, déterminés, avec un air de folie, des bouches grimaçantes aux dents grises, des nez, des joues, des mâchoires, ce qui leur conférait une certaine humanité, sauf que, quand on les observait mieux, elles étaient toutes déformées et brisées. Elles marchaient lentement, nous tournaient autour en cercles concentriques qui se rapprochaient de plus en plus. J'ai alors entendu le bruit de l'arbre qui se fendait en deux ; il venait des ombres.

Elles nous regardaient l'un après l'autre en nous examinant. Les treize n'avaient jamais vu de leur vivant, ni de leur mort d'ailleurs, un groupe tel que le nôtre. L'une d'elles a dit, dans un murmure :

« C'est un Tor'oc. » Et tous ces yeux horribles se sont braqués sur moi.

Je n'en menais pas large mais j'ai répliqué :

« Laissez-nous passer. Vous n'êtes pas de taille à menacer un Tor'oc. »

Les membres de l'ancienne délégation ont émis un rire hideux auquel il manquait tout ce qu'un rire devait contenir et qui possédait tout ce qui n'aurait jamais dû s'y trouver.

« Autrefois, c'était vrai », a dit la plus petite des ombres. J'ai vu que ces mots ont eu un effet étrange sur mes compagnons qui ont été pris de convulsions comme s'ils avaient été touchés de manière tangible. C'était probablement le cas : cette petite ombre était la vieille délégationnaire jannanone des Légendes.

« Des jours et des jours sans fin et enfin te voilà ! » a dit une autre des treize ombres.

« Quelle bête magnifique tu es ! » a susurré à mon oreille une troisième.

« Tu donnes un sens à nos vies ! » a persiflé une autre dans mon dos. À ces mots, les délégationnaires ont lâché un rire sardonique.

Mes compagnons ont tenté de les prévenir :

« Gare à vous ! Nous avons amoché tant et tant d'ombres de votre espèce, trente fois les treize que vous êtes ! Nous vous infligerons une douleur telle qu'il vous faudra mille ans de plus pour nous oublier. »

Une grande ombre qui semblait être leur chef a essayé en vain de sourire :

« Leur but n'était pas de vous capturer. On voulait juste savoir qui vous étiez et ce que vous vouliez. »

Elles étaient continuellement en mouvement et leur cercle ne cessait de se resserrer autour de nous. Je me demandais si Wéodou, Sheïos et Goïel l'avaient aussi remarqué. J'ai jugé préférable de ne pas attendre qu'elles se soient rapprochées trop près et de veiller à ce que la distance entre elles et nous soit suffisante, faute de quoi, nous perdrions l'avantage.

« Et ça, ça vous dit quelque chose ? » J'ai brandi la lance au-dessus de ma tête. Les Umbrare ont regardé ce que je tenais à la main, mais non, ça n'avait pas l'air de leur dire grand-chose. « C'est la lance de Sumon. Je suis le sang de Sumon. »

Les Jannanons m'ont considéré comme si j'étais devenu fou : quel intérêt y avait-il à crâner ?

« Nous avons connu Sumon », a dit l'ombre jannanone avant que mes compagnons soient de nouveau pris de convulsions. « C'est une bonne chose que son sang soit venu jusqu'à nous. »

« Vous n'aurez pas mon sang. En revanche, je mettrai fin à votre immortalité. »

Cela a provoqué une nouvelle vague de cet horrible rire.

« Quand nous aurons traversé les Terres Maudites, nous irons voir les Quatre Mères. Elles me diront comment vous achever. »

« L'immortalité est absolue », a déclaré la plus grande des ombres.

« On m'a appris qu'il y a un cycle et une fin à toute chose. Vous n'êtes pas une exception. Les Quatre Mères savent comment vous achever et elles me le diront. »

Mes compagnons savaient maintenant que j'étais devenu fou à lier, à fanfaronner comme je le faisais tout en faisant enrager nos ennemis. « *Insensé, qu'est-ce que tu fais ?* » me disaient leurs visages accablés.

« Et non ! » s'est écriée la grande ombre. « Tu deviendras comme nous ! »

Tout en parlant, je m'étais mis en position avec ma lance, prêt à effectuer une estocade. J'avais dirigé ma pointe vers son milieu et quand je l'ai entendue prononcer : « Tu deviendras comme nous », je l'ai embrochée. À l'agonie, elle s'est pliée en deux, tandis que les autres se sont jetés sur nous en hurlant. C'était ce que je voulais : reprendre le combat. Le désir de la lutte bouillonnait dans mon sang. Bol s'est cabré, puis a tourné plusieurs fois sur lui-même. Une créature était dans notre dos, mais les cornes de Bol lui ont fait faire machine arrière. Aussitôt, une autre ombre a jailli derrière nous. J'ai lancé mon couteau finnif mais j'ai raté mon coup. Une chose faite d'ombre m'a attrapé. Soudain, j'ai compris que les ombres que nous avions combattues n'étaient que des leurres destinés à être abattus. Celles-ci, à présent, étaient rapides, sournoises et excellaient au combat. Une ombre m'a fait basculer, j'ai chuté de Bol et j'ai heurté le sol avec la chose sombre sur moi.

Ses mains et son corps étaient froids, glacés comme l'hiver. Elle n'avait aucun poids, pourtant, sa force me maintenait plaqué au sol. Quel que soit l'endroit où l'ombre me touchait, un choc me parcourait le corps à la vitesse de l'éclair et y répandait une douleur qui, comme des tentacules, se propageait dans ma chair, semblant chercher le siège de ma conscience pour l'envahir éternellement. La chose me montrait ses dents grises et noires et je pense qu'elle voulait les planter dans ma chair. Bol lui a donné de puissants coups de sabot qui l'ont envoyée valser à plus de trois tor'ocs. Avec une rapidité inouïe, Bol a sauté au-dessus de moi et transpercé l'ombre de ses deux cornes. Un cri suraigu a déchiré l'air brûlant, c'était le dernier cri qu'on a entendu. L'ombre s'est traînée jusqu'au trou le plus proche et puis elle a disparu.

Je suis resté un moment allongé sur la terre brûlée. J'entendais, tout près, la bataille et les coups. J'ai tourné la tête. Je cherchais à repérer mes compagnons. Les Jannanons se battaient dos à dos, gardant les horribles choses à distance. J'avais l'impression que les ombres étaient aussi nombreuses qu'avant. Elles s'élançaient de tous les côtés, évitant la morsure des armes. Elles avaient une méthode et un plan que je n'arrivais pas à comprendre. La douleur insoutenable que l'ombre m'avait infligée commençait à se dissiper mais je ne pouvais toujours pas bouger. Bol est revenu près de moi et, pour me protéger, s'est posté au-dessus de moi, tel un bouclier. Les créatures nous regardaient mais elles n'approchaient pas. Elles se demandaient quel genre de bête était Bol et quel était son pouvoir de nuisance si toutefois elles s'approchaient davantage, si bien qu'elles ont changé de tactique ; elles voulaient à présent écrabouiller définitivement les Jannanons et se sont acharnées, ensemble, sur les trois petits bonshommes.

La créature d'ombre qui avait été une Jannanone a parlé. Wéodou, Sheïos et Goïel l'écoutaient. Moi, je n'entendais pas clairement ce qu'elle leur disait mais cela a eu un effet effrayant sur mes compagnons : ils étaient pris d'incontrôlables tremblements. Tous trois livraient un violent combat avec les ombres et, de surcroît, ils devaient se débattre à l'intérieur de leur propre corps contre l'emprise des mots de l'ombre jannanone. Les forces semblaient cependant s'équilibrer de part et d'autre. Ils maintenaient le cap, sans perdre, ni gagner. Si les créatures de l'ombre n'étaient pas vaincues, elles ne gagnaient pas non plus.

De nouveau, je commençais à sentir mon propre corps et à pouvoir bouger ; j'ai doucement cherché mon oro-arc et mes flèches. J'ai silencieusement encoché une flèche pour ne pas attirer l'attention. Je me suis aplati par terre, j'ai relevé mon arc entre les jambes de Bol et j'ai tiré. La flèche s'est envolée, elle a frappé l'ombre jannanone, lui a fendu la tête en deux et a continué plus loin sa trajectoire. On aurait dit que les ombres n'avaient pas la moindre substance, qu'elles n'étaient faites que de l'absence de lumière ou, pire, de la lumière négative du néant.

L'ombre a hurlé de douleur, c'était l'effet escompté, mais j'ai été terrifié d'entendre mes Jannanons hurler de concert. Ils semblaient tous quatre avoir été connectés l'un à l'autre par les mots qu'elle avait prononcés et, quand ma flèche l'a frappée, ils se sont écroulés. En deux-deux, les ombres se sont précipitées sur eux et les ont maintenus à terre pour infuser leur froidure et mille douleurs dans leurs veines. Dès que j'ai retrouvé l'usage de mes mouvements, je suis revenu à l'attaque, j'ai découpé et tranché les corps gris anthracite avec la lame de mon couteau finnif. Les ombres ont hurlé, puis elles ont tenté d'attraper mon bras qui tenait le couteau. Bol était près de moi, je le sentais davantage que je ne le voyais.

J'ai enjambé le corps de Sheïos, qui était allongé en position fœtale et protégeait son visage avec ses mains. Il était défiguré par les chocs qui le traversaient encore. Il y avait moins d'ombres, elles s'affairaient à présent autour de leurs consœurs qui jonchaient le sol. Bol a embroché une ombre qui était sur Goïel. Celle-ci pendouillait à l'une de ses cornes, alors il l'a secouée violemment pour l'envoyer au diable. J'ai vu la lance de Sumon, elle était plantée dans la terre fumante à quelques tor'ocs de moi ; je voulais la lance, je voulais la récupérer, l'avoir dans ma main et l'utiliser. J'ai couru, je l'ai arrachée à la terre et je suis revenu sur mes pas pour charger une autre ombre qui terrassait Goïel, recroquevillé, le visage plaqué à terre comme l'avait été Sheïos. La lance a atteint l'ombre en plein milieu, a transpercé son corps translucide et est ressortie de l'autre côté. L'ombre a lâché Goïel, elle s'est contorsionnée et a poussé un cri strident qui m'a fait mal à la tête. J'ai appuyé mon pied sur son corps pour récupérer ma lance ; elle a rampé puis elle s'est réfugiée dans un trou, là où disparaissaient les ombres blessées.

Je me suis retourné vers mes compagnons, ils gisaient toujours à terre mais ils n'étaient plus recroquevillés sur eux-mêmes. Il n'y avait plus d'ombres dans cette zone, il n'y avait plus que mes amis et… ça a été un choc quand je m'en suis rendu compte : Wéodou avait disparu ! La deuxième bataille était terminée. Je ne m'habituerais jamais ni à la lenteur ni à la rapidité des batailles. Quand elles ont lieu, le temps se ralentit tellement qu'on le croirait immobile. En même temps, elles semblent être terminées avant même d'avoir commencé.

J'ai couru vers Goïel pour voir comment il allait. Il respirait bruyamment en se tenant les entrailles, toujours en proie à la propagation des chocs que l'ombre jannanone lui avait infligés. Sa bouche remuait, il essayait de former des mots, mais la douleur était trop vive pour qu'il puisse parler.

« Ils ont pris le petit », a dit Sheïos qui peinait aussi à s'exprimer.

Je me suis rapproché de lui et je lui ai demandé :

« Tu sais où ? »

Sheïos a pointé du doigt la terre brûlée.

« As-tu vu dans quel trou ils l'ont emmené ? »

Sheïos a hoché la tête et a regardé un trou situé environ à deux tor'ocs de distance. J'ai posé ma main sur lui. C'était la première fois que je touchais un Jannanon. Il était musclé, fort et robuste. « Je vais le ramener », ai-je dit, estimant que c'était ma faute si Wéodou avait été enlevé. J'aurais dû les en empêcher.

« Non ! N'y va pas, non ! » a-t-il craché. « C'est toi qu'ils veulent ! »

« Ils ne m'auront jamais et je le ramènerai. »

Il m'a saisi le poignet et l'a tenu serré contre lui. « Je le sais de la créature qui, jadis, a été l'une des nôtres. »

« Celle que j'ai eue avec ma flèche ? »

« *Helkvin**. C'est son nom. » Il a pris un temps pour reprendre son souffle. « Ils l'ont capturé pour te tendre un piège dans le *pandémonium**. C'est elle qui nous l'a dit. Tu ne dois pas y aller. »

« On n'a pas le temps de tergiverser ! » ai-je tranché, en montrant Goïel et l'état piteux dans lequel il était. « Je suis sa seule chance. Je dois y aller ! » J'ai dégagé mon poignet de l'emprise de Sheïos.

Bol est revenu près de nous, il avait débarrassé ses cornes de toutes les ombres qui y étaient accrochées. Sheïos récupérait assez vite mais les ombres s'étaient acharnées sur Goïel plus longtemps ; il lui fallait davantage de temps pour se remettre. Je l'ai soulevé et installé sur le dos de Bol.

« Allez jusqu'à la frontière de Tourmaline. Nous vous rejoindrons là-bas. » Goïel a secoué la tête d'un air de défiance. Je lui ai souri et j'ai caressé l'échine de mon oryx.

« Prends bien soin de lui, Bol. »

Je me suis emparé du gant à éclair de Goïel – j'ai senti à quel point il était lourd – et, avant que mes amis n'aient pu réagir, j'ai couru jusqu'au trou et j'ai sauté dedans.

Moi qui m'attendais à une longue chute, mes pieds ont touché terre après seulement un tor'oc de profondeur. Au premier abord, tout semblait sombre, autant que je l'avais imaginé, mais assez rapidement, je me suis aperçu qu'il y avait de la lumière, même si c'était ténu. Elle provenait de petits orifices dans les parois, semblables à des points de braises qui se consumaient doucement et remplissaient le tunnel de fines volutes de fumée étouffant ma respiration.

J'ai enfilé le gant du mieux que j'ai pu. Il était trop petit pour ma grande main, je ne pouvais mettre que trois doigts dedans, alors j'ai décidé de le tenir comme un couteau finnif. Le tissu en métal dans lequel il était fait était suffisamment souple pour me permettre de le tenir de cette façon. J'ai fait quelques pas dans le tunnel enfumé tout en brandissant le gant devant moi. Je me demandais combien de temps je pourrais maintenir mon bras en l'air comme ça. Comment Goïel avait-il pu se battre avec autant d'agilité et de souplesse avec ce poids à la main ?

Le tunnel était haut et assez étroit. En marchant, je frôlais les parois avec mes épaules. À part rebrousser chemin, la seule direction possible était d'aller plus bas, encore plus bas. J'avais l'impression de descendre une pente sans fin. Les murs chauds, brûlants par endroits, étaient faits de roches calcinées, fragilisées par des années de combustion. J'ai compris que c'était comme ça qu'ils avaient dû creuser leurs tunnels, en ramollissant la roche avec du feu, et que c'était pour ça que la terre au-dessus brûlait continuellement. J'ai croisé des carrefours où il y avait des tunnels qui repartaient vers le haut, mais je savais que ce n'était pas par là que les ombres s'étaient dirigées, alors j'ai continué à descendre.

Une fois que mes yeux se sont accoutumés à l'obscurité, j'ai pu voir l'espace autour de moi. Les parois des tunnels n'étaient pas d'un noir profond mais d'un violet soutenu ; le sol, lui, semblait poli, lisse et brillant, patiné par le temps. Au-delà de l'odeur omniprésente de brûlé, il n'y avait rien, ça sentait le vide, comme si l'absence de vie avait eu une odeur. J'ai essayé de me représenter ce que ce serait de vivre longtemps et longtemps et, en même temps, de ne pas vivre, d'exister seulement, comme ces créatures existaient, étirant le temps à l'infini dans les antres reculés où ces tunnels devaient mener. Je raisonnais que ces ombres n'avaient plus besoin de manger ni de dormir ni même d'avoir aucune de ces activités que nous menions habituellement pour rester en vie, autant par plaisir que par nécessité. Non, elles n'avaient rien à faire d'autre que d'attendre des hordes de Tor'ocs qui n'arrivaient jamais.

C'étaient les pensées que formait mon esprit tandis que mon corps descendait et descendait de plus en plus profondément, écoutant le moindre son qui me préviendrait de la présence des ombres. Le tunnel était silencieux, si ce n'était le bruit de chacun de mes pas qui faisait autant de bruit, dans ce silence assourdissant, qu'un arbre qui s'effondrait. Comme ils m'entendraient bien avant que je ne les entende, ça ne servait à rien d'essayer de faire moins de bruit. Ce qu'il me restait à faire, c'était de les transpercer encore et encore, en espérant que la douleur que je leur avais déjà infligée les avait suffisamment affaiblies pour que je puisse m'approcher de Wéodou et l'emmener.

Je ne sais pas ce qui m'a fait regarder le noir de la paroi qui était au-dessus de ma tête – un mouvement, un bruissement, une intuition ? Soudain, j'ai vu que la roche était recouverte de dizaines et de dizaines d'ombres muettes, tapies contre le plafond comme des chauves-souris, qui attendaient le moment propice, ou peut-être un signal, pour se jeter sur moi. Mon instinct me commandait de courir mais je n'avais aucune chance de les distancer. J'ai brandi ma main en l'air, celle qui tenait le gant de Goïel et des éclairs en ont jailli, foudroyant les ombres, les unes après les autres, pendant que je courais. J'étais maintenant poursuivi par une horde de cris stridents qui bientôt ont rempli le tunnel vide d'un flot d'une incommensurable douleur.

Curieusement, chaque éclair allégeait le poids du gant, comme si ces cibles mouvantes aspiraient un peu du poids du gant. Ne serait-ce que pour cette raison, j'en ai visé le plus possible. Une fois touchées, les ombres s'écrasaient sur le sol brillant, se recroquevillaient et se contorsionnaient de douleur. Une fois leur moment d'agonie passé, agitées de soubresauts, elles se redressaient et couraient vers moi à une vitesse impressionnante, en essayant d'éviter la portée de mon gant. De toute évidence, elles cherchaient à atteindre avant moi un endroit stratégique.

J'ai couru sur une distance que je n'ai pas eu les moyens d'évaluer, jusqu'à ce qu'il n'y ait plus d'autres tunnels autour de moi. Le tunnel débouchait sur un lieu dégagé, rempli d'ombres ; je me trouvais dans grande salle en forme d'œuf d'oiseau, posé sur le côté. D'innombrables tunnels débouchaient là, chacun d'eux menant vers le haut. Les lumières incandescentes des parois de cette salle étaient multicolores, contrairement à celles des tunnels étroits : certaines étaient d'un rouge orangé profond, d'autres bleues, d'autres vertes ou blanches, ou encore jaunies par le feu. Chacune des lumières était faible mais il y en avait tant et tant que l'endroit était suffisamment éclairé pour que j'y découvre une spirale enchantée de couleurs.

Une masse d'ombres s'était agrégée au centre de la salle. Je me suis adossé à la paroi qui jouxtait le tunnel par lequel j'étais arrivé. Cela devait être le nid de créatures vénéneuses dont l'arbre-père m'avait parlé… Son vent a soudain refait frémir mes sens : « *Un nid de bêtes inférieures qui ne sont pas faites pour vivre ensemble mais qui y ont été contraintes. Des créatures empoisonnées qui infestent les terres brûlantes et infectent le bois des arbres et les racines qui ont poussé près d'elles…* » L'entière population des ombres était rassemblée là, devant moi. Elle rampait et se mouvait en formant des cercles au centre, plusieurs cercles concentriques qui se sont refermés les uns sur les autres et prenaient tout l'espace. Chaque cerceau d'ombres tournait dans la direction opposée à celui qui le jouxtait. Cela me faisait penser aux anneaux des arbres. Les ombres geignaient et gémissaient sans discontinuer. Au cœur des cercles – le point autour duquel elles tournaient toutes – se trouvait Wéodou. Il était maintenu au sol par quatre Umbrare qui l'immobilisaient en le tenant fermement par les bras et les jambes. Dans la pénombre du pandémonium, j'avais du mal à discerner Wéodou et ce qui se passait exactement, mais j'ai remarqué qu'un changement s'opérait en lui. Une sorte de brume s'élevait au-dessus de son corps, sa tête était renversée en arrière, sa bouche était grande ouverte comme pour émettre un cri muet. Les quatre Umbrare ne le regardaient pas, elles me dévoraient des yeux.

« Lâchez-le ! » ai-je hurlé. « Prenez-moi à sa place ! »

L'une de celles qui le tenaient par les bras m'a répondu :

« Tu n'as rien de valable à nous proposer en échange. Ne t'inquiète pas, on te réserve le même traitement. Seules les ombres peuvent s'échapper d'ici. En d'autres termes, toi, tu ne quitteras jamais le pandémonium, en revanche, ton ombre, elle, aura toute l'éternité pour se balader à sa guise. »

Nous avons un proverbe sur la Péninsule qui dit : « *Celui qui pense qu'il ne peut être battu a déjà perdu.* » J'avais un plan. Si celui-ci fonctionnait, il ne me restait plus qu'à trouver le bon tunnel qui nous permette de sortir d'ici pour atteindre l'autre côté des Terres Maudites. J'avais besoin de me concentrer, de savoir où j'étais et dans quelle direction j'allais m'échapper. Les ombres savaient que j'allais les attaquer – et puisque le temps avait cessé d'être un obstacle pour elles, elles attendaient, scrutant le moindre de mes mouvements qui déclencherait cette énième bataille. Je me suis détendu et j'ai lâché prise. Comme je l'avais fait la dernière fois, lorsque nous étions dans le Divul, j'ai envoyé ma conscience aussi haut que je le pouvais. Elle s'est envolée au-dessus de moi, à travers les couches de terre brûlée, passant du dedans sombre au dehors lumineux, elle s'est élevée au-dessus des Terres Maudites et encore plus haut. Comme l'avait prédit l'arbre-père, cette faculté était ma planche de salut. Je voyais l'air au-dessus de ce qu'ils appelaient le pandémonium et j'ai regardé par terre tandis que mon corps était toujours au fond du dédale de tunnels. Je voyais des trous et des tunnels partout, à perte de vue. Je voyais le pandémonium, je voyais toutes les Terres Maudites. J'ai repéré les trous qui se trouvaient au plus près de la frontière de Tourmaline et j'ai choisi celui qui m'a paru le plus facile à reconnaître et qu'il me faudrait emprunter quand j'aurais récupéré Wéodou. Ce qui me plaisait avec le tunnel que j'avais choisi, c'était que Bol et Goïel se trouvaient dans la clairière sur laquelle il débouchait. J'avais vu qu'ils avaient réussi à traverser et qu'ils étaient sains et saufs. Ce qui m'a surpris, c'était de voir que Sheïos se tenait juste au-dessus du milieu du pandémonium et de Wéodou. J'ai compris qu'ils étaient restés connectés, ce qui était un avantage et une chance pour nous. Il sentirait quand je prendrais Wéodou dans mes bras et il saurait de quel côté nous arriverions.

J'ai observé le trou qui serait notre délivrance, j'ai mémorisé son emplacement et j'ai raisonné que je devais m'assurer de le retrouver en bas. Chaque fois que j'étais dans mon corps éthérique, là où siégeait ma conscience, je pensais à l'endroit ou à la direction où je voulais aller et je m'y transportais parfois si vite que cela me désorientait. J'ai dû apprendre à contrôler davantage ma vitesse pour aller plus lentement, comme lorsque j'étais dans mon corps de chair. Ces déplacements de mon esprit étaient plus furtifs que ceux de mon corps de chair mais mes sensations étaient les mêmes. J'ai regardé l'ouverture du tunnel depuis le ciel, je me suis positionné au-dessus, au-dessus de la terre brûlée. Et d'un coup, par mon esprit, j'ai plongé vers le bas et j'ai disparu à l'intérieur.

C'était un tunnel comme les autres, éclairé par des parois brûlantes et qui descendait en pente douce jusqu'au pandémonium. Sur mon passage, j'ai cherché à repérer des signes distinctifs ou des lumières particulières dans les parois, qui auraient pu m'aider à m'orienter au retour, mais j'ai contaté qu'il n'y avait rien de spécial. N'importe lequel de ces tunnels, en fait, pouvait nous permettre de remonter à la surface et de sortir du labyrinthe. Au pire, on ne déboucherait pas à proximité de la frontière de Tourmaline mais, au moins, on serait à l'air libre et on pourrait toujours rejoindre la frontière à pied. Le plus important, c'était d'échapper aux tentacules des ombres, là-dessous.

L'espace d'une jiffe, j'ai perdu de vue la raison pour laquelle j'étais là. Je me suis amusé à tourbillonner dans le tunnel, la lumière, elle aussi, tourbillonnait et faisait des stries sur les parois. Je me suis dit : « *Je veux encore voler !* », mais ma raison m'a saisi, elle m'a secoué et m'a ramené à ma mission. C'était ce que j'avais en tête lorsque je suis sorti mentalement du tunnel et que je suis revenu dans le pandémonium. J'ai marqué un temps pour regarder attentivement autour de moi, je me suis retourné, j'ai cherché les signes distinctifs sur les parois du tunnel par lequel mon esprit avait déboulé. J'ai concentré ma conscience sur les particularités de l'éclairage à l'embranchement, notant les lumières bleues et vertes qui s'enroulaient autour de l'ouverture ; c'était le seul tunnel qui affichait ces lueurs aux couleurs froides. Ça devait être un passage important pour les ombres. C'était peut-être le tunnel frontalier qu'elles utilisaient pour attraper des proies qui venaient de s'égarer dans leur monde.

J'ai fait revenir ma conscience dans le pandémonium. Il était tel que je l'avais laissé : les cercles tournaient inlassablement dans des directions opposées et Wéodou était maintenu au centre par les quatre Umbrare qui me fixaient toujours. Mon corps était adossé à la paroi qui jouxtait l'un des tunnels et je les regardais. Les quatre n'avaient pas remarqué mon absence, ni mes yeux qui s'étaient envolés loin de mon visage, ni ma tête dont les pensées s'étaient abstraites. Elles auraient pu me prendre pendant que j'étais parti, mais je suppose que j'avais l'air féroce dans ma posture gelée.

Je flottais au-dessus des cercles concentriques des ombres gémissantes, heureux de voir qu'elles ne s'étaient pas encore complètement remises de la douleur de la dernière bataille. J'ai flotté jusqu'à Wéodou et je me suis laissé tomber juste au-dessus de lui. Sa tête était figée dans un angle étrange, renversée en arrière, ses paupières solidement fermées et plissées. Sa bouche restait ouverte dans un cri silencieux. Mais ce que je n'avais pas observé de loin, c'était le léger tremblement de ses lèvres qui bougeaient imperceptiblement. Elles se fermaient ostensiblement puis se rouvraient. C'était à cause des ondes de douleur que les quatre Umbrare faisaient couler dans ses veines. Les quatre lui avaient retiré son tissu métallique, sa grande soutane était toujours nouée autour de son cou et il était allongé dessus. Son petit corps blanc changeait de couleur ou, plus précisément, perdait ses couleurs. Il était traversé de grisaille. Le gris apparaissait et disparaissait sur sa peau, formant des vagues qui ondulaient sur toute la surface de son corps ; ici, la grisaille dessinait des lignes tordues, à d'autres endroits, des taches qui lui faisaient mal et qui se transformaient en pustules sur sa peau. Là où les quatre le tenaient, la peau était plus grise encore, sombre et sombre, presque noire. Chaque fois que les quatre le touchaient, son corps tremblait et se convulsait comme aucun corps ne devrait le faire. Sa peau se pliait et se racornissait, les muscles se tendaient et se brisaient comme des vagues frappant la terre, et tout cela semblait infiniment petit et grand à la fois, ce qui rendait le tout encore plus troublant.

Les quatre n'avaient pas encore conscience de moi, elles ne me voyaient pas. Je me suis approché pour les regarder de plus près. Dans cette noirceur des profondeurs, il était clair qu'elles avaient vraiment été humaines : leurs yeux, leur nez, leur bouche, leur tête, leur expression, tout était presque là, mais elles avaient l'air absentes et brisées. Leurs yeux étaient ce qu'il y avait de plus effrayant ; ils étaient gris argenté, contrairement au reste de leur corps et le centre de leurs pupilles étaient d'un noir si profond qu'on aurait dit des puits sans fond.

J'en savais assez et je sentais que c'était le moment de passer à l'action. J'intimais à ma conscience et à mes sens de rentrer dans mon corps. Et je suis retombé dedans, en rebondissant un peu. J'ai d'abord bougé mes bras et mes jambes qui me donnaient des fourmis parce que j'étais resté trop longtemps figé. J'ai pris le temps de me remettre, le temps que le sang coule de nouveau dans ma chair et que je revienne à la vie. J'ai étudié le pandémonium une dernière fois.

« Respire… » ai-je murmuré. « Inspire, expire… »

Puis j'ai foncé en avant et atteint ma vitesse maximale au moment où je suis arrivé à la hauteur du cercle extérieur. J'avais conservé le gant de Goïel, je l'ai brandi en avant et, quand je suis entré en collision avec le cercle d'ombres, l'éclair a jailli du gant. Un craquement a résonné comme le tonnerre dans tout le pandémonium puis un arc de lumière a percé l'espace ; il était d'une telle blancheur que j'en ai été aveuglé. J'avais l'impression que les corps des ombres étaient si intimement intriqués les uns dans les autres que l'éclair les frappait comme s'il s'agissait d'une seule entité gigantesque plutôt que de plusieurs petites. La lumière m'aveuglait mais les cris des ombres étaient pires ; ils se réverbéraient contre les parois du pandémonium qui les amplifiaient dans un tournoiement infernal qui accroissait leurs fréquences vers un aigu strident, provoquant d'insupportables vibrations à l'intérieur de ma tête. Les éclats de lumière acérés et les cris perçants se sont transformés en un poing qui m'a frappé en pleine face, m'a plaqué au sol et m'a vidé de toute sensation. J'étais sonné, assommé, K.O.

Mon plan avait été de me frayer un chemin dans les cercles, d'atteindre les quatre et, en peu de jiffes, de leur infliger autant de douleur que possible… de leur arracher Wéodou et de m'échapper avec lui. Au lieu de cela, mes efforts étaient réduits à néant, je gisais sur le sol du pandémonium, anéanti sous des corps et des corps d'ombres à l'agonie, dans une confusion sans nom, mes propres yeux devenus aveugles et mes oreilles bourdonnant si fort que je n'entendais plus rien.

Quand mes yeux ont pu de nouveau distinguer quelque chose, j'ai roulé sur moi-même et je me suis agenouillé. Le sol ressemblait à une grosse masse noire perpétuellement mouvante au rythme des ondulations et des pleurs des ombres qui ne s'arrêtaient jamais. Au milieu, les quatre tenaient toujours leur victime. Leurs têtes étaient inclinées vers le bas pour éviter la lumière qui les avait aussi aveuglés. C'était une chance ; les yeux des ombres étaient encore plus sensibles que les miens et il leur faudrait sans doute du temps pour recouvrer la vue. Je devais me dépêcher. Je n'avais pas d'autres choix que de marcher sur les corps des ombres terrassées pour m'approcher de Wéodou. J'avais l'impression de me déplacer sur l'eau, une eau suffisamment solide pour me porter mais avec un courant contraire qui ne cessait de bouger et de remonter sous mes pieds par à-coups et de disparaître aussi vite. C'était comme un champ de bosses mouvantes percé de trous qui s'ouvraient subitement. Je suis tombé maintes et maintes fois sur le chemin, essayant toujours de frapper les ombres, en dessous avec le gant de Goïel – l'idée de les toucher à main nue me révulsait. Chaque coup de gant occasionnait sur le sol autour de moi, une nouvelle vague de cris aigus, de peur et de confusion.

Comme les créatures commençaient à anticiper mes coups – elles se bousculaient, s'abritaient les unes derrière les autres pour les esquiver –, cela a eu pour effet d'ouvrir malgré elles un passage devant moi. Je me suis dégagé des ombres, j'ai posé mes pieds sur le sol lisse et brillant plutôt que sur un tapis d'ombres, ce qui m'a permis de me déplacer plus rapidement. Cependant, les cris constants et accablants qui cognaient dans ma tête me ralentissaient considérablement. Ils avaient sur moi le même effet qu'une boisson trop forte. Mon équilibre devenait incertain. Dans un regain d'énergie, j'ai couru aussi vite que possible vers le centre, j'ai atteint les quatre ombres qui retenaient Wéodou – leurs têtes étaient toujours baissées pour éviter la lumière. L'Umbrare le plus proche de moi tenait la jambe de Wéodou. J'ai brandi le gant de Goïel, je l'ai braqué sur la tête de cette maudite créature et j'ai lancé une traînée d'éclairs le long de son torse. La charge électrique a semblé traverser son corps d'ombre. L'Umbrare a lâché la jambe de Wéodou pour repousser le gant qui lui infligeait tant de souffrance, exposant ainsi ses bras et ses mains aux éclairs qui l'ont lacérée de plus belle. Ses cris aigus ont été engloutis dans le tourbillon des innombrables hurlements qui envahissaient le pandémonium. L'ombre qui tenait l'autre jambe de Wéodou a redressé la tête. Bien qu'elle n'ait pas encore recouvré la vue, elle essayait de comprendre la situation.

J'ai plongé en avant pour enfoncer le gant dans son milieu, puis je l'ai fait tomber à la renverse. Je n'ai pas attendu d'observer son agonie. D'un bond, je me suis retourné vers les deux créatures restantes, qui tenaient les bras de Wéodou. J'ai plongé de tout mon poids sur la première, la boule de foudre en avant, et j'ai zébré son dos d'un éclair foudroyant. J'ai enjambé la tête de Wéodou et je me suis attaqué à la dernière créature, qui n'était pas préparée à se faire massacrer par le gant. J'ai lacéré son visage d'éclairs ; son gémissement a dégringolé de plusieurs octaves pour finir dans un grondement sourd et tremblant. En écartant le gant, j'ai vu les mains incandescentes de la créature saisir sa propre tête comme si elle voulait l'arracher. Elle a trébuché puis elle est tombée à la renverse, dans un océan démonté de créatures qui se tordaient de douleur.

Wéodou respirait difficilement. Ses yeux étaient révulsés, sa bouche était béante et sa raison était ailleurs. Il gisait sur une table basse où les ombres agenouillées l'avaient maintenu. De ma main nue, je l'ai empoigné par son milieu pour le mettre un instant sur ses pieds avant de le faire basculer sur mes épaules. Était-ce une impression ou était-il vraiment plus léger qu'avant ?

Mon plan ne s'était pas déroulé comme prévu ; il se déroulait mieux que prévu. J'ai profité d'une ouverture devant moi pour me diriger vers le tunnel que j'avais choisi. Si je réussissais à courir vite avec Wéodou, nous pourrions sortir du pandémonium en un clin d'œil, remonter le tunnel et traverser les derniers sarpents des Terres Maudites en direction de la frontière de Tourmaline. On y était presque.

Nous sommes arrivés à l'entrée du tunnel. Je me suis agrippé à la roche escarpée pour me hisser dehors, quand soudain, une vive douleur m'a transpercé la jambe. Je suis tombé, le corps de Wéodou m'a échappé. Il a glissé le long de mon corps et a roulé par terre.

Il fallait que je ramasse Wéodou, que je le remette sur mon dos ou bien que je le prenne dans mes bras et que je parte en courant. J'ai rampé vers Wéodou, j'allais presque le toucher quand une douleur aiguë m'a frappé le bras, celui qui portait le gant de Goïel. C'était une souffrance que j'avais probablement ressentie lors de la précédente bataille, mais celle-ci était vivante : elle avait des tentacules qui répandaient leur feu dans ma chair. Mes cris d'agonie sont allés rejoindre les gémissements de la myriade d'autres suppliciés.

Qu'est-ce que c'était ? Comment ce supplice était-il entré dans mon corps ? J'ai regardé autour de moi et je les ai vues, elles étaient trois, trois créatures sur moi. Je pensais leur avoir échappé mais c'étaient plutôt elles qui m'avaient échappé sans que je les voie. M'avaient-elles tendu une embuscade au détour d'un tunnel ? L'une d'elles me tirait par le bras qui tenait toujours le gant de Goïel, la deuxième s'est accrochée dans mon dos et a envoyé des ondes terrifiantes dans mon corps, qui s'enracinaient profondément en moi. Ni mon bras ni ma jambe ne parvenaient pas à supporter une telle intensité. La troisième créature a saisi mes deux jambes, les transformant aussitôt en de faibles choses qui me devenaient étrangères : blessées, affaiblies, elles n'avaient plus la force de se lever, de courir, de me porter. Les ombres étaient rapides et pouvaient traverser les tunnels en un clin d'œil... ou peut-être s'étaient-elles cachées à proximité, sachant que je choisirais ce tunnel-là pour m'échapper. M'avaient-elles tendu une embuscade ? Je me souvenais que j'avais déjà raisonné cela, ma raison tournait en rond. Je déraisonnais. Quoi qu'il en soit, elles me tenaient maintenant. Les ombres me travaillaient au corps, elles répandaient leurs noirceurs en moi, elles tentaient de les introduire dans mes veines. Moi, j'essayais de sauvegarder le peu de raison qui me restait pour trouver un moyen de m'échapper.

Bien que cela semble inconcevable, le calvaire s'intensifiait. J'ai compris soudain qu'il s'agissait de la douleur originelle infligée par les Quatre Mères il y a plus de mille ans. C'était une souffrance alchimique, transformatrice, qui pouvait me brûler vivant et faire de moi une ombre. Ma raison me quittait à tire-d'aile. Elle ne voulait pas être là quand je ne serais plus qu'une ombre, elle ne voulait pas assister à ma dégénérescence qui ferait de moi, Æon la Feuille, l'une de ces créatures qui n'existaient plus que sur les Terres Maudites et dans leur antre, le pandémonium.

Æon la Feuille, une ombre parmi les ombres, dans un carrousel éternel de cercles gémissants.

Je gisais à côté de Wéodou, qui ne bougeait plus. Sa main était tombée le long de son corps, si près de moi que je pouvais la toucher. Je savais que bientôt et bientôt ma raison atteindrait le point de non-retour.

« Je suis désolé », lui ai-je dit en touchant sa main.

J'avais échoué pour lui et pour moi. Je l'avais déçu. Je l'avais laissé tomber.

Je m'efforçais de relever la tête, de dévisager ces ombres qui m'empoisonnaient et, pendant un court instant, j'ai vu apparaître le visage de Sheïos, Sheïos qui était toujours sur la lande brûlée au-dessus de nous. Ma raison partait, j'avais des visions.

Et si je ne délirais pas. Et si cette image avait un sens ? Sheïos et Wéodou étaient liés et j'avais saisi la main de Wéodou quand il était allongé à côté de moi ; Sheïos avait-il su ce qui nous était arrivé, que nous avions perdu ? Le plus important désormais était qu'il quitte ces terres de malheur pendant qu'il en était encore temps. J'espérais qu'il le savait et qu'il partirait. De nouveau, son visage m'est apparu.

« Va-t'en ! » ai-je dit à ma vision, espérant que mon message lui parviendrait.

Au lieu de s'en aller, la vision a frappé la chose dans mon dos. Celle-ci a hurlé à la mort et la douleur a déferlé en moi, remplissant le moindre de mes recoins, une douleur intransigeante qui me saisissait et ne me lâcherait plus. C'était la dernière que j'allais ressentir. Je partais, j'étais à mi-chemin, je n'étais plus.

Tandis que l'obscurité se répandait en moi, m'oblitérant à jamais, j'ai cru entendre Sheïos ordonner :

« Prends Æon ! »

Puis quelque chose de bien plus grand qu'un Jannanon m'a emporté.

Deuxième partie
Les villes

Chapitre 6

Dans le néant, elle est là, elle flotte, vêtue d'une longue tunique diaphane dont l'étoffe ajourée évoque l'infinie délicatesse d'une toile d'araignée. À travers les interstices du tissu, j'aperçois sa peau couleur de miel, comme la mienne. Elle est petite, à peine la moitié de ma taille, et d'une grande beauté. Ses cheveux brun foncé retombent sur ses épaules. Ses yeux d'un vert impossible, presque inhumain, plongent leur profonde humanité dans les miens où ils passent mon âme au crible. Sa bouche, parfaitement dessinée sur son visage, est impassible et ne promet rien. Son sourire est dans ses yeux, ses oreilles, son nez, son buste, ses seins, ses jambes, dans tout son être. Sa bouche ne se dissimule pas derrière cette couche de fausseté dont les lèvres se parent si facilement.

« Vous êtes *Soaad**, l'une des Mères... » Quelqu'un a prononcé ces mots, il se peut que ce soit moi. Je me demande comment je le sais. « ... Mais vous n'êtes pas l'une des Quatre Mères de l'histoire. »

« Non, je ne suis pas dans les Légendes ou, plus précisément, je ne suis pas expressément nommée. » Elle n'a pas l'air de le regretter, moi, si, à en croire la manière dont elle réagit à mon expression. « Ils ne me reconnaissent pas. » Et nonchalamment, elle ajoute :

« Contrairement à toi. Mais il y a bien des choses que tu sais faire dont ils n'ont pas la moindre idée. »

« Comme d'être un Tor'oc », dis-je, bien que je sache que ce n'est pas ce dont elle voulait parler.

« Être un Tor'oc, c'est bien le moindre de tes atouts. »

« Quels sont, ici-bas, mes autres atouts ? » Je me pose la question. Je balaie l'espace autour de moi, il ne reste rien. Même le rien dans lequel nous sommes a une noirceur que le noir terrestre n'a jamais eue. « Où sommes-nous ? »

« Tu es à l'intérieur de la douleur », me dit-elle. « Je suis venue te voir. »

J'opine doucement, je comprends :

« ... La douleur originelle. »

« Si tu veux l'appeler ainsi. » Elle accepte mon ignorance. « Pour l'instant, tu ne la ressens pas. »

Je l'avoue.

« Non. »

Et je m'interroge, devrais-je ressentir la douleur ?

« Tu ne la ressens pas parce que tu es dedans et qu'elle te constitue entièrement », dit-elle.

« Quel est le sens de tout cela ? »

Je raisonne qu'il doit bien y en avoir un puisque je suis ici, mais je ne sais pas lequel. Ses lèvres sourient pour la première fois et ses yeux s'illuminent.

« Oui, en effet ! »

Elle sourit tellement qu'elle parvient à peine à parler. De nouveau, je sais quelque chose sans savoir comment je l'ai appris et je termine sa phrase.

« ... Mais on ne peut rien m'expliquer. »

Elle fait « non » de la tête et semble contrariée d'être dans l'impossibilité de me révéler ma raison d'être. Son expression est insolente. Elle se joue de moi. Ma confusion l'enchante. J'aimerais lui en vouloir, mais je n'y arrive pas. Tout son être est trop charmant ;

et puis je comprends que ce n'est pas tant ma confusion qui l'amuse que le fait que j'en sache tant. J'aimerais connaître ce que j'ai l'air de savoir, mais c'est hors de ma portée. Je veux lui demander de l'aide, bien que, avant même de formuler ma requête, je sache qu'elle ne m'aidera pas, qu'elle ne le peut pas, que ce ne serait pas un service à me rendre. Mes pensées et mes émotions me submergent, je me rends compte à quel point je suis dans le néant.

« Pourquoi ? » dis-je enfin.

« Pourquoi es-tu ici ? Pourquoi nous serions-nous donné tant de peine pour t'attirer, toi, Æon la Feuille, jusqu'ici, en Æmira ? »

Je hoche la tête, oui. C'est ce que j'aimerais savoir et que je n'ai pas osé demander.

« Je pourrais t'apporter une réponse toute simple mais cela ne t'éclairerait en rien ; cela t'embrouillerait davantage. »

« Alors, je me laisse faire, je me soumets », dis-je à contrecœur.

« Non, nous n'avons que faire de ta soumission. Suis le chemin de ton cœur. »

Est-ce moi qui ai bougé ou bien elle ? J'ai l'impression que nous flottons mais, dans ce néant, j'ai un doute. Peut-être qu'elle a bougé tandis que moi, je suis resté immobile, pour autant qu'on puisse être immobile dans le néant... Cependant, je sens que je me meus, que je flotte et qu'elle flotte aussi.

« Est-ce que tu vois quelque chose ? » demande-t-elle, en agitant ses bras comme s'il y avait des choses à voir autour de nous.

« Il n'y a rien, c'est tout ce que je vois. »

« Tu es pourtant né avec l'œil, *l'œil de l'observateur**. Alors, dis-moi, que vois-tu ? »

De nouveau, elle montre l'espace autour de nous.

Je soupire. Dans le néant, il n'y a rien à voir, rien. À quoi joue-t-elle ? Puis, des gouttes apparaissent, à moins qu'elles n'aient toujours été là ; d'abord, quelques-unes seulement, puis de plus en plus. Les gouttes sont de toutes les couleurs, elles glissent, bougent, se déplacent et fusionnent les unes avec les autres, les unes dans les autres jusqu'à ne plus former qu'une seule goutte, celle-ci se divisant aussitôt pour devenir plusieurs. Chaque goutte est poussée à s'étendre, à prendre toute la place, or les autres dansent la même danse, s'engouffrent dans le même espace, tantôt détruisant une autre goutte, tantôt fusionnant avec elle. À présent, je vois dans le néant, je vois que je n'ai pas de corps fini ; mon corps se transforme de la même manière que les gouttes autour de moi, il se forme et se déforme au rythme des autres gouttes.

« La vie », dit Soaad.

C'est un monde qui prend forme ; nous sommes au-dessus de lui et en lui, tout comme l'air fait partie du monde. Tout est vie – les rochers, le sol, l'eau, les arbres, les animaux, l'air, les insectes, même les morts –, tout est fait de gouttes et moi aussi. Et tout à coup, je comprends. Nous ne nous déplaçons pas dans le paysage, nous fusionnons avec lui. Les expériences de ma vie me disent que nous volons, mais ma vision est erronée. Ce n'est qu'une métaphore qui me permet d'accepter la façon dont mon esprit voyage.

« Et la douleur ? » je lui demande en me souvenant soudain qu'elle avait dit que nous étions dans la douleur.

« La douleur t'a amené, c'est un chemin. »

« Mais tout ce qui est vivant peut ressentir la douleur et tout est vie. Je raisonne que cela ne peut pas être un chemin pour tout le monde et pour tout. »

« Eh bien, tu raisonnes mal. C'est un chemin pour tout et pour tous », réplique-t-elle le plus simplement du monde, comme si c'était une vérité universelle dont personne ne doutait. « La douleur crée un chemin et ce chemin transforme toujours. »

« Mais pas toujours en bien. » Je comprenais ce qu'elle voulait dire.

« Non, pas toujours. » Elle était d'accord. « Mais, au sein de la douleur, qu'on en ait conscience ou pas, il y a toujours la connaissance et le savoir qu'elle confère. Toi, tu as l'œil et grâce à lui tu es né sur le chemin et tu sais voir. »

« Quand je suis né, as-tu su d'emblée que j'avais l'œil ? »

Je ne sais pas pourquoi je formule cette question, mais il est important que je la lui pose.

« Oui », dit-elle.

Elle me regarde de ses yeux vert profond et pleins d'amour.

« Comment l'as-tu su ? Je suis né loin de toi et loin de ce monde. »

« Je l'ai su parce que je suis ta mère. À ta naissance, j'étais là et tu n'as jamais été loin de ce monde. Tu devrais le comprendre, maintenant. »

Ses mots frappent ma raison. Je sais qu'elle a tort, qu'elle se trompe. Je lui crie dessus comme un enfant qui souffre et qui a peur.

« Tu n'es pas ma mère ! Je la connais et ce n'est pas toi ! »

Je suis en colère parce que ma mère est morte quand j'étais petit, on me l'a arrachée et cette femme essaie maintenant de me l'enlever une seconde fois.

Soaad ressent ma douleur. Elle s'adoucit encore.

« Nous avons tous deux mères. Elle était ta mère terrestre et t'a donné beaucoup et beaucoup, mais pas tout. Moi, je suis ta mère spirituelle. Elle t'a donné ton corps et tout ce que cela implique. De moi, tu as reçu le reste. Tu as toujours senti la différence entre les autres et toi. Ne t'es-tu jamais demandé pourquoi tu étais différent ? C'est parce que tu es mon fils, mon fils bien-aimé. »

Elle me regarde comme une mère et son amour est comme un torrent qui ruisselle jusqu'à moi.

« Les Quatre Mères sont véritablement des mères, elles sont nos mères à tous ; toutes les cinq, les Quatre Mères et Soaad, ma mère spirituelle. » Je dis cela en mon for intérieur mais suffisamment fort pour qu'elle l'entende. Plus j'apprends, plus je sais que je ne sais pas. Le monde est devenu un mystère pour moi et, au cœur de ce mystère, je suis la plus grande énigme.

« Et quelle est ma raison d'être ? » Je reviens à ma première question.

« Pour l'instant ? » demande-t-elle, voulant que je définisse la limite de ce que je pouvais recevoir.

« Oui, pour l'instant. »

« Apprendre et connaître. »

« Et pour combien de temps ? »

« Pour toujours ! Cela ne finit jamais... Mais il y aura des étapes. » Elle me regarde avec infiniment de tendresse et d'amour. Je sais que je ne peux ni recevoir ni accepter ces mots fulgurants que sous le regard bienveillant d'une mère aimante.

« Je suis prêt, mais j'ai peur. Comme l'a dit Iz, je vous décevrais tous. »

Elle illumine de son sourire chacune des gouttes de l'univers.

« Tu es une merveille », dit-elle en me touchant le visage qu'elle caresse de ses doigts.

Et là, je me réveille.

Je me suis réveillé à la douleur. Partout, simultanément — à l'intérieur de mon corps comme à l'extérieur. Elle frappait dans toutes les directions, mais surtout à l'intérieur, elle m'agrippait et m'attaquait de plus en plus profondément. La douleur était partout mais elle était plus intense encore dans mes bras et dans mes jambes. C'était une douleur qui avait mille mâchoires et un million de dents, une douleur qui me mangeait mais ne me dévorait pas, qui me mâchait mais me gardait intact pour pouvoir me mâcher encore et encore, une douleur qui me démolissait.

J'étais réveillé mais je n'avais pas encore ouvert les yeux. Je pensais que ce serait pire si je les ouvrais. J'ai entendu une voix de femme :

« Il revient à lui. »

Avec la cacophonie de la douleur qui résonnait à mes oreilles, j'ignorais comment j'avais pu entendre cette voix. Puis, j'ai perçu une autre voix, celle de Goïel, je crois.

« Il est toujours inconscient », a déclaré la voix.

Quelque chose de frais a traversé mon visage, de gauche à droite puis de haut en bas. C'était réconfortant. J'ai senti de la fraîcheur se répandre sur mes jambes, sur mes bras et enfin sur mon torse. La douleur s'est rebiffée, elle s'est rétractée vers moi ; puis l'attraction de la source de fraîcheur l'a forcée à remonter un peu à travers moi jusqu'à la surface de ma peau et à sortir de moi pour rejoindre la source fraîche et se dissoudre en elle. C'était une libération suffisante pour me permettre de respirer un peu. Après ces dernières bouffées d'air, tellement plus légères, j'ai eu l'impression de ne pas avoir respiré depuis que je m'étais perdu dans le pandémonium. J'ai laissé mes yeux s'entrouvrir.

Le monde était doux et flou. Il y avait une femme dont je ne pouvais pas distinguer les traits. J'ai d'abord pensé que c'était Soaad ; or sa peau était trop pâle et ses yeux n'allaient pas. Quand les lignes ont commencé à devenir plus nettes, j'ai vu que ce n'était pas elle mais une autre femme qui ne lui ressemblait pas du tout. Cette femme était plus ronde, du même âge sinon plus jeune et beaucoup plus grande. Sa peau était très claire et ses yeux noisette doré étaient assortis à la couleur de ses cheveux. Elle avait un grand nez qui donnait à son visage une belle allure.

Tout était grand dans son visage – ses yeux, ses joues, sa bouche, son menton et son nez – pourtant, tout s'agençait avec grâce. J'avais les yeux ouverts mais elle me regardait comme s'ils étaient fermés et que j'étais toujours évanoui. Elle paraissait inquiète.

« Où… ? » Ma voix a déraillé et je me suis tu.

« Chhhhhhut », a-t-elle murmuré. Elle a posé un doigt sur mes lèvres. « Tu es en sécurité, ici. »

J'ai regardé autour de moi. On était dans un endroit de couleur verte ; nous n'étions plus dans les Terres Maudites. J'étais allongé, sur quelque chose de moelleux. J'ai levé un bras et j'ai identifié la source de fraîcheur qui recouvrait ma peau, c'était une sorte de boue, peut-être de l'argile. À mon réveil, ils m'avaient enduit d'argile de la tête aux pieds. J'ai touché mon visage ; il était couvert d'argile. J'ai regardé la femme et je l'ai interrogée des yeux.

« C'est une pommade que j'ai préparée avec les feuilles de *junjun** que tu avais dans ta sacoche », m'a-t-elle expliqué doucement, comme si ses mots pouvaient me faire mal. « Je les ai pilées puis je les ai mélangées avec de la terre et de l'eau. Quelle chance que tu aies eu ces feuilles avec toi ! »

Ce n'était pas le fruit du hasard : c'était l'arbre, la jeune et gentille séda, qui avait su que j'en aurais besoin. Par chance, cette femme inconnue connaissait ces feuilles, qu'elle avait trouvées et reconnues dans ma sacoche, et avait su comment et à quelles fins s'en servir.

« Wéo… » Ma voix a déraillé de nouveau.

La femme m'a montré, derrière moi, un endroit sur le sol, vers lequel je ne pouvais pas me tourner.

« Il est là mais il n'est toujours pas revenu à lui. »

J'ai montré l'argile sur ma peau.

« On ne peut pas s'en servir tant qu'il n'est pas réveillé. » Elle a vu que je ne comprenais pas. « Si on la met trop tôt, il ne reviendra probablement jamais. C'est la douleur qui ramène à la vie. »

Que savait-elle de la douleur ? Apparemment, beaucoup. J'aimais sa voix douce et profonde, avec quelque chose d'un peu rocailleux. Est-ce qu'elle nous avait attendus ici, de l'autre côté des Terres Maudites ? C'était une trop grande coïncidence qu'elle se soit justement trouvée là et qu'elle en sache si long sur ce dont nous avions besoin.

« Comment… » Une fois encore, je n'ai pu dire qu'un mot.

Une voix, derrière moi, a répondu :

« Tu ne m'as pas vu, en bas ? Je suis venu te chercher. » Sheïos s'est déplacé pour que je puisse le voir. Mes yeux lui ont demandé :

« Comment ? »

« On a été aidés. » Et il a regardé l'inconnue.

Je la voyais mieux. Elle était plus grande que les Jannanons mais loin d'être aussi grande que moi ou que n'importe quel Tor'oc, et je n'imaginais pas qu'avec son gabarit elle ait pu me sortir du pandémonium. Je me suis dit qu'elle devait être beaucoup plus forte qu'elle n'en avait l'air. Sheïos avait dû prendre Wéodou. Ce serait elle, alors, qui m'aurait porté ? Je la regardais avec admiration ; je voulais lui poser une question. Elle s'est penchée vers moi. J'avais envie de la toucher, de sentir ses muscles – ils devaient être fermes et vigoureux. J'ai levé ma main et l'ai posée sur son épaule. Sa peau était merveilleusement douce et soyeuse et les muscles en dessous étaient fermes mais ils n'avaient rien de très impressionnants. Comment m'avait-elle soulevé ? Comment m'avait-elle transporté dans les longs tunnels et dehors ? Décidément, les corps des personnes du Monde du dehors devaient être différents de ceux de mon peuple. Chez nous, quelqu'un de son gabarit n'aurait pu porter que des charges légères. Peut-être que Goïel lui était venu en aide. Oui, c'était sûrement ça. Pourtant, même cette hypothèse ne tenait pas la route. Évanoui, je devais peser deux fois plus lourd et tout le chemin à parcourir était en montée. Il faudrait que je pense à leur demander comment ils avaient fait.

J'ai soudain pris conscience d'une présence à mes côtés. Pour ne pas réveiller la douleur, j'ai lentement tourné la tête. C'était une chose grande, grise et qui sentait l'oryx. Puis les yeux de Bol ont rencontré les miens ! Ses jambes arrière étaient repliées sous lui et sa tête était contre la mienne, elle reposait sur l'une de ses jambes avant. Comme je n'avais jamais vu d'oryx couché, j'avais toujours imaginé, sans me poser la question, que les oryx ne se couchaient jamais. Bol a levé la tête, il a soufflé dans mon nez et ensuite, il a inspiré mon souffle. J'ai levé mon autre main et j'ai touché son museau, qu'il a ouvert et, avec sa langue, il a léché l'intérieur de ma main – le seul endroit de mon corps qui n'était pas recouvert d'argile. D'eux tous, c'était lui qui était le plus content de me retrouver et moi aussi j'étais heureux qu'il soit là. J'ai réussi à faire le grognement de l'oryx ; il m'a répondu. Les Jannanons avaient une connexion particulière qui les liait. De la même façon, Bol et moi, nous étions liés.

Goïel est apparu avec plein de choses à boire et à manger dans les bras. Il s'est agenouillé près de moi.

« Tu peux t'asseoir pour manger ? » a-t-il demandé.

« Contre lui », ai-je dit en désignant Bol du regard, allongé à côté de moi. Goïel a posé la nourriture par terre et, avec l'inconnue et Sheïos, ils m'ont lentement soulevé, de façon que je puisse m'asseoir, le dos appuyé contre mon oryx. Ça n'a pas été simple même si je les ai aidés du mieux que je pouvais. J'ai eu mal mais, ce qui m'a paru étonnant, c'est que si c'était si difficile que ça de me soulever un peu alors qu'ils étaient trois et que je les avais aidés, comment et comment avaient-ils fait pour me sortir du pandémonium ? Il paraîtrait que face au danger, les êtres peuvent déployer des forces inouïes. Ça devait être ça, la réponse, mais quand même, c'était très bizarre.

J'ai mangé et j'ai bu. Assis là, à sentir le corps de mon bel oryx contre moi, je me suis senti tout de suite mieux. J'arrivais mieux à respirer. À un moment, j'ai remarqué Wéodou : il était allongé, immobile, sous une couverture. Son visage était pâle et gris.

« … Combien de temps ? » ai-je demandé, fier d'avoir réussi à aligner trois mots d'un coup.

« Tu es ici depuis huit nuits et sept soleils. »

C'est la femme qui a dit ça. J'ai regardé Wéodou, elle a suivi mon regard.

« Il a été la proie des ombres plus longtemps que toi ; il commençait déjà à devenir l'ombre de lui-même. Ses membres étaient tout gris, d'un gris maladif. On a recouvert les parties les plus atteintes de son corps avec la mousse des lucillets. C'est très efficace pour aspirer l'essence des ombres, malheureusement, à la longue, ça tue les lucillets. On doit renouveler la mousse avant chaque sombre et à chaque lueur de rosée. Le résultat est déjà visible : le petit est en train de reprendre des couleurs. »

« Lucillets… moi aussi ? » ai-je demandé. Je me cantonnais à trois mots ; ça semblait être mon grand maximum.

« Oui, on t'a aussi appliqué des lucillets, mais pas très longtemps. Après, il faut brûler la mousse. Le problème, c'est que ça dégage une odeur pestilentielle. »

Je ne connaissais pas ce mot mais j'ai compris que ça ne sentait pas bon du tout.

« Ça pue quand on retire la mousse et c'est pire encore quand on la brûle… » a dit la femme. Je pensais qu'elle parlait toute seule. Elle s'est retournée vers moi et elle a ajoué :

« Pourtant on doit la brûler. Sinon, les ombres ne meurent pas tout à fait et tu peux imaginer ce qui pourrait se passer si on laissait les ombres et tout le reste végéter comme ça, à l'air libre… »

Elle a marqué une pause.

« Tu dois te demander qui je suis. »

Elle m'a regardé droit dans les yeux, puis elle a enchaîné.

« Je m'appelle *Chiffaa Oroser**. Je viens d'une contrée au-delà d'Orzamond. Je voyagerai avec vous jusqu'à la capitale et peut-être au-delà. »

Une pensée lui a traversé l'esprit et elle s'est reprise :

« Ce sera au Camarode d'en décider. »

« … Ici ? » Oh, non, voilà que je suis de retour à un seul mot.

« Je suis venue jusqu'ici avec les Jannanons mais je n'ai pas traversé les Terres Maudites. »

Elle a ri en se cachant la bouche avec sa main.

« … Je n'en serais pas revenue indemne. Ils sont malins, ces trois-là, ils savent se fondre dans le paysage », a-t-elle dit en montrant Wéodou et aussi Sheïos et Goïel qui étaient assis autour de lui. « Mais toi et moi, nous sommes de grands balourds et voilà tout ce dont rêvent les ombres comme festin, hein… Surtout toi ! Waouuuh, imagine le trophée ! Un vrai Tor'oc ! Pour les ombres, ce serait un événement, non ? Quand j'y pense, même en ville, ils seront ééé-beeer-luééés. »

Ses yeux brillaient. Elle s'était projetée dans un futur plus ou moins proche où elle me voyait entrer dans une ville sous les yeux ébahis des badauds qui me regardaient bouche bée.

« Je dois te dire, même moi qui ai fait tout ce chemin jusqu'ici, pendant que je vous attendais, même si je savais que tu étais en route, au fond, je doutais encore de ton existence. Et puis finalement, te voilà… et grand, beau et fort avec ça ! »

Sans me quitter des yeux, elle s'est remise à parler toute seule :

« Dans les Légendes, personne n'a jamais dit que les Tor'ocs étaient beaux. Bon, il est possible que cette beauté s'enlaidisse quand vous êtes en train de décapiter vos ennemis. »

« Je n'ai jamais… »

« Je sais, je sais ! Vous êtes pacifiques, maintenant. Mais qui sait ce qui peut te passer par la tête, hein, on ne sait jamais ! À en voir tes biceps, tu ne manques pas d'entraînement en tout cas. Et pour quoi t'entraînes-tu ? »

Elle s'est levée et elle est partie.

Je ne me rappelle pas à quel moment je me suis rendormi, mais je me suis réveillé à la lueur de rosée. Je n'avais plus d'argile sur la peau. Ils avaient tout enlevé. La douleur en moi avait un rythme sourd qui faisait comme une vibration partout dans mon corps. Quand j'ai essayé de me redresser, j'ai senti des pics de douleur ici et là, mais ça ne m'a pas empêché de me lever. Mon corps le voulait. Une fois que j'ai été debout, Bol s'est approché de moi et a posé sa tête contre moi. J'ai caressé son visage ; il a fermé les yeux de plaisir.

Les autres dormaient encore à même le sol. Wéodou était dans la même position que la veille, à tutoyer la mort. Je me suis agenouillé près de lui. Son souffle était ténu ; il avait du mal à respirer et une odeur « pestilentielle » émanait de lui, une odeur de maladie et de pourriture. Après que j'ai écarté sa couverture, l'odeur m'a sauté à la gorge. La mousse avait perdu ses tons brun-vert ; elle formait un tas croûteux et noirci plein de lucillets en décomposition. J'ai pris la mousse et je l'ai mise dans un trou, à l'écart et contre le vent, là où, semblait-il, ils brûlaient la mousse usagée. En revenant vers Wéodou, je me suis tourné vers Bol qui m'avait suivi jusqu'au trou. Je lui ai montré la femme endormie et je lui ai dit :

« Je crois que c'est une guérisseuse, mais, apparemment, elle n'a pas reçu le don dans ses mains, elle n'a pas le *fluide**. »

Je me suis agenouillé près de Wéodou et j'ai passé mes mains sur ses bras, ses jambes et certaines parties de son corps qui étaient recouvertes de grosses cloques grises. La douleur m'a envahi mais surtout, j'ai vu d'où elle provenait. Il y avait comme des cordelettes qui s'entortillaient sous sa peau. En regardant mieux, j'ai vu que c'étaient de minuscules morceaux d'ombre semblables à de tout petits serpents qui brûlaient et se consumaient comme le feu à l'intérieur du pandémonium. Je me suis approché de son oreille et j'ai chuchoté :

« On doit éteindre le feu. Tu as déjà souffert mais ça, ce sera pire encore, pardon. »

Wéodou n'a pas réagi mais il fallait que je le lui dise, qu'il me comprenne ou pas.

J'ai commencé par ses pieds, j'ai pressé mes paumes sur le dessus de chaque pied et j'ai envoyé un message à l'intention des cordelettes : je leur ai intimé l'ordre de venir à moi, juste sous la peau où elles se tortillaient de plus belle, la rendant presque noire. Je les tenais, en tout cas, je pouvais les contrôler. Je les ai maintenues là, par ma volonté, puis je les ai fait remonter le long de ses jambes. Ainsi, quand la masse d'ombres crépitantes passait devant les autres ombres serpentines qui étaient disséminées çà et là dans le reste de son corps, elles étaient comme magnétisées par la masse que je manipulais qui les aspirait comme un aimant. Mes mains ont ressenti le feu de sa douleur ; je les ai éloignées de son corps un moment. Wéodou était chaud, mes mains étaient brûlantes.

J'ai pris une grande inspiration. Puis j'ai rassemblé toutes les cordelettes dans mes mains avant de les tirer vers son milieu. J'ai gardé une des mes mains pressée contre la masse grouillante et j'ai passé mon autre main sur ses bras pour guider celles qui traînaient afin qu'elles rejoignent les autres dans son ventre. Il y avait maintenant une boule d'ombres de la taille d'un poing qui ondulait de manière inquiétante sous la peau de son milieu. Je devais la faire circuler à travers Wéodou, dans son estomac, puis remonter par l'œsophage afin qu'elle sorte par sa bouche, en tirant sur les cordelettes qui restaient dans la partie supérieure de son corps. Bien que je n'aie jamais fait ça, je savais que ça ferait particulièrement souffrir le jeune Jannanon. Ça allait être au-delà de la douleur… Je n'ai pas de mot pour le décrire. J'espérais que ça ne le tuerait pas. J'ai respiré profondément et je me suis dit : « Inspire, expire, inspire, expire… »

Sans attendre, j'ai poussé avec toute la puissance de mon âme. Et, lorsque la boule est remontée le long de son œsophage, Wéo a haleté, suffocant, puis ses yeux à l'agonie se sont ouverts et l'au-delà de la douleur a frappé d'un coup tous les points cardinaux de son petit corps. Je n'avais plus beaucoup de temps pour agir, mes chances de réussir s'amenuisaient. J'ai saisi la boule avec mon âme et je l'ai forcée vers le haut ; son corps s'est contracté, a convulsé, ce qui resserrait encore le chemin vers sa bouche. Je devais être plus fort que son petit corps, qui possédait sa propre force… une force impressionnante. La force de mon esprit et celle de ma chair ont fusionné et, dans un dernier effort, en une fraction de jiffe qui a duré une éternité, la boule – claquante, brûlante, fumante, crépitante – s'est précipitée hors de son œsophage et a atterri dans sa bouche, le forçant à l'ouvrir grand et grand. J'ai saisi les ombres serpentines – elles ressemblaient à une boule ondulante de serpents enchevêtrés et, lorsque ma main s'est emparée de la boule, on aurait dit une boule de feu tellement elle brûlait. Je n'ai pas lâché prise et, la jiffe suivante, les serpents ont jailli par sa bouche. Je les ai jetés loin et loin. Les yeux de Wéodou se sont refermés et son corps, secoué par trois violentes séries de convulsions, s'est mis à trembler de tout son être.

J'ai senti des regards rivés sur moi. Quand je me suis retourné, Sheïos et Goïel étaient debout, pâles et immobiles. En état de choc, ils regardaient leur compagnon. Ils devaient ressentir la douleur de Wéodou. J'avais oublié qu'ils étaient liés. La femme, elle, était toujours allongée sur le sol. Elle me regardait, le visage figé dans une expression de surprise. Je me suis levé et me suis approché d'elle.

« Il faudra lui mettre de l'argile », ai-je dit. Sans m'arrêter, je me suis dirigé vers mon oro-arc et mes flèches, que j'avais repérés derrière elle. Je n'allais certainement pas reprendre la boule de serpents dans ma main qui avait été sérieusement brûlée. Je raisonnais que j'allais transpercer la boule avec l'une de mes flèches et que je retournerais au plus près des Terres Maudites pour renvoyer les serpents d'ombres embrochés d'où ils venaient.

Aussitôt dit, aussitôt fait. J'ai monté Bol qui a reculé devant la boule de serpents que j'ai tenue le plus loin possible de nous. Elle était aussi légère qu'une boule d'ombres pouvait l'être. Bol savait ce que je voulais et où aller. Sans broncher, il est parti au triple galop, puis les Terres Maudites sont réapparues presque aussitôt sur l'horizon. Elles étaient encore loin mais, soudain, je n'ai pas voulu m'approcher davantage. Bol s'est s'arrêté dès qu'il a senti ma résistance. J'ai sauté à terre.

J'ai déplié mon arc, encoché ma flèche, visé haut et loin, tiré de toutes mes forces sur la corde de mon arc et lâché la flèche. La boule de serpents toujours accrochée à son extrémité, la flèche s'est élancée dans le ciel. Elle a tracé un arc de cercle au-dessus des plaines verdoyantes puis au-dessus des terres brûlées. Elle est redescendue en piqué avec ses plumes en l'air, j'ai vu sa pointe se planter dans la terre puis, la jiffe qui a suivi, elle a touché les Terres Maudites et la boule a pris feu. Les flammes ont consumé les serpents d'ombres et la flèche avec.

« Vous revoilà dans votre élément », ai-je lancé, en les regardant brûler. « Bon pandémonium ! »

Bol et moi sommes rentrés lentement vers le campement. Ma main me lançait. Je me disais que Chiffaa, la femme guérisseuse, aurait un remède pour me soulager, or je souhaitais être seul un moment avec Bol. J'étais triste et perdu dans mes pensées… et j'avais envie de rester perdu.

Les gouttes, nous étions tous faits de gouttes. Moi, Bol, tout comme la terre sous ses sabots, les rochers, l'herbe, les arbres, l'air. Les ombres l'étaient-elles aussi ? Je pensais qu'elles étaient faites d'absence de gouttes, tout comme ma propre ombre faite d'absence de lumière. C'était peut-être ça qui les rendait maudites, des choses qu'on ne pouvait pas tuer parce qu'elles ne faisaient pas partie de la vie. Peut-être qu'elles pouvaient être transformées ; elles avaient été autre chose avant de devenir ombres… Peut-être qu'elles pourraient se transformer une seconde fois. Le Monde du dehors m'avait attiré hors de la Péninsule pour que je puisse les sauver… C'est ce que je me disais.

Je raisonnais que Soaad, étant ma mère spirituelle, avait dû m'élever pour que je devienne celui qui les sauverait des ombres, et que les Quatre Mères avaient dû voir la menace arriver bien avant qu'elle ne devienne visible aux yeux des autres. Une autre certitude m'a frappé : les peuples du Monde du dehors avaient dû m'attendre depuis des lueurs et des sombres, attendre que j'arrive des nuées comme un sauveur qu'ils auraient craint autant qu'ils l'appelaient de leurs vœux, un sauveur en qui ils avaient placé tous leurs espoirs. Et maintenant que Chiffaa m'avait vu sauver Wéodou — quelle que soit la raison pour laquelle le Monde du dehors avait besoin de mon aide —, si Chiffaa le racontait, ils penseraient tous que je saurais aussi guérir la terre entière, un malade après l'autre. J'essaierais effectivement de les aider à faire face à ce qui les menaçait mais je ne voulais pas devenir leur guérisseur. Même sur la Péninsule, j'avais toujours caché mon talent. Dans la Cité dans les Arbres, il y avait eu une femme qui avait le fluide. Elle était morte, malade et toute ratatinée ; les Tor'ocs qui souffraient de maladies avaient aspiré tout son fluide de vie. C'était comme si, dans sa vie, chacun de nous avait un nombre limité de gouttes à son nom, or je ne voulais pas dépenser toutes les miennes à soigner les gens du Monde du dehors.

La Péninsule, mon peuple et ma vie me manquaient. Je n'étais parti que depuis peu de temps, mais dans cet intervalle j'avais déjà changé, et à présent, j'étais différent. Je ne serais plus jamais le même. Si je raisonnais bien, j'allais continuer à changer et changer, et je deviendrais quelqu'un d'autre. Mon peuple allait-il me reconnaître ? Reverrais-je jamais la Cité dans les Arbres ? En grandissant, j'ai rêvé plusieurs fois qu'Uthiriule était dans ce monde dans lequel j'évoluais à présent, mais je ne m'y étais jamais vu moi-même. J'aurais préféré que ce soit elle qui soit partie dans le Monde du dehors – ce qu'elle semblait désirer si ardemment – plutôt que moi.

J'étais plein de tristesse et de nostalgie quand les premiers pétales ont commencé à tomber. Ils étaient blancs, ourlés de rouge. J'ai levé les yeux ; une pluie de pétales tombait du ciel. Ils avaient été disséminés par des arbres en fleurs, et pourtant, je n'en avais vu aucun sur le chemin. Les pétales tourbillonnaient, tombaient et tombaient tandis que la terre devenait blanche avec une pointe de rouge. Les pétales tombaient si vite, si drus et s'amoncelaient en une couche si épaisse que même Bol est devenu tout blanc. Ces arbres n'étaient pas loin des Terres Maudites et, pourtant, ils fleurissaient à foison. J'étais émerveillé. Cela a soufflé ma mélancolie. Sur la Péninsule, je n'avais jamais vu une telle merveille. Oui, j'étais triste d'être parti mais, à ce moment-là, j'ai su que je ne regrettais rien de ce que j'avais vécu depuis mon départ. Pas même les ombres ni la douleur. Il y avait un savoir dans cette douleur dont j'avais désormais besoin.

Les arbres en fleurs ont distillé un arôme qui me disait : « Nous sommes heureux que tu sois au monde. Sois heureux parmi nous. »

Étais-je lié à eux comme je l'étais avec Wéodou ? Était-ce là ce que la douleur m'avait enseigné ? Les arbres ont toujours su me remonter le moral, et ceux-là étaient vraiment merveilleux. Mon cœur était ragaillardi. En guise de réponse, j'ai soufflé une joyeuse bénédiction à ces arbres magnifiques.

Les pétales se sont arrêtés de tomber avant que l'on n'ait atteint le campement. Lorsqu'on est arrivés, Bol et moi, on était couverts des pétales de fleurs blanches ourlées de rouge. Les autres nous ont regardés avec des yeux grands comme des soucoupes. Wéodou était dans la position où je l'avais laissé, mais il avait à présent le corps couvert d'argile et il respirait mieux. Je suis descendu de mon oryx ; Sheïos, Goïel et Chiffaa se sont avancés vers nous. J'ai conduit Bol à l'ombre, là où j'espérais qu'il trouverait des racines sucrées. Lorsqu'on s'est déplacés, les pétales blancs se sont éparpillés autour de nous.

J'ai lâché Bol. Sheïos et Goïel se tenaient près de moi.

« Mer-ci ! » ont-ils scandé comme des Jannanons, une syllabe chacun.

« Mais c'est vous qui m'avez sauvé, c'est moi qui vous remercie. »

« C'est toi qui as plongé dans les tunnels pour sauver Wéodou. Bien sûr qu'on allait vous sauver, tous les deux. Et maintenant, tu l'as ramené à la vie. » Ils se sont agenouillés à mes pieds. « Avec nos vies, nous te sommes pliés et liés, Æon. »

Je les ai relevés.

« Je n'accepterai pas votre lien. Nous sommes quittes – vous ne me devez rien. »

Ils allaient s'agenouiller de nouveau mais je les en ai empêchés.

« Si vous ne m'aviez pas sauvé, je n'aurais pas été là pour Wéodou et puis, je n'ai rien fait de très spécial. J'étais près de lui quand le serpent de douleur a commencé à sortir, je l'ai attrapé dans sa bouche et j'ai tiré. C'est tout. Vous auriez fait pareil. »

Ils m'ont regardé, un peu décontenancés. Ce n'était pas ce qu'ils avaient vu. Mes mots ont jeté le trouble dans leurs souvenirs.

« Tu as le fluide, je t'ai vu », a dit Chiffaa, derrière moi. Je ne me suis pas retourné vers elle.

« Non, je ne l'ai pas. Des tortillons bougeaient sous sa peau, je ne savais pas ce que c'était. J'ai touché pour sentir et comprendre. »

« Tu peux le nier autant que tu veux, mais moi je sais ce que tu as fait », a-t-elle répété.

Cette fois-ci, je me suis retourné et je l'ai regardée pour la faire changer d'avis.

« J'étais là, par hasard près de lui, à ce moment précis. J'ai peut-être entendu quelque chose, je ne m'en souviens plus. Mais je n'ai pas le fluide. Je ne suis pas guérisseur comme toi. »

« C'est vrai, tu n'es pas guérisseur comme moi – mais tu as le fluide. »

J'ai secoué la tête et, contrarié, j'ai soupiré puis j'ai dit :

« Ne va pas raconter que j'ai le fluide. Je ne l'ai pas. Pour toutes les eaux du monde, j'aimerais bien l'avoir. Bien sûr, le temps d'une lueur, j'ai peut-être voulu être un homme d'exception, mais tu sais quoi ? Je suis la Feuille, c'est tout. Je suis le seul Tor'oc que tu aies jamais vu, donc je parais remarquable à tes yeux, mais si tu voyais la Cité dans les Arbres et tous les Tor'ocs qui vivent là-bas, tu comprendrais à quel point je n'ai vraiment rien de spécial. Je suis un type lambda, encore plus banal qu'un type ordinaire, un moins qu'ordinaire. »

Pas sûr qu'elle ait vraiment accepté mon explication, peut-être faisait-elle seulement mine d'abandonner. Elle s'est rapprochée de moi et elle a pris ma main brûlée dans la sienne.

« Je vais m'en occuper », a-t-elle déclaré. Elle a regardé ma brûlure avec attention, elle a plongé ses yeux dans les miens et, avec un sourire amusé, elle a ajouté : « Elle est très spéciale, ta main, une main d'exception ! Il ne faudrait pas qu'il lui arrive quelque chose. »

« S'il te plaît », je la suppliais. « Je n'ai pas… Ne dis à personne que… »

« Je ne dirai rien », a-t-elle dit en s'éloignant pour aller chercher le baume avant de me lancer par-dessus son épaule : « Ton secret est entre de bonnes mains. »

« Je n'ai pas de secret ! » ai-je crié.

Plus tard, Wéodou a mangé et a bu, mais il ne parlait toujours pas. Ses yeux n'avaient pas retrouvé leur couleur violet pâle d'avant – ils étaient bien violets mais un violet plus foncé, avec des reflets argentés. Peut-être que ses yeux ne redeviendraient jamais comme avant. Pour ce que j'en savais, mes yeux avaient peut-être changé de couleur, eux aussi. Il était le seul, à présent, qui comprenait cette douleur singulière et je voulais en parler avec lui. Il avait ressenti la douleur plus longtemps, alors il la comprenait probablement mieux que moi et, même si ce n'était pas le cas, j'avais besoin de partager ça avec lui. Les autres, eux, ne comprendraient pas.

Ce sombre-là, j'ai demandé la permission de dormir dans les branches d'un pleureur, le seul arbre, ici, suffisamment robuste pour me porter. Il n'y avait pas de forêt à proximité des Terres Maudites. Il y avait des plaines vertes et grasses qui s'ouvraient sur de petites collines, quelques petits arbres et ce grand pleureur solitaire. J'avais toujours aimé dormir dans les pleureurs parce que j'avais l'impression de me coucher derrière de longs rideaux de feuilles. Dans cet arbre, il n'y avait souvent qu'un seul endroit où tendre mon hamac parce que les branches étaient étroites et fragiles, mais c'était amplement suffisant. Ma main me faisait souffrir mais, avec ce rideau de feuilles, avec le doux balancement de l'arbre merveilleux (les pleureurs ont un balancement exceptionnel) et un vent inconnu qui me soufflait des baisers pour m'apaiser, la douleur s'est adoucie. Je me suis vite endormi et j'ai rêvé que j'étais dans mon kollok.

J'ai entendu prononcer mon nom ; ce n'était pas dans le rêve, c'était dans le monde. Je me suis réveillé et j'ai à nouveau entendu… C'était un murmure qui m'appelait, qui semblait venir de l'intérieur de ma tête. La voix a répété mon nom. C'était celle de Wéodou. Je me suis levé et j'ai cherché à travers le rideau où il se trouvait. Il était toujours couché au même endroit. Je suis sorti de mon hamac, je suis descendu de l'arbre et, pour ne réveiller personne, j'ai marché tout doucement sur la pointe des pieds, jusqu'au jeune Jannanon. Ses yeux étaient grands ouverts. Il me regardait fixement ; je me suis agenouillé près de lui.

« Tu étais là ? » a-t-il demandé. Ses lèvres avaient-elles bougé ? Dans le sombre, je n'en étais pas certain.

« Oui, j'ai essayé de te sauver mais je n'ai pas réussi. » Je me suis approché de son oreille pour qu'il puisse entendre mes chuchotements. « Tous les deux, on a été sauvés par Sheïos, Goïel et Chiffaa, la femme qui est avec eux. »

Il voulait savoir la suite. Je lui ai tout raconté sans avoir à prononcer un seul mot. Je lui ai parlé des serpents d'ombres qui se tortillaient dans son corps et de la manière dont je les avais enlevés. Il l'aurait su si je lui avais menti. Je lui ai demandé de garder le secret, je lui ai dit que les gens ne comprendraient pas et qu'ils voudraient ensuite que je soigne toute la planète.

« Je te suis très reconnaissant. » Cette fois, j'ai vu que ses lèvres n'avaient pas bougé et que les mots ne les avaient pas traversées. « Tu as mon lien. »

« Comment ? » ai-je fait.

Il savait que je lui demandais comment je pouvais l'entendre sans qu'il me parle. « Nous sommes connectés dorénavant. Connectés par la douleur des ombres et connectés parce que ta force vitale est entrée dans mon corps. »

J'ai souri.

« Alors, je suis presque un Jannanon. »

Malgré la douleur, il a aussi essayé de sourire.

« Oui, à titre honorifique seulement. Tu es bien trop grand pour quoi que soit d'autre. »

« Connecté… avec Goïel et Sheïos aussi ? »

« Non, seulement avec moi. »

« Où t'es-tu retrouvé ? » ai-je relancé en espérant qu'il comprendrait ma question.

« Tu veux dire, à l'intérieur de la douleur ? » a-t-il demandé. J'ai répondu : « Oui », sans aucun mot ; il n'y avait que cette nouvelle connexion inaudible entre nous qui lui permettait de savoir ce que je lui disais.

Wéodou a respiré plusieurs fois pour faire remonter ses souvenirs.

« On m'a écartelé. Mes bras et mes jambes ont été tellement tirés que je ne voyais plus ni mes mains ni mes pieds, ni qui les tirait si loin de moi. Tout ce que je voyais c'était un nuage gris qui tourbillonnait autour de moi et qui m'engloutissait. Chaque fois que je respirais, des volutes de fumée grise s'engouffraient dans ma bouche et m'étouffaient et, plus j'essayais de respirer, plus les volutes s'engouffraient. J'ai regardé mes bras et mes jambes et j'ai vu qu'ils devenaient gris comme le nuage autour de moi. À un moment donné, tu étais là, dans le nuage… et ceux qui me tenaient m'ont lâché. Mes membres sont revenus vers moi et m'ont giflé, tels des élastiques. J'ai eu si mal que la douleur, la douleur, la douleur a traversé tout mon corps, aller et retour. Je n'étais plus que souffrance. Après, j'ai perdu la notion du nuage gris et celle d'avoir un corps. J'étais dans le noir, il n'y avait plus rien. Il n'y avait plus rien, rien que je puisse me rappeler. Et je ne savais même plus si j'existais encore, mon corps avait littéralement disparu jusqu'à ce qu'une nouvelle douleur s'installe dans mes jambes et me parcoure le corps, descende dans mes bras, remonte dans ma poitrine jusque dans ma bouche. Ensuite, j'ai senti un goût amer dans ma bouche et le goût de quelque chose d'autre, qui, je pense, était celui de la mort. Puis tout a disparu. Le noir est devenu plus clair, pas gris mais comme la lueur de rosée juste avant la lueur matinale. Et quand je me suis réveillé, j'étais plein de boue. »

À la tête qu'il faisait, cette petite moue, c'était ça qui avait l'air de le contrarier le plus : la boue. J'ai essayé de me retenir de rire mais je n'ai pas pu m'en empêcher – et puis, je savais ce qu'il ressentait.

« La boue, ça aide beaucoup », ai-je dit avec l'air de quelqu'un qui s'y connaissait. « Hé, dis, après le nuage gris, là où il n'y avait plus que du noir, tu n'as pas vu une dame en blanc ? »

Ses yeux étaient inquiets jusqu'à ce que son esprit revienne à l'endroit du néant. Puis, soudain, son visage s'est éclairé :

« Si ! » Il était troublé de ne pas s'être souvenu d'elle.

« Une lueur, je te raconterai ce que je sais », ai-je dit.

Les yeux de Wéodou m'ont regardé avec cette pensée :

« Raconte-moi, maintenant ! »

« Son nom est Soaad, c'est l'une des Mères – la cinquième Mère. Elle ne se montre à personne ou plus exactement, la plupart des gens ne peuvent pas la voir, mais toi, tu l'as vue et moi aussi. Elle est la mère de ceux d'entre nous qui peuvent voir et percevoir au-delà de la réalité purement terrestre. Elle m'apprendra à utiliser les dons dont elle m'a doté à ma naissance. Un chemin aurait été tracé pour moi, et je raisonne qu'il a dû commencer avant même que je sois né. »

Ses yeux m'ont demandé :

« Quel chemin ? » Il y avait quelque chose dans son regard qui me disait qu'il avait, lui aussi, raisonné ainsi.

« Je ne sais pas. Mais elle t'a touché, toi aussi. Et parce que nous avons souffert et que nous sommes connectés désormais, je suis sûr que tu vas découvrir que toi aussi, tu as des dons. Je peux t'aider à les découvrir et à les apprivoiser. N'aie pas peur. Une lueur, nous aurons besoin de ces dons, mais pour quoi faire… ? » J'ai haussé les épaules et je me suis perdu en raisonnant que je ne savais pas ce qui allait arriver – mais j'avais la certitude que ce serait autrement plus éprouvant que les Terres Maudites ou même que les créatures de l'ombre.

« Tu les sens toujours ? » Sa question s'est immiscée à l'intérieur de ma tête.

« Je ne crois pas, en tout cas pas beaucoup, mais les ombres, leur grisaille et leurs cordelettes sont restées plus longtemps dans ton corps que dans le mien », ai-je répondu.

« C'est comme si elles étaient là, juste là, là et là. » Ni sa tête, ni ses bras ne donnaient de direction mais il me signifiait qu'il les sentait partout autour de lui. Quand il l'a dit, je les ai senties aussi.

« Cette sensation va disparaître, bientôt et bientôt. » Je l'ai imaginé et j'espérais avoir raison.

« Probablement, mais j'ai hâte qu'on s'en aille d'ici. »

J'ai regardé mon bel oryx, il était réveillé et aux aguets, debout, sous le pleureur.

« Si tu peux monter Bol, on peut partir dès demain. »

« Dans mon état, il n'aura pas très envie de m'avoir sur son dos. » Je savais qu'il pensait ça parce qu'il était malade.

« Il comprend mieux que tu ne l'imagines. » J'ai hoché la tête. Les sens de Bol étaient plus aiguisés que les mots de ma conscience.

« Il t'acceptera volontiers, tu verras. »

J'ai touché la poitrine de Wéodou et je lui ai envoyé des ondes apaisantes. Il a poussé un long soupir, ses yeux se sont fermés et il est reparti dans le sommeil. Moi, je suis retourné dans le pleureur et dans mon hamac où des pensées, qui voulaient me tenir éveillé, m'ont assailli tandis que je luttais pour ne pas penser. Une jiffe plus tard, je me suis réveillé. C'était déjà la lueur de rosée.

Quant à l'idée de partir, les trois autres ont eu la même réaction : ils ne voulaient pas bouger avant que Wéodou aille mieux ; ils voulaient qu'on attende encore deux lueurs. J'ai compris que la Route lointaine n'était plus qu'à une seule lueur de marche : ma décision était prise, je voulais déjà y être.

Les Jannanons ont été les premiers à adoucir leur position. Wéodou leur avait silencieusement transmis ce qu'il ressentait : les soubresauts que les ombres et la proximité des Terres Maudites faisaient encore retentir dans son corps et dont il voulait se débarrasser. Chiffaa, elle, était mécontente et rouspétait d'avoir à tout remballer pour partir si vite. Elle a quand même aidé à plier le camp et, à ma grande surprise, elle a confectionné pour Wéodou une sorte de lit de fortune sur le dos de Bol dont elle semblait avoir un peu peur. Pendant ce temps, elle n'a pas cessé de marmonner des réflexions sur mon compte et celui des Jannanons.

J'ai soulevé Wéodou et je l'ai allongé sur le dos ; j'ai fait reposer sa tête sur la croupe de Bol et j'ai solidement attaché son corps à mon oryx pour qu'il ne tombe pas. Bol n'était pas ravi de sentir la corde tissée d'herbes qui nous servait de rênes, entortillée autour de son ventre mais il m'a laissé faire. Il soufflait tout le temps par les narines pour me signifier que ça allait pour cette fois, mais qu'après on ne l'y reprendrait plus. Avec Wéodou sur son dos, il marchait délicatement car il sentait que le jeune Jannanon souffrait. Au début du voyage, Wéodou grimaçait à chaque pas, parce que le mouvement exacerbait sa douleur. Après avoir parcouru les premiers sarpents, j'ai regardé Wéodou pour m'assurer qu'il pouvait continuer. Il m'a fait un signe qui voulait dire : « C'est bon. »

Puis le balancement de Bol a fini par le détendre... Il s'est laissé aller et je l'ai vu glisser dans le sommeil.

Des fleurs... On commençait à voir des petites fleurs jaunes qui poussaient en petites grappes dans les buissons et sur les arbustes. Le chemin montait en pente douce et, au fur et à mesure qu'on s'éloignait des Terres Maudites, des fleurs colorées surgissaient ici et là, dans la terre rocailleuse. L'herbe devenait plus verte, les buissons plus gros et les arbres plus forts et plus hauts, bien qu'on ne puisse pas encore dire qu'ils étaient en pleine forme.

Des oiseaux... Je n'avais pas remarqué l'absence d'oiseaux, mais au fur et à mesure que le ciel devenait plus bleu, on les entendait de nouveau chanter. Des oiseaux de proie volaient haut dans le ciel pour repérer les petits animaux qui couraient par ici. La dernière fois que j'en avais vu un, c'était bien avant les Terres Maudites, juste avant que le ciel ne soit devenu tout gris. Là, lorsqu'on est passé sous un petit groupe d'arbres, j'ai entendu, dans les branches, des petits oiseaux dont le chant ressemblait à des cliquètements.

De l'eau... Comme les autres, j'avais oublié qu'il n'y avait pas eu d'eau vive dans la zone des Terres Maudites. Il n'y avait eu que l'eau d'encre, huileuse et noire, qui nous avait taché les pieds. Nous n'avions pas croisé de ruisseau d'eau douce et fraîche depuis longtemps et longtemps. Comme on avait entendu le ramage des oiseaux cachés dans les arbres avant de les voir, j'ai entendu l'eau murmurer bien avant qu'elle apparaisse. Bol s'est arrêté au premier ruisseau qu'on a croisé et il a bu à longs et longs traits. Nous avons tous bu et bu. Sheïos et Goïel ont donné de l'eau fraîche à Wéodou et ses yeux ont retrouvé soudain la lumière qu'on attendait tous, même si je n'en avais pas eu conscience. Nous avons mangé près du ruisseau et le bruissement de l'eau qui coulait dans la roche était encore plus charmant que le chant des oiseaux. Puis nous avons traversé de nombreux autres ruisseaux et l'odeur pure et puissante de l'eau nous a ramenés à l'effervescence de la vie et du monde.

Le chemin s'élevait sur les hauteurs d'une colline dont la crête était proche. Nous nous sommes arrêtés pendant quelques mesures sur la crête et je me suis retourné pour regarder le paysage qu'on laissait derrière nous ; les Terres Maudites n'étaient plus qu'un petit point, loin et loin. Plus mes yeux s'éloignaient de ces terres brûlées, plus la terre et la nature reprenaient vie. Le souvenir des batailles avec les ombres, des tunnels et du pandémonium n'était plus désormais qu'un rêve lointain. J'ai regardé mes compagnons ; les Jannanons et Bol avaient eux aussi les yeux tournés vers les Terres Maudites. Chiffaa, elle, me regardait, elle me buvait littéralement des yeux. Je lui ai souri et elle a eu l'air surprise ; c'était peut-être le premier sourire qu'elle voyait sur mon visage.

La terre ne s'achevait pas là où elle semblait s'arrêter sur l'horizon ; elle s'aplatissait pour dérouler des champs de hautes herbes, de fleurs sauvages et de filets d'eau, assez grands pour être appelés rivières, bordés par des buissons d'un vert profond. Dans le lointain, il y avait des forêts plantées sur une terre si plate qu'elles ressemblaient à un mur d'arbres – avec d'autres arbres, derrière, ou pas. L'air ici était chaud et j'avais l'impression qu'il venait de pleuvoir tant il contenait d'humidité mélangée à l'odeur de la terre.

Alors que l'on marchait à travers champs, j'ai vu que l'encre qui était sur les jambes de Bol disparaissait peu à peu grâce aux herbes et aux tiges qui nous nettoyaient les pieds. Les fleurs qu'on avait vues avant étaient toutes blanches. Ici, de nouvelles combinaisons de couleurs que je n'avais encore jamais vues apparaissaient sur les pétales des fleurs, avec des insectes inconnus et bariolés qui bourdonnaient autour d'elles. Sheïos a cueilli un bouquet qu'il a posé sur le ventre de Wéodou. Grâce à l'essence des fleurs, celui-ci retrouvait vite ses couleurs et une respiration plus régulière. Avec ces effluves bienfaisants, les derniers souvenirs des Terres Maudites se sont dissipés et on a fini par les laisser enfin derrière nous.

On a rejoint la forêt quand la lumière était à mi-course du bord de la terre. C'était une vieille forêt, même si elle était nouvelle pour moi. Il y avait de nombreux arbres que je ne connaissais pas et j'ai pensé que mes compagnons ne voudraient pas que je m'arrête pour faire leur connaissance. Les arbres faisaient des messes basses entre eux à notre sujet ; leur langage était différent du vent que je connaissais, même si je comprenais quelques mots ici et là. Ils parlaient surtout de Bol et de Wéodou et ils se demandaient aussi quel genre d'animal j'étais. J'ai tenu ma langue, je voulais entendre leurs conversations pour mieux les comprendre. La forêt était obscure sous l'épaisse canopée mais je sentais qu'elle n'était pas très profonde et que l'on retrouverait bientôt des terres plus dégagées.

J'ai eu l'impression qu'on avait traversé la forêt en un rien de temps, bien trop vite à mon goût. Je préférais de beaucoup la compagnie des arbres avec lesquels je me sentais en sécurité et chez moi. J'aurais voulu m'arrêter et dormir dans leurs branches pour découvrir ce qu'ils savaient, or nous étions déjà de l'autre côté. À sa lisière, s'étendait devant nous ce que j'avais pensé pouvoir reconnaître immédiatement : la Route lointaine.

Que m'étais-je imaginé ? Il n'y avait aucune route sur la Péninsule, que la Voie Suspendue et des ponts. Les routes appartenaient à nos mythes. J'en avais une idée et une vision qui n'étaient pas très claires, c'était plutôt une impression brumeuse de ce qu'une route pouvait être. J'imaginais un long chemin débroussaillé avec encore des buissons, quelques arbres, des rochers et des animaux qui y vivaient. Mais ce qui a soudain pris forme devant nous était clairement hostile aux animaux et aux plantes ; aucune herbe, aucun buisson, aucun arbre ne pouvait pousser là-dessus. La Route lointaine n'était pas tout à fait plate mais légèrement bombée et la terre avait été battue jusqu'à ce qu'elle brille.

J'ai regardé mes compagnons qui observaient la route. Ça les faisait sourire… Moi, pas du tout. Ma raison me disait que si Bol avait pu sourire, eh bien, il ne l'aurait pas fait. Nous deux, on n'aimait pas trop l'allure de cette chose dure et plate qui s'étendait loin et loin. J'ai suivi à contrecœur Chiffaa, Sheïos et Goïel qui semblaient avoir autant envie de marcher sur la route que moi de rester dans la forêt. Bol et moi, nous nous sommes engagés sur la route avec précaution, pas très rassurés par cette surface opaque et dure. Elle n'était pas en terre. Elle était marron foncé avec des bandes jaunes un peu sales, et son éclat provenait de quelque chose qui avait été mélangé à la terre et qui la rendait dure et impitoyable. Avec Bol, je m'en suis écarté d'un demi-sarpent afin de marcher sur le bas-côté et de la quitter, de préférence pour toujours.

« Que fais-tu ? » ont demandé Sheïos et Goïel. Wéodou était encore trop souffrant pour parler avec eux. Je n'ai pas répondu mais je suis resté là où j'étais, à longer la route sur de la bonne terre, souple et moelleuse. Je ne pouvais pas détacher mes yeux du lustre presque surnaturel de cette route. Je me suis demandé ce qui avait poussé les habitants d'ici à construire une chose pareille. Mes pieds n'avaient pas apprécié les quelques pas que j'avais faits dessus. Les gens du coin portaient tous des semelles et je comprenais maintenant pourquoi : ils devaient se protéger de la route. Bol et moi, on marchait au rythme des autres, sur le côté. Ils ont fini par comprendre que la route n'était pas faite pour nous. Ce monde ne raisonnait pas rond et, chaque nouvelle lueur, il me semblait de plus en plus bizarre.

Bol et moi, on est restés la tête baissée. Ni lui ni moi ne voulions avoir de nouvelles mauvaises surprises. On a donc été très surpris lorsque nos compagnons se sont arrêtés et qu'on a levé les yeux ; on a découvert, au bord de la route, une maison posée sur le sol. Elle était marron et brillante avec des veines jaunes, comme la route. On aurait dit un morceau de route verticale avec des murs et des ouvertures, et le dessus se finissait par un grand cercle qui possédait six cônes et un septième, plus grand, au milieu. C'était une taille honorable pour une maison mais elle n'était pas aussi grande que le kollok collectif de la Péninsule. Il était évident qu'elle n'avait pas poussé là, naturellement ; elle avait été fabriquée de toutes pièces par quelqu'un.

Chiffaa, Sheïos et Goïel nous attendaient devant la maison. Une partie du mur s'est ouverte. Elle était faite dans un matériau différent et, quand elle s'est ouverte, l'un de ses côtés est resté accroché au mur. Celui qui avait ouvert le morceau de mur s'est avancé dans la lumière : c'était un homme d'un certain âge qui avait l'air en grande forme physique sous ses couvre-tout. Ses longs cheveux étaient enrubannés dans un tissu de toutes les couleurs qui changeaient à mesure qu'il se déplaçait. Sa barbe recouvrait le bas de son visage jusque sous son nez ; elle était de couleur orange sanguine brûlée, avec des touffes brun clair. Il était un peu plus petit que moi et très mince. Tout en lui était étroit ; son long nez, ses yeux, ses oreilles, ses mains, ses doigts. Il a inspecté notre groupe d'un air sévère. Il nous fixait avec insistance, Bol et moi. Il lui a fallu du temps pour remarquer Wéodou. Quand il l'a vu, il est venu vers nous et personne n'a bronché. L'homme s'est arrêté à un tor'oc de nous, il a observé Wéodou qui le regardait aussi. Wéodou a cligné des yeux en essayant de tourner la tête.

« Tu es vivant !? », a dit l'homme. C'était une affirmation et une question.

« … Et je respire mieux… » a répondu Wéodou. En guise de réponse, l'homme a souri d'un sourire rassurant et tout le monde a souri, sauf Bol et moi.

Il s'est tourné vers nous.

« Puis-je m'approcher ? »

J'ai acquiescé et il a fait quelques pas vers Bol. J'ai posé ma main sur mon oryx pour le rassurer.

« Avez-vous rencontré les ombres ? » a demandé le vieil homme. La réponse a fusé derrière nous.

« Ils ont été entraînés dans le pandémonium », est intervenue Chiffaa, de la route où elle se tenait. L'homme, estomaqué, s'est retourné vers elle, puis de son air sévère il a relancé :

« Vous tous ? »

« Non, seulement Wéodou, le Tor'oc et Sheïos. »

Ces trois noms que j'entendais dans ce contexte pour la première fois m'ont fait l'effet d'une gifle. Sheïos ? Comment était-il possible que Sheïos ait pu combattre et vaincre les ombres tout seul, et qu'il ait pu encore nous porter, Wéodou et moi, le long des tunnels jusqu'à l'extérieur ? Soit il était beaucoup plus fort que je ne l'avais raisonné, soit il me manquait une vérité.

« En vérité », a poursuivi Chiffaa, « les ombres ont capturé Wéodou. Elles l'ont entraîné à l'intérieur, tout au fond du pandémonium et c'est le Tor'oc qui les a suivies pour le récupérer. »

Le vieil homme s'est tourné vers moi.

« Comment as-tu pu le sauver du pandémonium ? » a-t-il demandé.

« Je ne l'ai pas sauvé », ai-je dit.

C'était un mystère que le vieil homme devrait élucider. Peut-être qu'en chemin, ça me permettrait de comprendre, moi aussi.

« Je suis le *Maître des sables** », a-t-il dit en me tendant sa main, ouverte et sur la tranche. Je ne savais pas ce qu'il voulait, mais je sentais qu'il fallait que je réponde quelque chose. Alors j'ai suivi son exemple, j'ai levé ma main et je l'ai suspendue en l'air comme lui, sur la tranche aussi. Il m'a regardé puis il a regardé ma main. Nos mains se réfléchissaient comme dans un miroir.

« Dans la prison tor'oque, ils ne se saluent pas en se serrant la main », ont ajouté Sheïos et Goïel. Le Maître des sables a baissé sa main.

« Ils font probablement mieux. »

« Je suis Æon la Feuille », ai-je déclaré. Il a eu un drôle de regard. J'ai raisonné qu'il était surpris que j'aie un nom.

« Æon la Feuille », a-t-il répété. « Peux-tu m'aider à porter Wéodou ? Il sera mieux à l'intérieur. »

J'ai détaché le jeune Jannanon et je l'ai soulevé. Les muscles de Bol ont tressailli de joie d'être libérés de son poids. J'ai pris Wéodou dans mes bras et je l'ai porté comme un enfant – il en avait bien la taille, pour moi ; j'ai suivi le Maître des sables jusqu'à sa maison et je suis entré derrière lui. Il y avait peu de lumière à l'intérieur mais suffisamment pour voir où on mettait les pieds. La lumière provenait des ouvertures situées en haut de chacun des sept cônes, qui se trouvaient au milieu de chacune des sept pièces. Toute la maison était recouverte d'un tissage d'herbes qui ressemblait aux tallums que nous fabriquions pour les sols de nos kolloks. Mais contrairement à nos tallums, les *couvre-sol** de la maison du Maître des sables étaient mous, doux et souples. Mes pas se fondaient dedans avec bonheur. Ils n'étaient pas faits d'herbe mais de poils d'animaux, comme je l'ai appris plus tard. À l'intérieur, il faisait frais ; un léger courant d'air traversait la maison qui montait et descendait par les ouvertures des cônes.

Le Maître des sables a pointé une haute pile de tallums et j'ai allongé Wéodou dessus. Chiffaa est apparue derrière moi – le bruit de ses pas avait été avalé par ces nattes merveilleuses. Elle s'est agenouillée auprès du jeune Jannanon, elle a épongé son front et son cou avec un tissu humide. Il était plein d'eau ou d'une substance qui ressemblait à de l'eau. Wéodou a soupiré d'aise.

Là-dedans, il faisait aussi sombre que dans le pandémonium mais la maison était accueillante et chaleureuse ; ça me faisait tout drôle d'être dans une maison qui ne se balançait pas au vent. Rien de ce qui était posé au sol ne pouvait osciller. J'avais de la peine pour ceux qui ne connaîtraient jamais le bonheur de se balancer chez eux. Depuis la partie ombragée de la pièce où nous nous trouvions, je sentais que le Maître des sables me dévisageait.

« Le sable, c'est ce qu'on trouve au bord des grandes étendues d'eau », lui ai-je dit. « Je n'ai rien vu de tel, par ici. Pourquoi vous vous appelez le Maître des sables ? »

Il m'a fait signe de le suivre. On est sortis de la maison. On s'est retrouvés au bord de la route et là, il m'a finalement répondu :

« Tu as raison. Il n'y a pas de grandes étendues d'eau par ici, pas plus qu'il n'y a de sable naturel sur ce sol. Mais là où il y avait de l'eau, il y a du sable et il y a longtemps, l'eau recouvrait tout. J'extrais donc le sable d'une terre comme celle-ci qui semble, comme tu l'as dit, dépourvue de sable. »

« Pour quoi faire ? » ai-je demandé, ne parvenant pas à comprendre ce qu'il pouvait bien faire avec du sable, ni pourquoi il se donnait tant de mal pour en trouver.

« D'abord, on s'en est servi pour construire la route et maintenant c'est pour l'entretenir. » Il a vu que je ne comprenais toujours pas. « On devrait sans doute m'appeler le gardien de la route, car ma responsabilité est de garder la route en bon état. » Il voyait que, décidément, je ne comprenais rien du tout à ce qu'il me racontait. « La route est en sable, en sable brûlé qu'on appelle du verre brut, qui est plus souple et plus résistant que le vrai verre. On ne pourrait pas faire une route en vrai verre ; ce serait beaucoup trop glissant et elle se fissurerait et se casserait sans cesse en mille morceaux. Vous avez du verre sur votre île ? »

J'ai secoué la tête.

« Non, je raisonne que nous n'avons rien de la sorte, rien qui ne ressemble à cette chose que tu appelles du "verre". »

« Eh bien, on fabrique la route avec du verre brut et des coques de *noix de crédo** concassées. Ça la rend plus résistante et plus douce. »

« Douce ? La route, douce ! » ai-je répété, sidéré.

« Elle est suffisamment souple pour marcher confortablement dessus et pour résister au passage d'un chariot sans se casser », a-t-il répliqué. J'ai secoué la tête pour lui signifier que je n'étais pas d'accord, même si je ne savais pas ce qu'était un « chariot ».

« Quand la route se casse, s'use ou s'endommage pour une raison ou pour une autre, j'appelle ceux qui vont la réparer et, près de l'endroit abîmé, je mets à disposition du sable et des coques de noix de crédo concassées avec lesquels ils répareront la route. Comme tu peux l'imaginer, on trouve des noix de crédo partout. »

Je ne pouvais rien imaginer du tout parce que je ne connaissais ni les noix de crédo ni les arbres qui leur donnaient vie ; tout cela était nouveau pour moi. J'avais d'abord pensé que ces arbres inconnus ne vivaient que dans la forêt qu'on avait traversée mais, là, je comprenais donc qu'on en verrait plein d'autres. Je pourrais apprendre à les connaître et j'en étais heureux.

« Tu verras tout ça bien assez tôt. Je vais vous accompagner sur la route d'Orzamond. C'est ma saison qui démarre et, sur la route, j'ai du travail qui m'attend. »

« La route était-elle déjà là quand mon peuple est passé par ici ? »

« Oh… oui ! Oh oui ! La route est très ancienne et grâce à tous les Maîtres des sables qui m'ont précédé, elle est toujours là et… sans flatter les membres de ma profession, elle est aussi belle qu'au premier jour. »

Il a regardé son ouvrage avec beaucoup d'affection. Moi, je l'ai regardée avec animosité. Si je pouvais l'éviter, je n'irais plus dessus ; je prendrais un autre chemin, même si j'ignorais tout de ce qui allait suivre. Puis, j'ai raisonné que mon appréhension à marcher sur cette horrible surface serait peut-être quelque chose que je devrais conquérir.

Chapitre 7

Il y avait un groupe d'arbres près de la maison du Maître des sables ; j'ai décidé que Bol et moi, nous irions passer nos sombres avec eux en attendant que Wéodou se remette de ses blessures. Après le *repas de la dernière lueur**, quand la lumière a commencé à caresser l'horizon, Bol et moi, on est partis. J'étais content de m'éloigner enfin de la route et de pouvoir passer de longues mesures seul avec Bol. On est arrivés tranquillement parmi les arbres et on a pénétré dans les bois les plus insolites que j'aie jamais vus depuis que j'avais quitté la Péninsule.

Les arbres étaient curieux et trapus ; ils avaient de longues feuilles vert argent qui, au lieu de retomber vers la terre comme les pleureurs, s'entortillaient sur des branches éloignées les unes des autres, comme si elles voulaient occuper le plus de surface possible tout en laissant, au centre de la canopée, une grande trouée. Leur écorce semblait lisse mais facile à escalader ; elle était d'un joli violet foncé qui contrastait avec la teinte argentée du dessous des feuilles. J'avais l'impression de pénétrer dans un endroit magique. Les noix de ces arbres étaient marron-jaune, c'était la couleur des veines de la route. Je me suis dit que c'étaient certainement des noix de crédo et que ces arbres devaient donc être des *arbres à crédo**.

Je suis descendu de Bol, je me suis agenouillé à terre puis, je me suis incliné devant ces arbres majestueux.

« Puis-je grandir ici ? » ai-je demandé simplement.

Je n'ai pas eu de réponse. Peut-être ne parlaient-ils pas le vent. J'ai alors frappé le sol ; les arbres sont restés muets. Je ne parvenais pas à communiquer avec eux ; peut-être qu'ils ne voulaient pas de moi et qu'ils refusaient de me répondre, de me voir et de m'entendre. Tant pis. Je n'allais pas rester ici contre leur volonté, mais je voulais au moins en toucher un avant de repartir. Je me suis approché d'un arbre, au hasard et j'ai posé ma main sur son tronc. L'écorce était agréablement rugueuse – comme je l'avais imaginé, l'arbre était facile à escalader. Je regrettais amèrement de ne pas avoir été invité à grimper dans leurs bras ni à dormir ici. J'ai laissé pendant une mesure ma main sur le tronc et, soudain, j'ai senti des picotements au bout de mes doigts. Dans ces picotements, il y avait des mots !

« Nous comprenons le langage du vent, mais nous ne savons pas le parler. Tu peux grandir ici. »

Pour m'adresser à eux, je devais les toucher. Comment étais-je arrivé à comprendre le picotement que j'avais ressenti ? C'était un mystère qui m'a comblé de joie et j'espérais bien qu'avec le temps j'apprendrais comment leur langage fonctionnait.

« Êtes-vous des arbres à crédo ? » ai-je demandé.

« Crédo, c'est comme ça que nous appellent les hommes ? »

« Je crois. Ils utilisent des noix comme les vôtres pour construire la route. » Je le leur ai dit, au cas où ils ne le sauraient pas.

« Oui, nous savons. Ça ne nous plaît pas vraiment mais on ne les empêche pas de le faire », m'ont-ils picoté. « Nous sommes des *mondanes**, ce qui signifie simplement "arbre" dans notre ancien patois. »

« Alors, je vous appellerai mondane. Mondane, puis-je grandir parmi vous, pour deux ou trois sombres ? »

J'ai senti une légère hésitation, puis le picotement a repris :

« Nous avons d'abord une question à te poser. »

« Je vous en prie », ai-je dit.

« Quel genre de bête es-tu ? Es-tu un homme ? »

« Oui, je suis un homme. »

« Les hommes sont des brutes et les bêtes les plus brutales qu'on ait jamais vues. Ils prennent nos graines sans nous le demander ! Ils nous coupent et nous brûlent alors que, quand ils font ça, nous changeons exprès notre arôme en une odeur qu'ils détestent. »

Maintenant qu'ils le disaient, c'était vrai qu'il y avait une odeur musquée dans l'air à laquelle je commençais seulement à m'habituer.

« Je ne vous couperai pas, je ne vous brûlerai pas, je ne prendrai pas vos fruits sans vous demander. » Puis je me suis incliné en signe de respect.

Les feuilles des mondanes ont bruissé dans une conversation animée que je ne comprenais pas et que je ne comprendrais jamais. Le bruissement s'est estompé puis il s'est arrêté. Ma main, qui était toujours posée sur le tronc, a compris ces mots :

« Nous avons statué que tu étais différent. Nous te pardonnons et t'autorisons à grandir parmi nous ; mais si tu abuses de notre confiance, nous te chasserons sans ménagement. »

« Je ne vous décevrai pas », ai-je soufflé en guise de réponse avant de m'incliner encore plus bas.

« Bienvenue parmi nous. Si tu le veux bien, nous avons quelques questions à te poser. »

Ils étaient avides de savoir d'où je venais. Ils ont été fascinés par ma description de la Cité dans les Arbres. Ils m'ont demandé comment je m'appelais. Comme ils ne pouvaient pas prononcer Æon, ils m'ont simplement appelé la Feuille, ils m'ont d'ailleurs signifié qu'ils aimaient plus particulièrement la seconde partie de mon nom et que la première était superflue. Puis ils m'ont questionné sur Bol ; ils m'ont demandé comment ça se faisait qu'il me laissait monter sur son dos. Ils nous ont ensuite montré où poussaient les racines sucrées – les arbres d'ici étant différents de ceux que je connaissais, les racines qui poussaient à leurs pieds l'étaient aussi. À en croire la vitesse à laquelle Bol les dévorait, il adorait ce nouveau goût. Moi, ce jour-là, j'ai compris que les oryx étaient non seulement gourmands mais aussi avides de découvertes gustatives.

Après avoir expliqué comment nous dormions sur la Péninsule, un arbre m'a invité à dormir pour le sombre ; alors, quand le sombre a pointé le bout de son nez, j'ai grimpé dedans. Dans les hauteurs de la canopée, il y avait de vastes espaces dégagés ; jamais, dans un arbre, je n'avais eu autant de place autour de moi. Même s'il était encore tôt, j'ai tendu mon hamac et je me suis allongé dedans pour profiter du doux balancement du grand arbre. J'avais dit que ces arbres étaient petits comparés aux arbres penchés, or ils étaient immenses comparés aux arbres dans lesquels j'avais dormi depuis que nous étions près des Terres Maudites. Dès que je me suis allongé, j'ai senti mes muscles se relâcher, ma respiration s'adoucir et les nœuds à l'intérieur de ma tête – dont je n'avais pas eu conscience jusque-là – se défaire. Dans cet endroit singulier, au milieu de ces arbres magnifiques, je me suis senti chez moi et cette sensation m'a rappelé une chanson que, parfois, nous chantions aux arbres, chez nous. Il n'y avait pas de mot dans cette chanson. Le chant démarrait dans la poitrine et s'éveillait dans la gorge ; il nous apaisait et apaisait les arbres autour de nous. J'ai commencé à chanter et l'arbre s'est mis à trembler. Puis tous les arbres ont suivi, d'abord timidement, puis leur fredonnement musical a empli la forêt. On aurait dit que la forêt entière chantait en chœur avec moi, c'était devenu leur chanson, notre chanson. Nous avons chanté ensemble, longtemps et longtemps, plus longtemps que je n'avais jamais chanté sur la Péninsule. La musique est entrée en moi, elle a avalé puis dissous les derniers lambeaux d'ombres qui restaient dissimulés dans les replis de mon âme et dont j'ignorais l'existence. Avant de repartir, je me suis dit que je devais amener Wéodou ici pour qu'on chante ensemble – lui, les arbres et moi – pour pouvoir le libérer, lui aussi, de ses ombres cachées.

Alors que le sommeil me gagnait, j'ai soufflé aux mondanes :

« Je me réjouis des lueurs et des sombres que nous passerons ensemble. Je suis si heureux d'être parmi vous. »

Des picotements ont fait frémir les branches, ont parcouru mon hamac puis mon corps tout entier.

« Bon sombre, la Feuille. Prends racine, grandis et sois fort. » J'ai eu l'impression qu'ils m'invitaient à rester ici toute la vie.

Avant de sombrer dans le sommeil, un souhait a pris racine en moi : grandir parmi eux jusqu'à ce que je sois vieux et courbé.

Ce sombre-là, je suis haut perché dans les branches du mondane et je rêve que je suis haut perché dans les branches du mondane et qu'elles sont bien plus grandes qu'elles ne l'étaient : elles remplissent toute la forêt, à perte de vue. Je regarde la forêt quand une volée d'oiseaux noirs apparaît, ils ont des têtes bleues et des ailes rouges ; ils frôlent les arbres et viennent se poser sur les branches autour de moi. Les oiseaux sautillent nerveusement d'une branche à l'autre, ils ont l'air mal à l'aise ; ils me regardent avec inquiétude comme s'ils redoutaient ma violence. Malgré leur incessante agitation, ils ne me quittent pas des yeux. Ils se parlent dans leur propre système de langage, ils gazouillent, pépient, vocalisent et chantent en un bavardage cacophonique incessant, et je les comprends comme je comprends les arbres.

« Que fait-il ? »

« Il est juste assis là ? »

« Je ne supporte pas son odeur. »

« C'est quoi, son problème ? »

« Il nous fixe et reste là, à nous fixer, c'est désagréable, à la fin. »

« C'est quoi, son problème ? »

« *Jola**, va lui donner un coup de bec. »

« Pourquoi moi ? »

« ... Désagréable. »

« Écoutez, ça peut arriver à n'importe qui. »

« On le tue ou on l'aide ? »

« Le tuer, non, on ne peut pas faire ça, c'est contre nos principes », dit le chef des oiseaux. Ils se taisent.

Dans le silence, je dis :

« Qui êtes-vous ? »

« Bizarre, bizarre », dit l'un d'eux derrière moi.

« Nous sommes comme toi, exactement comme toi », répond avec gentillesse le chef des oiseaux.

« Vous n'êtes pas du tout comme moi », dis-je, contrarié à l'idée qu'ils puissent avoir raison.

« Regarde-toi. » Je m'exécute. Je vois mes bras, mon torse et mes jambes. « Tu vois... tu es comme nous », clame le chef de plus belle, comme si j'avais des plumes.

Plus bas, une voix que je connais crie :

« Ne les écoute pas ! »

Je regarde vers le bas. Uthiriule est là, perchée sur une branche. Elle nous regarde. Elle a un couteau finnif dans chaque main, soit deux couteaux finnifs, prêts à être lancés, qui virevoltent déjà.

Le chef des oiseaux me met en garde :

« Ne l'écoute pas... elle est déjà perdue. »

Je reprends :

« Mais on n'a rien à voir, tous les deux, je ne te fais pas confiance. »

« Tu es exactement comme nous », roucoule-t-il. Pour me le prouver, les oiseaux s'envolent des branches sur lesquelles ils sont perchés pour venir à tire-d'aile se poser sur mon corps. Bientôt, ils me recouvrent entièrement, comme des mouches sur un fruit pourri. De leur corps, ils recouvrent si bien le mien que lorsque je me regarde je vois des plumes noires, des têtes bleues et des ailes allant du rouge au noir, en cadence, encore et encore, qui fouettent mon corps et l'air de leurs convulsions syncopées.

« Viens, envole-toi », murmure le chef à mon oreille.

« Je ne peux pas. » Je le supplie de ne pas me forcer.

« Tu as des plumes et des ailes. Tu peux voler. Tu es l'un des nôtres. » Le chef insiste pour que je le croie.

« N'y va pas ! Si tu y vas, il n'y a pas de retour possible ! » hurle Uthiriule d'en bas. Sa voix résonne à travers toute la forêt.

D'un coup d'aile, on s'élève à la verticale, on plane au-dessus de l'arbre, on flotte. Les oiseaux noirs me relâchent et je reste là à flotter, à voler, à planer avec eux, heureux d'être là. Un cri déchire cette sensation nouvelle et merveilleuse de ne vouloir être nulle part ailleurs qu'ici, dans les airs, de ne vouloir être rien d'autre qu'un oiseau noir. Deux couteaux finnifs tourbillonnent dans l'arbre et découpent l'essaim à la volée. Ils mutilent et ils tuent.

Je crie à Uthiriule :

« Tu ne comprends rien ! Ils sont comme nous, ils sont nous ! »

Uthiriule hurle et le rêve se défait pour se fondre en un pur sommeil.

Je me suis réveillé longtemps après la lueur de rosée. Je me souvenais de mon rêve. J'ai cherché Bol des yeux ; il m'attendait en bas.

J'ai souri à mon oryx et je lui ai dit :

« Cette nuit, j'ai fait un rêve curieux et curieux ! Si jamais on rencontre des oiseaux noirs à tête bleue avec des ailes qui deviennent rouges quand ils volent, surtout emmène-moi loin et loin. »

J'ai ri à l'idée que ça puisse vraiment arriver. La lumière de cette nouvelle lueur était une pure splendeur. Cette fois, j'ai espéré que mon rêve ne serait qu'un simple rêve.

Bol et moi, nous sommes restés avec les mondanes, sans voir nos compagnons pendant trois autres lueurs. Bol a poursuivi ses expériences culinaires : il avait trouvé un nouveau buisson d'épineux qu'il aimait presque autant que les nouvelles racines sucrées. Moi, j'ai chassé, cuisiné et dormi. Nous avons fait deux grandes promenades dans ces nouveaux paysages plats et monotones. À la quatrième lueur, une voix de femme m'a sorti d'un rêve merveilleux où je me promenais sur la Péninsule.

J'ai regardé par-dessus mon hamac pour voir qui c'était. En bas, Chiffaa me regardait, à califourchon sur une grande bête ; c'était celle qu'Uthiriule chevauchait dans mes rêves. Je suis descendu de mon arbre pour aller à sa rencontre ; je voulais voir la bête de plus près.

Je n'ai pas quitté l'animal des yeux. Quand je suis arrivé au pied de l'arbre, Chiffaa m'a dit :

« C'est un *pallurino**. Vous n'en avez pas dans votre prison ? » J'ai secoué la tête. « Tes ancêtres étaient pourtant des cavaliers hors pair ! »

« Peut-être bien, mais le Mad'la les a presque tous emportés », ai-je dit en m'approchant de la bête. J'ai posé mes mains sur son cou puis je les ai glissées sur son pelage, le long de son corps.

« Alors, je vais devoir t'apprendre à monter. » Elle a souri d'un air espiègle.

« J'ai ma propre bête », ai-je répliqué en montrant Bol qui restait prudemment à distance du pallurino.

« Tu devrais au moins essayer. Mais peu importe. Je suis venue te donner des nouvelles de Wéodou », a-t-elle continué. J'ai été frappé par sa facilité à changer de sujet.

« Je sais comment il va », ai-je répondu.

« Et comment ? Ça fait des jours qu'on ne t'a pas vu. »

« Wéodou et moi, nous sommes liés. Il va mieux ; il pense qu'il est prêt à repartir… mais non, il doit encore se reposer. »

Chiffaa m'a dévisagé avec un drôle d'air et, pour mieux comprendre où je voulais en venir, elle a plissé les yeux et, comme ça ne l'a pas aidée, elle m'a demandé :

« Et pourquoi penses-tu qu'il n'est pas prêt ? »

« Il a toujours des ombres dans le corps. On doit l'amener ici pour qu'il guérisse. » J'ai ouvert mes bras pour désigner la forêt : « Les mondanes vont le guérir. »

Elle a regardé partout.

« Mmmmh… Où sont ces mondanes ? »

« Lève la tête. Ils sont là. » Elle s'est exécutée et je lui ai présenté les mondanes. Puis elle a dit :

« Tu veux dire, les arbres à crédo ? »

« Ils détestent qu'on les appelle comme ça », ai-je répondu simplement. Elle m'a regardé comme si je venais d'avaler la lune.

« Et comment le sais-tu ? Tu es aussi lié aux arbres à cr… aux mondanes ? »

« J'aimerais bien. » J'ai souri à cette idée merveilleuse. « Tu sais, les arbres peuvent t'apprendre plein de choses, si tu te donnes la peine de les écouter. »

Elle a ri, l'air émerveillée, puis elle a dit :

« Tu ne ressembles pas du tout à ce que j'avais imaginé. »

« Tu veux dire aux Tor'ocs des Légendes ? »

Son sourire s'est dissipé, remplacé par un nuage de tristesse.

« Oui… les Légendes. » Ces quelques mots ont ébruité des pensées qu'elle taisait et aiguisé ma curiosité. Elle a secoué la tête pour les chasser, s'est tournée vers moi et a déclaré :

« Quand tu auras mangé, allons nous promener. Je voudrais te montrer quelque chose. »

Nous avons mangé, ou plutôt j'ai mangé pendant qu'elle me regardait faire, impatiente. Je me suis dépêché de terminer mon repas, je me suis occupé de Bol, je me suis préparé pour la journée et je suis monté sur mon oryx. Elle m'attendait déjà sur son pallurino.

Nous sommes d'abord allés au pas. On a quitté les arbres et on a bifurqué vers la plaine. Je n'imaginais pas qu'il y ait quelque chose à voir qui puisse m'intéresser... Bol et moi, nous avions sillonné ces terres, en long, en large et en travers, et, d'un sarpent à l'autre, tout se ressemblait.

« Tu dois être content d'être sorti de prison », a-t-elle dit sans me regarder.

« Pour nous, ce n'est pas une prison. On ne peut pas quitter la Péninsule, mais c'est chez nous. Je suis malheureux d'être loin de mon île. C'est beaucoup plus beau qu'ici. Nous respectons des valeurs inscrites profondément en nous. Nous avons une droiture qui nous guide toute notre vie... »

Je me suis rendu compte que j'avais le mal du pays et que ma Péninsule me manquait. Elle m'a regardé, l'air étonnée.

« Quand j'étais petite, parfois, je pensais aux Tor'ocs et ça me rendait triste. Je me disais qu'avec les conditions de vie qu'on leur infligeait, ils continuaient à subir les crimes de leurs ancêtres. Je les imaginais dans une horrible et sombre cellule ou alors sur une île déserte pleine de cailloux. J'avais tort. »

« Et là d'où tu viens, c'est comment ? » Je voulais savoir.

« C'est une ville aussi improbable que ta Cité dans les Arbres. » Son visage s'est soudain illuminé. « Ma ville s'appelle *Smoos**. C'est une ville flottante qui repose sur un archipel mouvant artificiel qu'on a créé au milieu d'un immense lac : le *lac Lire**. C'est d'ailleurs ton peuple qui nous a contraints à nous réfugier sur le lac. »

Je lui ai lancé un drôle de regard qui signifiait que je voulais qu'elle réponde à la question que je ne lui posais pas : « Pourquoi ? »

« Nous étions un peuple de pêcheurs et de fermiers qui vivait tranquillement au bord d'un lac quand, un jour, nous avons été attaqués, vaincus et réduits en esclavage par Sumon et la nation tor'oque qu'il conduisait. Après nous avoir terrorisés, brûlés et tués, l'armée tor'oque a pensé que mes ancêtres, affamés et exsangues, ne survivraient pas et qu'ils ne pourraient plus ni lui préparer ses repas ni réparer ses selles ni nettoyer ses tentes. Pour ses soldats, notre peuple était fini, il ne pouvait plus leur être d'aucune utilité, et l'armée est partie. Les survivants ont alors décidé d'ériger des défenses pour se protéger contre cette armée monstrueuse qui pourrait avoir le dessein de revenir. L'un de nos mystiques avait prédit le retour des Tor'ocs sur nos terres et, comme les Tor'ocs ne savaient pas nager… »

« C'est vrai. On ne sait toujours pas nager », ai-je ajouté.

Elle a tressailli. Elle comprenait probablement qu'elle s'adressait à un Tor'oc et elle a dû penser, l'espace d'une jiffe, que le retour annoncé des Tor'ocs pouvait être incarné par moi. Puis elle est revenue à l'histoire dont j'attendais toujours la suite.

« Eh bien, puisque les Tor'ocs ne savaient pas nager, il a été décidé que le rempart le plus efficace contre eux serait d'ériger une ville flottante au milieu d'un lac ; ce projet a vu le jour, je viens de là.

« Les îles étaient assez grandes pour bâtir une ville dessus ? » J'avais du mal à me rendre compte.

« Séparément, non, mais elles ont toutes été reliées par des ponts. C'est un projet architectural magnifique : les maisons et les bâtiments sont tous en bois blanc, un matériau à la fois léger et d'une grande solidité. Le bois s'est patiné avec le temps ; il a pris des tons rouge orangé qui étaient enfouis dans le blanc. »

« Et comment obtenez-vous ce bois blanc ? » ai-je demandé. « Vous tuez des arbres ? » L'idée me terrifiait.

« Je suppose que oui… On abat des troncs d'arbres puis on les débite et on les taille en planches qui sont longues et longues. »

À ces mots, je suis devenu tout blanc ; mon estomac s'est soulevé. Je n'étais pas sûr de pouvoir aller dans cette ville faite d'arbres assassinés.

« Ils ne pouvaient pas fabriquer la ville en terre, comme la maison du Maître des sables ? »

« Non, ça aurait été trop lourd et ça aurait fait couler les îles. Même du bois lambda aurait été trop lourd. On a eu de la veine d'avoir la forêt blanche. »

« Et il en reste quelque chose ? » ai-je demandé. J'avais peur qu'ils n'aient tué toute la forêt pour construire leurs maisons.

« … de ma ville ou de la forêt ? » a-t-elle questionné. Avant même que je puisse répondre elle a continué : « La forêt est toujours aussi grande. »

« Comment peux-tu prétendre cela ? » ai-je répliqué avec une pointe de colère dans la voix. J'avais l'impression qu'elle me dissimulait quelque chose, sciemment ou pas.

« On applique des mesures préventives pour protéger la forêt blanche : un arbre est planté pour chaque arbre abattu », a dit Chiffaa d'un air triste et distrait.

« Et ta ville ? » ai-je relancé.

« Je n'ai pas de nouvelles récentes de Smoos », a-t-elle répondu. Sa tristesse nous a recouverts tous deux comme une couche de brouillard. « Quand je suis partie, la ville était à deux doigts d'être assiégée. À l'heure qu'il est, je ne sais pas ce qu'il en est. »

« Assiégée, comment ça ? Tu m'as dit que ta ville était bâtie au milieu d'un lac. Comment pourrait-elle être assiégée ? »

Elle m'a regardé une mesure, puis elle a dit :

« Je n'ai pas le droit de te le dire. »

J'ai réfléchi et j'ai supposé :

« C'est pour ça qu'on est venu me chercher ? »

« J'ai trop parlé… Tu l'apprendras au Camarode. »

Elle essayait d'éviter mes questions mais je sentais bien qu'elle avait envie de me répondre.

Je me suis dit que je pouvais changer de sujet pour, l'air de rien, essayer par un autre chemin d'en savoir davantage.

« Quelle distance y a-t-il entre Smoos et là où l'on va ? »

« Il faut chevaucher des jours et des jours pour se rendre de Smoos à Orzamond. C'est encore plus loin et loin que de ta prison à ici. C'est l'endroit le plus reculé d'Æmira. Après Smoos, il y a des montagnes infranchissables et au-delà des montagnes, un désert inhabité… Du moins, c'est ce qu'on croyait. »

« Votre ennemi vient donc de derrière ces montagnes. »

C'était clair, même si elle ne me répondait pas.

« Nous y sommes ! » a-t-elle claironné avant que son visage s'illumine. J'étais tellement absorbé par son histoire et sa ville flottante que je n'avais pas regardé le paysage.

J'ai levé la tête et, à perte de vue, j'ai vu les mêmes buissons, les mêmes cailloux, les mêmes herbes brunes qui semblaient recouvrir toute cette contrée. Elle souriait en descendant de son pallurino, toute excitée et heureuse. Elle s'est dirigée vers un grand cercle de buissons-de-feu que je n'avais pas remarqué. Tout en marchant, elle a retiré ses couvre-tout qu'elle a laissés choir le long du chemin qui descendait jusqu'aux buissons. J'ai sauté au bas de mon oryx et je l'ai suivie. Quand je suis arrivé à sa hauteur, elle était nue et se tenait debout, dos à moi, près d'un buisson qui faisait une tête de plus qu'elle. Elle a écarté des branches, a tourné son visage vers moi, elle m'a souri et a dit :

« Viens. »

Elle s'est glissée dans les buissons et a disparu de l'autre côté.

Je me suis faufilé, moi aussi, dans les buissons et je me suis trouvé devant un grand essaim de boules blanches et scintillantes aux reflets d'argent.

« Ce sont des *perles de lumière**. » La voix de Chiffaa me parvenait du milieu de l'essaim chahutant et luminescent. « Elles adorent la peau et notre peau les adore. » Sa main a surgi de l'essaim scintillant et a attrapé mon montereau. « Tu aurais dû laisser ça par terre. »

Troublé devant ce spectacle inattendu, j'ai demandé :

« Qu'est-ce que c'est ? »

« Des petites créatures volantes merveilleuses. »

« Elles volent ? » Je ne voyais pas leurs ailes.

Comprenant mon trouble, elle m'a expliqué :

« Elles tournent sur elles-mêmes, c'est ce qui leur permet de rester en l'air. »

En les observant mieux, j'ai vu qu'elles tournaient effectivement très vite sur leur axe tout en émettant un son ténu.

« J'ai sillonné cette terre en long, en large et en travers, et je n'ai jamais rien vu de tel », ai-je commenté.

« Elles ne montent jamais plus haut que le sommet des buissons-de-feu. Je ne sais pas pourquoi. Peut-être qu'elles ne veulent pas être vues. Allez, mets-toi tout nu et viens ; c'est trop bon, tu ne peux pas rater ça ! » a-t-elle dit d'une voix rieuse.

J'ai fait ce qu'elle avait suggéré et je me suis avancé dans l'essaim. D'une perle à l'autre, il n'y avait presque pas d'interstices mais, au fur et à mesure de ma progression, les perles s'écartaient comme de l'eau. Et comme l'eau, elles touchaient chaque parcelle de mon corps. Leur mouvement tourbillonnant exerçait une légère pression sur ma peau, comme une caresse qui me picotait et me chatouillait à la fois.

« Elles se régalent des micro-organismes que tu as sur la peau et dont, toi, tu n'as pas besoin. Ta peau, c'est de l'ambroisie pour elles. » Je l'ai entendue soupirer de plaisir. « Après, tu te sentiras propre comme un luron neuf, tu verras. »

J'ai écarté mes bras et j'ai laissé glisser les perles de lumière. Elles devaient me trouver délicieux parce qu'elles m'ont avidement picoré. J'aurais pu m'endormir dans leur étreinte qui était presque aussi apaisante que le balancement d'un arbre. Je devais bien admettre que le Monde du dehors recélait des merveilles que je n'aurais jamais connues si j'étais resté sur la Péninsule. La joie de les découvrir atténuait un peu ma mélancolie et mon mal du pays.

Je ne sais pas combien de temps nous sommes restés dans les perles de lumière. Parfois, j'entendais Chiffaa qui soupirait, riait en cascade ou en un joyeux glissement mélodieux ; pourtant dans cet espace doux et luminescent, j'éprouvais une délicieuse impression de solitude. J'ai fermé les yeux et je me suis assis délicatement pour ne pas écraser les perles. À un moment donné, j'ai décidé qu'il était temps de quitter ce lieu merveilleux – je voulais m'assurer que Bol allait bien –, mais j'aurais pu rester ici, longtemps et longtemps. Je me suis frayé un passage hors de l'essaim magique et voluptueux puis à travers les buissons-de-feu ; j'ai atterri près de l'endroit où j'avais abandonné mes couvre-tout. Je me suis redressé, j'ai regardé ma peau : elle brillait de mille feux. Chiffaa avait raison : je ne me souvenais pas d'avoir jamais ressenti un tel sentiment de propreté. Mais au-delà de la propreté, ma peau était devenue luminescente ; c'était probablement pour ça qu'on les appelait des perles de lumière.

Quand Chiffaa est réapparue, habillée et radieuse, moi aussi, j'étais prêt à retourner vers mes mondanes. Elle a souri, et ses cheveux, joyeusement éparpillés sur sa tête comme les rayons du soleil, souriaient aussi. J'ai levé la main pour toucher mes cheveux. Chiffaa a ri et m'a montré du doigt.

« On dirait que tu as été frappé par le feu du ciel ! » Elle avait de la peine à parler tellement elle riait.

« Tu devrais te voir. Tu n'es pas mal non plus ! » ai-je répondu en souriant avant de tendre les bras pour lui montrer à quoi ressemblait sa chevelure. Elle a touché le bout de ses cheveux, hilare.

« Quand les mondanes auront guéri Wéodou, on devrait l'amener ici », ai-je dit.

« Ça ferait du bien à tout le monde de se baigner ici mais le Maître des sables ne voudra jamais venir », a-t-elle dit en essayant de se recoiffer.

« Pourquoi ? »

« Les Maîtres des sables n'enlèvent jamais leurs vêtements. » Elle a froncé les sourcils. « On n'en a jamais vu un tout nu. »

« Eh bien, il peut se baigner avec ses couvre-tout. »

« Non, les perles de lumière n'aiment pas ça et quand elles sont contrariées, l'expérience est très différente. » Elle est repartie dans un grand éclat de rire. « Ce sont d'exquises petites créatures, mais il vaut mieux ne pas les fâcher. »

Le lendemain, nous sommes revenus ici avec les trois Jannanons. En chemin, nous nous sommes arrêtés aux mondanes. Je les ai présentés les uns aux autres, j'ai chanté le chant qui guérit, ils ont fredonné avec moi et les arbres ont frémi pour chasser les dernières ombres des replis de l'âme de Wéodou.

Après le bain dans les perles de lumière, Wéodou était redevenu tout à fait lui-même : propre et propre, rayonnant et libéré définitivement des ombres qui avaient infiltré son être. L'une des particularités des perles de lumière était que personne ne voulait remettre ses couvre-tout après s'être glissé dedans ; les montereaux et les assis-longs paraissaient sales, collants et superflus. Les Jannanons et moi, nous sommes restés de longues mesures assis et nus, aux abords des buissons-de-feu. C'était chaud et bon, d'être là, nous quatre, ensemble. Chiffaa est restée à l'écart ; elle nous a laissés seuls, le temps de resserrer nos liens – ou peut-être par pudeur.

Nous sommes partis de la maison du Maître des sables après le sombre, à la lueur de rosée. Bol et moi, on ne voulait toujours pas marcher sur la route, ce qui, visiblement, froissait le Maître des sables. Il se sentait insulté parce que c'était sa bonne et belle route bien-aimée et qu'effectivement nous ne voulions pas en entendre parler. Mais c'était ainsi. Bien que j'évite de croiser son regard, tout le long, j'ai étudié sa route : j'essayais de trouver un défaut, ici ou là, avant qu'il ne le voie lui-même. Impossible. À mes yeux, sa route était parfaite, pas une fissure, pas une craquelure. Le Maître des sables avançait le nez sur sa route et, de temps à autre, il se penchait pour observer un tronçon de plus près. Pour moi, c'était une bande interminable, parfaite, sans fin ni couture ; elle avait l'air neuve et neuve, comme si elle n'avait été finie qu'au dernier cycle de lune. Pourtant, c'était la route que mes ancêtres avaient empruntée mille ans auparavant, sur leurs bêtes qui devaient ressembler au pallurino de Chiffaa. Ma raison me disait qu'ils l'avaient vue telle que moi je la voyais. Ils avaient probablement dû être heureux d'avoir trouvé cette trouée idéale qui permettait de traverser la forêt sans encombre. La piste qui bordait la route était presque aussi bien entretenue que la route elle-même : il n'y avait en effet pas un buisson, pas un caillou, pas la moindre touffe d'herbe ! C'était largement suffisant pour Bol et moi, c'était ce dont nous avions besoin : une surface souple et accueillante pour avancer.

Nous nous sommes arrêtés une fois, quand le Maître des sables a repéré quelque chose sur la route. Il s'est agenouillé pour la regarder de plus près et, faisant glisser son doigt sur ce qui me paraissait être la plus parfaite des surfaces, il a marmonné quelque chose comme : « Heureusement que ça ne m'a pas échappé ! » J'ai traversé pour rejoindre le Maître des sables : je voulais voir ce qu'il avait trouvé. Sur la longueur d'un doigt, une fissure laissait apparaître la sous-couche de la route : elle était plus sombre, probablement parce qu'elle n'avait pas été exposée au soleil. Pour attirer l'attention de ceux qui la répareraient, le Maître des sables a construit, sur le bord de la route, un petit temple avec les branches d'un arbre qui se trouvait là, qu'il a disposées en forme de tipi. Ces branches étaient faites exclusivement de grosses et grandes épines pointues qui, au fur et à mesure que l'arbre avait poussé, se transformaient en des versions un peu plus douces d'elles-mêmes, mais jamais tout à fait douces. J'ai dessiné une branche de cet arbre pour montrer à quoi il ressemblait, mais je serais bien incapable de le décrire avec des mots qui pourraient permettre à quelqu'un de se l'imaginer. L'arbre fabriquait ses épines certainement parce qu'il attirait de grandes bêtes qui devaient beaucoup aimer son goût.

Comme ces branches étaient aussi dures et solides que la lance de Sumon, le Maître des sables les a enfoncées profondément dans le sol pour que le vent ou la pluie ne les fassent pas s'envoler. J'ai raisonné que, plus tard, quelqu'un – qui devait nous suivre – trouverait le sable et les noix que le Maître des sables avait mis à l'abri sous le petit temple qu'il avait construit avec les branches de l'épineux, et que ce quelqu'un réparerait la route. Malheureusement, je n'ai vu ni où ni comment le Maître des sables avait trouvé son sable. J'avais bien repéré la petite sacoche remplie de noix moulues qu'il portait, mais le sable, il l'avait forcément trouvé sur place, ou bien l'extrait du sol. Il faudrait que je sois plus attentif la prochaine fois.

Pendant que le Maître des sables travaillait, nous avons mangé. Quand il a eu fini, nous avons repris la route. J'avais le sentiment que mes compagnons espéraient atteindre un endroit précis avant le sombre ; on ne m'avait donné aucune précision mais l'anticipation était palpable.

La route était toujours plate et plate mais, dans le lointain, je voyais qu'elle se dirigeait vers une montagne au sommet aplati. À vue de nez, on pouvait atteindre le sommet avant la fin de la lueur. À en juger par l'attitude de Chiffaa et des Jannanons, c'était bien là que nous allions.

« Là-bas, devant nous, tu vois... ? C'est la ville de *Lulle** », ont annoncé les Jannanons. Wéodou avait senti mon désir de connaître notre destination et, parce qu'il me sentait, Goïel et Sheïos l'avaient compris aussi. Ils pointaient du doigt, tous les trois, la montagne.

« Cette montagne, c'est une ville ? » ai-je demandé, en regardant la tache sombre, dans le lointain, qui grandissait à mesure que nous nous approchions.

« Ce que tu vois, ce n'est pas une montagne, c'est un mur. » Je les ai regardés, dubitatif. Ils ont vu la tête que je faisais, alors, ils ont ajouté :

« C'est une *muraille** qui entoure toute la ville, un mur qui est très, très haut. »

Je défaisais dans ma tête le puzzle que leurs paroles y avaient fabriqué. Si je les avais déjà entendus prononcer le mot ou « muraille », je n'en avais encore jamais vu.

« Ne dites rien. Je la verrais de mes yeux quand on en sera devant. »

Je suis monté sur Bol parce que je n'avais pas envie de regarder là où je mettais les pieds pendant qu'on se dirigeait vers le « mur-muraille ». J'étais tout entier absorbé par cette chose, le « mur », la « muraille », la peau de « Lulle ». Je voulais d'abord la boire des yeux pour essayer de la comprendre avant qu'on ne me l'explique avec des mots. D'un peu plus près, la peau de Lulle paraissait faite de pierres empilées et serrées les unes contre les autres, tenues ensemble par de la boue durcie. Cette peau rocailleuse s'élevait plus haut que le plus grand des arbres de la Péninsule. Sa surface, apparemment lisse, n'offrait aucune prise pour y grimper. Elle faisait des vaguelettes, comme la terre qui menait aux Terres Maudites, et semblait former un grand cercle. J'avais du mal à distinguer comment cette peau se terminait sur le dessus, mais ça semblait irrégulier et dentelé. Entre les dentelures, j'ai cru apercevoir de minuscules visages qui nous regardaient.

Bol et moi étions si stupéfaits par cette vision qu'on était comme hypnotisés. Cela faisait plusieurs sarpents que je n'avais pas regardé par terre quand mes compagnons de voyage ont soudain crié :

« STOOOP !!! »

Devant nous se trouvait un trou – de plusieurs tor'ocs de large et de plusieurs tor'ocs de profondeur – qui nous aurait certainement tués si nous étions tombés dedans ; il faisait les mêmes vaguelettes que celles de la peau rocailleuse du mur. Au fond, il y avait une forêt d'épineux géants qui nous aurait éventrés avant qu'on ne s'écrase par terre. Désorienté, le visage interrogatif, je me suis tourné vers les Jannanons :

« S'il vous plaît, aidez-moi à comprendre. »

« Avant l'assaut des Muons puis des Tor'ocs, Lulle n'avait pas de muraille », ont-ils commencé à raconter. « La ville a été assaillie par ces deux armées. La première a dévoré un bon nombre d'habitants et la seconde a puni les survivants qui ne voulaient pas se soumettre à la nation tor'oque. Parmi les habitants de Lulle qui avaient survécu, un garçon nommé *Jaï-wé** est devenu leur chef mystique. Il a eu une vision. » Les trois ont mimé la muraille avec leurs bras et ils l'ont pointée du doigt.

En observant de nouveau la muraille, j'ai vu que la bordure dentelée de la peau rocailleuse s'évasait vers nous comme une fleur, dont le haut des pétales débordait plus largement que leur affleurement au bord de la muraille. Était-ce déjà comme cela, tout à l'heure, quand je l'avais regardée ? Comment avais-je pu ne pas le remarquer ?

« Et pourquoi l'a-t-il construit comme ça, avec des vaguelettes qui ressemblent aux vagues de l'océan ? » ai-je demandé. Je n'en comprenais pas la raison, à part que ça conférait à l'ensemble une grande beauté.

« Cela faisait partie de la vision du mystique : que personne ne puisse escalader la muraille ni construire d'échelle ou d'escaliers suffisamment hauts pour la franchir. Ils pouvaient être attaqués de trois côtés ; et il y en a eu, des armées, et qui sont venues de loin et des trois côtés mais qui, à la vue du mur-muraille, ont rebroussé chemin, convaincues que les habitants de Lulle les tueraient si elles l'escaladaient pour pénétrer à l'intérieur de la ville. » Les Jannanons ont regardé le mur avec déférence. « Personne n'a jamais tenté de le franchir. »

« Si je comprends bien, après les Tor'ocs, il y a eu d'autres armées… et d'autres guerres ? » Je comprenais enfin qu'il n'y avait pas eu mille ans de paix comme on me l'avait fait croire.

La voix de Chiffaa a retenti derrière moi.

« Oui, il y a eu des guerres, des armées et des chefs qui ont voulu régner sur Æmira. »

« Et personne n'a réussi ? » Je me suis posé la question, tout haut.

« Certains, un temps, oui, mais jamais longtemps. Tu sais, nous avons les Quatre Mères qui nous protègent et qui éconduisent ces attaques. »

« Mais elles n'ont rien pu faire contre la nation tor'oque », ai-je remarqué.

« Elles vous ont bien emprisonnés, non ? » J'étais bien obligé de l'admettre. Chiffaa m'avait cloué le bec.

J'ai regardé le mur-muraille, ce grand cercle de pierres construit par l'homme, dont je ne pouvais pas voir l'autre côté, même avec mon œil intérieur.

« La construction a dû prendre des générations et des générations. »

Les Jannanons, Chiffaa et le Maître des sables ont échangé des regards furtifs qui ont éveillé mes soupçons ; il y avait anguille sous roche, un secret qu'ils me cachaient. J'ai regardé fixement Wéodou en espérant que je pourrais lui soutirer une partie du secret. Il a résisté mais j'ai senti quelque chose et j'ai tiré ; c'était le fil du secret qui s'effilochait et s'effilochait jusqu'à ce que son corps soit tout à fait dénudé et qu'une vision se révèle à mon œil intérieur. Et ce que j'ai vu était une merveille plus impressionnante encore que le mur en pierres. J'ai tourné mon regard vers l'impressionnante, l'infranchissable, l'invincible mur-muraille et j'ai su.

« Il n'y a pas de muraille du tout », ai-je dit tout haut.

Le Maître des sables a pointé Wéodou et il a juré dans une langue que je ne connaissais pas.

« Tu lui as dit ! »

Les Jannanons ont répondu ensemble :

« Non, c'est lui qui a trouvé tout seul. »

« Il ne devait pas le savoir ! » Le Maître des sables fulminait, me fusillant du regard.

« Æon n'est pas un ennemi des *Lulliens** », est intervenue Chiffaa pour adoucir la colère du Maître des sables.

« Et dire qu'il ne veut même pas marcher sur la route ! » a-t-il renchéri, en pointant un doigt accusateur sur moi. « Comment peux-tu lui faire confiance ? Tu ne connais pas ses desseins. C'est un Tor'oc ! Et pas n'importe lequel… Il a le sang de Sumon dans les veines ! Et par-dessus le marché, tu vois la lance qu'il a récupérée, sur son dos ? Elle porte la marque de Sumon. Pour un sang de Sumon, cela signifie qu'il faut s'en servir, et pas seulement sur les ombres du pandémonium… Lequel d'entre nous va se retrouver empalé par ce machin ? Hein ? Peut-être nous tous, au final, que ça m'étonnerait pas. » Il m'a lancé un regard plein de haine. J'ai soutenu son regard et il a détourné les yeux.

« Écoutez ! Je n'ai pas demandé à être ici et je ne sais pas où nous allons, ni pourquoi. Vous m'avez dit que notre destination était Orzamond, or je sens bien que vous aurez besoin de moi au-delà du Camarode. J'ai fait confiance à chacun d'entre vous, c'est la marque de mon sang. Vous, vous m'avez tous caché des choses et, si je voulais, je pourrais extirper la vérité de celui-ci. », J'ai montré Wéodou qui a rougi, comme si c'était sa faute que nous soyons désormais liés. « J'ai choisi de ne pas le faire, par respect pour vous tous et pour les raisons qui sont les vôtres de vouloir garder ces secrets. Mais ne pas me faire confiance, maintenant, ça n'a pas de sens. On dirait néanmoins que vos terreurs ancestrales, nées des Tor'ocs disparus de vos Légendes, sont trop grandes pour vous permettre de voir la vraie nature d'Æon la Feuille. »

J'ai tenu ce discours sans lâcher du regard le Maître des sables qui, lui, ne m'a pas regardé une seule jiffe – il était trop occupé à entretenir sa colère –, mais j'ai senti d'autres yeux dans mon dos. Je me suis retourné et j'ai vu Chiffaa qui me dévisageait comme elle ne l'avait jamais fait auparavant. J'étais un autre homme à ses yeux, qu'elle comprenait mieux et, en même temps, un homme dont le mystère s'était encore épaissi. Quelque chose dans l'expression de son visage m'a troublé et m'a soudain rendu bizarrement conscient des contours de mon corps. Je me suis retourné vivement vers le mur-muraille qui n'était pas vraiment là.

« Alors, combien de temps a-t-il fallu pour le construire ? » ai-je demandé. Avant même qu'ils n'aient pu me répondre, j'ai su.

« Un seul sombre. » Jaï-wé l'avait fait d'une seule et d'une seule traite et j'étais ébloui par un tel exploit.

« Comment le maintiennent-ils en place ? »

« Par la foi des enfants », m'ont répondu les Jannanons. « À un certain âge, on leur apprend à voir le mur, à croire en leurs perceptions et à encourager les autres à y croire aussi. Leur croyance est si puissante, si pure, si absolue et si constante que le mur devient aussi vrai et aussi solide qu'elle. C'est la croyance cumulée de tous les habitants de la ville qui donne sa réalité à la muraille qui les protège. »

« Et le trou ? » ai-je demandé en regardant la forêt d'épineux qui nous attendait au fond et qui semblait aussi réelle que la muraille. « Est-ce aussi une illusion ? »

« Non, le trou est bien réel et ces épines te tueraient. C'est la sagesse de Jaï-wé que d'avoir planté là ces épineux. » Chiffaa s'était glissée dans la conversation et s'efforçait de me montrer qu'elle était de mon côté. « Si l'on sait que ce trou – ce sont des "douves" – représente un réel danger de mort, on ne remet plus en question la réalité du mur. »

« Et tout le monde voit le mur ? »

« Oui, tout le monde le voit. » Devinant ma question suivante, ils ont ajouté : « Même si on sait qu'il n'existe pas, on le voit quand même. »

J'ai regardé une nouvelle fois le mur et j'ai pensé qu'ils avaient tort. Si l'on avait connaissance de son inexistence, on ne devrait plus le voir. La vision résidait dans la croyance en l'existence du mur. Quand j'ai su qu'il n'existait pas, le mur a scintillé puis s'est estompé, pas entièrement – mais suffisamment pour ne devenir qu'une version transparente de lui-même, tel un mirage ou un reflet. Je ne voyais plus qu'une porte géante en bois et en métal, avec une ville au-delà de la porte, que je ne comprenais pas suffisamment pour être capable de la distinguer. Elle ressemblait aux villes de nos propres mythes, ces villes où les habitations sont construites les unes sur les autres. Ces maisons ressemblaient si peu aux kolloks qui poussaient dans la Cité dans les Arbres que je ne pouvais pas les voir, car l'idée maîtresse de leur conception m'échappait. Je n'aimais pas Lulle et je ne voulais pas la voir ; alors, j'ai repris un peu de ma croyance en l'existence du mur et la muraille est réapparue devant moi. À un endroit, j'ai remarqué une structure en bois qui semblait avoir été construite dans le mur.

« Et ça, c'est vrai, n'est-ce pas ? »

« C'est le pont qui permet de franchir les douves », a expliqué Chiffaa doucement. Elle était tout près de moi.

Je ne voyais pas de pont, mais cette structure en bois me rappelait certains ponts de la Cité dans les Arbres sauf que celui-ci – que je ne voyais pas encore – n'avait pas poussé tout seul. Il avait été construit avec des corps sans vie d'arbres massacrés. Je me suis approché, pour voir de plus près. Quand je suis arrivé au bord des douves, j'ai vu des traces par terre et je me suis dit que c'était l'endroit où le pont touchait ce côté-ci des douves. Comment ? Je n'en savais encore rien… La porte aux attaches métalliques s'est entrouverte et deux rapaces se sont envolés à tire-d'aile, l'un noir, l'autre brun ; ils ont tournoyé au-dessus de ma tête. Leurs yeux noirs, auxquels rien n'échappait, m'observaient. Il m'a semblé qu'ils cherchaient à jauger si je venais en ami ou en ennemi. Je me suis agenouillé, comme je l'aurais fait devant un arbre, j'ai incliné la tête et j'ai déposé mes armes à terre, autour de moi. Glissant le long du vent, les oiseaux se sont approchés de moi en cercles concentriques. J'ai gardé ma tête inclinée et mes yeux baissés. Par terre, dans la longue lumière de la lueur finissante, les ombres des oiseaux dansaient et s'agrandissaient tandis que leurs corps aux ailes déployées glissaient gracieusement vers moi.

Enfin, l'un des oiseaux s'est posé à terre, devant moi. Il a incliné sa tête, ses yeux ont rencontré les miens et son regard pénétrant m'a scruté. J'ai soutenu son regard durant une trentaine de mesures. J'ai eu l'impression qu'il lisait mon âme et je l'ai laissé me voir tel que j'étais, sans interférer ni l'influencer. L'oiseau, lui, se fichait pas mal de savoir que j'étais un Tor'oc, je l'ai senti. Satisfait d'avoir fait ma connaissance, l'oiseau a sauté dans la brise et son ombre est repartie vers la porte géante. J'ai levé les yeux, juste au moment où les deux oiseaux sentinelles de la ville de Lulle ont traversé l'ouverture pour disparaître dans la ville.

Mes compagnons sont venus près de moi. J'imaginais que les habitants de Lulle les reconnaîtraient, eux, et que c'était surtout moi qu'ils redoutaient. La porte métallique a grincé et deux grosses cordes attachées de part et d'autre sont apparues sur le dessus. Les cordes ont glissé, elles se sont allongées comme relâchées de l'intérieur et la porte s'est entrouverte, s'abaissant lentement vers nous.

« Recule-toi, Æon », m'ont alerté les Jannanons. « La *bascule** va atterrir pile là où tu es. »

J'ai ramassé mes armes, je les ai rangées sur moi là où elles aimaient être, tout en gardant un œil vigilant sur la « bascule ». Bol est venu près de moi, j'ai posé ma main sur son encolure car l'énorme bascule se rapprochant de nous le rendait nerveux.

« Après notre entrée dans la ville, tu remettras ta lance à l'Aréopage », m'a ordonné le Maître des sables. Soudain légaliste, il prenait sa revanche d'un air satisfait.

« Mais, avec quoi je t'empalerai, alors ? » ai-je répondu, tout sourire.

Il m'a lancé un regard furibard. S'il avait été l'un des oiseaux, je serais toujours tête contre terre à entendre la bascule se refermer devant moi avec fracas. Mais il n'en était rien : le pont s'est posé au sol avec la même légèreté que l'oiseau qui m'avait jugé favorablement.

J'allais entrer dans ma première ville du Monde du dehors. Je suis remonté sur Bol.

« Je pense que ce serait mieux que tu ailles à pied », a suggéré Chiffaa.

« Peut-être », lui ai-je dit pour lui signifier qu'elle avait probablement raison. « Mais Bol sera plus calme si je le monte. Je ne sais pas s'il voit la muraille ou pas, mais je sais qu'il la sent, qu'il ne l'aime pas et qu'il ne veut pas pénétrer à l'intérieur. »

« Vous allez faire sensation ! » se sont écriés les Jannanons. L'idée les réjouissait déjà.

Le Maître des sables a grommelé dans sa barbe, il s'est mis en tête du cortège et s'est avancé sur le grand pont tout plat. Chiffaa l'a suivi et j'ai compris que c'était à mon tour d'avancer. Les Jannanons, eux, fermaient la marche.

J'ai senti, à travers le corps de Bol, que le bois sous nos pieds était différent et plus agréable que la route. Quand nous sommes entrés dans la ville, j'ai immédiatement pensé au bois du pont sur lequel nous marchions. Lulle était une ville que j'avais haïe au premier regard mais, dès que je suis entré à l'intérieur, j'ai été agréablement surpris. Comme pour le bois massacré du pont, la ville était plus agréable que je ne l'avais imaginé.

Lulle était composée de maisons qui n'étaient pas construites les unes sur les autres mais sur de nombreuses collines. Les maisons avaient la même forme que les capuches pointues des Jannanons et leurs toits descendaient en pente douce jusqu'au sol. Les toits constituaient l'essentiel de chaque maison ; ils étaient faits d'une herbe qui leur donnait l'apparence d'un épais tapis gris-marron. Mais la partie merveilleuse de ces maisons, c'était leur grande façade en verre. Il y avait au moins une centaine de feuilles de verre de formes différentes, chacune ayant sa couleur spécifique. Elles étaient maintenues par une ganse de métal qui semblait avoir été coulée à l'instant, tant elle avait conservé l'éclat de sa vie liquide. La forme générale de ces façades en verre était un tourbillon, une spirale torsadée à la manière d'un coquillage, qui, sur certaines maisons, se métamorphosait en deux ou trois tourbillons. Chaque maison était unique bien que du même style que les autres. Les entrées étaient aussi merveilleuses que le verre qui constituait les façades. Les portes ressemblaient à un grand coquillage qu'on appelait une conque, posée verticalement sur la tête avec son ouverture tournée vers l'extérieur ; on entrait par la fente naturelle du coquillage qu'il fallait traverser en contournant les murs de nacre orangés et rosés et hop, on était à l'intérieur ! Et là, les murs de l'entrée s'éclairaient de multiples couleurs, au gré des rayons du soleil qui fusaient à travers le verre coloré de la façade. Chaque nouvelle couleur changeait la forme et l'ambiance de chaque pièce, au fur et à mesure que la lumière se modifiait dans le ciel.

C'était à Lulle qu'on m'a donné du papier – et c'est là que *Pit** m'a appris à dessiner. J'ai fait un dessin – qui me plaisait bien – d'une des maisons de Lulle. En dessinant, je me suis demandé pourquoi on retrouvait partout ce motif de coquillage. Sur la Péninsule, avec toute l'eau qui nous entourait, il y avait plein de coquillages partout, sur les plages de toutes nos mers. Ici, il n'y avait ni rivières, ni lacs, ni océans. D'où leur venait cette fascination pour les coquillages ? Le mystère ne m'a pas quitté jusqu'à ce que j'aie rencontré Jaï-wé, le chef mystique qui est mort le jour où la muraille a vu le jour. J'y reviendrais bien assez tôt.

Les maisons s'alignaient le long de passages qu'on appelait des *rugas**. Les petites rugas serpentaient du bas de chaque colline vers le haut. Ce qu'on appelait *nervure** rassemblait toutes les rugas. La nervure partait de la bascule et, comme les rugas, elle s'enroulait autour de la ville en formant des arcs de plus en plus étroits jusqu'au point central situé au milieu de la ville. Une fois, j'ai observé la ville depuis une grande hauteur et j'ai compris qu'elle avait elle-même la forme d'un coquillage, avec une multitude de petits coquillages à l'intérieur. Les rugas n'étaient pas dures comme la surface de la Route lointaine, elles étaient en terre battue. Quand on marchait dessus, ça faisait des nuages de douceur rousse à nos pieds.

Lorsque notre cortège a fait son entrée dans la ville, il n'y avait apparemment personne sur la place, pourtant je sentais qu'on était observés. Le Maître des sables s'est avancé le premier. Moi, j'ai arrêté Bol au beau milieu de la place. Je voulais embrasser la ville du regard et laisser le temps à ses habitants de me voir, de m'appréhender et de venir à moi. Chiffaa et les Jannanons se sont aussi arrêtés ; ils restaient là, à m'attendre. Le Maître des sables a senti qu'il avançait tout seul, il s'est retourné vers nous et il a pris un air chafouin qui disait « Bon… Vous venez ?! »

C'était troublant de se trouver au milieu de cette place entièrement vide alors qu'il y avait des signes de gens cachés partout. Cette lueur, nous avions voyagé de la maison du Maître des sables jusqu'ici sans voir aucune trace humaine, si ce n'était celle de la route. Ici, nous étions entourés d'hommes, de femmes et d'enfants invisibles. Je sentais un lourd silence collectif peser sur moi.

« Allez !... Allez ! » Le Maître des sables a crié à la cantonade, prenant la ville à partie : « Oui, c'est un Tor'oc », a-t-il dit, en me montrant du doigt. « Comme dans les Légendes... et potentiellement, il est aussi dangereux, j'en ai fait l'expérience moi-même. Mais il est TOUT SEUL. Il n'y a aucune raison d'avoir peur d'UN SEUL Tor'oc. Il n'est pas une nation, il ne peut pas vous combattre tous. Il craint votre nombre plus que vous ne le craignez. Allez, montrez-vous ! »

Dans l'embrasure de la porte-coquillage de l'une des maisons – elle était située dans une courbe qui débouchait sur le reste de la ville – est apparue une personne miniature. Se trouvait-elle plus loin que je ne le pensais ou bien les habitants de cette ville étaient-ils de très, très petite taille ? En comparaison, les Jannanons étaient des géants.

La petite personne est restée immobile quelques jiffes, elle a regardé dans notre direction puis, après un moment d'indécision, elle est venue vers nous d'une démarche incertaine, comme si la marche était restée quelque chose qu'il lui fallait apprivoiser ; elle semblait néanmoins déterminée. Et, pendant qu'elle s'avançait vers nous, des éclairs de couleurs sont apparus ici et là, des flashes d'une demi-jiffe à peine, à peine visibles avec des impressions furtives – une main en l'air, le battement d'un pan de tissu, un pied qui frappait le sol – apparaissaient et disparaissaient sur son passage. La petite personne ne semblait pas s'en soucier. Étais-je le seul à les voir ? En tout cas, elle avançait, imperturbable, sans me quitter des yeux.

C'est là que j'ai fini par comprendre pourquoi elle était si petite ! C'était une enfant, une petite fille, qui avait l'air d'être petite et petite. Elle me regardait fixement. Quand elle est arrivée tout près, elle s'est tournée vers Bol, qui a baissé la tête pour la sentir. Elle a levé sa main, l'a posée sur son museau et a demandé :

« Comment il s'appelle ? »

Heureux de la sagesse qui s'exprimait dans sa question, je me suis penché vers elle pour qu'elle puisse bien m'entendre.

« Il s'appelle Bol. » Elle a levé les yeux vers moi : ses yeux me posaient la même question.

« Je m'appelle Æon la Feuille. »

« La Feuille. » Elle a goûté le mot, elle l'a aimé.

« Et toi, comment t'appelles-tu ? » lui ai-je demandé, après m'être souvenu que lorsque j'avais sa taille, on m'avait aussi enseigné cette manière polie de faire connaissance avec un inconnu.

« *Sissasse** ! » a-t-elle dit avant de se retourner vers Bol. « Bol… C'est quoi comme animal ? »

« C'est un oryx. »

Ses yeux se sont agrandis et ont pétillé.

« Tu as déjà entendu parler des oryx ? »

Elle a secoué la tête. Non, elle n'en avait jamais entendu parler mais, à en juger par son expression, elle aimait et aimait la musique de ce mot. Elle a souri, tout son corps a souri, ravi de caresser une bête qui était un oryx du nom de Bol.

Je pensais le savoir mais je voulais être sûr, alors je lui ai demandé :

« Quel âge as-tu ? »

Elle a brandi ses deux poings devant son visage et, de chacun, elle a fait surgir deux doigts.

« Tu as quatre ans », ai-je compté. Elle a acquiescé avec de grands mouvements de tête.

J'étais sûr qu'elle nous appréciait suffisamment pour que je puisse la questionner :

« Sissasse, tu sais où sont les gens ? Ils se cachent ? »

Elle a froissé son visage, gonflé ses joues d'air, levé ses yeux vers moi ; c'était ça, sa réponse. J'ai eu l'impression d'avoir posé une question idiote, à ses yeux en tout cas.

« Est-ce qu'ils sont là, tout autour de nous, et moi, je ne peux pas les voir ? »

Elle a relâché tout son air et a fait papillonner ses lèvres, semblant dire : « Qu'est-ce que tu racontes ? »

Je raisonnais qu'elle n'aimait pas ce genre de blague, qu'elle ne trouvait pas drôle du tout, même si j'ignorais où était la blague. Je sentais que mes compagnons aussi se mordaient les lèvres et attendaient de voir ce qui allait se passer.

« Sissasse, et si on jouait aux devinettes ? » Les enfants de la Péninsule adoraient ce jeu et j'espérais qu'elle aussi. Elle a hoché la tête très vite, aller, retour, aller, retour pour dire « oui » et qu'elle était impatiente de jouer. « Est-ce que tu vis ici, à Lulle, toute seule ? »

Elle a répondu à ma question idiote par un très très très très long :

« Nooooooooooon. » Je voyais qu'elle espérait clairement que mes devinettes allaient s'améliorer.

« Est-ce qu'ils sont tous dans leurs maisons et qu'ils ont peur de sortir ? »

Elle m'a regardé comme si, d'idiot, j'étais devenu aveugle. Même pas la peine de répondre, ces questions étaient de pire en pire.

« Est-ce qu'ils sont tous rassemblés quelque part, à l'intérieur du mur ? » J'ai fait un geste vers la grande muraille qui encerclait la ville.

Son visage a suivi ma main et elle a dit :

« Quel mur ? » Puis elle a éclaté de rire.

« Tu ne vois pas le mur ? » Elle a ri encore plus fort à ma blague. Elle ne le voyait vraiment pas.

« Sissasse, tu ne crois pas à la muraille, n'est-ce pas ? »

Elle a eu un sourire timide.

« Je suis trop petite. Personne ne m'a appris parce que je suis trop petite. »

« Bon… » a dit le Maître des sables en faisant un pas dans notre direction pour s'interposer entre la petite fille et moi. Chiffaa a levé sa main pour l'arrêter et moi, j'ai fait semblant de n'avoir rien vu.

« Tout le monde est très, très près de nous ? » ai-je demandé.

Elle a fait oui de la tête – c'était ma première bonne question – et elle guettait déjà la suivante.

« Si j'écartais les bras grand comme ça, est-ce que je pourrais les toucher ? »

Elle a hurlé de rire, tant et tant qu'elle est tombée par terre.

« Noooooonnn ! »

« Et toi, est-ce que tu les vois en ce moment ? » Son rire s'est arrêté net. Elle a regardé la place déserte. Elle a hoché la tête en souriant de toutes ses petites dents :

« Ouiii ! »

Alors c'était ça.

« Est-ce que tu voudrais monter avec moi sur Bol ? » Devinant sa réponse, je lui ai tendu la main. Il y a eu un vif bruissement d'air autour de nous et un bruit de soupirs inquiets. J'ai tendu ma main un peu plus, elle l'a saisie et je l'ai soulevée pour l'installer à califourchon sur le garrot, devant moi. J'ai donné un léger coup de talon pour dire à Bol d'avancer, comme si on allait sortir de la ville et remonter sur la bascule. Mais, juste avant de l'atteindre, j'ai donné à Bol une légère pression d'un seul côté pour lui signifier de se mettre au pas et de former un grand cercle autour de la place.

Avant même qu'il ait pu faire quatre pas, toute une foule avait pris corps devant nous. Des gens ont jailli de tous les côtés, sautant, courant, s'écartant de justesse devant nous pour se sauver. Je devinais maintenant que toute la population de Lulle se tenait autour de nous depuis le début et que je ne les avais pas vus parce qu'ils m'avaient fait croire qu'ils n'étaient pas là.

J'ai arrêté Bol pour regarder les habitants de Lulle. J'ai chuchoté à l'oreille de Sissasse :

« Tu t'y connais, toi, en croyance ? »

Elle m'a répondu d'un air espiègle :

« Peut-être… »

« Ils devaient rester sans bouger pour que je ne les voie pas, c'est ça ? »

J'avais enfin vu juste. Elle s'est tournée vers moi et a laissé exploser sa joie. Ses petites mains ont attrapé mon visage.

Je suis resté assis sur Bol le temps que la foule se calme et que les parents de Sissasse viennent la récupérer ; j'imaginais la panique qu'ils avaient dû avoir en la voyant monter sur une bête sauvage et dans les bras d'un démon sanguinaire... Mais personne n'est venu.

« Où sont tes parents ? » ai-je demandé à Sissasse.

« Elle n'en a pas », a répondu une voix dans la foule qui venait d'un jeune homme au visage avenant, un peu plus jeune ou à peine plus âgé que moi. « Comme les miens, ses parents sont partis. » Il lui a tendu ses mains et Sissasse a sauté dedans. « On vit dans la maison, là-bas. Elle est réservée aux gens comme nous, qui n'ont plus personne. »

Autant à lui qu'à moi-même, j'ai dit :

« Moi non plus, je n'ai plus personne. »

Il tenait Sissasse dans ses bras et, tous les deux, ils m'ont regardé comme l'un des leurs.

« Il peut vivre avec nous ! » a dit Sissasse au jeune homme. Elle le voulait déjà impérieusement.

« Vous avez un arbre ? » ai-je demandé. Ses yeux ont rayonné.

« Ouiii ! On en a un grand. Alors, tu vas venir chez nous ? Avec Bol ? »

« Je crois que tu as surtout envie que Bol vienne habiter chez toi, pas vrai ? » Je lui ai fait un clin d'œil.

« On va voir, Sissasse », est intervenu le jeune homme d'une voix bienveillante.

Il m'a tendu la main de la façon dont les gens se saluaient dans le Monde du dehors.

« Je m'appelle Pit. Je suis désolé d'avoir été impoli comme ça. On n'a jamais vu personne qui vous ressemble. Tout le monde a eu peur, même moi. »

J'ai fait comme lui ; j'ai tendu ma main vers la sienne, plate et sur la tranche ; il a attrapé la mienne et l'a serrée et moi, j'ai serré la sienne à mon tour.

« Tu te fais des amis ? » Chiffaa s'est approchée, curieuse.

« Il va habiter avec nous ! » a dit Sissasse, revendiquant avec force ce qu'elle voulait.

« Il est possible que l'Aréopage ait prévu autre chose… » a répondu Chiffaa à la petite. Elle essayait de lui faire comprendre que le choix de l'endroit où je dormirais dépassait les prérogatives d'une enfant. Elle oubliait, au passage, de prendre en compte les miens.

« C'est moi qui décide dans quel arbre je tends mon hamac », ai-je dit. Je voulais faire comprendre que c'était moi seul qui prendrais cette décision. « On m'a fait une offre, ici, qui me plaît… si l'arbre veut bien m'accepter. »

Chiffaa était choquée, mais elle n'a pas eu le temps de répondre avant que les Jannanons arrivent, accompagnés d'autres personnes qui devaient être les dignitaires de la ville.

« Par-don, par-don », ont dit les Jannanons, se frayant un chemin devant Chiffaa, Pit et Sissasse. « Nous souhaiterions te présenter à l'Aréopage de Lulle. »

Une femme a incliné la tête pour me témoigner son respect. J'ai raisonné qu'elle devait être à la tête de l'Aréopage puisque les autres sont restés suffisamment en retrait pour la laisser devant.

« Soyez le bienvenu ! Croyez et restez autant que vous le voudrez. »

C'était donc le fondement de leur existence.

« Je souhaite ne pas croire du tout. »

Cette phrase que je n'ai pas prononcée s'est installée confortablement dans mes pensées.

Chapitre 8

Nous sommes restés à Lulle plus longtemps que prévu – à cause de la lance de Sumon. Depuis le début, la controverse a été alimentée par le Maître des sables. Il se trouvait qu'à Lulle, les droits du sang entraient en contradiction avec les lois qui régissaient le sort des armes et objets d'antiquité tor'ocs trouvés dans la nature. La lance m'appartenait par le droit du sang et, en plus, c'était moi qui l'avais trouvée. Mais ce qui compliquait beaucoup l'application de la loi, aux yeux de l'Aréopage, c'était la question de savoir, si moi, en tant que Tor'oc, j'étais sous la juridiction des lois lulliennes – ou æmiriennes d'ailleurs –, et en particulier celles relatives aux objets tor'ocs. J'ai comparu à maintes et maintes reprises devant les *aréopagites**, et à chaque fois, j'ai eu l'impression qu'ils voulaient rejeter l'affaire pour se débarrasser de moi une bonne fois pour toutes.

D'un autre côté, le Maître des sables, qui ne voulait rien lâcher, n'avait de cesse de leur demander d'appliquer les lois lulliennes sans aucun compromis. En fait, il voulait que ma lance me soit confisquée par la force si je ne la remettais pas moi-même à l'Aréopage. Or, j'avais fait savoir que je ne la donnerais jamais, quelle que soit leur décision. Pour compliquer encore la tâche du Maître des sables, l'Aréopage m'avait procuré les services d'une *défenseresse** redoutable qui n'avait pris ma défense que pour le seul plaisir de gagner. Au fond, elle ne m'aimait pas, n'avait aucune considération particulière pour la lance et était fondamentalement de l'avis du Maître des sables. Ce qui a joué en ma faveur, c'était qu'elle était rusée, qu'elle avait une habileté extraordinaire à argumenter d'un côté comme de l'autre et que, confrontée à la démonstration qui aurait dû démonter sa parade, c'était précisément celle-là qu'elle savait tourner à son avantage, pour tisser le fil qui finirait par ligoter le Maître des sables et le soumettre à sa volonté. Le Maître des sables, quant à lui, n'était pas du genre à se laisser ligoter. La ténacité et la colère de l'un s'opposaient à la ruse de l'autre. Voilà pourquoi notre séjour à Lulle a duré et duré.

À Lulle, tout le monde s'habillait en blanc. Les couvre-tout étaient blancs lorsque les gens marchaient le long des rugas et sur la nervure tandis que, à l'intérieur des maisons, ils étaient éclaboussés de couleurs vives. Celles-ci changeaient constamment au rythme des infinies variations de lumière qui se diffusaient à travers la multitude de fenêtres qui ornaient les maisons. Quand ma défenseresse s'adressait à l'Aréopage, sa robe longue reflétait les éclats changeants de l'orange, du bleu et du vert. Mais lorsqu'elle revenait vers moi, des éclaboussures de violet, de rouge et de jaune inondaient sa grande robe. Je n'arrivais pas à écouter ses argumentations juridiques très longtemps, mais je ne me suis jamais lassé d'admirer le feu d'artifice que ses allées et venues ne cessaient de faire naître sur sa robe, et j'essayais de déterminer où je préférais qu'elle s'immobilise pour le plus bel effet. Ce jeu de lumière était bien la seule chose qui me retenait de m'échapper du palais, de sauter sur Bol et de m'enfuir – ça, et le fait que les Jannanons me disaient que ce serait une grave et grave erreur. Eux avaient pourtant refusé d'assister aux délibérations de l'Aréopage et cela, après y avoir siégé seulement deux fois. Pour couronner le tout, il y avait un détail de taille : les séances se tenaient précisément dans l'une des salles où les Lulliens exposaient les armes tor'oques que leurs ancêtres avaient trouvées. Parfois, le Maître des sables pointait vers l'un ou l'autre des murs pour m'indiquer l'endroit où ma lance serait exposée. Je n'en ai jamais regardé un seul.

J'avais donc accepté l'invitation de Sissasse. J'ai tendu mon hamac dans l'arbre qui se trouvait à l'arrière de sa maison ; c'était un arbre femelle, une petite séda. Elle n'était pas spécialement disposée à me laisser grimper dans ses branches pour en faire mon refuge temporaire mais elle aimait beaucoup Sissasse et, après avoir compris que c'était le souhait de la petite fille que je reste là, elle m'a laissé dormir dans ses bras. L'arbre devait sembler grand et grand à Sissasse mais les branches étaient juste assez grandes et solides pour me porter et j'ai entendu la séda gémir plus d'une fois, quand, le sombre venu, je suis allé me coucher dans mon hamac.

Certains sombres, Sissasse aussi voulait dormir dans l'arbre, alors je lui ai fabriqué un petit hamac pour qu'elle puisse se coucher à côté de moi. Ces sombres-là, je lui racontais des histoires de la Cité dans les Arbres, de la vie sur la Péninsule, de ma traversée du Divul et de notre voyage vers Orzamond. Je lui ai demandé si elle connaissait les Légendes et si elle avait déjà entendu parler des Tor'ocs. Elle n'en avait jamais entendu parler. À Lulle, personne ne lui avait jamais raconté ces histoires, personne ne l'avait effrayée en lui disant qu'un horrible Tor'oc viendrait la manger si elle n'était pas sage. Je représentais tout ce qu'elle connaissait des Tor'ocs et elle trouvait que c'était ce qu'il y avait de mieux au monde. J'avais au moins un supporter dans le Monde du dehors.

Pour Sissasse, il n'y avait qu'une seule chose au monde encore mieux qu'un Tor'oc et c'était Bol. Si elle avait pu se changer en oryx, elle l'aurait fait. La porte de la bascule était restée ouverte, car la plus grande menace qui pesait sur les Lulliens – à savoir moi – se trouvait déjà à l'intérieur de la muraille qui n'était pas vraiment là. Ainsi, Sissasse et moi, on a souvent traversé le pont avec Bol pour aller se balader à dos d'oryx. J'espérais secrètement tomber sur un nouvel essaim de perles de lumière. Parfois, Chiffaa nous rejoignait sur son pallurino ; j'ai découvert qu'il était cet animal que tout le monde appelait « cheval ». Les Lulliens avaient des chevaux ; Sissasse les connaissait bien mais elle les trouvait horribles, comparés à Bol. Moi, j'étais émerveillé par ces animaux majestueux mais je ne m'imaginais pas trop monter dessus.

À Lulle, ma vie était tranquille. J'en ai profité pour apprendre de nouvelles manières de faire et pour acquérir des connaissances. Mes professeurs étaient Pit et Sissasse – mais surtout Pit.

La ville était divisée en plusieurs groupes ou *sodicats**. Il y avait des sodicats pour travailler la terre, pour le métal, pour le bois (pour fabriquer des meubles), pour le tissu (pour tailler et coudre des couvre-tout), pour le cuir (pour fabriquer les selles et les semelles) et pour le verre. Il y avait aussi le sodicat des bouchers-tanneurs, et des sodicats pour concevoir et construire les maisons, pour l'entretien et la maintenance de la nervure et des rugas, pour les artistes et les musiciens, et enfin pour les chasseurs (auquel les parents de Sissasse avaient appartenu avant leur mort). On naissait dans un sodicat, celui dans lequel étaient nés ses parents. L'Aréopage n'était pas un sodicat, ce n'était donc pas un titre de famille transmissible ; ses membres étaient constitués d'un représentant de chaque sodicat. Le *magistré** de l'Aréopage, quant à lui, était choisi parmi les membres de l'Aréopage. Un nouveau magistré était nommé à intervalles réguliers, ce qui permettait à chaque sodicat d'être, de temps à autre, à la tête de l'Aréopage.

Je me suis intéressé au sodicat des chasseurs parce que d'une part, je me sentais une affinité particulière avec la chasse et les chasseurs et, d'autre part, parce que c'était le sodicat dans lequel Sissasse était née. Je voulais également savoir ce qui était arrivé à ses parents.

Un sombre, Pit m'en a parlé :

« Il y a du petit gibier dans la campagne avoisinante. » Il parlait de certaines réalités que je connaissais déjà. « Mais pour chasser le grand gibier, *les grandes poursuites** ont lieu dans les montagnes, à deux jours de cheval. Tu vois les sommets dans le loin et loin ? » Il a pointé une direction qui me semblait être celle où la Route lointaine allait se perdre, une pente le long de laquelle courait une ligne noire et dentelée. « Les parents de Sissasse chassaient ensemble. Ils étaient très doués et rapportaient souvent une énorme quantité de viande provenant des nombreuses bêtes qu'ils avaient chassées... C'était toujours la fête quand ils revenaient de la chasse. »

« S'ils chassaient pendant des lueurs et des lueurs, ils devaient mettre des lueurs et des lueurs à rentrer et... » J'étais sur le point de poser une question mais Pit savait déjà laquelle.

« Ils ne voyageaient pas seuls », a-t-il poursuivi. « Il y avait avec eux le sodicat des bouchers-tanneurs qui, au fur et à mesure, détaillait le gibier pour la consommation. Les bouchers fumaient, cuisaient, séchaient, saumuraient ou salaient le gibier pour le conserver. Les tanneurs, eux, tannaient les peaux pour en faire du cuir, des couvre-sol ou des couvertures. Chaque fois, ils emportaient avec eux trois ou quatre caisses vides qu'ils rapportaient toujours pleines. »

« Que s'est-il passé ? » C'était la question à laquelle je voulais vraiment que quelqu'un me réponde.

« Personne ne le sait exactement. » Pit regardait dans la direction de la ligne noire et dentelée. « Les montagnes sont dangereuses. Pour la plupart des bêtes, nous sommes des prédateurs, mais pour certaines autres, nous sommes des proies de premier choix. Là-haut, il y a des animaux qui ne font de nous qu'une bouchée... Et puis, il y a aussi des hommes qui veulent autre chose. » Il m'a regardé et il a vu que je ne comprenais pas. « Il y a des *coupeurs de route* * qui se cachent dans les montagnes. Ils ne sont rien d'autre que des voleurs et des assassins. »

« Et ils ont disparu ? »

« Une équipe de sauvetage est partie à leur recherche, mais ils n'ont rien trouvé à part des lambeaux de tissu, des morceaux d'arc cassé et des flèches éparpillées. De toute évidence, il y a eu une bagarre », a dit Pit. Je voyais bien qu'il ne faisait que rapporter des renseignements de seconde main. « Je pense qu'ils ont été tués par quelqu'un… ou par quelque chose. »

« La route que nous devons prendre mène à ces montagnes », ai-je dit. Dans ma bouche, c'était à la fois un fait avéré et un questionnement. Pit a acquiescé.

« Mais ici, les gens disent que si on reste sur la route les bêtes vous laissent tranquilles », a répliqué Pit en hochant la tête.

« Et les coupeurs de route ? » ai-je demandé, bien que je raisonne qu'il ne devait pas en savoir grand-chose.

Il a secoué la tête.

« Les coupeurs de route n'ont pas peur de la route. »

« Mais ils auront sans doute peur des Tor'ocs, non, comme tout le monde ? » J'ai souri pour qu'il sache que je ne prenais pas sa mise en garde très au sérieux.

Il est resté sombre.

« Je doute qu'ils devinent que tu es un Tor'oc et si on le leur disait, ils ne le croiraient pas. Tu es une créature mythique : la plupart d'entre nous doutent que vous ayez jamais existé. » Et là, il a souri.

Pit était né dans le sodicat des artistes et c'était un artiste jusqu'au bout des doigts. Il pouvait reproduire à la perfection tout ce qu'il voyait, que ce soit sur du papier ou avec de la terre ; il ne faisait pas que reproduire, il transcrivait aussi la manière dont il voyait. Pit voyait les choses différemment, il les embellissait. Il m'a appris à regarder des choses, que je pouvais connaître ou pas, sous un jour différent. Il y avait des personnes dont le travail était de concevoir les maisons, les bâtiments et d'en élaborer les plans de construction, mais c'étaient des artistes tels que Pit qui dessinaient les parois de verre, créaient leurs motifs et en choisissaient les coloris.

Une lueur de rosée, je venais à peine de me réveiller, lui, était déjà debout ; il dessinait le motif d'une de ces façades en verre. C'était la première fois de ma vie que je voyais du papier et une telle gamme de couleurs d'encre. Sur la Péninsule, il n'y avait que quatre couleurs d'encre obtenues à partir de pigments qu'on extrayait des fleurs qui poussaient chez nous. Pit était absorbé par son travail. Je le voyais donner vie à un mur de verre qu'il était le seul à voir. Juste avant d'avoir terminé, il a remarqué que je le regardais ; ça l'a intimidé que je l'aie vu dessiner.

Il a passé sa main sur son travail, comme si ce n'était rien et il a dit :

« C'est un croquis. »

C'était d'une beauté époustouflante, alors j'ai raisonné que « croquis » devait être le mot pour désigner quelque chose d'une beauté époustouflante.

« Comment as-tu appris à faire ça ? » Il y avait tant d'émerveillement dans ma voix qu'il a souri.

« Je suppose qu'il faut un peu de talent, mais tout le monde peut apprendre à dessiner. »

J'ai secoué la tête.

« Pas moi, ni personne qui me ressemble. »

« Qui te ressemble ? » a-t-il répété. Pour lui, dans ce monde-ci, personne ne me ressemblait.

« Il y a toute une Péninsule de Tor'ocs comme moi, et je pense qu'aucun d'eux ne pourrait apprendre à dessiner. »

« Mais tu nous as dit que vous avez appris à faire plein de choses : à faire pousser la Cité dans les Arbres, à parler aux arbres, à trouver de l'eau, à cultiver, à fabriquer des vêtements. Vous avez tout appris tout seuls. Pour le papier, c'est juste que vous n'en avez pas eu l'idée, sinon vous auriez appris à le fabriquer et appris à dessiner. » À l'entendre, ça avait l'air simple. « Mais ça aurait probablement pris des générations et nous n'avons pas tout ce temps devant nous, alors je vais t'expliquer. »

Il a pris un bâtonnet qu'il a trempé dans un bol de couleur rouge. Puis il me l'a tendu avec une feuille blanche, que j'avais peur de salir.

« On va commencer par un simple trait. »

J'ai essayé de tracer des lignes et j'ai abîmé cette feuille-là et bien d'autres par la suite. Ça m'a pris des lueurs et des lueurs avant que je ne puisse dessiner la tasse que Pit et Sissasse m'avaient donnée pour que je boive dedans. Une lueur, la tasse a eu la bonne forme, la bonne couleur et donnait presque la même sensation que la vraie tasse. À partir de ce moment-là, j'ai eu envie de dessiner tout ce que je voyais. Pit a continué à m'apprendre et j'ai continué à m'améliorer. Il était patient et savait ce qu'il fallait dire pour guider ma main. En vérité, il m'a surtout appris à regarder ; ma main devait suivre mon regard et mieux je regardais, mieux je dessinais. Pit disait que mes doigts étaient habiles et malins. Il disait que c'était un don que j'avais reçu à la naissance mais il ne m'a jamais dit de qui, selon lui, j'avais hérité ce don.

Les dons viennent bien de quelqu'un... Celui-ci pouvait venir de Soaad mais pourquoi ne m'en avait-elle rien dit ? Fallait-il que je le découvre tout seul ? Mon chemin, qu'elle contribuait à guider, m'avait peut-être conduit délibérément à Lulle et à Pit pour que je découvre le dessin. Il m'avait mené à la lance que je n'abandonnerais certainement pas – je savais que j'en aurais besoin – et j'avais la même sensation pour le dessin. Je savais que cet apprentissage me transformait, mais j'ignorais encore de quelle manière et, pour l'instant, je n'avais pas besoin de le savoir. J'étais tout simplement heureux d'apprendre à regarder et à dessiner.

Je voulais donner à Pit quelque chose en échange de tout ce temps qu'il me consacrait. Je n'avais rien à lui offrir mais je lui ai quand même demandé ce qui lui ferait plaisir.

« Apprends-moi à manier les armes », a-t-il répondu en une fraction de mesure. « Ici, à Lulle, les chasseurs ont une formation pour ça, mais nous, on n'en a pas. On nous apprend à croire. »

Pit était svelte et fort mais pas suffisamment pour bander les doubles cordes de l'oro-arc conçues pour les Tor'ocs. De surcroît, elles étaient faites pour atteindre une cible loin et loin mais, à bout portant, l'oro-arc ne valait rien. Un lapin disparaîtrait dans une explosion de poils et de sang si on le tirait de trop près. J'ai donc décidé de lui apprendre à manier le couteau finnif. Bien que ses deux lames m'aient toujours donné du mal, avec leur forme de tourbillon qui ressemblait à la spirale des coquillages de Lulle, je me suis dit qu'il apprendrait vite à s'en servir.

Il aimait l'aspect du couteau. Il appréciait le fait qu'il puisse couper et trancher des quatre côtés simultanément. Il aimait aussi le faire tourner sur un seul doigt comme une toupie et puis l'envoyer dans une cible loin et loin. Comme tous les débutants, il se coupait chaque fois qu'il l'attrapait pour le relancer dans les airs, cependant ses blessures n'entamaient pas sa détermination ni sa persévérance. Je lui ai parlé de lancers particuliers que, personnellement, je ne pratiquais jamais : le lancer à deux doigts sur une seule lame, la vrille latérale ou la vrille inversée, le lancer depuis la hanche.

Pit était autant passionné par le couteau finnif que moi par le dessin. À la moindre occasion, je prenais du papier, de l'encre et le bâtonnet, et je dessinais. Lui, il s'entraînait chaque lueur avec le finnif et délaissait son art. Il est devenu excellent… pas autant qu'Uthiriule mais, s'il la rencontrait, il lui donnerait du fil à retordre. Je lui ai dit qu'il avait des doigts « agiles et malins », et qu'il savait maintenant tout couper, alors que ses doigts avaient intérêt à se méfier d'un talent si aiguisé. Il a ri. J'ai fait le lien qu'en partant je lui donnerais l'un de mes deux couteaux finnifs.

Sissasse, elle aussi, voulait connaître le maniement des armes. Je lui ai dit qu'elle était encore trop petite mais que, quand elle serait grande, je lui apprendrais. Je savais que ça n'arriverait pas et ça ne me plaisait pas d'avoir à lui mentir. Lui dire que bientôt j'allais partir, qu'elle ne me reverrait jamais, n'apprendrait jamais la philosophie de la vie tor'oque, ne monterait plus jamais Bol, n'apprendrait jamais les armes comme je le lui avais promis, était encore pire. J'allais partir, c'était ça qui allait advenir. Sa vision du futur à elle était tout autre : elle allait devenir tor'oque. Elle trouverait toute seule son oryx, elle apprendrait les armes, nous serions proches jusqu'à ma mort et d'ailleurs, je ne mourrais jamais. C'était ça, sa vision à elle.

Au début, à Lulle, on m'emmenait souvent chez quelqu'un pour prendre le repas de la dernière lueur.

La tradition voulait que les invités viennent dans les maisons, quand les ombres s'allongeaient, pour manger, parler, chanter, pour que chacun raconte sa lueur. Ainsi, chaque sombre, les gens faisaient semblant d'avoir envie que je participe à tout cela. Ils voulaient savoir plein de choses sur moi et ce que ça me faisait d'être tor'oc. Mais dans chaque maison, c'était la même chose : les mêmes questions, les mêmes jugements de valeur, la même méfiance à peine voilée à mon égard. De prime abord, ils essayaient de camoufler les sentiments qu'ils éprouvaient vis-à-vis d'un Tor'oc, mais ça restait palpable. Après des verres et des verres, quand ils avaient bu beaucoup et beaucoup de leurs boissons locales, ça resurgissait toujours. Ce n'étaient pas des repas chaleureux, non, c'étaient des obligations qui leur étaient imposées ; en fait, ils ne désiraient pas me recevoir chez eux et, moi, en quelques lueurs à peine, je ne voulais plus y aller non plus. Il n'y avait que deux personnes, à Lulle, de qui je me sentais vraiment proche, et c'étaient deux orphelins. Alors, j'ai commencé à refuser les invitations à dîner et, rapidement, je n'ai plus été convié. J'en étais soulagé. À partir de là, j'ai pris mes repas avec Pit, Sissasse, les Jannanons et parfois Chiffaa. Nous parlions, nous chantions et nous nous racontions allègrement nos lueurs.

La lumière des lueurs s'allongeait de plus en plus tard et le sombre, lui, devenait de plus en plus court. Cette lueur-ci, alors que la lumière diminuait dans le ciel mais qu'elle s'attardait encore un peu, nous étions, Sissasse et moi, chacun allongé dans son hamac et Sissasse a voulu que je lui raconte une histoire sur les Tor'ocs d'il y a longtemps et longtemps. Je lui ai demandé si elle voulait une histoire en particulier ; elle avait envie d'entendret une histoire sur les mers de la Péninsule. Je n'en connaissais pas vraiment parce qu'on ne fraternisait pas avec les mers, on s'en protégeait. Comme je connaissais leur nom, je lui ai raconté cette histoire-là.

« La maman des Tor'ocs s'appelait Ourla », ai-je commencé.

« Oui, oui, Ourla, c'est notre maman », n'a pu s'empêcher d'ajouter Sissasse.

« Sur la Péninsule, Ourla a donné un nom à presque tout. La mer, au nord, elle l'a nommée "Sumon" en l'honneur de son père… » Profitant de l'instant où j'ai pris ma respiration, elle a clamé :

« … Le roi des guerriers, et tu as sa lance ! »

« Ce n'était pas un roi mais, tu as raison, j'ai sa lance », ai-je répondu. « La mer était toujours en colère – on pensait que c'était une rage bouillonnante et vengeresse –, mais ce n'était pas de la rage. La mer était une guerrière, toujours à combattre, toujours à se battre. »

« Comme Sumon, le roi des guerriers. » Sissasse visualisait cette image, qu'elle voulait entendre et entendre.

« C'est ce qu'Ourla pensait, elle aussi, et c'est pour ça qu'elle l'a appelée la "mer de Sumon". L'autre mer était calme et belle et, quand tu la voyais, tu voulais être dedans. »

Elle sentait qu'il y avait un danger qui affleurait dans mes mots, alors, elle a demandé :

« Et si tu allais dedans, il se passait quoi ? »

« Des fois, rien mais d'autres fois, le plus souvent, en vérité, le courant t'aspirait à l'intérieur, t'entraînait sous les vagues, au cœur de profondeurs dont on ne revenait jamais, à un endroit où tu ne pouvais pas respirer. Alors... tu mourais. »

Elle retenait son souffle à l'évocation de cette eau perfide et magnifique.

« Ourla ne savait pas comment l'appeler, tout le monde l'appelait déjà "la mer de la mort subite" mais elle, elle n'aimait pas ce nom-là. »

« Moi non plus, j'l'aime pas. » Sissasse voulait que je le sache.

« On l'a pourtant appelée comme ça pendant longtemps et longtemps, jusqu'à ce que la fille d'Ourla ait eu une fille, qui, un jour, a eu ton âge. » Je l'ai regardée pour voir l'effet que produisait mon histoire – quand elle s'est reconnue, ses yeux endormis se sont ouverts en grand. « Cette petite fille s'appelait O'bira. »

« O'bira. » Sissasse se le chuchotait à elle-même.

« O'bira était très jolie, comme toi, mais contrairement à toi, elle avait des cheveux blonds comme les blés et des yeux clairs. Elle était, comme toi, délicieuse et douce, et elle avait un rire qui faisait de la musique. Une lueur de rosée, elle a eu une bataille avec un petit garçon –, ici, vous diriez "dispute" – et le garçon lui a dit qu'elle était stupide ou laide, personne n'a su exactement. »

« Ce n'est pas bien de dire ça », a dit ma petite voisine. J'ai compris, au tremblement de sa voix, qu'elle avait vécu ça, elle aussi.

« Un jour, alors que le petit garçon avait oublié O'bira et ce qu'il lui avait dit, elle s'est approchée de lui, sans faire de bruit, et elle l'a poussé de l'arbre où il se trouvait.

« Quoi ! » Sissasse s'est redressée dans son hamac.

« Oui, elle l'a poussé de l'arbre… Dans la Cité dans les Arbres, c'est une chose très, très vilaine, très interdite. »

« Alors, quand on sera là-bas, moi, je ne ferai pas ça. » Elle a fait un lien avec moi à cet instant précis et, du même coup, elle a pris un autre petit morceau de mon âme. Je me suis efforcé d'ignorer ce lien.

« Je sais que tu ne le ferais pas, pas toi. » J'ai souri. « Le petit garçon s'est fait mal, mais ce n'était pas grave. C'était une petite chute. O'bira a été punie et, à compter de ce jour-là, "O'bira" est devenue synonyme d'une jolie, délicieuse et douce petite fille qui te briserait en deux si tu la mettais en colère. Toute gentille qu'elle était, avec elle, on s'attendait à un mauvais coup. Ourla avait trouvé un nom ! Elle a aussitôt organisé une cérémonie de baptême et c'est ainsi que "la mer de la mort subite" est devenue, "la mer d'O'bira". »

« Et qu'est-ce qui est arrivé à la petite fille ? » voulait savoir ma petite fille.

« Elle a grandi et elle est devenue une grande jeune femme, aussi forte qu'elle était belle. Elle est devenue cheffe des Tor'ocs. Elle était juste, certains disaient qu'elle était douce, mais si tu lui cherchais querelle, elle te brisait, à sa manière, sans faire de bruit et sans témoin. Comme la mer, les Tor'ocs devaient la respecter et être prudents avec elle. Ça ne gênait personne d'appeler la mer "O'bira". Pour les Tor'ocs, la mer d'O'bira et O'bira se ressemblaient tant qu'elles semblaient être l'incarnation l'une de l'autre.

Il m'est arrivé plusieurs fois de regarder la mer d'O'bira et de fixer l'eau pour essayer de voir O'bira dedans. »

« Et tu l'as vue ? » a demandé Sissasse en espérant que oui.

« À ma manière, je l'ai vue. » Elle m'a regardé, sans comprendre. « Son sang est dans mes veines. Elle a eu une fille qui a eu un fils, qui a eu un fils, qui a eu une fille, qui a eu une fille, qui a eu un fils. Et cela a continué jusqu'à ce que le sang descende jusqu'à moi. Je suis le dernier de la lignée. »

« Et tu es le roi des Tor'ocs, maintenant ? »

« Nous n'avons pas de roi et je ne suis pas le chef. Je suis la Feuille, le dernier de tous les Tor'ocs. »

Elle a secoué la tête, ce qui voulait dire que je ne pouvais pas être « le dernier » des Tor'ocs. Mais elle ne me connaissait pas, elle ignorait que bientôt et bientôt je la briserais comme O'bira avait brisé le petit garçon. Et j'étais pire qu'O'bira, parce qu'elle n'était qu'une petite fille quand elle avait poussé le petit garçon ne sachant pas ce qu'elle faisait. Tandis que moi, j'étais grand et je savais très bien ce que je faisais. Le sang d'O'bira coulait bien dans mes veines ! Telles étaient mes pensées quand j'ai entendu le souffle apaisé de Sissasse. Elle dormait et, pour le moment et les lueurs à venir, je ne lui avais pas encore brisé le cœur.

J'étais allongé dans mon hamac. Comme le sommeil ne venait pas, j'ai pris de l'encre et du papier. J'ai posé la pointe du bâtonnet sur le papier et je lui ai dit de faire ce qu'il voulait. Je l'avais tiré et poussé à dessein, maintes et maintes fois sur des papiers et des papiers ! Là, je lui donnais sa liberté – vas-y, dessine ce que tu veux. Le bâtonnet s'est mis à tourbillonner. Il a d'abord tourbillonné lentement. Ensuite, il a fait un grand tourbillon noir, énorme et délibéré, qui a pris de la vitesse et qui a recouvert tout le papier. Il a transformé mon dessin en un trou géant, le genre de trou dans lequel les ombres disparaissaient. Ça ne m'a pas plu, mais j'avais donné sa liberté au bâtonnet.

« Je n'irai pas me perdre dans ton trou », ai-je dit au bâtonnet. Il n'avait rien à faire de ce que je pouvais lui dire. Au fur et à mesure que le trou s'agrandissait, il devenait de plus en plus sombre et de plus en plus réel, et j'ai eu l'impression qu'une force m'éloignait du bord du trou. Cette fois-ci, je n'allais pas tomber dedans.

Je suis tellement inquiet que je ne sens pas qu'en m'éloignant du trou, je prends de la hauteur ; je m'élève, de plus en plus haut, je traverse l'arbre, je le dépasse, je suis au-dessus de l'arbre, bien au-delà, je suis au-dessus de la ville et dans le ciel qui perd ses dernières lueurs. Tout ce que je vois, c'est le trou béant, toujours menaçant, bien qu'il soit de plus en plus petit et qu'il s'éloigne de moi de plus en plus vite. Lorsque je suis suffisamment haut, le bâtonnet s'arrête. Le trou est terminé et je peux enfin regarder ailleurs.

C'est là que je vois la ville de Lulle d'en haut. D'un bout à l'autre de la nervure, je découvre le dessin de l'énorme coquillage avec une multitude de petits coquillages à l'intérieur. Celui qui a dessiné la ville a dû la voir d'ici, pour réaliser un tracé aussi parfait et merveilleux. Et moi, je suis complètement émerveillé.

Je veux me souvenir de tout pour pouvoir le dessiner plus tard, avec tous les détails, y compris la muraille qui n'est pas là. Je l'ai vue d'en bas mais, en la regardant d'en haut, j'apprécie vraiment la défense exceptionnelle qu'elle constituerait si elle existait vraiment.

Quelque chose attire mon attention, il y a du mouvement au sommet de la muraille. Y aurait-il quelque chose ou quelqu'un dessus ? Comment est-ce possible puisqu'elle n'existe que parce que les Lulliens veulent bien le croire ? Si elle n'est pas réelle, rien ni personne ne peut se promener dessus. Je m'approche pour confronter l'illusion d'optique.

Je me déplace avec mon esprit et personne ne me voit ; je n'ai ni forme, ni épaisseur, ni hauteur, ni poids. Tandis que je m'approche de la chose qui se trouve au sommet du mur, la chose s'arrête, se tourne vers moi et me regarde. Je descends. Son regard me suit toujours... Je commence à me méfier.

Il y a un homme qui se tient là, les bras devant lui, les mains l'une dans l'autre ; il attend patiemment que je le rejoigne. Il porte des couvre-tout difficiles à distinguer dans les dernières couleurs de la lueur. Ses cheveux sont blancs et coupés court, comme sa barbe. Je me dis qu'il est vieux mais, quand je suis suffisamment proche de lui, je vois qu'il est jeune.

Sa peau est saine et sans rides et il a l'éclat de la jeunesse dans les yeux et autour de la bouche. Il est possible qu'il ne puisse que sentir ma présence mais, quand je m'approche encore plus près, il est clair qu'il me voit parfaitement. Je me pose sur le mur, à côté de lui. Le mur a l'air solide sous mes pieds.

« Bienvenue. » Il ne dit rien d'autre. Il attend.

Je réponds d'un ton interrogatif.

« Merci... »

« Tu es un Tor'oc, n'est-ce pas ? »

« Je suis ce que tu vois. »

« Tu ne leur ressembles pas tout à fait mais je vois bien que c'est ce que tu es. Vous n'êtes pas nombreux de votre espèce, sinon je l'aurais su. » Il a dit cela, autant à lui-même qu'à moi.

« Pourtant, nous sommes nombreux sur la Péninsule. » J'essaie d'être le plus doux possible. « Ils ne sont pas nombreux, ici, à apprécier l'idée même des Tor'ocs et ont la trouille d'en rencontrer un qui se balade dans le Monde du dehors comme je le fais. Je sens que la plupart des gens que je rencontre ont peur de moi. »

Il a déjà vu des Tor'ocs ailleurs que dans les Légendes, c'est évident qu'il a déjà eu affaire à eux, et des affaires désagréables. Pourtant, il n'a pas l'air d'avoir peur de moi. Il reste immobile et silencieux, comme ça, pendant de nombreux souffles, à réfléchir. À ressentir et à réfléchir.

« Votre Péninsule, ce n'est pas du tout une péninsule en fait ? »

Je sais alors qu'il a dû ressentir les caractéristiques de l'endroit au moment où j'ai prononcé le mot « Péninsule ».

Je souris.

« Non. C'est une île qui, autrefois, était reliée au Monde du dehors, mais plus maintenant. Nous l'appelons toujours "la Péninsule". Ça nous plaît, mais je ne peux pas expliquer pourquoi. »

« Qu'est-ce qui t'amène à Lulle ? » me demande-t-il.

« Je ne fais que passer ou plutôt, j'essaie de passer. » Il ne me paraît pas opportun de faire allusion à la lance ni à l'Aréopage. « Je suis en route pour Orzamond, je vais assister à un Camarode. »

« Un Camarode ! » Le mot lui a fait l'effet d'un électrochoc, il devient soudain méfiant. « Pourquoi tiendraient-ils un Camarode et pourquoi sommeraient-ils un Tor'oc d'y participer ? Est-ce que tout a tellement changé ? »

« Je ne sais pas. » Je dis cela et je me sens stupide d'avoir fait tout ce que j'ai fait depuis le début, sans même avoir su pourquoi je le faisais. « Je suis nouveau dans le Monde du dehors. Mon peuple a été emprisonné sur une île, loin de tout, pendant mille ans. Je suis le premier à revenir dans le monde. »

« Mille ans ? » Il s'émerveille. « Si longtemps, déjà ? »

« Qui es-tu ? Es-tu un esprit, comme moi ? » je le lui demande. J'ai l'impression qu'il est parti mille ans en arrière et que je le ramène à l'instant que nous partageons tous deux, sur le mur où nous nous trouvons, l'un en face de l'autre. Il me regarde comme s'il avait oublié que j'étais là.

« Non, je ne suis pas un esprit. Je suis Jaï-wé. »

Je m'émerveille.

« Jaï-wé, le chef mystique ? »

Il hoche la tête. Cela signifie que ce titre n'a aucune valeur à ses yeux et qu'il mérite de n'en avoir aucune aux miens. « Le mystique qui est mort le jour où le mur a été créé ? » Je veux m'assurer que ce que j'ai déjà appris est bien vrai.

« Je ne suis pas mort. Je suis le mur. »

« Le mur qui n'existe pas, c'est ce que tu es ? »

« Le mur existe ! » dit-il, pour se défendre et défendre sa création. « Si tu penses qu'il n'existe pas, essaie un peu de le traverser ou de passer par-dessus. »

« Mais il n'est fait que de croyance, il est une vue de l'esprit. » Je veux qu'il reconnaisse la vérité.

« Oui, comme tout le reste », dit-il.

« Dans "le reste", il y a des choses bien réelles. » Je lui montre la muraille sur laquelle nous nous trouvons : « Mais ceci ne l'est pas. » Pourtant, à mes yeux et à ceux de mon esprit, la muraille semble bien réelle, elle aussi.

« Pourquoi les choses sont-elles réelles ? Parce que tu peux les toucher, les voir, les entendre ? Tout cela se passe dans ta tête. Oui, il y a des choses qui sont réelles, que tu peux voir, toucher et entendre et d'autres qui ne le sont pas. Mais, quel que soit ton nom, il est probable que tu ne fasses jamais la différence. »

« Je suis Æon. » Ça l'arrête net. Pour la première fois, il me regarde comme si j'étais réel. Puis son regard retourne dans le passé.

« Ah oui... Maintenant, je me souviens. Je t'ai vu. Je savais que tu viendrais. »

« Et qu'as-tu vu ? » Peut-être vais-je découvrir pourquoi je me tiens sur une muraille qui n'existe pas.

« J'ai vu une tempête arriver... une tempête d'oiseaux noirs. » En l'écoutant, je vois qu'il la voit.

« Des oiseaux noirs aux ailes rouges ? » Je veux que cela ne soit qu'un mauvais rêve mais son regard me glace.

Il hoche la tête.

« Une tempête d'oiseaux noirs aux ailes rouges. Rien ne peut t'y préparer. Orzamond t'appelle dans l'espoir que tu sois leur sauveur, mais tu ne le seras pas. »

« Non. Comme l'a dit la fée, je vais les décevoir. » Je sais que c'est vrai.

« Pire que cela, Æon... pire que cela. » Les mots du mystique sont empreints d'une profonde tristesse et d'une grande douleur.

« Qu'as-tu vu ensuite ? Que va-t-il m'arriver ? »

Il secoue la tête en signe d'impuissance. « Je n'ai vu que cela. Le reste n'était qu'une impression fugitive. Quand j'ai eu cette vision, j'ai su que je te la raconterais. Je ne sais pas pourquoi. »

Je suggère :

« Pour me préparer, peut-être ? »

« Rien ne peut te préparer. » Il est résigné, comme je devrais l'être.

Je sens Sissasse s'agiter dans son petit hamac. Je n'aime pas la laisser toute seule dans l'arbre. Elle peut se faire mal. Il faut que je revienne vite. Je me détourne du mystique et je me dirige à travers la ville vers mon arbre où dort Sissasse. Je revois la forme de la ville et je retourne auprès de Jaï-wé.

« Pourquoi le coquillage ? Pourquoi tout ça ? » Je lui montre Lulle.

« Le coquillage est solide. C'est une forteresse en soi. Mon peuple est faible mais je veux qu'il vive et qu'il soit fort. Alors je lui ai donné un coquillage dans lequel il puisse s'épanouir. »

J'acquiesce et je sens de nouveau Sissasse qui se tortille dans son hamac.

« J'aimerais que nous puissions nous parler plus longuement », dis-je au mystique. « Mais je dois vraiment y aller. »

Les lèvres du mystique s'étirent et forment un sourire. Il hoche la tête.

« Nous serons amenés à nous revoir bientôt. »

Je suis surpris par sa réponse. Voit-il au-delà ? Je veux rester encore un peu pour lui poser la question, or Sissasse est aussi à l'intérieur d'un rêve qui la trouble.

Je laisse ma conscience tourbillonner vers le bas, jusque dans les branches de notre arbre, jusqu'à mon corps qui dort à un demi-tor'oc du hamac de Sissasse.

Elle bougeait et gémissait au milieu de son rêve comme si elle était attaquée. J'ai posé ma main sur son ventre et je l'ai laissée là jusqu'à ce qu'elle perçoive ma présence et qu'au milieu de son rêve elle se sente protégée. Elle pouvait bien rêver de n'importe quoi, ai-je pensé, pourvu que ce ne soit pas d'oiseaux noirs aux ailes rouges.

Le lendemain, un émissaire de l'Aréopage – qui avait été dépêché à Orzamond – était sur le retour. Il a été aperçu alors qu'il franchissait le pont de la ville. L'Aréopage de Lulle l'avait envoyé auprès d'Hasmapludi III, gouvernabule de la Haute-Bossaguine et de la Bossaguine Centrale pour lui demander conseil à propos de la décision que l'Aréopage devait prendre concernant ma lance. Le message qu'il a rapporté et transmis à l'Aréopage était simple :

Amenez le Tor'oc et sa lance sans délai.

Le Maître des sables, vaincu, fulminait : il ne pouvait plus argumenter devant l'Aréopage. Mon souhait le plus cher était qu'il reste à Lulle où il semblait se plaire et qu'il nous laisse poursuivre notre voyage… sans lui. Les Jannanons partageaient mon opinion. C'est Chiffaa qui l'a encouragé à venir avec nous. Elle raisonnait que nous finirions par avoir besoin de lui.

J'ai parlé à Pit du message du gouvernabule et je lui ai dit que les Jannanons voulaient partir à la prochaine lueur de rosée. Je pensais qu'il serait contrarié par la nouvelle, voire triste. Mais sa réponse a d'abord été une expression sérieuse et déterminée, bien que silencieuse, puis il a baissé les yeux pour réfléchir à ce qu'il allait dire. Alors, j'ai attendu.

« Je veux venir avec vous », a-t-il fini par annoncer.

Il a levé les yeux vers moi, il s'attendait à un refus. Je n'avais pas prévu qu'il me demande ça mais, dès qu'il l'a dit, je me suis rendu compte que j'avais pressenti son intention depuis des lueurs et des lueurs. Il y avait deux personnes et un oryx que j'avais laissés entrer dans mon âme pendant cette épopée, et Pit était l'une d'elles. J'étais attaché aux Jannanons, mais ils étaient si différents. Même si j'étais lié à Wéodou, je ne serais jamais vraiment à l'unisson avec eux, ni eux avec moi. En revanche, Pit m'avait transformé et je l'avais transformé à mon tour. Nous étions devenus si proches que je le considérais comme un frère, comme si nous étions du même sang.

J'ai souri et j'ai dit :

« Ça me plairait beaucoup… »

Pit a conservé son air sérieux.

« … Mais que diront les autres ? Ne vont-ils pas s'y opposer ? » a-t-il demandé.

« Peut-être mais, je me fiche de plus en plus de leurs desiderata. Ils sont venus me chercher pour que j'accomplisse une mission qu'ils gardent secrète, alors qu'ils la connaissent. Il y a un prix à payer pour ça et une partie de ce prix, c'est que je peux maintenant faire ce qui me plaît et sans qu'ils puissent décemment s'y opposer. Je fais déjà suffisamment ce qu'ils veulent et, de surcroît, je le fais à l'aveuglette. »

Pit a souri. Il se voyait déjà quitter Lulle et cette vie, pour ce qui lui semblait être une vie meilleure, plus excitante. Il ne serait plus quelqu'un qui n'a personne ; il aurait un frère.

« J'ai une autre requête. » Pit a croisé ses bras, il semblait avoir peur de continuer.

« Quoi ? » J'ai senti que je devais prononcer ne serait-ce qu'un mot pour qu'il parle à son tour.

« Sissasse. »

Pit a levé les yeux vers moi et j'ai compris ce qu'il voulait me demander.

« Elle n'a que quatre ans », ai-je dit. « Elle doit rester ici, où l'on prendra soin d'elle, où elle pourra grandir parmi les siens. »

« Æon, je vais te dire ça parce que je le sais, et toi aussi. » La voix de Pit n'avait plus aucune appréhension. Il fallait qu'il me le dise pour que je le sache. « Quand tu grandis à Lulle sans personne, les gens te nourrissent, te logent, t'éduquent mais ils ne t'aiment pas, pas vraiment. Sissasse, à quatre ans, elle le sait déjà. Toi et moi, nous nous occupons d'elle parce que nous l'aimons. Elle est à nous ! Elle t'appartient plus encore qu'elle ne m'a jamais appartenu. Et si je peux dire ce que j'ai vu passer entre vous, tu lui appartiens aussi ! Je vais partir avec toi… »

Je l'ai interrompu. « Oui, c'est décidé et posé. Mais on ne peut pas emmener une gamine, elle est trop petite et c'est trop dangereux ! »

« Ce n'est pas une gamine, c'est Sissasse ! » Je sentais sa détermination à me convaincre. « Sa place est ici. » C'était mon opinion sur la question.

« Eh bien, moi, je te dis que non ! » a répondu Pit en s'avançant vers moi.

« Et qu'est-ce qui se serait passé, si je n'étais pas venu ? » lui ai-je demandé.

« Mais tu es venu ! »

Je ne voulais pas me laisser embobiner.

« Elle aurait grandi ici et serait devenue une vraie Lullienne. Elle se serait mariée et elle aurait fait partie de son sodicat… »

« Il y a des gens qui ne trouvent pas leur place, ici et qui ne restent pas. Ils sont obligés de partir. Il n'y a pas de sodicat pour eux, pas de partenaire, pas de vie. » J'ai tourné la tête, je ne voulais pas en entendre davantage. « Tu as une vision idyllique de la vie qu'aurait Sissasse, ici. Pas moi. Il n'y a personne qui lui apprendra à chasser, comme ses parents l'auraient fait. Les autres sodicats ne verront aucune raison de s'intéresser à elle. Elle va grandir, comme n'importe qui, avec ou sans personne pour prendre soin d'elle, mais sans amour, elle finira, tôt ou tard, par dériver. Elle se retrouvera alors en dehors des lignes et ils lui feront sentir qu'il est temps pour elle de s'en aller. C'est à nous de lui montrer le chemin et on ne peut pas faire ça sans la prendre avec nous. »

Cette discussion commençait à troubler ma certitude. J'étais de plus en plus tendu.

« Comment va-t-elle grandir, alors ? Que va-t-elle devenir ? » ai-je dit.

« Elle deviendra tor'oque. »

Il insistait et ça me déstabilisait.

« Elle deviendra quoi ? »

« Tor'oque… comme toi », a-t-il répété aussi calmement que s'il avait annoncé qu'il allait pleuvoir. « C'est ce qu'elle veut. »

« Tu dois naître tor'oc ; on ne peut pas le devenir comme ça », ai-je objecté, même si je n'étais pas tout à fait sûr que cela soit vrai. J'avais l'impression que c'était vrai parce que, jusqu'à présent, c'était une situation qui ne s'était jamais posée.

« Et comment tu le sais, qu'on ne peut pas le devenir ? » a demandé Pit sans attendre que je réponde. « Elle deviendra grande, comme toi, grande et forte, comme l'étaient ses parents, qui n'étaient pas aussi grands que toi mais presque. J'imagine que tous les Tor'ocs ne font pas la même taille, si ? » Il hésitait.

« Non, bien sûr, on n'est pas tous pareils. »

Je n'aimais pas la tournure que prenait la discussion.

« Et sa peau est cuivrée comme la tienne, peut-être un peu moins que la tienne mais, si c'est tellement important pour toi… »

J'ai levé la main pour l'interrompre.

« Il ne s'agit pas de savoir quelle sera sa taille ni quelle est la couleur de peau. Je ne peux pas l'emmmener. Je ne peux pas l'élever pour qu'elle devienne une Tor'oque. »

« Élever qui… pour que qui devienne tor'oc ? » La petite voix de Sissasse s'élevait derrière moi. Je me suis retourné : ses yeux émerveillés brillaient. Elle se tenait dans l'embrasure de la porte. Elle s'est approchée de moi puis s'est arrêtée. « Élever qui ? »

Je me suis agenouillé près d'elle et j'ai pris mon temps avant de lui dire :

« Sissasse, je vais devoir partir. » Son visage s'est figé. Elle voulait écouter mais sans entendre le pire et, je voyais bien qu'elle s'y attendait déjà. « Je ne sais pas grand-chose du Monde du dehors mais je sais qu'il y a des endroits dangereux, très dangereux. Je le sais. Pit m'a demandé si, quand je partirais, il pouvait venir avec moi et j'ai dit oui. » Son regard allait et venait, de Pit à moi, à toute vitesse, rien ne bougeait dans son visage que ses yeux. Elle se préparait à tout. Elle a plongé ses yeux dans les miens.

« Élever qui, pour devenir tor'oc ? » a-t-elle répété comme si rien de ce que j'avais dit n'avait d'importance.

« Pour les gens, être tor'oc, c'est la pire chose au monde… »

Je cherchais mes arguments comme l'aurait fait ma défenseresse.

« Pas pour moi ! » a-t-elle répondu. Mon argument est tombé en miettes comme une noix vieille de trois saisons.

Je n'allais pas capituler si facilement. Il fallait que je sois aussi opiniâtre que le Maître des sables.

« Tu as une maison merveilleuse, ici, à Lulle, elle est colorée et chaleureuse. » Je lui ai montré sa chambre pour qu'elle la regarde. « Tu as un lit confortable… »

« Moi, j'préfère dormir dans les arbres. »

Comment pouvais-je argumenter contre tant de sagesse ?

« Si tu venais avec nous, je ne sais pas si je pourrais te protéger », ai-je dit. La possibilité qu'elle puisse partir avec nous a illuminé son visage d'une lueur d'espoir qu'elle ne s'était pas autorisée à avoir jusque-là. Je ne m'y prenais pas bien, je lui donnais de l'espoir alors qu'il n'y avait pas lieu d'en avoir. C'est ce que je me disais. J'ai décidé d'aller droit au but, ce serait mieux pour elle. Elle aurait une enfance plus belle et plus sûre, ici, à Lulle, et bientôt, elle m'aurait oublié. Je l'ai prise par les épaules et je l'ai regardée dans les yeux pour qu'elle comprenne simultanément mes mots et mon regard. « Sissasse, tu ne peux pas venir avec nous. Là où nous allons, il n'y a pas de place pour une petite fille comme toi. Ça peut te sembler être le pire qui puisse t'arriver, mais crois-moi, c'est beaucoup mieux comme ça. »

« Mais… qui me racontera des histoires ? »

Elle essayait de retenir ses larmes.

« Je suis certain que chaque sombre, plein de Lulliens viendront te raconter des histoires. » J'ai cherché Pit des yeux pour avoir son soutien. Il a soutenu mon regard mais pas ce que je disais. Il a secoué la tête et ça voulait dire : « Non, il n'y aura personne. » « Tu vas grandir heureuse, ici », ai-je repris. Elle ne me regardait plus, l'air complètement perdu. « Je ne connais rien aux petites filles, je n'ai aucune idée de ce dont tu as besoin… »

« Tu sais tout », a-t-elle murmuré d'une manière qui disait que c'était vrai et vrai à ses yeux, et ça voulait tout dire.

Les derniers remparts de ma résistance ont cédé à ce moment-là. L'instant d'après, il n'en restait plus qu'un peu de poussière, plus insignifiante encore que celle d'une noix vieille de trois saisons. J'étais émerveillé par ce moment et par sa force. Elle m'avait terrassé, pas avec ses mots mais avec cette force qui irradiait de tout son être, quelque chose de pur, d'entier et sans réserve.

« Tu es sûre que tu pourras monter Bol pour je ne sais combien de temps ? Que tu voudras apprendre et apprendre à devenir une Tor'oque ? Parce que je ne saurais pas comment t'apprendre à devenir quoi que ce soit d'autre… »

Ses bras se sont envolés autour de mon cou et elle a enfoui sa tête contre ma peau. Elle a dit quelque chose qui a été étouffé, parce que les mots étaient aspirés en moi. Est-ce que j'entendais ou bien je ressentais ce qu'elle disait ? Elle répétait, encore et encore :

« Oui, oui, oui, oui, oui, oui, oui, oui, oui, oui. »

J'ai levé les yeux vers Pit. Il souriait. Ses yeux étaient humides. J'avais soudain un frère et une petite fille, une fillette de quatre ans à laquelle rien ne m'avait préparé… J'étais trop jeune pour être papa. Pit avait raison. Nous nous appartenions l'un l'autre.

« Tu es sûr qu'ils me laisseront l'emmener ? »

L'idée venait juste de me traverser l'esprit.

Le sourire de Pit s'est agrandi puis il a ri.

« Si tu leur dis, ils voudront qu'on parte tout de suite, des fois que tu changes d'avis. »

Sissasse a fait un bond en arrière pour me regarder dans les yeux. Serait-ce possible que je change d'avis ? Je lui ai souri pour qu'elle sache que non. J'étais plié et lié. J'ai embrassé son front pour lui signifier que c'était décidé et posé.

« Sissasse la Tor'oque, c'est comme ça qu'on va t'appeler, maintenant », lui ai-je dit. Sa bouche s'est ouverte en grand. Elle était émerveillée par ce qu'elle était en train de devenir. Elle a lâché un soupir qui contenait une cascade de rire. « Il y a deux Tor'ocs en Æmira, maintenant. Ils n'avaient pas prévu ça ! »

Sissasse souriait de toutes ses dents ; elle était fière. Ma raison me disait que c'était impossible mais, à ce moment-là, j'ai eu une vision fulgurante de Sissasse adulte. Elle était indéniablement tor'oque. Elle était féroce. Elle savait qui elle était ; elle imposait le respect et l'attention des autres. Elle était là pour diriger plutôt que suivre. J'ai songé que c'était peut-être pour ça que j'avais été emmené dans le Monde du dehors. Il fallait que je la trouve, que je l'élève, que je lui apprenne tout afin qu'elle devienne celle qui allait les sauver. Je me suis émerveillé à l'idée d'une telle possibilité.

Après que Sissasse est allée se coucher, après que tous les Lulliens l'ont rejointe dans le sommeil, j'ai voulu de nouveau m'élever au-dessus de la ville. Je ne reviendrais plus jamais ici alors je voulais prendre de la hauteur et voir Lulle une dernière fois, de là-haut. Je me suis détendu dans mon hamac et j'ai laissé mon esprit se détacher de mon corps. En un souffle, une indicible partie de moi s'est propulsée en hauteur et j'ai pu contempler Lulle, la merveilleuse, de là-haut. C'était merveilleux.

Dans certaines maisons, des bougies brûlent encore et envoient, à travers les carreaux, des jets de lumière colorés qui zèbrent la rue. Je ne plane pas, je suis debout sur la muraille. Je suis attiré là. Jaï-wé est un peu plus loin, il me regarde. Je n'ai pas besoin de parler fort pour qu'il m'entende.

« J'ai raisonné de quitter mon corps pour voir Lulle d'ici, une dernière fois. »

« Hmmmmmh », grogne-t-il.

« Maintenant, je raisonne qu'il ne s'agit là que d'un début de vérité. »

« Mmmmm-hmmm. » Ce son me signifie qu'il le pense aussi et qu'il m'invite à continuer.

Je lui demande :

« Suis-je vraiment comme toi ? »

« Dans quel sens ? » réplique-t-il.

Je montre la muraille sous nos pieds.

« Puis-je, moi aussi, créer et faire croire aux autres ? »

« Veux-tu créer ? Veux-tu les encourager à croire ? » demande-t-il.

Je ne raisonne jamais comme cela, dans un sens ou dans un autre, et je l'avoue :

« Je ne peux pas raisonner si j'en ai envie ou non. »

Il secoue la tête.

« Créer et croire, c'est vouloir », dit-il. « Comment peux-tu créer si tu n'en as pas le désir ? Comment veux-tu que les autres croient, si ça t'est égal qu'ils croient ou pas ? Ça ne marche pas comme ça. »

« Alors, en quoi suis-je comme toi ? » Je veux vraiment le savoir.

Il me répond :

« Nous sommes frères et, comme moi tu es né avec des dons. Tu as le fluide même si tu souhaites que ça ne se sache pas. Tu as le fluide parce que, intimement, tu le veux. Tu peux quitter la prison de ton corps parce que tu veux la liberté. Au début, j'étais comme toi, je ne voulais pas créer longtemps et longtemps. Et puis j'ai voulu. Parce que nous en avons eu besoin : nous devions nous protéger. Nous étions à terre, sans défense, comme des nourrissons livrés aux bêtes sauvages pour être dévorés. Il n'y avait personne d'autre que moi pour nous protéger. Alors, j'ai décidé que nous ne serions pas dévorés ! Je le voulais, j'étais obsédé par ce désir, par cette nécessité et tu vois le résultat. » Ses bras s'étendent de part et d'autre de la muraille. « Quand tu seras rempli de désir, tu utiliseras tes dons. »

Je me retourne puis je regarde la ville.

« As-tu créé Lulle ? Lulle existe-t-elle vraiment ? »

« Lulle existe vraiment. Regarde-la, ils l'ont construite. Ils ont soufflé du verre et préparé le mortier », dit-il. « Mais c'est ma vision. J'ai vu Lulle bien avant qu'on ne la construise. Je n'ai pas eu besoin de la volonté ou du désir de la créer parce que tous, ils désiraient une ville, ils la voulaient. »

« Peut-être que je n'aurais jamais la volonté ou le désir de créer si fort. » J'ai déclaré cela autant à moi-même qu'à Jaï-wé.

« Je te dis que ça ne marche pas comme ça et ça ne se passera pas comme ça », reprend-il. « Le chemin sur lequel tu t'es engagé est difficile et tu ne pourras pas en conquérir les obstacles sans qu'un désir irrépressible s'empare de toi. Quand ce désir viendra, tu trouveras la volonté... de créer, de croire, de construire, de vaincre. »

« Ah », dis-je. « Et d'où me viendra ce désir irrépressible ? »

D'un même souffle, il répond :

« Du danger, de la peur et de la colère. »

Je lui réponds :

« Donc, que je le veuille ou non, j'éprouverai un désir irrépressible. » Ce n'est pas une question.

Jai-wé sourit puis il me dit :

« Ah, s'il m'était donné d'être jeune de nouveau ! Tu verras que le désir te propulsera avec la force de sa propre volonté. »

« Donc, avant de m'éteindre, j'aurai moi-même créé un mur ? » Je ne lui pose pas vraiment la question.

Jaï-wé se retient de sourire.

« Tu créeras quelque chose de bien plus grand. »

Je lui demande :

« Pourquoi dis-tu cela ? »

Il répond :

« Parce que moi, je suis plié et lié à Lulle. Moi, tout ce que je voulais c'était une muraille. Toi, tu voudras un monde. »

Je secoue la tête avec véhémence.

« Je ne voudrais pas d'un monde. Si je le créais, je devrais ensuite le gouverner ! »

« Toi et d'autres », ajoute-t-il.

« Quels autres ? » je le lui demande, en espérant qu'il a la vision de ce qui arrive.

« Vis », me dit-il avant de poser doucement une main sur mon bras. « Le désir viendra, que tu le raisonnes ou non. Tu n'as besoin de rien d'autre que de vivre. Vis ta vie. Chaque chose arrive en son temps et c'est le courant même de la vie qui te mène de l'avant et t'emporte dans son tourbillon. »

Je ne me souviens pas d'être parti, ni d'avoir regagné mon corps, ni même d'avoir dit un mot d'adieu à Jaï-wé. Le souffle d'après, je me suis réveillé dans le sombre. Ma première pensée a été que je voulais revoir Jaï-wé, or je ne pouvais pas raisonner quand cela se reproduirait.

Plus tard, à la lueur de rosée, les Jannanons, Chiffaa et le Maître des sables sont venus me chercher pour partir. Ils ont été sidérés à la vue de Sissasse à califourchon sur Bol, Pit, avec le couteau finnif attaché à sa blouse et moi, calme et fin prêt. Ils étaient figés. J'en ai profité pour ne pas leur laisser le temps de poser de questions.

« Ils viennent avec nous. » J'ai fait faire demi-tour à Bol pour descendre de la nervure avant de nous diriger vers la porte de la ville ; Pit marchait à mes côtés.

Je me suis retourné vers les cinq qui n'avaient pas bougé. « Vous venez ? » Là encore, je ne les ai pas attendus ; Pit, Sissasse et moi, nous avons continué à avancer vers la grande porte. Quand ils nous ont rattrapés, nous étions déjà à mi-chemin.

Chiffaa savait que je n'allais pas m'arrêter. Elle s'est approchée de moi et elle a fait un geste en direction de Sissasse :

« As-tu fait le nécessaire auprès de l'Aréopage ? »

« J'ai parlé à ma défenseresse avant de me coucher. Elle m'a dit que l'Aréopage se réjouirait d'une telle décision et qu'il n'y avait pas besoin d'octroi de passage ni de tampon. »

Chiffaa ne me croyait pas, elle était certaine que je lui racontais n'importe quoi. Mais, de l'autre côté du pont, se tenait bien la magistrée de l'Aréopage en personne. En cette heure matinale, elle nous attendait pour s'assurer que les rumeurs qui couraient étaient bien véridiques. Chiffaa se méfiait de cette défenseresse, qui était capable de convaincre n'importe qui que le feu n'était qu'un déguisement du sombre, simplement pour exercer sa langue.

La magistrée de l'Aréopage nous a fait un sourire forcé, ce qu'elle exécutait à merveille.

« Bon voyage et que votre foi soit inébranlable. » Elle a fait un signe de la main à Sissasse et ma petite fille lui a rendu la pareille… Elles étaient drôlement impatientes, toutes les deux, de ne plus jamais se revoir.

Wéodou, qui marchait à côté de Bol, percevait ce que je ressentais pour Sissasse car nous étions liés. Il a posé sa main sur la jambe de Sissasse ; elle l'a regardé puis les trois Jannanons ont dit à l'unisson :

« Bienvenue. »

Puis ils ont fait un signe de tête à Pit.

Chiffaa, qui voulait s'intégrer à notre petit groupe et partager pleinement nos émotions, a souri, pour dire : « J'abandonne », et elle a roulé des yeux pour ajouter : « Je suis heureuse d'être avec vous tous. » Quant au Maître des sables, qui savait qu'on l'avait accepté avec nous seulement parce que Chiffaa avait plaidé sa cause, il restait sur sa route, bouche cousue et impassible, comme s'il était au-dessus de tout ça, bien qu'il ait l'air contrarié, par nous ou par toute autre chose.

Toute la lueur, Sissasse, Pit et moi, nous avons marché sur le chemin qui longeait la route, en direction des montagnes au-delà de Lulle. Les Jannanons avaient précisé que pour le sombre nous établirions notre campement sur la dernière colline avant les montagnes. Sissasse montait Bol et regardait le paysage avec solennité comme si elle le découvrait pour la première fois. Nous avions déjà parcouru ce chemin ensemble mais, aujourd'hui, ce chemin la menait vers sa nouvelle vie. Plus tard, elle oublierait ces lueurs-ci. Elle oublierait probablement qu'elle avait passé les premières lunes de sa vie dans une ville qui s'appelait Lulle. Pour le moment, elle regardait tout et s'apprêtait à conserver chaque instant de ce nouveau « tout » comme un précieux trésor qui pouvait disparaître à la moindre occasion. De temps à autre, elle lançait sa main derrière elle pour me toucher et s'assurer que j'étais toujours là.

Pit éprouvait quelque chose de fort lui aussi, peut-être la fin de cette peur de l'avenir, diffuse et implacable, qu'il avait toujours ressentie... Il ne quittait pas Sissasse et Bol d'un souffle. Ce serait une bénédiction pour la petite d'avoir Pit à ses côtés. Un jour, il incarnerait à lui seul les uniques souvenirs qu'elle garderait de Lulle.

Sans sourciller, le Maître des sables avançait sur sa route, les yeux baissés vers sa surface tant aimée, dans une inlassable inspection où il était heureux de m'oublier. Il était presque l'heure du repas du milieu quand il a trouvé son premier défaut ; une brèche. Il était si heureux de l'avoir dénichée, comme si c'était elle qui lui donnait sa raison d'être. C'était quelque chose de pur en lui, qu'aucune défenseresse ne pourrait lui disputer, et qu'il pouvait accomplir en maître. Il en avait besoin. On s'est arrêtés puis les Jannanons en ont profité pour préparer le repas tandis que le Maître des sables faisait son travail : faire apparaître du sable.

J'ai aidé Sissasse à descendre de Bol et je lui ai glissé à l'oreille : « Je ne sais pas comment il fait mais il trouve toujours du sable dans la terre, juste ce qu'il faut pour réparer la route. Observons-le pour voir et comprendre comment il s'y prend. »

Sissasse s'est tournée vers le Maître des sables et l'a observé avec une acuité intense. Je ne savais pas si elle était vraiment à même de voir et de comprendre tellement mieux que moi, mais son regard était plus vierge que le mien. Moi, je voyais faire le Maître des sables et, en même temps, je n'arrivais pas à comprendre ce qu'il faisait, même si, en dessinant beaucoup à Lulle – grâce à mon entraînement avec Pit –, j'avais appris à mieux voir. La force de Sissasse c'était qu'elle ne remettait pas en question ce qu'elle voyait.

Plus tard, voici ce qu'elle m'a dit :

« Le sable est partout. Même nous on est faits en sable. »

Je savais qu'aucun de nous ne lui en avait donné alors, j'ai demandé :

« Le sable, il le trouve où ? Dans la terre ? »

« En partie », a-t-elle dit. « Le reste, il le prend du vent, des buissons, de l'herbe, des cailloux et d'os qu'il trouve dans la terre. »

Pourquoi tant de choses ? Je me le demandais mais je ne voulais pas poser la question à voix haute.

« Ce sont tous des sables différents. Et il a besoin de tous ceux-là. De tous. » Sissasse ne savait pas pourquoi ni ce que ça voulait dire.

Je n'aurais pas pu observer le Maître des sables aussi bien qu'elle. Il m'aurait jeté ses regards furibards pour me signifier qu'il ne me révélerait rien. Le peu que j'avais vu corroborait certains détails que Sissasse avait observés. Je l'avais vu trouver dans la terre les os d'un petit animal qu'il avait écrasés dans sa main pour en faire une poudre qu'il avait ensuite versée dans un sachet. Il savait instinctivement où trouver les os. Il avait aussi pris un tissu qu'il a agité en l'air, puis il l'a replié comme s'il avait attrapé quelque chose dans le vent.

J'ai vu que les arbres les plus proches étaient loin et loin. Si on devait attendre qu'il aille là-bas puis qu'il revienne avec les branches dont il avait besoin pour fabriquer le petit temple dans lequel il mettrait le sable et les noix, on prendrait tellement de retard qu'on n'atteindrait jamais les collines avant le sombre. On devrait alors dormir dans la plaine avant les collines, où il n'y avait quasiment pas d'arbres pour tendre nos hamacs.

« Je vais chercher ton bois avec Bol », lui ai-je dit en lui montrant les arbres qui étaient trop loin pour qu'il puisse les voir.

J'ai mis Sissasse sur Bol puis je suis monté derrière elle. Wéodou s'est approché de moi pour me donner son épée.

« Tu en auras besoin pour couper la branche », a-t-il expliqué. J'ai eu la vision de moi, Æon, coupant un morceau d'arbre, ce que je n'avais pas anticipé. Je me suis dit que je demanderais aux arbres quelle branche je pourrais couper et que je leur présenterais de nombreuses excuses. J'espérais qu'ils comprendraient.

Après avoir marché lentement comme on l'avait fait depuis qu'on avait quitté Lulle, je sentais que Bol avait envie de courir et que Sissasse, qui était devant moi, avait aussi envie qu'il coure. Je me suis projeté loin devant lui, jusqu'aux arbres vers lesquels on allait. J'ai poussé mon cri qui voulait dire « Cours » et je l'ai laissé prendre de la vitesse. Les cheveux de Sissasse se sont envolés derrière elle et même si je ne voyais pas son visage, j'ai vu qu'elle était comme un Tor'oc sur son oryx. Son corps bien droit me disait que ses yeux étaient comme des fentes et que sa bouche était déterminée. Elle regardait droit devant elle, grisée par la vitesse, le vent et le paysage qui défilait. J'ai laissé mes pensées caracoler.

Nous avons atteint les arbres plus vite que je ne l'aurais voulu, car ce que j'avais à faire à présent ne me plaisait pas du tout. Je n'avais jamais parlé aux épineux avant : je n'aimais pas trop leur allure. Je ne savais pas si j'allais rencontrer des arbres que je comprendrais ou s'ils comprendraient ma manière de parler le vent. Bol a ralenti et il s'est mis à marcher. Son instinct lui disait que nous étions là où je voulais aller. Les arbres étaient serrés les uns contre les autres, on aurait dit les buissons d'épineux qui remplissaient le fossé devant la muraille de Lulle. Bol a trouvé un passage et on a pénétré dans la forêt. J'ai posé mes mains sur ses flancs et il s'est arrêté. Je suis descendu doucement, j'ai attrapé Sissasse ; elle était raide dans mes bras.

« Ils sont méchants ceux-là, ce sont des arbres vilains », m'a-t-elle dit doucement pour qu'ils ne puissent pas l'entendre.

« Sissasse, il n'y a pas d'arbres méchants. » J'avais pris une voix sérieuse pour qu'elle sache qu'elle devait bien m'écouter. « Ils ont des épines pour se protéger. »

« De quoi ? »

Je n'en avais pas la moindre idée, mais je leur demanderais.

« Je vais essayer de parler aux arbres », lui ai-je dit. C'était le début de ses leçons tor'oques.

« Tu peux leur parler, aux arbres ? »

C'était une question qu'elle ne s'était jamais posée. Elle espérait que j'allais répondre « Oui ».

« Je parle à beaucoup d'arbres. Avec ceux-là, on va voir. Pour devenir une Tor'oque, tu devras apprendre à parler le vent et à communiquer avec les arbres. »

Elle a fait « Oui » de la tête et soudain, j'ai vu dans ses yeux le regard féroce que j'avais aperçu dans ma vision fulgurante d'elle adulte. Je lui ai dit de s'asseoir sur la mousse et je me suis tourné vers un arbre. Je me suis agenouillé, j'ai baissé la tête et, sans réfléchir, je lui ai adressé la salutation que je faisais aux arbres penchés de la Péninsule.

« Ma présence fait écho à la vôtre. »

Puis, avec mes bras, j'ai imité le balancement des branches et, avec mes doigts, le tremblement des feuilles.

Il n'y a pas eu de réponse. J'ai attendu, les yeux baissés. Je réfléchissais à ce que j'allais faire ensuite. Une légère brise s'est faufilée entre les arbres et j'ai senti que les branches, au-dessus de ma tête, la dirigeaient.

Le vent, qui traversait l'arbre en face duquel je me trouvais, m'a soufflé :

« Notre présence fait écho à la tienne. »

J'ai relevé brusquement la tête. Je n'en croyais pas mes oreilles. Ils parlaient exactement comme les arbres penchés de la Péninsule.

« Ils te parlent ? » m'a demandé Sissasse d'une toute petite voix.

Je lui ai fait un signe de tête et je lui ai souri, empli de soulagement et de gratitude.

Les arbres voulaient tout savoir. D'où je venais, où j'allais, qui étaient mes compagnons, comment se faisait-il que je parle le vent – tous les arbres voulaient le savoir – et enfin, pourquoi j'étais là.

Je leur ai parlé de la raison de ma mission et je leur ai demandé pardon d'arriver avec une telle requête. Il y avait un vieil arbre, parmi eux, qui était en train de mourir. Il se souvenait du récit – par les arbres qui, autrefois, se trouvaient là – du passage de la nation tor'oque.

« J'ai des branches dans lesquelles je ne sens plus rien », m'a-t-il dit. « Tu peux te servir dans celles-là. Ce n'est pas du bois pourri, il est encore solide et il pourra vous servir. » Je lui ai aussi demandé quelques feuilles provenant de parties encore vivantes ; il me les a données gentiment, en les laissant tomber à nos pieds.

Après avoir coupé les quelques branches dont le Maître des sables avait besoin, je me suis agenouillé à côté de Sissasse.

« Nous devons maintenant remercier l'arbre pour son sacrifice et pour ses dons. Toi aussi, tu vas le remercier. Répète après moi. »

Pour qu'elle l'entende, j'ai soufflé doucement à ses oreilles la salutation de gratitude. Elle l'a répétée après moi sans la comprendre tout à fait. J'ai soufflé de nouveau. Elle a réessayé et, à son troisième essai, elle l'a bien fait, pas parfaitement, mais suffisamment bien pour que l'arbre la comprenne. Je lui ai montré dans quelle direction elle devait envoyer son salut au vieil arbre, pour qu'il l'entende bien, puis nous nous sommes agenouillés tous les deux. Elle a soufflé sa gratitude et toute la forêt a ri avec ses feuilles. Sissasse l'a senti et elle a su qu'ils riaient. Elle a levé la tête et a regardé autour d'elle.

Je l'ai serrée dans mes bras.

« J'ai parlé aux arbres et ils ont ri… Pourquoi ? J'l'ai mal fait ? »

« Non, tu l'as très bien fait ! Et c'était si bien que ça les a fait rire. Ils ne s'attendaient pas à ça. Les arbres du monde entier vont te connaître, maintenant : Sissasse, la petite fille qui parle le vent. Pour eux, tu seras la seule. »

« Il n'y a que moi ? Il n'y a personne d'autre qui parle aux arbres ? »

J'ai secoué la tête.

« Ici, il n'y a que toi. Mais tu verras, tu as plein de grandes sœurs et de petites sœurs dans la Cité dans les Arbres qui savent aussi leur parler. »

« Des grandes sœurs et des petites sœurs tor'oques… » se disait-elle. « Dis, tu peux leur demander pourquoi ils ont des épines ? »

J'ai interrogé le vieil arbre. Il m'a raconté que, dans des temps immémoriaux, il y avait une grande bête qui adorait le goût de leurs feuilles et de leurs jeunes pousses. Les arbres ont d'abord développé des épines comme leurs cousins les buissons mais la bête a continué à les manger. Alors, ils ont pris une nouvelle forme, de manière qu'ils soient couverts d'épines, des pointes aux racines. Il n'y avait pas un seul endroit où il n'y avait pas d'épines. Et, quelle que soit la partie de l'arbre qu'elle choisissait, la bête ne pouvait plus la mâcher sans se couper, ni l'avaler sans se blesser ou saigner.

« Et la bête ne vous mange plus maintenant ? » ai-je soufflé.

« Il n'y a plus de cette bête ici et on n'en a plus jamais entendu parler. Elles ont été chassées à l'autre bout de la terre, au-delà des montagnes », a dit le vieil arbre.

J'ai pointé du doigt les montagnes qui étaient en vue, celles que nous traverserions après le sombre.

« Elles sont là-bas ? »

« Au-delà et au-delà. Il y a d'autres montagnes, bien plus grandes, à l'extrémité du pays. Les bêtes ont été chassées au-delà. »

« Chassées par qui ? »

« Par l'homme qui les craignait. C'étaient des bêtes grandes et puissantes. »

« J'aimerais bien en voir », ai-je soufflé.

« Non, tu ne devrais pas le souhaiter », a répondu l'arbre.

Nous avons terminé notre conversation en discutant des endroits que nous allions bientôt découvrir. Comme le vieil arbre en avait entendu parler il y a longtemps et longtemps, il ne lui restait plus que des impressions fuyantes. Il savait qu'il y avait une grande forêt loin et loin, qui recélait des mystères dont les arbres qui s'y trouvaient ne voulaient pas parler. Il ne savait pas si c'était dans la direction où nous avions prévu d'aller ou pas.

Nous sommes retournés sur la route où nos compagnons nous attendaient et nous avons donné les branches et les feuilles au Maître des sables. Il les a prises en marmonnant ce qui devait faire office de remerciements qu'il avait du mal à prononcer d'autant plus qu'il ne desserrait pas les dents et que sa bouche restait cousue.

On a marché un peu plus vite qu'avant. Les Jannanons avaient hâte d'atteindre les collines avant qu'on ne perde les dernières lueurs. Je voyais que Sissasse regardait la route et que quelque chose la turlupinait. Je marchais près de Bol, suffisamment près pour qu'elle puisse me questionner le moment venu.

« Pourquoi on marche pas sur la route comme les autres ? »

« On n'aime pas la route », lui ai-je répondu simplement.

« On l'aime pas ? Et pourquoi ? » disaient ses yeux.

« Bol et moi, on n'aime pas la sensation de la route sous nos pieds. La terre, sur le côté, est une très bonne route pour nous, on la préfère. »

Elle a baissé les yeux vers le sentier parallèle et que les jambes de Bol foulaient allègrement. Elle a acquiescé, elle avait décidé d'être d'accord avec moi.

« On n'aime pas la route », a-t-elle dit. J'ai souri.

Ça allait être difficile pour moi d'expliquer que le fait d'aimer ou pas la route n'avait rien à voir avec le fait qu'elle devienne une Tor'oque. Je devais faire attention à séparer ce que j'aimais de ce qu'elle devait apprendre.

« Tu peux aimer la route, si tu veux. » Je voulais qu'elle le sache et qu'elle en soit certaine.

Elle a secoué la tête avec détermination :

« On n'aime pas la route ! »

« Tu risques de faire de la peine au Maître des sables, si tu dis ça. » J'ai fait un geste en direction du vieil homme qui gardait ses yeux baissés sur sa belle route, à essayer d'y débusquer les moindres défaillances de l'âge.

« On n'aime pas le Maître des sables ! » a-t-elle déclaré avec un regard empli de couteaux.

« Non ! » Je lui ai demandé de me regarder : « Le Maître des sables n'est pas notre ennemi. Il craint ma lance et moi avec, bien qu'il n'ait aucune raison d'avoir peur. » Sissasse lui a lancé un de ces regards ; si celui-ci avait tenu un des couteaux qu'elle avait dans les yeux, il se serait enfoncé dans son dos. J'ai touché la jambe de Sissasse pour qu'elle arrête de le regarder comme ça et qu'elle me regarde, moi. « Écoute… Tu m'écoutes ? Ça ne fait pas de lui notre ennemi. »

Elle s'est détendue et j'ai repensé à l'histoire d'O'bira. Sissasse lui ressemblait beaucoup. On aurait dit son arrière-petite-fille, comme Uthiriule. Peut-être que Sissasse avait plus de sang de mes ancêtres dans ses veines que je n'en avais moi-même.

Nous avons franchi l'une des dernières collines au pied des montagnes alors que les ombres s'allongeaient et s'allongeaient encore. Il y avait juste assez de lueur pour nous permettre d'atteindre la colline suivante, la plus haute, qui nous mènerait vers ses cousines plus grandes. Les Jannanons nous on dit qu'il était temps de s'arrêter pour monter le camp, manger et dormir.

Pit, Sissasse et moi, nous avons fait connaissance avec les arbres pendant qu'ils préparaient le repas. Je leur ai montré comment choisir un arbre confortable et accueillant pour y dormir. J'ai appris à Sissasse à souffler une autre salutation et j'ai vu que Pit s'entraînait aussi à la souffler. Peut-être que j'étais en train de le transformer en Tor'oc, lui aussi. Il était très doué dans le maniement du couteau finnif. Il n'y avait qu'une seule chose qu'il ne pourrait jamais atteindre, c'était ma taille. Il ne pourrait jamais devenir aussi grand qu'un Tor'oc.

Ce sombre-là, Sissasse s'est endormie dans son petit hamac, avant moi, comme elle le faisait toujours. J'ai l'ai regardée dormir paisiblement et je me suis demandé si elle rêverait encore d'un lit dans une maison. Ma raison me disait qu'elle voulait tant devenir une Tor'oque que ça n'arriverait peut-être jamais. Bientôt, elle ne se souviendrait même plus qu'elle avait dormi dans un lit et, plus tard, elle nierait probablement que ça se soit jamais produit.

La lune s'est levée au-dessus de la limite de la terre et a baigné notre arbre de sa lumière argentée. Puis le carillon d'une multitude de petites clochettes s'est mis à tintinnabuler. J'ai demandé à l'arbre dans lequel nous dormions si ça provenait de lui et il m'a répondu que non. J'ai regardé par terre, là où Pit était couché avec les Jannanons. Ses yeux ont trouvé les miens.

« Ce sont des *garnouilles** », a-t-il chuchoté. « Elles sont de la famille des serpents mais elles ne leur ressemblent pas du tout. C'est leur chant que tu entends. »

Je me suis endormi en écoutant le chant des garnouilles. Je pensais aux garnouilles qui ne ressemblaient en rien à leurs cousins, les serpents. Mais ce n'est pas ce dont j'ai rêvé.

Chapitre 9

Soaad m'attend dans mon rêve. Nous sommes sur la route du Maître des sables. Des parois rocheuses se dressent autour de nous. La route forme une arche, au sommet de laquelle nous nous trouvons. Je ne vois pas ce qu'il y a derrière ni devant.

« Ils t'attendent », me dit Soaad, me mettant en garde.

« Qui ? »

« Ceux qui raflent tout », dit-elle en levant les yeux vers les parois rocheuses.

« Nous sommes dans les montagnes ? » Je le lui demande, alors que je connais déjà la réponse. Elle hoche la tête.

« Ils savent qu'on arrive ? »

Elle me regarde.

« Ils savent. Ils vous ont vus. Ils savent combien vous êtes mais ils ignorent qui vous êtes, surtout toi. » Elle me pointe du doigt.

« Que dois-je faire ? »

« Tu dois la protéger... N'hésite pas. »

« C'est elle, la sauveuse, n'est-ce pas ? » J'en suis certain.

Soaad sourit.

« Elle est une de celles qui montrent le chemin parmi d'autres. Pour l'instant, c'est toi, son sauveur. »

« Que dois-je faire pour la protéger ? »

« N'hésite pas. N'hésite pas à frapper. »

« Et si je n'y arrive pas ? »

« C'est une épreuve. »

« Alors... Je pense que je suis prêt », dis-je en me sentant un peu ridicule.

Elle me regarde comme une mère regarderait son enfant qui viendrait de dire quelque chose de naïf et de courageux à la fois :

« Nous pensons tous être prêts, jusqu'à... »

« ... jusqu'au moment fatidique », je termine sa phrase.

« Jusqu'au moment fatidique », répète-t-elle.

« Je me réveillerai et je serais prêt. Pendant la traversée de la montagne, je serai prêt à tout. Je me battrai, s'il le faut. »

« Tu seras prêt à tuer ? » demande-t-elle.

Je marque un temps.

« Si c'est nécessaire. »

« Tu ne le sauras qu'à ce moment-là ; on ne te demandera pas ton avis et tu ne t'y attendras pas. »

« Est-ce qu'il y aura une attaque mortelle ? » J'en demande plus qu'elle n'est disposée à m'en dire.

« Tu ne le sauras que dans l'instant qui précédera ton acte, et cet instant sera tout ce dont tu disposeras pour évaluer si l'attaque est mortelle ou non. »

« Je ne tuerai pas si ce n'est pas nécessaire. »

« Oui, je sais », dit-elle. C'est la raison pour laquelle elle est ici, avec moi.

« Tu ne peux pas me dire s'il faudra absolument que je tue ? »

« Seul l'instant présent te le dira. Tu devras l'écouter et lui faire confiance, comme ça. » Elle claque des doigts pour que je mesure le temps que j'aurai à ma disposition pour prendre ma décision. Elle voudrait m'en dire davantage, mais il y a des limites à ce qui peut m'être révélé. C'est plus qu'une mise en garde – c'est une leçon de vie qui m'est adressée. Il n'y a rien à dire de plus. Le rêve se termine comme finissent les rêves : tout à coup, il est parti.

En me réveillant, je me souvenais du rêve non pas en tant que tel mais comme si nous nous étions réellement rencontrés au sommet de la montagne.

Après le repas de la première lueur, j'ai demandé aux Jannanons de me suivre. Je les ai amenés là où l'on voyait les montagnes.

« Y a-t-il un moyen d'éviter de passer par là ? » ai-je demandé, en pointant du doigt les sommets. « Est-ce qu'on ne pourrait pas contourner ces montagnes, plutôt que de les traverser ? »

Surpris par ma question, ils ont regardé la masse géante qui se trouvait devant nous et ont pris un moment de réflexion. Je pense qu'ils se demandaient surtout pourquoi j'avais posé cette question.

« On n'a pas le choix », ont-ils dit.

Goïel a indiqué une direction et Sheïos, une autre. « La chaîne de montagnes s'étend au-delà et au-delà. On ne peut pas la contourner. »

« Ce n'est pas comme le lac ? Parce qu'avec Bol on a contourné le lac et on a fini par se retrouver de l'autre côté. »

« Non, c'est beaucoup plus grand. Le lac, c'était rien. Tu vois, dans ces montagnes, il y a plusieurs lacs qui sont bien plus grands que celui qu'on a traversé. On n'a pas d'autre choix que de les franchir, ces montagnes. » Ils avaient l'air inquiet. « Pourquoi tu te poses la question ? »

« On m'a prévenu de ce qui nous attend là-haut. »

« Qui t'a prévenu ? » Ils acceptaient mal l'idée que j'aie pu être averti d'un danger dont ils ignoraient tout.

« Soaad est venue me voir, hier, dans le sombre. Elle m'a parlé de prédateurs, là-haut, qui s'apprêtent à faire de nous leurs proies. Ils nous ont déjà repérés, ils nous attendent et ils se préparent à nous attaquer. »

« Qui, dis-tu, t'aurait prévenu ? » Ils n'avaient jamais entendu parler de Soaad et je ne leur en avais jamais parlé non plus.

« Soaad. La cinquième Mère. »

« Il n'y a que Quatre Mères. » Ils en auraient mis leur main à couper.

J'ai brandi mes cinq doigts comme si c'était une preuve.

« Non, il y en a cinq. Soaad est venue dans mon rêve me prévenir du danger ; elle m'a dit qu'il fallait que je me tienne prêt. »

« Prêt pour quoi ? Pour les coupeurs de route ? » Ils étaient de plus en plus inquiets.

« Je ne sais pas. Peut-être, ou bien une bête sauvage… Elle ne pouvait pas me le dire. »

Déconcertés, ils se demandaient s'ils devaient me croire.

« Quand on a fait la traversée, à l'aller, avec Chiffaa, on n'a vu aucune trace de coupeurs de route ni de bêtes sauvages », ont-ils affirmé, conscients que cela ne prouvait pas grand-chose.

« Cette fois-ci, ce sera différent. » Mes rêves ne se trompent jamais… Une menace nous guette. « On doit se préparer. »

« Parce qu'ils arrivent ? » ont-ils dit.

« Non, c'est nous qui arrivons ; nous marchons droit vers eux. » J'ai laissé mon regard envelopper la montagne, à qui j'ai secrètement demandé qu'elle nous montre le danger qu'elle couvait.

Le Maître des sables ouvrait la marche, tête baissée, comme d'habitude. J'avais la sale impression qu'on se servait de lui comme d'un leurre pour attirer l'ennemi. Il serait le premier à être vu et à être mis en joue. Ça me mettait mal à l'aise. Derrière le Maître des sables, les Jannanons avançaient en formation : Sheïos, à gauche de la route, scrutait l'horizon de ce côté-ci ; Wéo, au milieu, avait les yeux fixés droit devant, à l'affût de tout bruit inconnu ; Goïel, à sa droite, faisait tout comme Sheïos, il scrutait l'horizon de ce côté-là. Chiffaa, qui marchait derrière eux, a remarqué qu'ils avaient l'air bizarres et inquiets et ça ne l'a pas rassurée. Derrière Chiffaa, il y avait Sissasse, qui montait Bol. J'étais près d'eux, avec Pit à côté de moi. Chiffaa, le visage tendu et la peur au ventre, se retournait de temps à autre vers moi. Pendant qu'elle regardait ailleurs, j'ai tendu discrètement mon deuxième couteau finnif à Pit.

« Prends ça », ai-je chuchoté. « Sois sur tes gardes. » J'ai fait un signe de tête en direction des montagnes vers lesquelles on s'avançait.

« Qu'est-ce qu'il y a ? »

Il a pris le couteau.

« On ne sait pas », ai-je dit en secouant la tête.

Il a accroché l'étui avec le couteau à sa ceinture et il a posé sa main dessus, prêt à dégainer à tout moment.

« Tu ne peux pas parler… ? » Il chuchotait, comprenant que Chiffaa et Sissasse ne devaient pas entendre.

« Tiens-toi prêt, c'est tout », lui ai-je répondu doucement.

Chiffaa a dû entendre quelque chose, car elle a soudain tourné la tête vers nous et nous a regardés l'air de dire : « Qu'est-ce que vous manigancez ? » Elle a glissé une main dans son vêtement et l'a laissée là. Je me suis demandé si elle n'avait pas une arme, elle aussi, cachée là-dessous. Je l'espérais, en fait.

On a marché jusqu'au repas du milieu. Le Maître des sables avait trouvé une nouvelle fissure dont il a extrait du sable alors qu'apparemment il n'y avait que de la roche. Il a fabriqué son petit temple avec le bois qu'on lui avait rapporté la veille, a mis à l'intérieur le sable et des noix broyées qu'il transportait toujours avec lui. Les Jannanons et moi, on a discrètement monté la garde à côté de lui. À chaque jiffe, on s'attendait à ce qu'il se passe quelque chose. C'est moi qui ai choisi l'endroit où s'arrêter pour manger ; il y avait plein de rochers disposés de telle manière que, si on se mettait au milieu, il me semblait impossible qu'un homme ou une bête puisse nous surprendre. Il y avait une ouverture que je n'ai pas quitté des yeux une seule jiffe, parce que c'était par là que quelque chose ou quelqu'un pouvait entrer.

Mon but était de traverser la montagne en une seule lueur. Une fois qu'on l'aurait franchie, on serait hors de danger, du moins c'est ce que je m'imaginais après l'avertissement de Soaad. On se dirigeait vers le col ; j'avais en ligne de mire la route qui s'élançait comme un arc et disparaissait de l'autre côté. Comme dans mon rêve, elle se faufilait entre des parois rocheuses qui avaient été creusées à dessein. À l'approche du col, des rochers empilés les uns sur les autres, avec des fissures béantes, formaient des passages d'où pouvait surgir n'importe quoi. Tout était calme. Il n'y avait pas un arbre ni un buisson à cette altitude et, sans la lumière du soleil, il aurait fait froid. J'étais fatigué par la montée le long de cette route escarpée qui formait des lacets de plus en plus serrés, ainsi que par la sensation que nous étions des proies faciles, à marcher comme ça, à découvert.

J'ai baissé les yeux un court instant. C'est à ce moment-là que c'est arrivé. Chiffaa a poussé un petit cri et j'ai levé la tête.

Il y avait quelqu'un sur la route, devant nous. Puis deux autres silhouettes sont apparues ; ils étaient maintenant trois devant nous. J'ai tourné la tête, il y en avait quatre autres derrière, quatre sur les rochers d'un côté et quatre de l'autre. Ils étaient armés jusqu'aux dents. Nous étions cernés. Ils avaient une sale dégaine dans leurs couvre-tout dépareillés et mal ajustés et sous leurs *couvre-tête**, ils avaient une sale tête, l'air mauvais et cruel à la fois.

Le Maître des sables, qui n'avait d'yeux que pour son travail, fut le dernier à les voir, à tel point qu'il a failli heurter l'un des trois types qui se trouvaient au milieu de sa route bien-aimée. Il a levé la tête à la dernière jiffe et il a vu les trois patibulaires qui nous barraient le passage, un gros, un grand et un moyen au centre. Le moyen a dégainé sa longue épée et a posé la pointe sur la tête du Maître des sables. Le vieil homme a sursauté.

« Tu t'arrêtes ici, vieux », a déclaré le chef.

Pit s'est tourné imperceptiblement vers moi, sans quitter des yeux nos assaillants. Son regard fusait de droite à gauche, à l'affût du moindre mouvement.

« Les coupeurs de route. » C'est tout ce qu'il a dit mais il avait déjà sorti les deux couteaux finnifs qu'il tenait cachés dans chaque main.

Le chef s'est tourné vers l'un de ses hommes et a pris la parole :

« Alors, les gars, vous pensez quoi ? »

Le gros patibulaire a répondu :

« Des resquilleurs qui empruntent notre route sans payer… »

Le chef a répété avec délectation :

« Des res-quilleurs qui empruntent no-tre route sans-nous-pa-yer ! »

« Ce n'est pas votre route ! » Ça avait été plus fort que lui, le Maître des sables avait rétorqué ça, du tac au tac.

Ensuite, le chef est parti au quart de tour. Il a frappé le vieil homme avec le plat de son épée. Le Maître des sables a valdingué par terre et, à moitié assommé, s'est tu.

Sissasse a sursauté. J'ai posé ma main sur son dos et doucement, je l'ai poussée vers Bol. »

« Allonge-toi sur Bol. Tiens-toi bien et ferme les yeux. » Elle s'est couchée sur Bol, l'a serré avec ses bras et ses jambes, a attrapé un morceau de sa crinière entre ses dents et a fermé ses paupières.

J'ai senti des yeux se poser sur moi, j'ai levé la tête et j'ai vu le chef.

« Qu'est-ce que tu racontes, là-bas ? » a-t-il crié pour que sa voix porte au-delà des Jannanons, du Maître des sables et de Chiffaa, afin qu'elle parvienne jusqu'à moi. Je lui ai répondu :

« Je parlais à la petite fille. Elle a peur. »

Le chef a hoché la tête.

« C'est qu'elle a pas tort. » Il m'a longuement dévisagé. Il a eu l'air de se demander qui j'étais, puis de me reconnaître, mais non, ce n'était pas ça, alors il a repris : « T'es qui, toi ? »

Un des hommes sur un rocher a crié au chef :

« Il ressemble à l'autre, tu sais, qui… » Le chef, l'a fait taire d'un regard.

« Je suis un Tor'oc », ai-je annoncé au chef en criant pour qu'il m'entende. Surpris, il m'a regardé, puis, amusé, il a ri.

« Tu pourrais être tout un tas de choses, mec, mais ça, non, faut pas pousser, ha-ha. Mais c'est bien joué, respect », a-t-il ironisé. « Un Tor'oc… On nous l'avait encore jamais faite, celle-là, hein. Bon, assez rigolé comme ça, on a des affaires à régler. »

« Des affaires ? » C'était le Maître des sables qui, d'une voix hagarde, avait répété ça.

Le chef l'a toisé du regard.

« Eh oui ! Des affaires, mon vieux. Faut régler l'amende ; vous avez utilisé la route sans permission. »

« Personne n'a à… » a commencé le Maître des sables.

Chiffaa l'a appelé par son nom pour l'interrompre sur-le-champ, puis elle a demandé :

« Combien coûte l'amende ? »

« On ne prendra que ce que vous avez. Réglo, non ? » a dit le chef. Ses hommes étaient d'accord. « Posez vos armes ici, tout doux. »

Il a désigné un endroit sur la route où il voulait qu'on les empile, mais aucun d'entre nous n'a bougé pour déposer la sienne.

« Laissez-nous passer », ont demandé les trois Jannanons. « Nous sommes attendus au Camarode d'Orzamond. Si nous n'arrivons pas bientôt et bientôt, ils enverront des troupes à notre recherche et ils découvriront que nous ne sommes jamais allés au-delà de ces montagnes. Ils comprendront vite et ils vous traqueront jusque dans votre tanière. »

« Qu'est-ce que c'est que ces sornettes ! » s'est exclamé le chef. « Jolie histoire, les mecs, mais le seul Camarode dont on ait jamais entendu parler, c'était une belle légende. C'est comme vot' Tor'oc, là-bas… mais elle est marrante, votre histoire. Allez ! Balancez vos armes. » Cette fois-ci, c'était un ordre.

D'un seul coup, les trois Jannanons, prêts à en découdre, ont dégainé leurs épées. En deux-deux, j'ai attrapé la lance que j'ai tenue fermement par la hampe, j'ai ancré mes pieds au sol, j'ai dirigé la lance vers le chef et, d'un mouvement vif, je l'ai mis en joue.

Le chef a empoigné le Maître des sables par les cheveux, l'a soulevé du sol et a appliqué le tranchant de sa longue épée contre sa gorge.

« Déposez vos armes ou je l'écorche vif, celui-là », a crié le chef. Ses hommes se tenaient prêts, les Jannanons aussi.

Le Maître des sables n'en menait pas large. Il pleurait et disait encore et encore :

« Non, non, non… »

« On ne veut pas de morts, ici », ai-je dit au chef.

« La mort est dé-jà là », m'a répondu ce dernier sur six petites notes comme la fin d'une comptine. « Allez-y ! » a-t-il ensuite crié à ses hommes.

Les coupeurs de route sont passés à l'attaque et tout s'est ralenti. J'ai eu l'impression d'être le seul à me mouvoir à une vitesse normale. J'ai senti que les coupeurs de route s'étaient rapprochés dans mon dos ; je me suis retourné brusquement. Bol en a fouetté un avec ses pattes arrière. Il s'est envolé en contrebas de la route et on ne l'a jamais revu. Puis mon oryx s'est retourné vers les deux autres, a reculé d'un pas, a pointé ses cornes vers leur milieu, a pris son élan tête baissée, et il les a empalés l'un après l'autre ; ils sont tombés à la renverse. Sissasse serrait Bol de toutes ses forces tandis que Bol piétinait et piétinait leur corps.

Pit, lui, a visé l'un des coupeurs de route qui se trouvait sur les rochers, au-dessus de lui. Il a lancé l'un des couteaux finnifs. La lame a tournoyé, vrillé dans les airs et elle est allée se planter dans la gorge du type. Je n'ai pas éprouvé le besoin de regarder la suite. Les Jannanons, eux, avaient choisi chacun leur adversaire et ils se battaient et se battaient et se battaient. Chiffaa, elle, tenait d'une main une flûte ou quelque chose d'approchant, pressée contre ses lèvres. Ses joues remplies d'air formaient deux boules bien gonflées. Elle soufflait dans la flûte en la pointant, telle une arme dangereuse, vers l'un des coupeurs de route.

Le chef observait attentivement la bataille ; il n'avait pas encore tranché la gorge du Maître des sables. Il m'a regardé, il a vu que j'avais pointé ma lance dans sa direction, que je ne bougeais pas, que j'étais prêt à tout.

Le Maître des sables hurlait – tout le monde hurlait – mais la voix s'est détachée, il suppliait :

« Au secours, à l'aide… »

Ses yeux étaient plongés dans les miens. La lame de l'épée du chef a glissé sur sa gorge, j'ai vu du sang… Le temps s'est arrêté.

Soaad était, juste derrière moi, penchée en avant.

« Tu dois agir, Æon », a-t-elle dit avec douceur.

« Mais c'est un homme. Je ne peux pas le tuer. » J'espérais qu'elle comprendrait.

« La mort est déjà là. L'un des deux va mourir, le Maître des sables ou lui. À toi d'en décider. »

« La mort n'est pas entre mes mains », ai-je plaidé.

« La mort s'en moque. »

« Je ne peux pas ! » ai-je crié.

« Alors, c'est ta décision. » J'ai perçu une profonde tristesse dans sa voix.

La mesure suivante, tout s'est mis en mouvement, y compris mon bras qui a lancé la lance. Avec rapidité et précision, la lance a fendu l'air, a fusé vers sa cible. À Lulle, Pit et moi, nous nous étions entraînés des lueurs et des lueurs avec des cibles ; ici, la cible, c'était le cœur du chef. La lance a frappé puis elle l'a percé dans un fracas de craquement d'os et de déchirement qui résonne parfois à mes oreilles. La force de l'impact l'a projeté en arrière. Aussitôt libéré de l'étreinte mortelle, le Maître des sables a mis en tremblant ses mains sur sa gorge. Hagard, il a touché sa blessure ; il allait vivre encore, elle était petite et petite.

Le chef a lâché son épée et, transpercé par la lance, a reculé de quelques pas incertains. Il a trébuché, j'ai couru vers lui mais, vaincu, il s'est effondré. Autour de moi, les combats ont cessé. Le chef gisait à terre, le dos convulsé, la pointe de la lance plantée dans le sol, sous lui. Ses mains agrippaient le corps de la lance, ses doigts se déplaçaient autour de la sibylle qui s'y trouvait. Ses yeux, révulsés, se sont soudain ouverts. L'effroi, la douleur et la stupeur ont rapidement envahi tout son être.

« Qu'est-ce que… » a-t-il bredouillé, la bouche pleine de sang.

J'ai soudain eu un goût de fer dans la bouche.

« C'est le sceau de Sumon », ai-je dit.

Il suffoquait. Il m'a regardé, effaré et confus.

« … Tor'oc ? » a-t-il prononcé dans un souffle de sang.

J'ai fait un mouvement de tête en signe d'acquiescement et j'ai posé ma main sur sa poitrine.

« Je suis désolé. » Je voulais retirer la lance de sa poitrine mais je ne savais pas comment faire. Il a posé sa main ensanglantée sur mon visage, il a promené ses doigts sur mes joues, mon front, et il a dit :

« … Tu-es bien ré-el. »

« Tu penses que tu peux te mettre debout ? » lui ai-je demandé. « Comme ça, je pourrais retirer ma lance… »

Il a souri et je me suis tu. Il trouvait ça incongru et tellement drôle que je lui demande ça, que je puisse imaginer qu'il soit capable se tenir debout. Il est mort comme ça, le sourire aux lèvres.

Instinctivement, j'ai baissé la tête et j'ai entonné notre chant des morts. Quand j'ai levé les yeux, les Jannanons s'étaient rapprochés, leurs épées rangées dans leurs fourreaux. Chiffaa, à genoux, s'occupait du Maître des sables. Pit, près de Bol, tenait Sissasse dans ses bras.

Elle le serrait de toutes ses forces. Pit la berçait doucement en lui fredonnant à l'oreille une chanson, rien que pour elle.

Il y avait quatre autres corps qui gisaient à nos pieds. Les coupeurs de route qui avaient survécu ayant détalé ; il ne restait que les morts. J'ai reconnu celui que Pit avait tué, j'ai deviné ceux qui avaient été vaincus par les Jannanons ; il y en avait un qui était mort sans aucune marque de blessure. J'ai raisonné que c'était celui que Chiffaa avait tué avec sa flûte. Je ne voulais pas savoir comment elle s'y était prise. Nous avions tous tué et je ne ressentais plus que l'effroi et le dégoût du meurtre.

Je me suis levé pour rejoindre Pit et Sissasse. Tout à coup, j'ai senti la main du Maître des sables sur ma jambe. J'ai baissé mes yeux vers lui, il me regardait avec une infinie gratitude.

« Ne me remercie pas, pas pour ça, pas pour avoir tué », lui ai-je dit avant de continuer mon chemin.

Quand j'ai rejoint Pit et Sissasse, elle a quitté les bras de celui qu'elle connaissait depuis toujours et plongé ses yeux dans les miens. De grosses larmes coulaient et coulaient sur ses joues.

« Pardonne-moi », ai-je murmuré à la petite pour qui j'aurais fait n'importe quoi.

Elle m'a fait signe de m'approcher d'elle pour m'embrasser sur la joue. Elle me pardonnait… Elle me pardonnerait toujours.

Comme la terre était dure comme de la pierre, c'était impossible de creuser. On n'a donc pas pu enterrer les coupeurs de route ; on leur a fait une sépulture dans les rochers. Je leur ai demandé pardon à eux aussi.

Puis on a laissé les coupeurs de route reposer en paix et les Jannanons nous ont encouragés à nous dépêcher. J'étais heureux de quitter cet endroit ; je n'en pouvais plus de cette montagne. Je voulais tendre mon hamac dans un arbre. Je voulais que Sissasse puisse commencer à oublier ce qui s'était passé. Le Maître des sables, encore sous l'effet du choc, n'était pas en état de poursuivre le voyage à pied, alors on l'a installé sur Bol, derrière Sissasse. Pour une fois, il a laissé filer la route sans la regarder. On est rapidement descendus sur l'autre versant, jusqu'au pied de la montagne. Tout ce que nous voulions, c'était la laisser derrière nous, au propre, comme au figuré.

De l'autre côté de la vallée, il y avait des collines où courait un ruisseau. Je me suis glissé dans l'eau pour laver les taches de sang que j'avais un peu partout sur moi, sur mon montereau et sur mes assis-longs. Ces collines étaient couvertes d'arbres penchés – de beaux arbres penchés, accueillants et chaleureux. Ce sombre-là, Sissasse et moi, on était allongés dans mon hamac – elle avait peur de dormir toute seule – et je lui ai raconté une histoire qui parlait de la vie des Tor'ocs sur la Péninsule.

« C'est l'histoire de la fille d'O'bira, O'jolique ; elle étudiait le langage des arbres et, pour partager ses connaissances avec son peuple, elle a créé l'élémenta[5]. Tu veux savoir comment on écrit Sissasse en élémenta tor'oc ? » ai-je demandé à Sissasse. Sa petite tête reposait sur moi. Elle a hoché la tête et elle a fait danser ses cheveux de haut en bas pour me dire oui et oui.

5. *Cf.* illustration p. 400.

Élémenta tor'oc

Lettres

L'élémenta possède 29 lettres : les 26 premières lettres correspondent à celles de l'alphabet latin standard (de A à Z), ainsi que trois lettres composées : oo, th et gh.

Glyphes et ponctuation

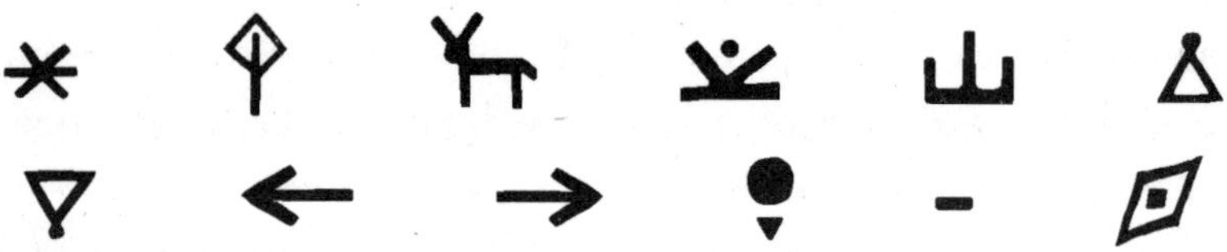

Plusieurs glyphes sont utilisées pour indiquer le sexe, la fonction et la personnalité. Il n'y a pas de majuscule. Quelques exemples :
1 tiret : virgule, 2 tirets : point, « œil » du losange : salutations et bénédictions.

Nombres

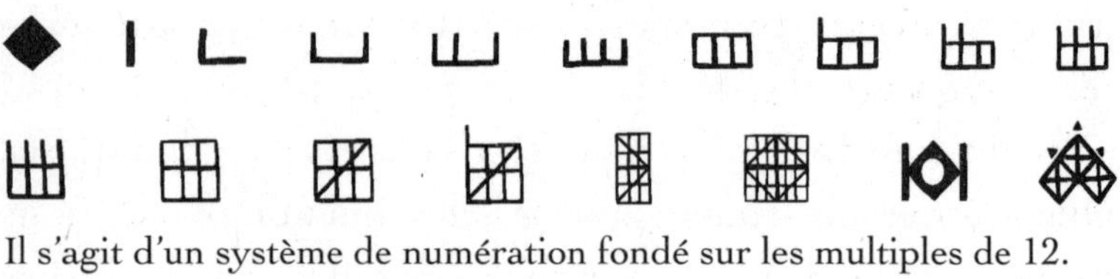

Il s'agit d'un système de numération fondé sur les multiples de 12.

Sur son dos, j'ai tracé les signes de l'élémenta avec lesquels on pouvait écrire « Sissasse ». Elle a retenu son souffle pour pouvoir mieux sentir et deviner ce que je traçais. « Il y a trente-deux signes dans l'élémenta tor'oc. Veux-tu que je te les apprenne ? » Elle a hoché de nouveau la tête. « Nous n'avons jamais fabriqué de papier, nous écrivons sur le tronc des arbres dans lesquels on vit. La peau des arbres penchés est dure et épaisse. Si on grave les mots et les phrases superficiellement, ça ne les blesse pas. Mais la peau est vivante, elle continue à grandir et à pousser. S'ils ne sont pas regravés encore et encore, les mots disparaissent à l'intérieur des arbres. Il y a des Tor'ocs qui consacrent leur vie à empêcher que les mots disparaissent. Ils connaissent l'histoire de notre peuple mieux que personne parce qu'ils l'écrivent encore et encore. »

« Sissasse, l'écriture est une invention extraordinaire, mais O'jolique est connue des Tor'ocs pour quelque chose d'encore plus extraordinaire : la Voie Suspendue. Veux-tu que je te raconte l'histoire de la Voie Suspendue ? » Elle n'a pas hoché la tête, mais elle a pressé ses petites mains sur moi pour me dire de continuer.

« Tu te souviens de la Voie Suspendue ? » Ses mains ont serré mon bras, un peu plus fort cette fois-ci, pour me dire de ne pas m'arrêter. Alors, j'ai raconté sans m'interrompre.

« Pendant trois générations, au fur et à mesure que la ville grandissait – parce qu'elle hébergeait de plus en plus de monde – les Tor'ocs ont utilisé les plus grosses branches des arbres pour se déplacer d'un arbre à l'autre. O'jolique avait eu des visions dans lesquelles elle avait vu la cité grandir et grandir jusqu'aux derniers arbres à l'autre bout de la forêt, grandir jusqu'à contenir de grandes salles et de larges balcons surplombant la forêt. Puis elle a vu les arbres devenir trop distants les uns des autres pour qu'on puisse circuler parmi eux autrement que par terre, ce qui ne lui semblait pas être une bonne idée puisque la Péninsule était régulièrement submergée par les eaux du déluge. Elle a pressenti qu'il fallait inventer une autre manière de se déplacer qu'on pourrait continuer à utiliser quand les eaux reviendraient. »

« Elle disait que chaque fois qu'elle avait un problème avec une vision – par exemple si une partie de la vision manquait ou si elle n'était pas claire – elle partait se promener dans la forêt pour libérer son esprit. Et, au cours de la promenade, le problème se résolvait tout seul. C'est comme ça qu'elle a eu la vision des caractères de l'élémenta, qu'elle a pu les comprendre et les connaître suffisamment pour nous les transmettre. Elle ne voyait pas comment la cité parviendrait à grandir au-delà des arbres déjà naturellement reliés entre eux, mais elle savait que la cité avait besoin de continuer à s'étendre et à se développer.

« Par une lueur de rosée, elle est partie dans la forêt, sans autre but que celui de marcher. Elle ne savait pas où elle allait, elle ne savait pas par où elle passait, elle ne regardait rien, elle n'entendait rien, elle ne pensait à rien. Les Tor'ocs de l'époque savaient que, quand O'jolique partait pour l'une de ses promenades, il fallait la laisser tranquille. Elle a marché dans la lueur de rosée, dans la lumière du milieu et, quand les ombres se sont allongées, elle a continué. Quand elles ont disparu dans le sombre, elle marchait toujours dans l'obscurité. Et elle s'est retrouvée debout au milieu d'un petit lac, pas plus grand que la largeur des branches de l'arbre où nous nous trouvons maintenant. Elle savait que le lac était plus profond qu'elle n'était grande, pourtant, l'eau ne lui arrivait pas plus haut qu'aux chevilles… Et seuls ses pieds étaient mouillés ! C'était comme si l'eau la portait. Elle s'est penchée pour voir ce qui pouvait bien la soutenir comme ça et elle a vu des lianes enchevêtrées immergées. Les lianes étaient descendues d'un arbre qui poussait au bord du lac, s'étaient enroulées dans l'eau, puis étaient remontées dans un autre arbre !

« "Voilà comment tisser et faire pousser des ponts à travers la forêt !" a raisonné O'jolique. »

« Dans certains recoins de la forêt, il y avait plein d'endroits comme celui-là, où de longues lianes avaient poussé presque enroulées les unes dans les autres. Quand celles-ci devenaient assez longues, elles pendaient jusqu'au sol. "On pourrait attraper ces bouts-là", s'est dit O'jolique, "tirer dessus, les enrouler, tisser plusieurs lianes ensemble et les attacher à des points d'amarrage sur les arbres pour créer des ponts." Avec ces ponts, sa vision de la cité est devenue nette. Elle s'est mise au travail dans les lueurs et les lueurs qui ont suivi sa grande marche dans la forêt. Et c'est ainsi qu'elle a créé la première Voie Suspendue de notre cité. Ç'a été l'une des seules parties de la Voie Suspendue à avoir été construite si vite parce que les lianes poussaient déjà depuis longtemps sur place, les unes à côté des autres, et qu'elles étaient suffisamment longues pour être tissées ensemble et aller d'un arbre à l'autre sans s'interrompre. Par la suite, les différentes sections de la Voie Suspendue ont été planifiées à l'avance et on a pu montrer aux lianes comment pousser horizontalement pour aller d'arbre en arbre plutôt que vers le bas. Chaque partie de la Voie Suspendue a mis longtemps et longtemps à pousser, mais quand O'jolique est devenue vieille, la Voie Suspendue reliait entre eux tous les arbres, même ceux qui étaient les plus éloignés les uns des autres. La première grande salle avait déjà été construite dans un arbre éloigné que l'on n'aurait jamais pu atteindre sans la Voie Suspendue. Et cette toute première passerelle qu'O'jolique avait construite est toujours là. On l'a appelée la Voie d'O'jolique. Lorsqu'on ne parvient pas à résoudre un problème sur la Péninsule, on part s'allonger sur la vieille passerelle de lianes entremêlées et, au bout d'un moment, le problème se résout tout seul — c'est une tradition qu'on a gardée. »

Je ne voyais pas le visage de Sissasse mais j'avais l'impression qu'elle souriait et que l'histoire de la Voie d'O'jolique lui plaisait beaucoup. Elle s'est redressée pour me regarder puis son sourire s'est dissipé pour laisser place à une expression plus sérieuse.

« C'était un méchant, hein ? » Elle n'avait pas besoin de me dire de quoi ni de qui elle parlait.

« Il en avait tout l'air », ai-je dit.

« Il nous aurait fait des choses vilaines », a-t-elle ajouté simplement.

J'ai opiné :

« Oui, il avait envie de nous faire du mal. »

Elle a pris une grande inspiration et a posé ses petites mains sur moi, comme pour s'assurer que j'étais bien là.

« Tu ne peux pas les laisser faire. Tu n'as pas le droit de mourir. »

Ç'a été comme un coup de poing : elle avait parfaitement compris ce qui était arrivé ce jour-là à son papa et sa maman. Je pensais qu'elle était trop petite pour comprendre mais je me trompais. Je l'ai prise dans mes bras et je l'ai serrée fort pour qu'elle puisse entendre les battements de mon cœur.

« Tout va bien, on est sains et saufs et rien ne va m'arriver. Je serai avec toi pour toujours et toujours. » C'était un lien que je ne pouvais pas faire mais je l'ai fait quand même. Depuis qu'on était dans l'arbre, c'était la première fois que son corps se relâchait, puis son souffle s'est ralenti et a pris le rythme régulier du sommeil.

J'étais dévasté par la mort des bandits à qui nous venions d'arracher la vie. J'avais mal au ventre et je savais que ce goût que j'avais dans la bouche persisterait pendant des lueurs et des lueurs. Ce petit être qui se reposait enfin, qui ne voulait que mon bien, c'était le meilleur des remèdes contre mon mal-être. Elle était ma sauveuse, autant que moi j'étais son sauveur. Dire que j'avais failli l'abandonner à Lulle. Comment est-ce que j'avais pu envisager une chose pareille ? Ça me choquait rien que d'y penser. J'étais terrifié par l'ampleur de ma stupidité et de ma bêtise. Sissasse était la prunelle de mes yeux et la joie de mon cœur.

« Soaad, si tu m'entends, aide-moi à ne plus me fourvoyer comme ça », ai-je murmuré.

Le vent a soufflé à travers les arbres :

« On sera toujours avec toi. »

C'était probablement les arbres penchés qui parlaient mais, un court instant, j'ai cru que c'était ma seconde mère.

Cela m'a aidé à m'endormir et à rêver à autre chose qu'au meurtre que j'avais commis et à la mort qui avait suivi. Ces scènes de massacre n'avaient cessé de me hanter toute la lueur ; j'espérais qu'elles me laisseraient tranquille pendant le sombre.

La lueur suivante, nous avons fait route vers *Jannaeda**, la ville de mes Jannanons. La route longeait une pente douce et régulière. À un moment donné, j'ai aperçu la ville dans le lointain et j'ai été soulagé de constater qu'elle n'avait pas de muraille, ni réelle ni imaginaire. La cité formait un triangle, aux trois extrémités duquel on distinguait trois petits lacs, avec de grands rochers effilés au milieu. Au sommet de chaque rocher il y avait un édifice. Cela a impressionné Pit, qui en a fait un dessin.

Wéodou est venu à côté de moi. Il sentait que moi aussi, j'étais impressionné par les grands rochers filiformes et les demeures qui se trouvaient perchées là-haut.

« Ce sont des *kirks** , les demeures des *fanes**. Une fane vit à l'intérieur de chaque kirk, les fanes servent leur communauté toute leur vie, elles se réunissent souvent toutes les trois et travaillent ensemble. Ce sont elles qui nous donnent le lien. Tu vas les rencontrer bientôt et bientôt. »

Il m'a dit cela en silence, grâce à notre propre lien, sans lâcher les kirks des yeux. Un sourire s'est dessiné sur ses lèvres. Je l'ai regardé longtemps jusqu'à ce qu'il entende ma question silencieuse.

« Il n'y a jamais plus de trois fanes à la fois. Ce sont des Jannanones sauf qu'elles ne sont pas comme nous, tu verras. Quand une fane meurt, une nouvelle naît dans une famille ordinaire. Personne ne sait où la prochaine naîtra ni de quelle famille il s'agit, ni comment cette famille est choisie. Mais dès les premières lueurs, la naissance d'une fane, c'est clair et clair. Les fanes sont toutes androgynes et elles ne peuvent pas enfanter. Lorsque la nouvelle petite fane est identifiée, elle est aussitôt prise en charge par les *prieuresses** : ce sont des jeunes filles de la ville qui font six saisons de service dans les kirks pour s'occuper des fanes. Toutes les jeunes filles doivent servir avant d'atteindre leur majorité. Durant cette période, elles acquièrent leurs connaissances spirituelles et, comme toutes les jeunes filles servent, quand un bébé est choisi et emporté, cela ne pose jamais de problème : la mère sait que c'est un grand honneur et est fière d'avoir donné naissance à une fane. »

« Les fanes ont-elles un prénom ? » ai-je demandé.

« Non. On les appelle simplement les fanes, mais comme elles nous donnent le lien, nous ressentons chacune d'entre elles comme si c'étaient nos propres émotions. On ne les confond jamais, bien qu'elles soient toutes identiques en apparence. Elles ne se différencient qu'avec l'âge. »

J'ai entendu de la musique sur la route, bien avant de distinguer une foule de Jannanons qui s'était rassemblée pour nous accueillir. En tête du cortège, se tenaient trois Jannanones de bien plus grande taille que les autres, filiformes, coiffées d'une longue et longue chevelure blanche, plus longue encore que je n'étais grand. Elles se balançaient au rythme de la musique, en faisant valser leurs longues mèches, de gauche à droite, comme de jeunes pleureurs qui se balanceraient dans le vent. Pit et Sissasse étaient fascinés par la vision des fanes et voulaient tout savoir à leur sujet. Je leur ai dit ce que je savais.

Les trois fanes venaient à notre rencontre en dansant et nous marchions vers elles, de plus en plus vite. Je pensais qu'elles faisaient ma taille mais elles étaient bien plus grandes que moi. J'arrivais à peine à leur milieu ; il y avait la même différence entre elles et moi qu'entre les Jannanons et moi. Elles se sont approchées de nous en se balançant. On aurait dit un rideau de cheveux qui venait nous encercler, Pit, Bol, Sissasse et moi. Elles évoluaient en chantant autour de nous, leurs bras longs et fins ondulant en rythme. Leurs mains nous faisaient signe et semblaient nous inviter à les suivre.

Sissasse souriait de toutes ses petites dents, elle n'avait pas besoin qu'on lui explique que les fanes célébraient notre bienvenue, elle le voyait, le sentait, le ressentait.

De prime abord, je n'avais pas remarqué que Sheïos, Goïel et Wéodou s'étaient mis à danser, eux aussi, puis je me suis rendu compte que toute la ville était rassemblée sur la route, à danser, à jouer de la musique et à chanter de gracieuses mélodies. C'était un chant profond et intense, où les notes, produites avec une résonance particulière, me donnaient tour à tour des frissons de tristesse et des élans de joie. Chiffaa riait à gorge déployée, applaudissait au rythme de ses pieds qui frappaient le sol ; elle dansait la danse des Jannanons, en plus endiablée. Même le Maître des sables souriait et souriait. La gaieté du peuple jannanon et leur musique féerique nous emportaient dans des nuages de légèreté qui guérissaient nos cœurs encore lourds des séquelles du massacre.

Bientôt, mes compagnons Jannanons ont disparu dans les bras de leurs femmes, de leurs enfants et de leurs amis. J'ai pris Sissasse dans mes bras – moi aussi j'avais envie de tenir quelqu'un dans mes bras pour lui communiquer ma joie. Pit a passé ses bras autour de Bol qui était le seul d'entre nous à avoir besoin d'être calmé au milieu de ce joyeux tintamarre. Chiffaa est venue jusqu'à nous en dansant, elle m'a prise dans ses bras, a serré Sissasse contre son cœur, nous a couverts de joyeux baisers, ce qui a fait beaucoup rire ma petite fille.

Nous ne sommes restés à Jannaeda que douze sombres et treize lueurs. Un émissaire du Camarode nous attendait. Il insistait, disant qu'il était « *in-dis-pen-sable* que nous reprenions la route vers Orzamond au plus vite, dès que nous serions suffisamment reposés et que nos forces seraient revenues ».

En prenant la route pour venir me chercher, Sheïos, Goïel et Wéodou avaient prévu qu'une fois de retour à Jannaeda ils se feraient remplacer pour la deuxième partie du voyage par d'autres Jannanons qui, eux, m'accompagneraient au Camarode. Or ils avaient changé d'avis : à présent, ils voulaient continuer avec nous, au moins jusqu'au Camarode et peut-être même au-delà. Ils avaient même décidé qu'il n'était pas question de nous laisser repartir sans eux. Ceci corroborant cela, les fanes avaient dit à mes trois compagnons que, pendant notre périple commun, elles avaient tenu une cérémonie secrète au cours de laquelle leur étaient apparues les *hazas** de Sheïos, Goïel et Wéodou : il leur avait été confirmé que leur haza était d'être à mes côtés « jusqu'au bout ».

J'aimais le peuple jannanon. Je m'étais habitué à mes compagnons et leurs compatriotes leur ressemblaient tellement. J'avais le lien avec Wéodou. Quant à Sheïos, il m'avait sauvé la vie, et très probablement, Goïel aussi ; il avait forcément dû aider son aîné dans le pandémonium, j'en étais persuadé. Les Jannanons vivaient dans des habitations posées les unes sur les autres. C'était exactement ce qu'on nous avait appris, sur la Péninsule, du Monde du dehors. Leurs maisons étaient carrées, avec des coins pointus et des structures qui s'imbriquaient les unes dans les autres, un peu en quinconce. Cette structure permettait à des escaliers de relier toutes les maisons entre elles et, pour ainsi dire, toute la ville. La couleur de Jannaeda était le bleu pâle, comme les premières fleurs qui apparaissent aux prémices du printemps. Dans la lueur de rosée, quand le ciel était encore gris, la ville bleutée avait l'aspect froid de la glace ; cette beauté froide me ravissait, depuis l'arbre où Sissasse et moi, nous dormions. Quand le soleil allait disparaître du bord de la terre et que le sombre commençait à revêtir ses couvre-tout, sur les murs bleus de la ville, la lumière des feux de cheminée colorait les fenêtres de reflets flamboyants qui réchauffaient Jannaeda. J'aimais l'ambiance accueillante et réconfortante de ces fins de lueur. J'ai appris qu'ils brûlaient du bois mort qu'ils trouvaient dans la forêt ; on faisait la même chose sur la Péninsule. Pit, Chiffaa et le Maître des sables occupaient chacun une des chambres d'une maison dédiée à accueillir les voyageurs qui faisaient étape à Jannaeda ; il y avait là une équipe de Jannanons toujours prête à se plier en quatre pour répondre à leurs besoins.

Les premières lueurs, Sissasse ne me quittait pas d'un souffle ; elle montait continuellement sur mes épaules comme elle montait Bol. Sa présence constante à mes côtés m'a permis de me débarrasser peu à peu du sentiment de mal-être qui, depuis que la mort avait frappé, m'assaillait par vagues successives, compressait mes pensées, ma tête, mon ventre, mon cœur. Les vagues de mal-être se sont étalées de plus en plus et se sont raréfiées jusqu'à ce qu'elles s'apaisent et disparaissent tout à fait. La présence de Sissasse m'avait guéri. Elle restait souvent perchée sur mes épaules, même pour manger, et utilisait alors le dessus de ma tête comme table. Inévitablement, des miettes atterrissait dans mes cheveux. Cela aurait pu me fâcher mais, dans ces moments de grâce suspendue, rien ne m'apportait plus de bonheur et d'apaisement que de secouer ma tête pour que les miettes s'envolent au vent.

Une fin de lueur, on m'a fait savoir que les fanes souhaitaient que je me rende auprès d'elles. Elles voulaient célébrer, avec moi seul, un *tassarat**. J'ai compris que c'était le rituel spirituel des fanes, mais je n'ai pas pu en apprendre plus ; personne ne pouvait me dire de quoi il s'agissait. Ce que les gens savaient, c'était que les fanes officiaient ensemble des tassarats, auxquels jamais personne n'avait été convié avant moi : ni Jannanon ordinaire, ni visiteur exceptionnel, ni voyageur d'aucune sorte. Bref, tout le monde connaissait et ce mot et l'existence des tassarats, mais personne ne savait en quoi ils consistaient, si ce n'est que les fanes en ressortaient riches de nouvelles sagesses et pourvues d'extraits de clairvoyance sur les événements à venir.

Sissasse prenait de plus en plus d'indépendance ; elle avait retrouvé sa joie de vivre, elle passait son temps avec Pit ou Chiffaa, parfois même, elle avait plaisir à être toute seule. J'ai donc pensé que je pouvais accepter l'invitation des fanes et m'absenter le temps du tassarat. Je me suis renseigné sur la durée de la cérémonie et, sans me donner une réponse précise, on m'a dit que ce ne serait pas long et long.

On m'a fait monter à bord d'un petit batiau qui s'est dirigé vers le premier kirk que l'on avait découvert quand on était arrivés, le premier jour. Le capitaine m'a déposé sur un petit débarcadère. Il y avait une porte juste au-dessus du niveau de l'eau. Quand le bateau s'est éloigné, la porte s'est entrouverte. Une jeune femme qui faisait la moitié de ma taille se tenait dans l'embrasure. Elle a souri, hoché la tête et, d'un geste, m'a invité à la suivre.

Elle m'a fait signe de monter l'escalier en pierre qui menait en haut du kirk. Les murs étaient éclairés par des bougies disposées à intervalles réguliers de telle sorte qu'on n'en voyait jamais plus d'une à la fois. Cependant, leurs petites flammes vacillantes éclairaient chacun de mes pas. Le vieil escalier s'enroulait en colimaçon autour d'un piton rocheux. Les marches, érodées par le temps, étaient creusées au centre par les innombrables pas qui les avaient foulées. Mes pieds se sont lovés instinctivement dans ces traces profondes qui avaient traversé les âges et me guidaient dans mon ascension.

Quand j'ai atteint la première grande salle du kirk, j'étais à bout de souffle. Là, trois jeunes prieuresses se tenaient debout, près d'une chaise. Invité à m'y asseoir, je me suis littéralement effondré dessus. J'ai eu soudain l'impression qu'un nuage de douceur m'enveloppait. J'ai été si reconnaissant pour cette simple chaise, qu'elles ont ri. Après l'effort de mon ascension, elles m'ont proposé une boisson pour me désaltérer et m'aider à reprendre mon souffle. Rien ne semblait nous presser ; je suis donc resté là, à observer ce lieu inattendu. Tout autour de moi était rouge : les murs, les étoffes qui flottaient devant les fenêtres ouvertes, les tallums sur le sol étaient rouges, même la chaise dans laquelle j'étais assis était d'un rouge profond, foncé, un peu brun. Et tout ce rouge était curieusement apaisant et dégageait une sensation de calme.

Au bout d'un moment, j'ai remarqué d'autres marches qui menaient plus haut. Les trois jeunes Jannanones m'ont invité à monter à leur suite ; ce dernier escalier débouchait dans une pièce dont les fenêtres offraient une vue panoramique époustouflante. Les trois fanes m'y attendaient. Elles étaient assises en tailleur, par terre, au milieu de la pièce ; leurs longs cheveux blancs aux reflets de soleil s'étalaient autour d'elles comme un immense tallum. L'une en face de l'autre, disposées en triangle, leurs trois corps m'ont fait penser aux trois pointes de la tête aiguisée d'une flèche. J'ai été frappé de voir que la ville de Jannaeda elle-même se trouvait au centre des trois rochers filiformes qui formaient le même dessin que *le vingt-deuxième signe de notre élémenta*[6]. Sur la Péninsule, le milieu de notre vingt-deuxième signe représentait une place forte, un pôle énergétique, un lieu qui conférait de la puissance à celui qui se plaçait au centre d'une telle forme. J'ai eu l'impression que cette croyance était répandue, ici

6. Triangle.

aussi. Les trois prieuresses m'ont invité à m'asseoir au cœur du triangle que formaient les fanes, en me disant que je pouvais regarder dans n'importe quelle direction. J'ai repéré en contrebas, de l'autre côté du lac, l'arbre dans lequel je dormais avec Sissasse et je me suis installé en face. Je le regardais entre deux fanes, à travers l'ouverture de la fenêtre. Les trois prieuresses sont sorties.

« Frère », a dit l'une des fanes, « tu peux grandir ici, parmi nous. »

Elle venait de souffler la salutation traditionnelle des arbres à la manière des Tor'ocs de la Péninsule. Je leur ai soufflé ma gratitude en langage du vent, chacune à leur tour, et les trois fanes m'ont soufflé la bienvenue.

« Vous avez dit… "frère" ! » Mes yeux, interloqués, allaient de l'une à l'autre. « Comment… Comment est-ce possible ? »

« Nous avons la même mère », a déclaré une autre fane.

« Nous sommes de la même famille ! » a ajouté la troisième.

« Soaad… » ai-je dit, bouleversé, une question et une réponse se bousculant dans ma bouche. Elles souriaient. « … Mais, je ne suis pas une fane. »

« Non, mais tu es plus proche des fanes que tu ne le penses. »

Je ne savais pas quelle était la fane qui venait de parler car leurs voix se confondaient. Puis j'ai pensé qu'il n'était pas important que je le sache, puisqu'elles formaient un tout.

« Alors, je suis quoi ? » ai-je demandé. J'avais peur qu'il leur soit difficile de répondre.

« Tu es comme notre frère Jaï-wé. »

« Jaï-wé… L'homme à la muraille, le mystique de Lulle ? »

Pour toute réponse, elles ont souri.

« Je ne pense pas être un mystique. » Je savais que je n'avais rien d'exceptionnel pour en être un. « Je fais des rêves, mais ce ne sont que des rêves. »

Pour toute réponse, elles ont souri.

« C'est si rare d'avoir un frère avec nous », a lancé l'une des fanes. Une autre a renchéri :

« Le tassarat est exceptionnel quand on est quatre. Plus puissant et plus précis. »

La troisième fane a ajouté :

« Nous t'attendons depuis longtemps et longtemps. »

« Le tassarat prédit l'avenir ? » Je voulais m'assurer d'avoir bien compris.

Elles ont secoué la tête, sans cesser de sourire.

« Non. C'est une fenêtre sur le présent. L'avenir n'a pas encore été écrit. Mais sa naissance se conçoit dans le présent, un présent difficile à percevoir et pourtant, le voir et le voir est nécessaire pour mieux le percevoir, le concevoir et le prévoir, peut-être. Si tu le veux bien, tu peux nous aider à voir les prémices de l'avenir dans le présent et à en retenir les images. »

« Je le veux bien », ai-je dit avant d'en être certain. Or les mots m'ont poussé à le vouloir pour de bon.

Pour toute réponse, elles ont souri. Elles ont baissé la tête. Ça commençait.

Un vent a tournoyé dans la pièce, aspirant les flammes vacillantes des bougies qui tapissaient les murs. Gardant les flammes dans ses courants, le vent les a fait tourbillonner autour de nous. Le feu est devenu un cercle en mouvement qui circulait librement autour de la triade des fanes, à la hauteur de leurs épaules. Il brûlait sans toucher le sol, sans toucher leurs épaules, sans toucher quoi que ce soit. Les fanes fermaient leurs paupières. J'ai fermé les miennes.

Soaad est là. Elle nous attend dans un lieu qui n'est que lumière, elle rayonne comme n'importe quelle mère en voyant quatre de ses enfants réunis après une longue séparation. Son regard se pose sur moi.

« Le cœur de celui-ci n'est pas encore guéri... Tu verras, le tassarat va te réparer », dit-elle. Bien qu'elle semble loin, sa main caresse mon visage.

Le feu nous a suivis dans cet endroit de pure luminosité. Il crépite, tournoie, tourbillonne autour des épaules des fanes et de moi, assis au milieu d'elles. J'ai envie d'aller le toucher. Je tends mes bras vers lui, le feu réagit, resserre son cercle, frôle les fanes, caresse leurs épaules, les traverse, se resserre encore et encore. Il tourbillonne autour de moi, de plus en plus près, maintenant il est tout contre moi, m'enveloppe totalement, s'enfonce sous ma surface, m'engloutit jusqu'à ce qu'il n'y ait plus que des flammes et que je sois le feu.

Ce lieu n'est plus que lumière. Soudain il s'embrase ; il se produit une telle libération d'énergie qu'une onde de choc se déchaîne puis un déluge d'images, de couleurs et de sons envahit tout. Les images déboulent en cascade, éclatent, tourbillonnent, ondulent et fondent, elles apparaissent et disparaissent, liquides, solides puis vaporeuses, assourdissantes puis silencieuses. Il y a des visages, des paysages, des étoiles, des mains, des routes, des arbres, des rivières, des villes, des bêtes, des glaciers, des rochers, des épées, des pieds, des feux, des fenêtres, des chemins, des oiseaux noirs. C'est un volcan d'images et d'émotions sensorielles auxquelles je ne peux me soustraire, c'est une tempête qui me frappe, pénètre en moi, ressort, me happe et me rejette.

Dans ce flot ininterrompu d'images, de couleurs et de sons, je ne suis jamais seul, je suis toujours accompagné : les fanes sont toujours là, à mes côtés, avec moi.

La tempête est retombée, on était toujours au même endroit de la pièce, assis en tailleur, j'étais au milieu d'elles, comme avant la tempête. Je suis tombé en arrière, encore plus épuisé qu'après la montée de la tour de pierre. Mes sœurs avaient les paupières toujours fermées et le visage sérieux. Avec le calme qui était revenu, seules leurs chevelures – qui, fouettées par des vents d'une violence inouïe, s'étaient emmêlées les unes aux autres – témoignaient du cataclysme qui nous avait engloutis, hors du temps. La tempête avait été réelle.

Quand elles ont ouvert les yeux, les fanes se sont mises à quatre pattes, ont glissé jusqu'à moi, puis elles ont posé sur moi leurs longues mains aux doigts fins ; elles étaient si grandes qu'elles recouvraient tout mon milieu.

« Le monde est plus grand que ce que je croyais et plus complexe que je ne peux le concevoir », ai-je murmuré.

« Tu nous as montré beaucoup, beaucoup et beaucoup », a dit l'une d'elles.

« Vous avez compris quelque chose, vous ? » ai-je demandé. Pour moi, c'était difficile de voir autre chose que des impressions fugaces et disloquées.

« On va démêler tout ça dans les lueurs à venir », a déclaré une autre.

« Tu nous as montré le présent : nous en avons vu bien plus que d'habitude, bien plus que nous en avons jamais vu », a ajouté la troisième. « Bientôt et bientôt, nous parviendrons à le déchiffrer. »

« Mais pas l'avenir. » Je me souvenais de ce que les fanes avaient dit ; la tempête que j'avais vue représentait le présent.

« Le présent éclaire l'avenir », a dit la première.

« Et c'est important ? »

« Ça semble l'être, jusqu'à ce que le futur se dessine… » a répliqué la seconde.

« Et à ce moment-là, il est déjà devenu le présent. »

Je commençais à voir où elles voulaient en venir.

Les trois ont souri.

La troisième a clos le tassarat en disant :

« Tu as faim et soif, allons nous restaurer ! »

Je suis monté à bord du petit batiau qui m'a ramené en ville. Je me sentais bien. Le mal-être qui m'avait assailli depuis mon rêve des coupeurs de route s'en était allé pour de bon. Soaad avait eu raison. Le tassarat m'avait rendu ma plénitude.

Nos dernières lueurs, à Jannaeda, n'ont été que célébrations ; celles du retour victorieux de mes trois compagnons et celles de notre départ imminent. Les repas festifs se succédaient les uns après les autres.

Pit et moi, on a fait des démonstrations ; Pit a montré son adresse avec le couteau finnif et moi je leur ai fait découvrir l'oro-arc. La foule se pressait pour regarder Bol, le rendant nerveux, mais il retrouvait son calme dès que Sissasse le montait. Désormais, elle était à l'aise pour le monter seule. Elle partait souvent avec lui en ville pour que les citadins, émerveillés, admirent son oryx. Quand on l'interrogeait à propos du Tor'oc avec lequel elle vivait, elle répondait :

« On vit dans les arbres, on leur parle et ils nous répondent. »

« Mais tu n'as pas peur ? »

Elle secouait la tête et s'exclamait :

« Faut pas avoir peur de nous ! »

Elle en était arrivée à avoir presque oublié qu'elle n'était pas née tor'oque, et je dois avouer que j'en éprouvais de la fierté.

Une lueur de rosée, lorsque je me suis réveillé, j'ai vu que plusieurs jeunes prieuresses m'attendaient au pied de mon arbre. Elles m'ont dit que les fanes avaient hâte de me parler et qu'elles souhaitaient que je revienne les voir dès que je serais prêt.

Elles m'ont attendu, le temps que je finisse mon repas de la première lueur avec Sissasse et Pit qui, pendant mon absence, resteraient ensemble. Les prieuresses m'ont conduit près d'un autre lac. Là, je suis monté à bord d'un autre batiau qui nous a menés à un autre kirk qui, lui aussi, se trouvait au milieu de cet autre lac. Le kirk ressemblait à celui où j'étais allé précédemment, à la différence près que la porte qui menait aux escaliers en pierre était bien de la même couleur mais d'un ton beaucoup plus clair. De la même façon, le vieil escalier en colimaçon s'enroulait autour d'un piton rocheux. Les marches étaient également creusées au centre et érodées par le temps. Et comme la fois précédente, mon ascension m'a essoufflé. Seule, la salle principale était différente. La première était rouge et celle-ci était jaune et possédait de nombreux miroirs. Il y avait une autre chaise moelleuse à l'arrivée et, comme la fois précédente, elle m'a enveloppé comme un nuage lorsque je me suis assis dessus. Les trois jeunes prieuresses qui se tenaient là m'ont proposé une boisson vivifiante. Après avoir repris mon souffle, elles m'ont conduit dans la pièce à l'étage supérieur.

Là, tout était jaune. Les trois fanes plutôt que d'être assises en tailleur étaient allongées confortablement sur de gros coussins jetés sur un épais tallum. Elles m'ont invité à me mettre à l'aise comme elles et à m'allonger là où cela me chantait.

« Quel plaisir de te voir », a dit la première en souriant.

« Depuis le tassarat, on a travaillé dur », a déclaré la deuxième.

« On a beaucoup et beaucoup appris, plus que jamais, en vérité », a ajouté la troisième.

« Alors, vous voyez l'avenir maintenant ? » ai-je demandé, pour dire quelque chose.

« Il y a toujours de multiples chemins qui mènent du présent à l'avenir », a répondu la deuxième.

« Mais il y a un chemin qui nous préoccupe, c'est le tien », est intervenue la première.

« Vous avez vu mon avenir ? »

« On a vu ta mort », a dit la troisième d'un ton plat.

« Et quand suis-je censé mourir ? » ai-je répliqué timidement.

« Bientôt et bientôt », a répondu la troisième, qui me faisait face.

« L'un de tes compagnons te veut du mal », m'a prévenu la première.

J'ai souri.

« Non, avant, le Maître des sables était en colère ; il avait peur de moi mais, depuis qu'on s'est battus contre les coupeurs de route dans la montagne, à ses yeux, je suis devenu le héros qui lui a sauvé la vie. Je ne pense pas qu'il me veuille du mal, si c'est ce que vous avez vu. C'est du passé. Désormais, son visage n'exprime que gratitude et sollicitude : il voudrait me rendre la pareille, mais il n'y arrive pas. Il n'y peut rien, c'est un homme asséché, triste et frustré. »

« Ce n'est pas le Maître des sables qui te veut du mal. C'est quelqu'un d'autre », a précisé la deuxième fane. « C'est la femme, Chiffaa Oroser, de Smoos. Elle a pour mission de mettre fin à tes lueurs. »

« Mais si c'était le cas, elle l'aurait déjà fait ; elle n'a pas manqué d'opportunités pour le faire ! »

Je ne les croyais pas.

« Sa mission est plus vaste que cela. Elle doit d'abord mieux te connaître, toi le Tor'oc, et en apprendre le maximum sur les tiens. Mais elle ne doit pas te laisser entrer vivant dans la cité d'Orzamond. C'est l'ordre qui lui a été dépêché depuis sa cité », a expliqué la troisième.

« Et comment va-t-elle m'achever ? Je suis bien plus fort qu'elle », ai-je dit.

« Elle a avec elle une *batana** ; avec ça, elle peut tirer une petite flèche empoisonnée au *curare** », a dit la seconde.

« Une batana ? Je ne sais pas ce que c'est. »

« C'est un morceau de bois de palme évidé, qui peut être de différentes tailles : soit encore plus long que le chasseur qui le manie, soit si petit qu'il pourrait tenir dans ta main. Un chasseur a toujours avec lui des petites flèches qu'il introduit dans sa batana au moment de tirer, puis qu'il souffle pour l'envoyer vite et loin. »

« Ah ! Je raisonne que c'est comme ça qu'elle a tué le coupeur de route dans la montagne », ai-je dit en réfléchissant à voix haute. « Il n'y avait aucune trace de sang, ni aucune blessure sur son corps. Mais pourquoi les responsables de sa ville voudraient-ils qu'elle me tue ? »

« À cause de leur prophétie. Elle prédit que tu seras à la tête d'une armée qui détruira leur ville », a répondu la première fane.

« Ce n'est pas possible », ai-je dit, le souffle coupé.

« C'est plus que possible... Nous sommes en accord avec leur prophétie », a déclaré la troisième.

J'étais sans voix. Je n'ai pas pu répondre. Je me suis laissé retomber dans le gros coussin et mes yeux se sont perdus dans le jaune du plafond. J'ai fini par dire dans un souffle :

« Alors, elle me tuera et sa ville sera sauvée. »

« Non », ont réagi les trois fanes en même temps.

Je les ai regardées sans comprendre.

« Quelqu'un d'autre l'éliminera », a dit la première. « Goïel l'a vue faire dans la montagne, avec le coupeur de route. Elle a caché sa batana, pensant que personne ne l'avait vue. Les Jannanons se méfiaient d'elle depuis qu'un émissaire de Smoos a exigé qu'elle les accompagne pour aller te chercher. Quand il a vu son arme et qu'il a compris qu'elle voulait que personne ne la voie, il a su quelle était la nature de sa mission. »

« Depuis, ils n'ont eu de cesse de la surveiller ainsi que tous les Jannanons de Jannaeda parce qu'ils savent ce que Goïel sait », a ajouté la troisième.

« Elle sera donc éliminée à ma place. » Je voulais résumer la situation.

« Non », ont répliqué en même temps les trois fanes.

« … Il pourrait y avoir un autre chemin », a ajouté la troisième.

« Un autre chemin ? » L'avenir pouvait-il prendre une autre direction ?

« Elle pourrait devenir ta compagne », a émis la deuxième.

« Ma compagne ! La femme qui a pour dessein de mettre fin à mes lueurs veut aussi mettre au monde mes enfants ? »

« Elle ne veut pas te tuer », a expliqué la première. « C'est la mission qu'on lui a donnée mais elle a découvert quelque chose auquel elle ne s'attendait pas. »

« Ah ! Et c'est quoi, cette chose ? »

« Elle te désire, elle désire te toucher, te sentir, être avec toi, en toi. Elle veut ton corps, elle veut être la joie de ton cœur », a poursuivi la première.

« Mais… Il n'y a jamais eu aucun signe de cela », ai-je protesté.

« Réfléchis encore. Est-ce bien vrai ? » a dit la seconde.

Je me suis remémoré notre voyage, notre séjour à Lulle, et me suis souvenu qu'il y avait eu des moments où elle me regardait, où sa main avait effleuré mon bras, mon épaule ou mon dos, où elle m'avait invité à découvrir quelque chose de nouveau qu'elle raisonnait que je ne connaissais pas. Souvent, lorsque nous mangions, elle se mettait à côté de moi. Une fois, pendant un repas, elle s'est penchée vers moi, ses cheveux et son corps ont été près du mien. Je me suis souvenu de son odeur, elle était douce, plus que douce, elle sentait bon, si bon… Je voulais encore la sentir, la respirer, l'absorber tout entière.

« Qu'arrivera-t-il alors ? » J'étais troublé et perdu.

« Tout. »

« Ce n'est pas possible. » La raison n'est pas une rivière qui aime couler à contresens.

Je n'avais plus envie d'entendre ni de comprendre. Nous avons parlé d'autre chose, d'autres pans de vérité que le tassarat leur avait révélés. Nous avons évoqué la tempête qui allait éclater, nous avons parlé d'un enfant à naître pour Wéodou, son premier qui allait venir au monde pendant son absence mais qui commençait sa première vie maintenant. Nous avons parlé de Pit qui deviendrait un grand chef mais plus tard et plus tard. Nous avons parlé du Maître des sables, qui un jour me défendrait quand d'autres voudraient me faire la peau. Nous avons parlé d'Uthiriule qui, disaient-elles, m'attendait quelque part. Enfin, nous avons évoqué Sissasse, qui allait grandir à l'abri de tout ce qui pourrait la troubler et qui deviendrait une Tor'oque, féroce et éprise de justice, comme dans la vision que j'avais eue d'elle.

Les fanes étaient toujours en train de démêler le présent. Il leur faudrait encore de nombreuses lueurs et de nombreux sombres avant de pouvoir discerner clairement l'avenir. Pour l'instant, tout ce qu'elles voyaient, c'était que la tempête était humaine.

Troisième partie
La lune de sang

Chapitre 10

Notre départ de Jannaeda a été célébré en aussi grande pompe que notre arrivée. Toute la ville a déboulé sur la route. Les habitants dansaient et chantaient pour les trois Jannanons qui s'apprêtaient à quitter leurs foyers et leur ville. Les familles, tristes et soucieuses de ce qui pouvait les attendre aux prochains tournants, essayaient de profiter d'eux encore un peu. Sissasse était devenue la mascotte de la ville, tout le monde l'adorait ; une foule de Jannanons que je ne connaissais pas dansaient autour d'elle et de Bol. Les gens la faisaient rire pour qu'elle ne soit pas triste de partir. Pit et moi, on fermait notre petit cortège, côte à côte. À l'avant, le Maître des sables ouvrait la marche devant Chiffaa. Sans vraiment y penser, on lui avait donné cette place et on s'était mis derrière elle pour pouvoir la surveiller. Quand les fanes sont venues à leur tour, elles m'ont immédiatement pris dans leurs bras, et j'ai eu la douce impression d'être bercé comme un enfant qu'on couvait d'amour avant une longue séparation. Elles m'ont dit :

« Nous te reverrons bientôt et bientôt, frérot. La mort ne t'arrêtera pas. »

Toutes trois souriaient ; moi, pas du tout.

« Ne t'en fais pas », m'a murmuré à l'oreille la première fane. La deuxième m'a caressé les cheveux et le front, et la troisième a posé sa main sur ma poitrine.

Pit avait l'air confus et méfiant. Il avait entendu les fanes prononcer le mot « mort ». Il m'interrogeait des yeux et a vu que je comprenais son questionnement. J'ai secoué la tête pour lui dire que ce mot ne signifiait rien, tandis que lui n'en croyait rien. La foule nous a accompagnés ainsi sur de nombreux sarpents. On avait l'impression que toute la ville allait nous accompagner comme ça, jusqu'à Orzamond, mais peu à peu les Jannanons ont ralenti et se sont arrêtés. Ils nous ont regardés partir et sont retournés vers Jannaeda. Les familles des trois Jannanons nous ont suivis encore un peu : ils retardaient encore et encore le moment de quitter leurs Jannanons aimés qui s'en allaient voyager loin et loin avec nous. Ensuite, il y a eu de chaleureux et déchirants adieux. Bientôt, notre petit groupe s'est retrouvé seul sur la route, bien qu'il ait acquis un nouveau membre : l'*Émissaire** du Camarode.

Comme Chiffaa, il montait un épu. J'essayerais la prochaine fois d'employer le mot « cheval », puisque c'était ainsi qu'on appellait l'épu dans le Monde du dehors. Il montait à peu près à la manière de Chiffaa, qui alternait entre monter son pallurino et marcher à ses côtés. Je croyais qu'elle marchait à pied surtout pour tenir compagnie au Maître des sables qui, lui, n'avait pas l'air de se soucier d'elle. Il était absorbé par sa route et sa recherche insatiable de la moindre faille… qu'il avait un plaisir incommensurable à débusquer.

L'Émissaire. Je ne suis jamais arrivé à me souvenir de son nom. Alors, je l'ai toujours appelé comme ça ; c'était plus simple et tout le monde savait de qui je parlais. Il avait été envoyé par le Camarode, uniquement pour s'assurer que je serais acheminé en bonne et due forme d'un endroit jusqu'à l'autre. Pour lui, j'étais une cargaison, rien de plus. Alors, je me comportais comme l'aurait fait une cargaison : laconique, je lui répondais aussi bêtement que possible et je ne lui manifestais pas le moindre intérêt. Il n'était ni très désagréable, ni très sympathique. Il faisait acte de présence, ni plus ni moins. Il était satisfait de sa personne, persuadé que nous avions tous la plus grande curiosité à son égard tandis que lui, avare du moindre détail, semblait déterminé à ne nous dévoiler que le strict minimum. Ses couvre-tout, coupés dans de belles étoffes, forçaient l'admiration. Et, attachées derrière sa selle, il en avait encore deux sacoches remplies que son cheval portait. Il chevauchait à la tête de notre groupe sans jamais se retourner.

Le paysage que nous avons traversé était bordé de profondes crevasses où des rivières tumultueuses avaient lentement creusé et érodé la terre. La route traversait des précipices, ces merveilleuses et impressionnantes cicatrices dans la terre. Quand on arrivait au bord de l'un d'eux, on devait marcher en file indienne sur le pont qui les enjambait et qui était juste assez large pour laisser passer une personne ou un animal à la fois. La vue vertigineuse au-dessus du vide où l'on s'avançait mettait mes sens en alerte et me cachait la vue de la route du Maître des sables sous mes pieds. Les seules choses que je regardais alors étaient les parois de la crevasse, les buissons et les arbres qui s'y accrochaient, ainsi que la rivière tout en bas qui se déchaînait contre les rochers modifiant son cours. J'étais continuellement sur mes gardes : quand je n'observais plus le vide sous nos pas, je surveillais attentivement les moindres mouvements de Chiffaa.

Nous étions à trois sombres d'Orzamond. Je me méfiais des sombres : je craignais sérieusement que Chiffaa ne choisisse l'un de ces moments propices aux coups bas pour m'achever. Ainsi, je choisissais soigneusement mes arbres pour dormir et, précautionneux, je leur demandais s'ils acceptaient de me protéger et de m'avertir si quelqu'un approchait. Je choisissais également des branches hautes parce qu'une fois perché dans les hauteurs les branches inférieures me rendaient invisible aux yeux d'éventuels prédateurs. Chiffaa, pour ne pas la nommer, serait obligée de grimper haut dans un arbre ne serait-ce que pour m'apercevoir et, même si elle s'y risquait, le bruit qu'elle ferait en grimpant aurait tôt fait de m'alerter… De toute façon, les arbres ne la laisseraient pas monter de sitôt. Mais même si je me sentais en sécurité dans les arbres, quand le sombre arrivait, je ne parvenais ni à me détendre ni à dormir.

À mesure qu'on se rapprochait d'Orzamond, de nombreux signes de civilisation apparaissaient ici et là – des maisons, du bétail, des enclos occupés par des chevaux, des champs cultivés prêts à être récoltés et d'autres récemment semés. On a aussi vu des routes qui rejoignaient celle du Maître des sables et d'autres qui s'enfonçaient vers les lointains confins du pays, où, me disait-on, d'autres hommes vivaient dans d'autres villes. Nous avons traversé plusieurs villages où les gens accouraient pour voir passer le Tor'oc, son oryx et la petite fille qui chevauchait cet animal sauvage comme si c'était la chose la plus naturelle du monde. Dans certains villages, on s'est arrêtés pour le repas du milieu et, une fois, pour celui de la dernière lueur. Dans chaque village, on nous préparait et on nous servait des plats dont je n'avais jamais raisonné l'existence ; la plupart du temps, ils étaient délicieux et pleins de saveurs inconnues. Immanquablement, à la fin de chaque repas, une fois que l'Émissaire avait tout avalé jusqu'à la dernière miette, il déclarait que la nourriture ne valait rien à côté de celle d'Orzamond et qu'elle suffisait « tout juste à nous sustenter jusqu'à ce qu'on atteigne sa ville et prenne un repas digne de ce nom ».

Partout, les gens ne se lassaient jamais du spectacle qu'on leur offrait en traversant leurs villages ni de l'honneur particulier qu'on leur faisait en passant devant chez eux. Ils me dévoraient littéralement des yeux, certains des plus jeunes allaient même jusqu'à venir me toucher, d'autres en mouraient d'envie mais ils étaient trop effrayés à la vue du monstre de leurs mythes et légendes que j'incarnais si bien. Une question les taraudait tous : étais-je bien celui qui se cachait dans les coins sombres et qui surgissait aux pires moments pour les punir ? C'était cela que tout le monde voulait savoir… qu'ils soient petits, grands ou même vieux et vieux. Une fois que Sissasse a remarqué comment ils me regardaient tous, elle aussi a voulu susciter cette même admiration craintive. Elle aussi se voyait en Tor'oque indomptable, surgie, comme moi, des mythes et des légendes. Quand on prenait nos repas, elle s'installait sur mes genoux et me voyait manger avec mes doigts ; alors, elle faisait pareil et s'en donnait à cœur joie. De toute façon, elle aimait déjà beaucoup manger avec ses doigts, mais devant cette foule ébahie, l'imitation était parfaite. Une fois, pendant un repas, l'Émissaire a fait une remarque du genre : « Il n'y a que les sauvages pour manger avec leurs doigts. » Sissasse, qui l'avait entendu, a pris une poignée de nourriture et l'a jetée sur lui qui l'a reçu en pleine poire, après quoi la nourriture a glissé sur le beau tissu de ses couvre-tout. L'Émissaire lui a jeté un regard assassin en tentant de sauver ses couvre-tout. J'ai haussé les épaules, lui fulminait :

« Qu'est-ce que je vous disais, à peine apprivoisés, mmhhff ! »

Après les repas, Goïel étalait secrètement une pâte vert-de-brun sur mes doigts et insistait pour que je la mange ou plutôt pour que je la laisse fondre sur ma langue. La pâte – constituée d'un mélange médicinal de feuilles et de racines qui m'étaient inconnues – était affreusement amère. La première fois que je l'ai mise dans ma bouche, je ne l'ai pas bien digérée. Ça m'a donné envie de vomir mais Goïel m'a dit d'essayer de me retenir, que ça me ferait du bien, que je m'y habituerais et c'est ce qui s'est passé, même si ça a toujours été horrible à avaler. Goïel ne m'a jamais dit expressément de taire l'existence de cette potion mais j'ai compris que j'avais intérêt à le faire.

C'était la troisième lueur. Nous nous étions mis en route à la lueur de rosée ; quelques mesures plus tard, Orzamond est apparue au loin et loin. Au début, on aurait dit une montagne à l'horizon avec un couvre-tête posé sur son sommet.

« Si rien ne nous arrête sur la route, on devrait arriver en fin de lueur. » Cette remarque du Maître des sables était destinée à ceux d'entre nous qui n'étaient jamais venus par ici, à savoir Pit, Sissasse et moi.

Nous sommes arrivés en haut d'une petite colline d'où on pouvait voir le monde qui nous séparait encore de la grande ville, celle vers laquelle je me dirigeais depuis que j'étais tombé dans la rivière avec Iz. Devant nous s'étendaient des prairies de hautes herbes d'un brun clair qui ondoyaient sous le ciel avec, çà et là, quelques buissons disséminés puis une forêt épaisse et sombre qui dévorait la route peu avant la montagne. J'allais enfin découvrir pourquoi on me désirait tant dans le Monde du dehors. Je dois préciser que je n'étais pas du tout pressé de l'apprendre. J'ai aimé découvrir ces nouvelles terres qui paraissaient s'étendre à l'assaut du monde avec une facilité déconcertante. Au fur et à mesure que nous nous rapprochions d'Orzamond, il me semblait que ce temps béni de grâce et d'insouciance s'éloignait davantage à chaque pas. Quelles découvertes nous attendaient là-bas ?

Chiffaa était restée à l'avant de notre groupe, aux côtés du Maître des sables et de l'Émissaire qui ne s'intéressaient pas du tout à nous. Depuis notre départ de Jannaeda, je ne l'avais pas lâchée des yeux une seule jiffe. Nous allions arriver à Orzamond le jour même, or elle n'avait pas essayé de m'achever. À vrai dire, pendant tout le voyage, elle n'avait pas manifesté le moindre intérêt à mon égard. Les fanes obtenaient leur prescience de l'avenir par la lecture du présent. Avaient-elles mal lu ? Cela arrivait-il qu'elles se trompent ? Je me sentais de moins en moins en danger et j'avais l'impression qu'une fois que nous serions entrés dans Orzamond, je serais libéré de la prophétie selon laquelle elle m'achèverait.

Peut-être que des choses bien pires m'attendaient mais, au moins, cette prophétie-là ne pourrait plus se réaliser. Nous avions partagé les perles de lumière et ce moment, pour moi, faisait toute la différence. Ça m'avait fait mal d'apprendre qu'elle avait de mauvaises intentions à mon égard mais, jusqu'à présent, j'étais content qu'elle ne me les ait jamais montrées.

On se dirigeait vers la forêt qui semblait de plus en plus épaisse au fur et à mesure qu'on s'en rapprochait, quand soudain, Orzamond est devenue nette ; elle était là, étalée à flanc de montagne, devant nous. Elle formait une ligne épaisse et penchée. Jusque-là, chacune des villes que je connaissais – à vrai dire, je n'en connaissais que trois : la Cité dans les Arbres, Lulle et Jannaeda – avait une apparence et une couleur qui lui étaient propres. Orzamond, elle, était de toutes les couleurs, sans aucune logique apparente. Les maisons et les autres bâtiments ressemblaient à des pois rouges, bleus, verts, jaunes ainsi que toutes les combinaisons possibles de ces couleurs. Je ne distinguais pas les formes des bâtiments mais je raisonnais que s'ils étaient fantaisistes dans leur usage de la couleur, ils devaient l'être autant dans leur usage de la forme.

J'ai appelé les Jannanons et je leur ai montré ce qui m'intriguait :

« Cette ligne, là-bas, c'est une grande artère comme la nervure, à Lulle ? »

« D'une certaine manière », ont répondu les Jannanons. « Mais ce n'est pas une route, c'est une rivière qui permet d'accéder au dôme, en haut d'Orzamond. » Tous les trois ont pointé du doigt la forme de *couvre-tête** qui avait l'air posée au sommet de la montagne.

Partout où j'étais allé – sur la Péninsule et dans le Monde du dehors – j'avais observé que l'eau coulait toujours de haut en bas et j'en avais déduit que c'était une loi de la nature. J'ai donc raisonné qu'il y avait deux moyens pour qu'un batiau remonte une rivière ou une montagne, il fallait soit le tirer par le haut, soit le pousser d'en bas.

Je regardais cette ville que je ne voyais pas encore entièrement et j'ai pensé tout haut :

« Ils doivent être drôlement costauds, les gars d'Orzamond. »

Les Jannanons ont suivi mon regard, puis ils se sont retournés vers moi, l'air de dire : « Euh, pourquoi tu dis ça ? » Et c'est à peu près ce qu'ils m'ont dit en chœur :

« … Pourquoi ? »

« Pour pouvoir tirer ou pousser un batiau à contre-courant dans la rivière », ai-je répondu, pensant que cette explication, en soi, était claire et compréhensible.

« Ils ne font ni l'un ni l'autre ! » se sont exclamés les Jannanons. « Les batiaux sont entraînés vers le haut par le courant qui traverse la ville. »

J'ai ri. Ils me faisaient marcher.

« Ha-ha ! Donc, ici, la rivière défie les lois naturelles ; elle commence en bas et coule vers le haut ! » C'était ridicule.

Ils ont hoché la tête et m'ont dit avec le plus grand sérieux :

« La rivière, *Nikirié** a été offerte par *Fula** – l'une des Quatre Mères, au gouvernabule d'Orzamond dont elle était follement éprise. Le gouvernabule était un véritable meneur d'hommes, valeureux, visionnaire, doté en plus d'une beauté sans nom. Cet homme a gouverné et vécu bien plus longtemps que n'importe quel autre gouvernabule : c'était un don du ciel. Fula et lui se sont mariés en secret et, en gage d'amour, elle lui a offert une rivière qui pouvait le conduire partout où il le désirait, y compris en haut de la montagne. À partir du jour de leur union, la rivière a coulé dans la direction souhaitée par son époux. S'il voulait qu'un bateau le conduise de bas en haut, la rivière l'emmenait en haut et s'il voulait aller dans l'autre sens, la rivière inversait son cours. Son époux est décédé à l'âge de 2 532 lunes[7]. À partir de ce jour, Fula a fait couler la rivière dans une seule direction, celle vers laquelle son bien-aimé reposerait pour l'éternité, au sommet de la montagne. En son honneur, les habitants d'Orzamond ont donné son nom à la rivière, Nikirié. Une rumeur a couru disant que Fula l'appelait autrement. C'était vrai, Fula l'appelait la rivière *Monamour**. »

J'ai regardé cette rivière. Elle serpentait le long de la montagne et j'essayais de me la représenter coulant vers le haut.

« Prendrons-nous un batiau jusqu'au sommet ? » ai-je demandé.

« L'autre moyen d'accès, ce sont des escaliers escarpés qu'il y a partout sur la colline, sauf que, aucun d'entre nous n'a envie de les emprunter. » Les Jannanons ont souri d'un air entendu.

J'étais content et intrigué à l'idée de prendre un batiau à contre-courant.

7. 211 ans.

On s'approchait de l'orée de la forêt qui ressemblait à une porte d'entrée comme je n'en avais encore jamais vu. La route s'engouffrait sous une arche formée par des branches d'arbres si entrecroisées et denses qu'il était impossible de voir au travers. Il y faisait aussi noir qu'au plus profond du sombre. Le Maître des sables a suivi mon regard puis a deviné mes pensées. Il tenait quelque chose dans sa main. C'était une petite boule d'un bleu profond.

« On va traverser la *forêt de Nidelle-Maille** avec ça. » Il a brandi la boule bleue pour que je la voie bien. « On peut traverser sans lumière mais ce n'est pas commode dans une telle obscurité. Crois-moi, il fait plus sombre là-dedans que toutes les nuits de la terre. » Il a pointé les profondeurs de la forêt.

J'ai regardé les Jannanons.

« Nidelle-Maille… C'est un drôle de nom. Pourquoi l'ont-ils appelée comme ça ? »

« C'est un dialecte ancien qui veut dire "bois d'encre" », m'ont-ils expliqué.

Une petite main est venue toucher mon épaule. Je me suis retourné et j'ai vu que Sissasse n'appréciait pas cet endroit : elle n'aimait pas ce mot et elle n'avait aucune envie d'entrer dans les « bois d'encre ».

« Il fait noir, c'est tout. Ce sont des arbres, ils ne vont pas nous faire de mal », lui ai-je dit pour la rassurer. Les yeux de Sissasse ont fait plusieurs allers-retours entre la porte de la forêt et moi. J'ai fait signe à Pit de rejoindre Sissasse.

« Tu veux monter avec Sissasse ? » lui ai-je demandé. De temps en temps, Pit montait Bol derrière Sissasse. En deux-deux, Pit s'est avancé vers Bol, a gracieusement sauté sur son dos et pris place aux côtés de notre petite fille. Il l'a prise dans ses bras. Réconfortée, elle s'est laissée retomber sur lui.

Le Maître des sables a pénétré le premier dans la forêt. Chiffaa et l'Émissaire, tous deux à cheval, se sont mis en retrait pour nous laisser passer. Les Jannanons se sont arrêtés, j'ai posé ma main sur Bol pour l'arrêter aussi. Le Maître des sables s'est avancé sans broncher sur la route qui s'enfonçait dans la forêt, elle était si profonde que l'obscurité a failli le faire disparaître. À la limite du noir qui avalait tout, il s'est immobilisé. Il s'est retourné vers moi pour me montrer de nouveau la petite boule bleue dans sa main – je ne raisonnais pas pourquoi il tenait tant à ce que je la voie –, puis il a disparu dans le noir d'encre de la forêt qui lui avait donné son nom. Soudain, une explosion de lumière a déchiré l'obscurité ; le Maître des sables était baigné d'une lumière douce et chaleureuse dont la source semblait suspendue au-dessus de sa tête. Il a rouvert sa main pour me montrer que la boule bleue n'y était plus ; celle-ci avait explosé et s'était transformée en une source de lumière qui restait suspendue là, toute seule, au-dessus de lui. Il nous a fait signe de venir.

Chiffaa et l'Émissaire sont entrés à leur tour dans la forêt de Nidelle-Maille. On les a suivis. Je voyais que le Maître des sables voulait m'expliquer quelque chose. Il ne me quittait pas des yeux, il souriait de toutes ses dents – ce qui était très rare. Il a fait disparaître sa main dans sa sacoche et sorti une autre boule bleue.

« Regarde, ces petites choses sont merveilleuses ! » Je me suis approché de lui et, une nouvelle fois, il m'a montré une boule. « Elles ne durent pas très longtemps, mais sans elles, les bois seraient terrifiants et le Maître des sables ne pourrait pas faire son travail. Je ne suis pas responsable de cette partie de la route, mais je donne un coup de main ; on essaie tous de faire de notre mieux. Je te montrerai comment ces boules fonctionnent. Celle-ci est sur le point de s'éteindre », a-t-il expliqué en montrant la lumière qui nous éclairait.

« Elles ont un nom ? » ai-je demandé. Dans le Monde du dehors, toutes les choses portaient un nom nouveau que je n'avais jamais entendu.

« On les appelle des *scarabouches**. » Ce nom avait l'air de lui plaire.

Habituellement, je fuyais toujours la route, mais là, on a marché dessus encore et encore parce que le chemin qui la longeait était plongé dans une obscurité encore plus dense. Cette lumière donnait aux arbres une allure sinistre et menaçante, mais ce n'était que le jeu de la luminosité dans les branches. L'air sous les arbres était moite et épais, il sentait le passé lointain et lointain. Je me suis agenouillé sur la route et, sans m'adresser à un arbre en particulier, j'ai soufflé la salutation qui m'était familière. En réponse, les arbres m'ont soufflé la bienvenue et l'air humide s'est empli de la vision que leurs arômes me délivraient.

La vision était celle de la cime des arbres, là où les rayons du soleil pénétraient encore. Ils me faisaient savoir que leurs branches supérieures étaient épaisses et qu'elles s'enroulaient les unes aux autres… bien plus encore que celles des arbres penchés. Et ils supposaient que ni moi ni personne ne savait qu'il y avait dans les hautes branches ensoleillées des oiseaux et des plantes qui vivaient et se développaient merveilleusement, ainsi que d'autres créatures qui se satisfaisaient de ne jamais voir la terre. Ces créatures ressemblaient à des hommes fins et velus, mais en plus petit. En revanche, elles avaient des jambes et des bras plus longs. Elles évoluaient gracieusement dans les arbres avec une aisance déconcertante. Ces petites bêtes prenaient des bains de soleil tout en haut des arbres, là où les feuilles étaient suffisamment épaisses pour servir de hamac. Elles mangeaient les fruits des plantes qui poussaient sur les arbres, elles aimaient jouer ensemble, communiquaient dans un langage qu'aucun homme n'avait jamais appris et évitaient de fréquenter les humains, qui leur causaient des misères chaque fois que les deux espèces se rencontraient. Les arbres m'ont invité à grimper pour les rencontrer et voir « le monde du dessus » quand j'en avais envie. Je leur ai soufflé que je serais heureux de revenir parmi eux dès que ma mission à Orzamond serait accomplie.

La vision était si claire et nette que j'avais à peine remarqué que la lumière de la première scarabouche s'éteignait déjà. Le Maître des sables m'a donné un coup de coude pour attirer mon attention. J'ai dissipé les visions pour observer ce qu'il allait faire ; il a tendu la boule bleue pour que je puisse bien voir le spectacle qui allait se produire sous mes yeux.

« Regarde bien », a-t-il dit. Il a levé la boule de toutes ses forces au-dessus de sa tête et l'a jetée par terre. La scarabouche s'est écrasée sur la route avec un craquement sec, puis elle a rebondi aussitôt et s'est envolée devant nous en nous inondant de lumière. Pour finir, elle s'est immobilisée à un tor'oc au-dessus de nous et est restée là, suspendue.

« Exceptionnel, non ? » Le Maître des sables me montrait sa boule du doigt avec ravissement, comme s'il l'avait inventée lui-même. Souriant, il attendait probablement que je lui rende son sourire, mais j'étais encore trop ébahi par ce que je venais de voir. J'ai juste hoché la tête pour lui signifier que je trouvais cela merveilleux.

« Qu'est-ce qui la fait flotter en l'air ? » ai-je demandé.

Le Maître des sables a secoué la tête.

« Je ne sais pas. Ça doit être l'air – ou le manque d'air – qu'il y a ici ; en tout cas, ça ne fonctionne qu'à cet endroit... On y va ? » a-t-il dit. Et on a repris notre marche. La route faisait de grands virages puis la lumière a commencé à montrer des signes de faiblesse. C'était une occasion pour le Maître des sables de lancer une nouvelle scarabouche sur la surface de sa route et de pouvoir sourire avec bonheur à la lumière qui allait naître. Il a pris une boule dans sa sacoche, l'a fait tourner entre ses doigts, a levé le bras et, alors qu'il s'apprêtait à la lancer fort contre la route, le pallurino de Chiffaa s'est brusquement retourné. Ses pattes avant ont frappé le Maître des sables, la scarabouche a échappé des mains de ce dernier, elle est tombée par terre et a roulé au loin alors que la lumière de la scarabouche qui nous éclairait à peine faiblissait à vue d'œil. Chiffaa a glissé sa main dans ses couvre-tout et m'a regardé.

« Pardonne-moi », a-t-elle murmuré. J'entendais ses paroles comme si elle était juste à côté de moi. Elle a mis quelque chose à sa bouche et a soufflé : c'était la batana avec laquelle elle avait tué le coupeur de route. Elle venait de m'achever. J'ai à peine eu le temps de lever mon bras pour me protéger avant que la flèche m'atteigne. Celle-ci s'est plantée dans mon bras. J'ai perdu l'équilibre, je suis tombé en arrière, la lumière s'est éteinte et nous nous sommes retrouvés plongés dans le noir absolu.

J'ai entendu Pit crier, un cheval partir au galop, les Jannanons s'approcher de moi, les jurons du Maître des sables, puis la voix de l'Émissaire qui ne cessait de répéter :

« Que se passe-t-il ? Que se passe-t-il ? »

Les arbres soufflaient autour de moi, me demandant si j'étais blessé. Puis Sissasse s'est mise à crier – un hurlement terrible et perçant qui m'a fendu le cœur. J'ai essayé de me lever, mais je n'y suis pas arrivé. Mes oreilles bourdonnaient. Mes sens s'affaiblissaient. Je n'entendais plus les cris autour de moi, j'étais incapable de me relever. Je ne pouvais plus faire le moindre geste ; mon corps ne répondait plus à ma volonté. J'étais seul dans le noir. Puis la qualité du noir dans le sombre a changé et j'ai senti que ma tête reposait sur les genoux de quelqu'un. L'un des Jannanons, peut-être ? Mes yeux étaient-ils fermés ou la lumière était-elle toujours éteinte ?

Une main me caresse le front ; une main de femme. Des lèvres se posent sur mes yeux. La lumière commence à s'infiltrer doucement. Mes yeux s'ouvrent. Au-dessus de moi, je découvre Soaad qui me tient la tête et me sourit... Elle est heureuse de me voir et de me sentir. Je suis surpris qu'elle soit là.

« Es-tu ici, dans la forêt ? »

Elle secoue la tête :

« Non. »

« Et moi, je ne suis pas là non plus ? »

Je suis perdu. Elle m'explique avec une infinie douceur :

« Tu es là et tu n'es pas là. »

Soudain, je me souviens.

« Chiffaa m'a tiré dessus... avec quoi ? »

Je regarde Soaad dans les yeux. Elle finit ma phrase.

« ... Avec un *pendulute empoisonné**. » Elle voit que j'ignore ce que ce mot-là signifie. « La petite flèche de la batana. » La petite flèche qui est toujours fichée dans mon bras.

« Et pourquoi suis-je ici, avec toi ? »

« Tu es mort. »

Elle a dit cela simplement. Je me relève d'un coup.

« Je suis mort ? »

Une voix derrière moi intervient avec nonchalance :

« Allons, allons, si tu te perds en conclusions hâtives comme celle-ci, tu finiras exactement dans l'état où tu te trouves en ce moment. » Je me retourne. Les Quatre Mères sont là, dans ce lieu qui ne semble être qu'obscurité... à l'exception de la lumière qui nous éclaire par intermittence. La Mère qui me parle est grande et filiforme, je la reconnais grâce aux histoires que j'ai entendues à son sujet : c'est Diluhao.

« Être décédé et être mort, ce n'est pas la même chose. »

Je la regarde, je ne comprends pas ce qu'elle dit, je suis perdu.

« Je suis décédé, je dois donc être mort. » Cela me semble raisonnable.

« Ils meurent une toute petite fois, et soudain ils croient tout savoir », fait remarquer la deuxième Mère, Vissana.

« Je ne suis pas mort ? »

À la recherche d'une réponse, je les dévisage l'une après l'autre. Leurs regards sont mutiques.

« Cesse de tout raisonner », m'intime Tribula.

Fula, à son tour, s'approche de moi.

« Tu en as, de la chance. Ils vont emmener ton corps à la rivière Monamour. »

Des bribes de sens passent comme des nuages. Son gouvernabule aimé... la rivière à contre-courant...

« Ils vont m'enterrer là-bas ? »

Je ne veux pas le savoir. Je ne veux rien savoir du tout.

« Personne ne va t'enterrer nulle part, pas avant longtemps et longtemps », me dit Soaad doucement.

« Les fanes savaient que cela allait arriver. Elles m'avaient prévenu. »

Je m'exprime avec tristesse : je suis triste pour ma vie et triste pour ma mort.

« Ce n'était pas un avertissement », m'explique Soaad sur le même ton.

« C'était pour t'aider », ajoute Fula.

« Pour te préparer », renchérit Diluhao.

« Pour que tu sois prêt », chuchote Vissana qui se trouve tout près de moi.

Elles se rapprochent toutes.

« Vous saviez ce que les fanes avaient dit. Vous saviez ce qui allait arriver ! » Ma raison me guide encore. « Vous auriez pu empêcher que cela ne... »

« Nous aurions pu... », confirme Tribula. « Mais sans mort... »

Soaad achève sa phrase :

« ... Pas de renaissance ! » Elle a assené cela comme une évidence que je devrais comprendre.

Vissana s'agenouille près de moi :

« Tu te diriges vers cette mort depuis long et long. »

« Je ne veux pas être mort ! » je proteste cela avec véhémence.

Diluhao s'agenouille près de sa sœur.

« Qu'est-ce que j'ai dit à propos du décès et de la mort ? »

« N'es-tu pas en train de parler et de raisonner ? » Fula veut me faire lâcher prise.

Je balbutie, confus :

« La rivière qui coule à contre-courant. Je suis décédé... mais je ne serais... pas... m... » Je ne comprends vraiment pas.

Les cinq Mères échangent un regard qui me souffle :

« Il serait bien capable de comprendre tout seul. »

« Du présent, qu'as-tu envie de voir et de savoir ? » demande Tribula.

Je ne réfléchis pas.

« Je veux voir ce qui est en train de nous arriver. »

« Alors, emmène-nous là-bas », ordonne Diluhao.

« Comment ? »

Je ne sais pas, je ne comprends même pas le sens de ces mots. Emmener qui ? Où ? Comment ?

Fula se penche vers moi et chuchote :

« Montre-nous comment. »

Plein d'espoir, je me tourne vers Soaad pour qu'elle me guide. Elle hoche la tête et susurre :

« Toi, montre-nous le chemin ! »

Elles sont convaincues que je peux faire quelque chose mais je n'ai pas la moindre idée de ce que c'est. Elles ne vont pas m'aider. Je ne dois pas raisonner. Je dois le sentir. J'ai répondu sans réfléchir mais j'ai vraiment envie de savoir comment Pit, les Jannanons, Bol et Sissasse ont vécu l'attaque, comment ils prennent ce qui m'est arrivé. Je veux me voir, je veux voir la tête que j'ai faite, et à quel point j'ai eu peur de la mort. J'espère même découvrir que je ne suis pas mort du tout... Peut-être que je suis tout simplement endormi dans le sommeil profond qui s'abat sur ceux qui chutent ou qui sont mordus par un serpent venimeux... ou par une araignée.

Soaad pose ses mains sur ma poitrine, sur mon cœur.

« Ne pense pas. »

J'inspire profondément… même si je n'ai pas conscience de respirer… Je pense que là où je suis je n'ai pas besoin de respirer… Pourtant, ces grandes inspirations me font du bien : peu à peu je me retrouve, je retrouve Æon, je retrouve la chose impalpable qui unit la conscience qui est ici et le corps qui est là-bas… et souffle après souffle, ma confusion s'estompe et la sensation de ne rien comprendre, elle aussi, se dissout. Je me laisse envahir par mon désir de revenir vers les miens, vers mes compagnons. Le lien que j'ai avec Wéodou est un chemin que je pourrais suivre, mais le lien naturel que j'ai avec Sissasse est encore plus fort. C'est le chemin de mes émotions, de mon cœur, de mon âme… L'âme de Sissasse me parle, je ressens sa panique, sa peur, sa peine.

Le noir dans lequel nous flottons, les Mères et moi, change de texture : il se teinte de gris, se met à briller, à scintiller… Peu à peu, le gris se transforme en un vert foncé et profond et je commence à discerner de larges feuilles plates qui poussent sur d'épaisses branches d'arbres. Nous sommes dans la forêt de Nidelle-Maille, sur les branches épaisses aux couleurs de la nuit. Loin en dessous de nous, des gens se penchent sur un corps, le ramassent, le transportent et le déposent sur un tallum improvisé fait de bois et de feuilles. Puis ce tallum de fortune est attaché… sur le dos… d'un oryx ! Bol !

Quelque chose de vivant s'ébroue près de moi, quelque chose qui n'est ni un arbre, ni l'une des Mères. Je me détourne de ce qui se passe en bas… et je découvre autour de moi une ribambelle de petites créatures brunes et poilues qui, elles aussi, sont penchées entre les branches pour observer les gens d'en bas. Quelles étranges petites bêtes… si mignonnes, si semblables aux humains ! Pendue à une branche, l'une d'elles se balance et plonge ses yeux dans les miens… C'est un regard de surprise mêlé d'émerveillement, elle ne me voit pas mais elle me sent, là, tout près. Elle s'adresse à son petit groupe qui soudain détale de branche en branche, dans les hauteurs... Je suis des yeux ces jolies petites bêtes qui s'arrêtent un peu plus haut, se retournent et surveillent de nouveau les gens d'en bas... Moi aussi, je suis leur regard et d'un coup, ma conscience est attirée vers le bas et s'élance vers mon cœur, vers Sissasse.

Une couche d'incompréhension se dissout. Ma petite fille a un regard terrible. Elle dévisage quelqu'un sur le tallum de feuilles. Je voudrais la toucher, la prendre dans mes bras, lui dire de ne pas avoir peur, mais je ne suis pas dans mon corps et mon âme ne peut pas la toucher. Elle se jette en avant, tend son bras vers celui qui est allongé sur les feuilles, saisit sa main, elle la tient très fort puis grimpe sur le tallum de feuilles pour se blottir près du corps auquel la main appartient. Ce corps inerte, allongé là, c'est moi.

« Tu ne peux pas rester là, Sissasse », lui dit Pit avec douceur et gentillesse. « Il faut qu'on l'emmène à la ville. » Il lui montre la route qui mène à Orzamond. Sissasse secoue la tête et reste là, blottie contre le moi qui gît là, et elle le serre de toutes ses forces.

Je m'approche tout près pour nous regarder, elle et moi. Je ne suis plus qu'à quelques souffles de mon propre visage. Ce visage ne respire pas ; il est aussi calme et immobile que la terre elle-même. Ils doivent tous penser que je suis mort ! La notion me frappe soudain... Je suis certainement décédé, mais je ne suis pas mort. Je commence à comprendre. Je suis la rivière qui coule à contre-courant.

Je m'approche de Sissasse. Sa douleur me serre le cœur aussi fort que la petite serre mon corps. Sa panique, sa douleur, sa tristesse n'ont pas lieu d'être. J'embrasse son front et je murmure à son oreille :

« Je vais revenir à toi. »

Elle m'entend et sait que c'est moi ! Elle se redresse. Ses yeux écarquillés scrutent le visage du défunt. Non, ce n'est pas son esprit qui lui joue des tours. Son allure devient féroce, sérieuse et pleine d'espoir. Elle s'agrippe à la poitrine du corps inanimé et fixe encore le visage inerte. Elle grimpe encore un peu plus haut, elle se baisse doucement pour embrasser le menton sans vie puis elle pose délicatement sa tête sur le corps endormi.

« Oui, oui, oui, oui, oui ! » murmure-t-elle dans son souffle pour faire entrer et ses mots et son souffle dans ma chair. Puis elle se tourne vers Pit. « On doit y aller, il a besoin d'aide. » Elle tend ses petites mains pour que Pit la prenne dans ses bras. Alors il la soulève en même temps qu'il endosse le lourd fardeau de celui qui va devoir lui faire comprendre qu'on ne peut plus m'aider, que je suis parti à jamais. Mais pour l'instant, il la berce et prend les rênes de Bol pour guider ses pas. Mon oryx s'apprête à traîner jusqu'à la ville le tallum de feuilles mortes où mon corps repose. L'Émissaire dit quelque chose aux Jannanons puis il fait tourner son cheval et s'élance au triple galop.

Les Mères sont attachées à moi aussi fermement que le tallum de feuilles mortes est attaché à Bol. Mon esprit suit Bol partout où il va.

Soudain, les Mères en ont assez de cette marche funèbre.

« Doit-on vraiment assister jusqu'au bout au périple par le menu ? » demande Fula. Exaspérée, elle trépigne puis explose : « Allons à Monamour ! »

Le temps est élastique. Elle agite son bras, et d'un coup, on est tous transportés – y compris mes compagnons à pied. C'est comme si la traversée avait été accélérée, et nous avec. En deux-deux, tout le monde se retrouve aux portes d'Orzamond. La traversée aurait dû faire au moins cinq mille foulées, durer des jiffes et des jiffes, longues et longues, alors que nous, d'un coup, nous y sommes.

Ils franchissent les portes de la ville et pénètrent dans une vaste cour intérieure. Là, un muret en pierre court le long de gros rochers sur lesquels bouillonne une cascade qui s'élance inexpliquablement vers le haut, à l'assaut de la montagne.

Il y a beaucoup de monde, surtout des hommes qui portent de longs tissus rouges avec deux bandes jaunes verticales le long de l'ouverture centrale. Ils attendent près du portail où naît la rivière. Ils écoutent scrupuleusement les instructions des Jannanons puis soulèvent mon corps précautionneusement et le portent avec solennité jusqu'à un batiau... amarré à la naissance de la cascade. Dans ce batiau, il y a un lit sur lequel on dépose mon corps. Sissasse monte à bord avec moi. Tous les habitants de la ville me regardent avec des visages troublés et éperdus de tristesse, une incommensurable tristesse envers celui - moi - que pourtant ils ne connaissent pas.

L'un des hommes en tissu rouge se baisse pour recouvrir mes pieds d'une étoffe qu'il fait remonter peu à peu sur mes jambes, mon torse et finalement mon visage. Sissasse pousse un cri strident. Elle arrache l'étoffe de mon visage et hurle :

« Noooon ! »

Elle se hisse près de ma tête, plonge une main dans mes cheveux et regarde fixement les hommes en rouge pour les empêcher d'approcher ou de recommencer. Je sens le visage de mon âme sourire malgré moi. D'une manière ou d'une autre, cette petite doit bien avoir du sang tor'oc dans les veines. Elle me regarde et elle dit :

« Je ne vais pas les laisser faire, *Caru** ! »

Je n'ai jamais entendu ce mot auparavant, mais je sais que ça veut dire « papa ».

Les Jannanons sont assis à côté de mon corps. Les hommes en tissu rouge détachent la corde qui retient le batiau et se retirent. Pit conduit Bol sur un chemin sinueux qui va au sommet de la ville. Le long de ce chemin coule la rivière Monamour qui défie la gravité. L'eau d'une couleur gris-vert devient bleue - un bleu légèrement plus profond que le bleu du ciel –, puis de nouveau verte, selon les fluctuations de quelque chose dans l'eau que je ne peux pas distinguer. Dans la rivière, il y a des courants argentés qui, comme des forces invisibles, agrippent le batiau et le poussent vers l'avant. Le batiau, avec son fond plat et ses bords de faible hauteur, semble flotter au-dessus de la rivière plutôt que de fendre l'eau, comme le premier batiau avec lequel on a traversé le lac jusqu'à l'île où j'ai trouvé la tombe de mon ancêtre. Ici, il n'y a personne au gouvernail : la rivière sait où nous emmener et à quelle vitesse. Nul besoin d'un capitaine. Je regarde Fula, heureuse à mes côtés. Elle est sereine et épanouie, c'est bien la première fois que je la vois comme ça.

« Monamour veille sur toi. Tu seras sain et sauf. » Elle me l'assure.

Puis Sissasse se penche par-dessus bord, plonge sa main dans la rivière, prend un petit peu d'eau dans le creux de sa main, s'agenouille doucement près de ma tête et ouvre ses doigts pour la faire couler sur mon front. Ensuite, elle la frotte doucement sur ma peau et mes cheveux. Avec une douceur qui m'émeut jusqu'aux larmes, ma petite fille se penche pour m'embrasser le front, les yeux, les joues, le nez. Puis elle se redresse et contemple mon visage.

Le batiau remonte doucement la rivière sans tanguer ; l'eau est calme et lisse. Elle fait naître un doux balancement qui me rappelle le bercement que je ressens dans les branches d'un arbre.

Je veux être sur le batiau à côté de Sissasse. Je veux sentir la rivière couler sous moi.

« Vas-y... tu peux y aller », me chuchote Soaad à l'oreille.

Je regarde les Mères l'une après l'autre. Elles sont toutes d'accord. Tribula ajoute :

« Tu en as appris suffisamment pour l'instant. »

« Faudra-t-il à nouveau que je meure ? » J'espère que non, même si cela n'a été douloureux que pour mes compagnons.

« Non, tu te souviendras de cette mort-là », répond Diluhao.

« Elle continuera à te guider », fait Vissana.

« Alors je veux y aller ! »

Elles me sourient, puis je retombe doucement en moi-même, comme une feuille qui virevolte jusqu'à terre.

J'étais allongé, les yeux fermés, la respiration légère, sentant une petite main qui bougeait doucement, lentement, dans mes cheveux et parfois des petits doigts qui me touchaient le front. Le batiau se balançait légèrement sous moi, comme si une brise légère soufflait à la surface de la rivière. Dans le vent, il y avait un mouvement distinct : celui du courant argenté qui ne courait pas seulement au fil de l'eau mais qui transférait son énergie et sa force vitale à l'embarcation et qui remontait jusqu'à moi. Fula y avait insufflé l'énergie de son âme. Le courant me réconfortait, je sentais qu'il me guérissait. Il transmettait de la chaleur et un élan vers ce qui était perdu. Cette chaleur et cet élan ont envahi mon corps, et je suis rentré en moi-même.

J'ai commencé à sentir une douleur dans mon bras, à l'endroit où le pendulute s'était planté. La douleur aiguë m'aidait à retrouver mon corps, même si j'avais envie de rester immobile un peu plus longtemps. Le balancement du batiau, la petite main dans mes cheveux, la chaleur de Fula qui me revigorait, tout m'entraînait vers un sommeil tout simple, qui ne durerait pas longtemps mais qui serait réparateur.

« Attention ! »

Je me suis réveillé. Des mains me touchaient, me poussaient, passaient sous moi et autour de moi. J'ai respiré et j'ai ouvert les yeux pour voir à qui toutes ces mains se rattachaient. J'ai vu plusieurs hommes vêtus des longs couvre-tout en tissu rouge et jaune.

« Arrêtez ! Arrêtez ! » La voix de Sissasse retentissait plus fort que jamais.

Elle s'était faufilée entre les *Tissus Rouges** avant de se jeter sur moi. Elle a appuyé ses petites mains sur mon torse puis elle s'est redressée suffisamment haut pour regarder mes yeux. Elle a vu que je la regardais.

Sissasse a ouvert la bouche et un souffle de bonheur s'en est échappé. Elle s'est laissée retomber sur moi, a agrippé mon torse avec tout son corps et a chuchoté :

« Caru ! »

Des visages se sont approchés. J'ai reconnu Sheïos, Goïel et Wéodou.

« Il est vivant ! » a claironné Wéodou. « Je l'ai senti tout à l'heure mais j'ai cru que c'était la force de l'espoir qui me jouait des tours. »

Wéodou m'a pris la main et l'a gardée longtemps serrée dans la sienne. Goïel a prononcé une prière de gratitude. Sheïos riait sans cesse ; entre deux éclats de rire, il me regardait avec surprise et soulagement.

« Je pensais que ça n'avait pas marché », a-t-il dit sans avoir l'air de s'adresser à moi.

J'ai raisonné que je devais tester ma voix pour voir si j'en avais encore une.

« Quoi… ? Qu'est-ce qui n'a… pas marché ? » On aurait dit un grognement rauque de bête sauvage – ma gorge était sèche et sèche – et ce grognement me comblait de bonheur.

« On t'a donné un anti-venin. » Il me regardait avec bienveillance.

« Tu sais, la boue verte que je t'ai fait avaler pendant trois jours », a expliqué Goïel.

« Comment as-tu eu l'idée... ? » Ce que je me demandais, c'était : comment savait-il que j'en aurais besoin ?

« Les Fanes. » Il a fait un geste qui signifiait : « Désolé de ne pas t'en avoir parlé. » « Elles avaient prédit que Chiffaa t'achèverait, elles te l'avaient dit. Ensuite, elles nous ont indiqué le poison que Chiffaa utiliserait et nous en ont fourni l'antidote. Nous avons toujours soupçonné Chiffaa – son aréopage nous l'avait imposée – qui n'avait aucune raison de nous accompagner. Une fois qu'on l'a su, on l'a surveillée à chaque instant, sauf quand... » Il avait échoué dans sa mission protectrice ; il s'en voulait terriblement.

Quelque chose d'autre me frappait.

« Comment se fait-il que vous ne parliez pas en même temps, toi, Sheïos et Wéodou ? »

« Dans les moments d'émotion, on perd notre lien. Et présentement, on est si heureux de le perdre pour toi. » Goïel a tendu sa main vers moi, l'a posée sur mes yeux et il l'a laissée là, plusieurs souffles. Dans ce geste, s'exprimait le lien de notre amitié qui existait déjà mais il voulait me faire savoir qu'il pliait et liait sa volonté à la mienne.

Il a retiré sa main pour que je voie dans ses yeux la profondeur de son amitié. Je lui ai demandé de venir plus près, de se pencher. Il s'est approché et j'ai posé ma main sur ses yeux, moi aussi.

« Je suis plié et lié », ai-je murmuré, si bas que lui seul pouvait m'entendre. Sheïos et Wéodou nous ont regardés, surpris, puis ils ont perçu l'émotion qui circulait entre Goïel et moi, et entre nous tous.

Une petite voix, sur ma poitrine, s'est élevée :

« Pliée et liée. » Oui, Sissasse aussi savait ce que je ressentais, et réciproquement. J'ai fait un geste de la main pour lui signifier que je voulais me redresser. Elle s'est assise et j'en ai fait autant.

Nous avions atteint le sommet de la rivière, en haut de la montagne et d'Orzamond. Je voyais les toits bleu foncé des habitations en contrebas, faits de terre battue colorée en bleu, la rivière qui serpentait à travers la ville, les paysages que nous avions traversés, la forêt de Nidelle-Maille, sombre et verte, et la route qui disparaissait dans la forêt et réapparaissait de l'autre côté. Le monde me paraissait différent, nouveau, comme si je ne l'avais jamais vu ni parcouru. C'était une merveille. J'ai regardé Sissasse, elle n'était pas différente mais, elle n'en était pas moins une merveille de taille, elle aussi, une pure merveille infiniment précieuse.

« Tu es incroyable ! » Une voix que je connaissais s'élevait du bord de la rivière. « Toute la ville a appris la nouvelle de la mort du Tor'oc, tout le monde sait qu'il a été achevé la veille de son arrivée et toi, tu es là, assis tranquillement à discuter. » L'Émissaire avait fait le tour de la colline par les marches. J'étais heureux de le voir.

« Et cette nouvelle les a remplis de joie ? » Je devinais que non.

« Grands dieux ! Non... non ! La terreur et le deuil se sont abattus sur la ville... » Il s'est approché du batiau avant de faire signe aux Tissus Rouges de venir nous aider. « Un nouveau mythe s'est répandu dans la ville à ton sujet, à partir des quelques récits de ton périple glanés ici et là. Tu es plus fort et plus féroce que n'importe quel Tor'oc des Légendes, plus grand que n'importe quel homme sous le soleil, et ta peau est aussi noire que l'obscurité. » Il a marqué une pause et a souri parce que tout cela était loin et loin d'être la vérité. « Tes armes sont si menaçantes que toi seul peux les manier... Je leur ai dit que tout cela n'était que balivernes, à l'exception d'une seule chose qui est vraie et bien réelle : tu portes la redoutable lance de ton lointain ancêtre. Avec un pédigrée pareil, si même une force de la nature comme toi peut se faire achever d'un coup dans la forêt... pour des petites natures comme nous, il n'y a plus d'espoir, tu comprends ? » Il a ouvert ses paumes vers moi avec l'air de dire « Peux-tu vraiment leur en vouloir ? »

Les Tissus Rouges m'ont aidé à me relever puis je suis descendu du batiau après Sissasse.

« Quand ils me verront, ils seront bien déçus. »

« Penses-tu ! Tu es revenu à la vie ! Ça dépasse encore tout ce qu'ils ont entendu. Revenir d'entre les morts va tout éclipser, je peux te l'assurer. » L'Émissaire s'est incliné devant moi. « Bienvenue à Orzamond. »

Derrière lui, la chose en forme de couvre-tête trônait au sommet de la montagne. C'était un édifice sans en être un. On aurait dit la relique d'une créature géante qui me faisait penser à des petites créatures que nous avions sur la Péninsule, près des rives du Divul. Bien qu'elles ne soient pas des poissons, elles savaient nager. Elles possédaient une tête et une queue comme celles des serpents, quatre pattes comme une bête et une grosse carapace dure et dure qui leur servait de maison et qui grandissait avec elles, une maison ronde et angulaire à la fois qui faisait autant partie de leur corps que leurs pattes, leur tête ou leur queue. Nous, on les appelait des *brunipucis**. C'est un nom ancien qui vient des survivants qui ont trouvé refuge sur la Péninsule. Ici, on devait les appeler autrement. Ce spécimen était grand et grand, on aurait pu y mettre toute la Cité dans les Arbres.

C'était le dôme d'Orzamond. Il reposait sur une succession d'arches qui abritaient d'innombrables portes d'entrée. Un Tissu Rouge m'a aidé à marcher jusqu'à l'une des portes. Sissasse me tenait la main, ne me lâchant pas d'un souffle.

« Où est passée Chiffaa ? » ai-je demandé à l'Émissaire. Celui-ci se tenait près du Tissu Rouge qui m'aidait.

Son visage s'est assombri. Il a persiflé :

« Elle est avec ses concitoyens. Les émissaires de Smoos la gardent jalousement dans leurs quartiers et ne laissent personne approcher. Mais dès que… »

D'un geste, je l'ai interrompu :

« Non, qu'on ne lui fasse aucun mal. »

Sissasse a serré fort ses petits doigts dans sa main qui formait à présent une boule féroce. Je l'ai regardée.

« Non, on ne va pas lui faire de mal. Aucun de nous, vous m'entendez ? » Je les ai dévisagés un à un. Ils voulaient tous lui faire la peau.

« On ne lui fera pas de mal », ai-je répété. Je voulais que cela soit bien clair ; mon regard les exhortait à se mettre d'accord là-dessus. Et, à leur manière, ils ont acquiescé : bien qu'ils aient détourné les yeux, leurs corps me signifiaient qu'ils étaient d'accord. C'était loin d'être leur choix, mais ils se rangeaient derrière le mien.

L'Émissaire, frustré et perplexe, s'est écrié :

« Mais elle a essayé de t'achever ! »

« Non, elle n'a pas essayé, elle l'a fait », ai-je répliqué sans plus d'explication.

Ça lui semblait dénué de sens. Il a bafouillé :

« Elle doit… elle doit nous le payer ! »

« Elle a déjà payé et elle paiera encore. » Je savais que c'était vrai, mais j'ignorais pourquoi et comment.

« Ça ne tient pas qu'à toi ! » a encore bafouillé l'Émissaire.

« C'est vrai et vrai. Mais si je peux empêcher qu'on lui fasse du mal, je le ferai », leur ai-je répété pour qu'ils comprennent que ma décision était sans appel.

Avec tout ce qui s'était passé cette lueur depuis mon réveil, j'ai soudain ressenti une immense fatigue, à la fois dans mon corps et dans mes pensées. J'ai soulevé Sissasse et je l'ai prise dans mes bras.

« On va chercher un arbre où on pourra se reposer ? » Elle a hoché la tête avec vigueur… Oui, oui, oui.

« Un arbre ! » L'Émissaire semblait de plus en plus défait à chaque mot que je prononçais. « Nous avons préparé de magnifiques chambres pour vous, avec des lits somptueux ! »

Je l'ai regardé de travers.

« Vous savez parfaitement qu'on ne dort pas dans des lits. »

« Nous, on est des Tor'ocs ! » a claironné Sissasse à ma suite. « On a besoin d'un arbre ! »

Il était tellement troublé qu'il en a perdu la parole.

« Mais… mais… » a-t-il fini par bredouiller. Puis, il s'est ressaisi :

« Il y a bien des arbres dans le jardin du gouvernabule… Mais, mmh, vous n'y serez pas en sécurité. »

« Ils seront bien gardés », ont dit les Jannanons en chœur.

« Il est plus que probable que cela ne plaise pas au gouvernabule et qu'il s'y oppose vigoureusement. » Il espérait qu'il en serait ainsi, c'était visible.

« Si c'est le cas… eh bien, nous retournerons dans la Nidelle-Maille », ont dit les Jannanons sur le ton de la plaisanterie. C'était aussi un avertissement. L'Émissaire a poussé un cri de désespoir. Sur la Péninsule, nous jouions à un jeu dont le but était de coincer l'autre dans un arbre et qu'il ne puisse plus s'en échapper. Quand ce moment arrivait, on disait que la personne était *axilée**. L'Émissaire ne pouvait pas connaître ce mot ni ce jeu, mais cet instant précis lui a donné l'occasion d'en goûter la frustration. Bel et bien axilé, l'Émissaire s'en est allé. J'ai supposé qu'il était parti annoncer la mauvaise nouvelle au gouvernabule.

J'ai demandé aux Tissus Rouges qui me soutenaient :

« Le jardin, c'est par où ? »

Nous sommes sortis et, sur le pas de la porte, un appel merveilleux a empli mes oreilles. Bol était là, il m'avait vu ou alors senti. Comme les Tissus Rouges me soutenaient, je ne pouvais pas m'élancer vers lui. Je me suis juste retourné. J'ai vu Pit courir derrière Bol qui, lui, s'élançait à toute allure vers moi. Les Tissus Rouges ont sursauté, m'ont lâché, puis ont reculé précipitamment. Bol s'est arrêté dans une glissade acrobatique – le sol était encore plus lisse que la route. Sa grosse tête en avant, il m'a pris dans ses cornes pour me soulever jusqu'à son front. J'ai enlacé sa belle tête et il a poussé un appel qui venait des profondeurs de son ventre. Il était si heureux de me voir.

Un deuxième corps s'est pressé contre le mien, c'était Pit. Il m'a fait descendre de la tête de Bol et il m'a serré fort et fort dans ses bras et long et long comme si j'allais disparaître s'il me lâchait.

« Bras ! bras ! » a crié Sissasse qui tirait sur nos jambes. Elle voulait qu'on la hisse, être avec nous, participer à toutes nos effusions de joie. Pit l'a soulevée, elle nous a attrapés tous les deux par le cou et nous nous sommes retrouvés tous les trois, heureux et heureux.

« Comment est-ce possible, je t'ai vu mort ! » Il me regardait avec émerveillement, bonheur et gratitude. « Tu n'étais pas mort ? »

« Je suis décédé mais… je ne suis pas mort. » J'ai fait un geste éloquent vers mon torse, l'air de dire « manifestement ! » « Les bons Jannanons ont anticipé ce qui allait se produire et préparé mon organisme à cette épreuve. Je ne sais pas comment mais l'affreux remède de boue qu'ils m'ont fait avaler a fonctionné. Il m'a maintenu “accroché” à la vie pendant toutes ces jiffes où je suis décédé. »

Une grosse langue est apparue devant mes yeux et m'a léché toute la joue… C'était rugueux, une langue d'oryx. Je n'avais jusque-là jamais vu d'oryx manifester tant d'affection, mais j'ai supposé que c'était leur manière de faire quand ils étaient entre eux.

Pit s'est tourné vers Sheïos, Goïel et Wéodou. Dans ses yeux, j'ai vu qu'il leur disait qu'il était leur homme, maintenant. Il est allé vers eux et leur a tendu la main :

« Je vous soupçonnais de nous vouloir du mal, je me suis trompé. » Il s'est agenouillé devant eux et a incliné sa tête. « Vous avez ma gratitude éternelle. Quel que soit votre désir, je serai votre serviteur. »

Ils ont chacun posé une main sur la tête de Pit.

« Æon est notre frère, à nous aussi. Tu ne nous dois rien de plus que le respect que nous avons à ton égard pour l'amour que tu lui portes. »

« Si on allait se reposer ? » ai-je suggéré.

Bol avait compris que je fatiguais. Il s'est agenouillé pour que je puisse monter sans effort sur son dos. Sissasse a grimpé sur son encolure, s'est assise à l'envers pour être face à moi et m'a serré la figure entre ses mains. Ensuite, je me suis allongé sur le dos de ma monture. J'étais si heureux de retrouver Bol.

J'ai regardé autour de nous et j'ai remarqué que les Tissus Rouges qui se tenaient à l'écart nous fixaient, stupéfaits et pleins d'effroi.

« Pourriez-vous nous conduire au jardin ? » ai-je demandé.

Ils observaient notre oryx avec réprobation. Pour eux, il était manifeste que cétait inconvenant de laisser une telle bête pénétrer dans l'enceinte du grand dôme de leur ville.

D'un ton autoritaire et sans appel, j'ai dit :

« S'il vous plaît ! Conduisez-nous-y, maintenant ! »

Ils ont sursauté et se sont exécutés. Nous les avons suivis.

On est passés sous une arche et on s'est avancés jusqu'à ce que je croyais à tort être une porte. De l'autre côté de l'arche, il y avait une grande esplanade. Le dôme d'une taille impressionnante se trouvait à deux tor'ocs de hauteur au-dessus de l'esplanade. De nombreuses rampes montaient vers le centre du dôme, des rampes de pierres, si lisses et si bien ajustées les unes aux autres que ça donnait l'impression qu'il n'y avait qu'un seul et immense bloc sculpté. C'est lorsque je me suis approché que j'ai remarqué l'assemblage de pierres. J'ai laissé mon regard se perdre dans les hauteurs du dôme, d'où provenait la lumière dorée qui nous inondait avec douceur. Le dessous du dôme ressemblait beaucoup au ventre des brunipucis. Il était constitué de grandes plaques jaunes à l'aspect doux ; chacune était plus grande que le plus grand des kolloks collectifs de la Péninsule.

Les Tissus Rouges que nous suivions ont emprunté la dernière rampe pour aller dans les hauteurs. J'éprouvais de la gratitude pour ces rampes, car Bol aurait eu bien du mal à grimper des escaliers et je ne le voyais pas m'abandonner sitôt après m'avoir retrouvé.

La lumière dorée s'intensifiait au fur et à mesure de notre ascension jusqu'au premier étage du grand dôme. Il y avait une utilisation géniale de la lumière naturelle du dehors qui était réfléchie et transformée par les parois du dôme lui-même pour devenir dorée, douce et chaleureuse. La première pièce avait la même structure que l'ensemble du dôme, longue et arrondie, avec des petites formes fractales octogonales qui créaient de plus petits dômes, tous à angles plats, et qui formaient eux-mêmes un motif répétitif, magnifique et complexe, à l'image de la carapace des brunipucis.

Le dôme retenait l'attention de Pit : j'ai levé mes yeux pour voir ce qui le captivait. Au centre du dôme se trouvait un dessin – ce n'était pas un dessin : j'ai appris plus tard qu'il s'agissait d'un tableau fait, non pas avec de l'encre, mais avec des pigments, appelés « peinture ». Il représentait une scène de chasse se déroulant autour d'une très grande bête que je n'avais encore jamais vue : une bête en colère, couverte de poils, avec deux longues cornes blanches qui sortaient de chaque côté de sa gueule. Des chasseurs l'encerclaient avec leurs lances et leurs flèches dont certaines avaient déjà touché la bête qui se défendait. C'était une scène impressionnante qui peignait le mouvement des chasseurs, de leurs chevaux et de la bête. Je ne me suis pas retourné tant j'étais captivé par tout ce que je voyais.

Nous nous sommes retrouvés devant une porte à doubles battants qui donnait sur un jardin où des buissons, des arbres, des parterres de fleurs et des carrés d'herbe étaient gracieusement disposés. Le jardin poussait sur une vaste terrasse qui faisait toute la longueur du grand dôme. La terrasse était encore plus longue qu'elle n'était large. Elle offrait une vue plongeante sur l'autre versant de la ville qui surplombait une vallée verdoyante : il y avait des collines à perte de vue qui, loin et loin, formaient des vagues comme un océan. Le paysage vallonné, en contrebas, était rempli de rivières, de forêts, de grandes plaines ouvertes et de champs que les fermiers utilisaient pour leurs récoltes. C'était un monde que les oiseaux du ciel admiraient et dans lequel ils aimaient vivre. Le jardin de la terrasse était une pure merveille, cependant le paysage sauvage en contrebas avait quelque chose de magique que l'homme ne savait pas reproduire.

Le jardin paysagé était peigné et bien léché. Rien n'était laissé au hasard, tout était entretenu avec un soin méticuleux : l'herbe était rase, les arbres élagués en formes harmonieuses et les buissons taillés et disposés selon la forme et la couleur de leurs fleurs. C'était charmant, bien qu'un peu trop raffiné à mon goût. Mais pour ce sombre-là, Sissasse, Bol et moi, on s'en accommoderait tout à fait. J'espérais que Pit et les Jannanons accepteraient les lits moelleux qu'on leur proposerait quelque part à l'intérieur du dôme, mais je me doutais bien qu'ils n'en feraient rien. S'ils pouvaient dormir confortablement dans les arbres auprès de Sissasse et de moi, ils l'auraient fait. Pour ce sombre, j'imaginais qu'ils s'installeraient au pied de notre arbre, sur cette herbe fraîchement tondue que j'avais trouvée si douce et agréable quand j'étais descendu de Bol.

« Bienvenue dans mon jardin ! »

La voix puissante d'un homme a retenti au-dessus de nos têtes. À la hauteur de la cime des arbres, les mains posées sur une balustrade, se tenait un homme d'un certain âge, vêtu de resplendissants tissus d'or et de pourpre. Il souriait et portait une couronne. C'était le gouvernabule. L'homme plus petit, à ses côtés, était notre ami l'Émissaire, qui s'inclinait dans une révérence permanente. Il a agité les bras et a déclamé :

« Hasmapludi III, gouvernabule de la Haute-Bossaguine et de la Bossaguine Centrale ! Veuillez vous incliner ! »

Nous lui avons obéi, en signe de respect, comme j'attendais de le faire avec les arbres du jardin à la première occasion.

Le gouvernabule est descendu vers nous en longeant une rampe incurvée. Dans tout le dôme, apparemment, il n'y avait pas d'escalier, ce qui me plaisait beaucoup.

« Je vous en prie ! Debout, debout ! » nous exhortait le gouvernabule. Nous nous sommes redressés lorsqu'il est arrivé près de nous. Ses yeux étaient braqués sur moi. Il s'est approché, a incliné sa tête puis a pris ma main dans les siennes, dans le rituel chaleureux et bienveillant d'une salutation qui débordait d'une joie sincère.

« Æon, merci d'être en vie, merci d'être venu ! » C'était une profonde gratitude qui venait du cœur et sa sincérité m'a ému. J'ai hoché la tête.

« Merci de nous permettre de séjourner dans votre jardin et sur vos arbres. »

Il a ri.

« Oui, oui, tout à fait. Mon Émissaire était nerveux à ce sujet. Il a voulu me convaincre de l'impossibilité d'une telle autorisation jusqu'à ce que je l'arrête net. » Le gouvernabule s'est penché vers moi. « Il est têtu comme une mule... ! » Nous avons souri tous deux devant l'air gêné de l'Émissaire.

« ... Mais il a bon cœur ! » J'ai souligné cette qualité chez l'Émissaire qui avait fini par me frapper.

Le gouvernabule m'a regardé longuement avec sérieux, bien qu'il sourie toujours.

« Si vous gagnez son respect, comme vous l'avez fait d'ailleurs, alors il sera pour vous un fidèle allié et d'une confiance à toute épreuve... Juste raide comme un piquet, voilà tout. » Il a ri et moi aussi. Le gouvernabule s'est tourné vers les autres. Il a regardé Bol : « Et voilà Bol, je présume. » Il m'a regardé une nouvelle fois en haussant les sourcils. « Un animal impressionnant. » Il s'est agenouillé devant Sissasse. « Et toi, tu es l'autre petite Tor'oque que l'on n'attendait pas. Sissasse, n'est-ce pas ? »

Sissasse a fait un grand « Oui » de la tête, dissimulant à peine sa joie d'être reconnue pour ce qu'elle était : une Tor'oque.

Le gouvernabule a ensuite serré la main de Pit.

« Et voilà l'artiste et le lanceur de couteaux. Toute la ville ne parle plus que de vous. Vous êtes Pit ? Vous avez fait sensation, vous et le grand oryx dans toute la ville. Cela ne me surprendrait guère qu'on érige une statue pour immortaliser la glorieuse vision de votre arrivée. »

Pit s'est incliné sans rien dire.

Le gouvernabule a regardé longuement les Jannanons et leur a fait un sourire sincère, plein de gratitude. Puis il s'est agenouillé devant eux.

« Mes amis. Vous avez fait ce que vous aviez dit que vous feriez, ce qu'aucun d'entre nous ne pensait vraiment possible. Vous nous avez probablement sauvés ! Il n'y a rien que je puisse faire qui soit à la hauteur de ma dette envers vous. Sachez que nous vous sommes tous infiniment reconnaissants et que nous vous resterons perpétuellement dévoués. »

Je percevais un tremblement à côté de moi. C'était l'Émissaire. Il regardait, contrit, le spectacle du gouvernabule à genoux devant les Jannanons. Choqué qu'il enfreigne si longuement le protocole, il respirait avec difficulté et se retenait de se précipiter auprès du gouvernabule pour le remettre debout.

Le gouvernabule, à genoux, tendait ses bras grands ouverts vers les Jannanons. Les trois se sont agenouillés devant lui, chacun touchant les mains royales qui leur étaient offertes.

L'Émissaire, ne pouvant plus se retenir, a dit :

« *Votre Supréminence**, votre noble et vaillante Altesse, serait-il de votre gracieuse volonté de sélectionner un arbre à votre goût pour abriter vos illustres invités ? »

L'Émissaire s'est avancé en trébuchant vers le gouvernabule et l'a relevé prestement.

« Absolument. Sélectionnons », a dit le gouvernabule, qui se remettait de ses émotions. « J'ai entendu dire que vous préfériez les arbres aux lits ordinaires. Je serais enchanté de vous proposer un arbre exceptionnel, celui qui a ma préférence. » Et il nous a conduits vers un grand arbre à la peau lisse et aux larges branches, recouvertes de petites feuilles brillantes de couleur vert foncé. Il nous a dit que cet arbre avait été acheminé du temps de ses grands et grands et grands-parents, à bord d'un batiau en provenance d'une île qui se trouvait au milieu des mers, loin et loin d'ici, et que, depuis, l'arbre avait grandi dans ce jardin royal. Il l'appelait l'*arbre à figures**, parfois le *figurier**. C'était un arbre grand et majestueux, digne de figurer dans le jardin du gouvernabule.

Je me suis agenouillé au pied du figurier et Sissasse en a fait autant. Nous avons tous deux baissé la tête avant que je souffle une salutation :

« Pourrions-nous grandir ici ? »

Toutes les feuilles de l'arbre ont frémi. L'arbre a soufflé en guise de réponse :

« Oh, bête qui sait parler, comme tu parles bien ! Tu peux grandir et je t'en prie, grandis parmi nous longtemps et longtemps. La petite bête parle-t-elle aussi ? »

Sissasse a soufflé :

« Oui ! »

Je l'ai regardée, émerveillé. Comment avait-elle appris si vite ?

« Je m'appelle Æon la Feuille, et elle, simplement Sissasse », ai-je soufflé au vieil arbre.

« Nous devrons trouver un nom à rajouter au sien. Ici, les arbres n'ont pas de nom, comme tu dois le savoir, mais là d'où je viens, nous avions nos propres sobriquets », a-t-il soufflé. « Le mien, c'est *Monami**, mais personne ne m'a appelé comme ça depuis long et long. »

« Monami... » a répété Sissasse. Les feuilles ont tremblé, plus fort encore. « ... Nous voulons monter dans tes branches. »

Pour lui apprendre, j'ai ajouté :

« Nous sommes des bêtes qui se reposent dans les arbres pendant le sombre. Notre présence fait écho à la tienne. Pouvons-nous grandir ici ? »

« Je serais bien froissé si vous dormiez ailleurs », a soufflé l'arbre. Il faudrait que je m'habitue à appeler un arbre par son nom.

J'ai remercié Monami. Je me suis relevé et me suis tourné vers le gouvernabule et mes amis. Le gouvernabule me regardait fixement. Il a simplement dit :

« Vous parlez aux arbres, maintenant ? »

Il ne me le demandait pas ; il s'était tourné vers l'Émissaire, qui opinait silencieusement :

« Oui, oui. »

Le gouvernabule a levé la tête et ses yeux ont regardé les feuilles qui ont tremblé deux fois.

« ... Et ils vous répondent ! » a murmuré le gouvernabule pour lui-même. Puis il m'a regardé et a dit : « Vous êtes un sacré prodige ! »

Le gouvernabule, comblé par ce qu'il venait de voir, a pris congé. Il a repris le chemin de la rampe qui le menait vers les hauteurs de ses appartements. Il s'est arrêté pour nous regarder une dernière fois, l'arbre à figures, Sissasse, nos camarades et moi.

Pour que je ne prenne pas ombrage de son départ, il a ajouté :

« C'est quelque chose, quand même ! Il va falloir que je m'en remette ! Un Tor'oc en chair et en os, qui revient d'entre les morts et qui parle aux arbres qui lui répondent ! C'est quelque chose, mais ces moments suspendus resteront à jamais gravés dans mon cœur. J'éprouve maintenant le besoin de m'en remettre au conseil de la nuit, afin de m'acclimater à toutes ces nouvelles impressions extraordinaires. Si je dois dormir dans un arbre avec vous pour y comprendre quelque chose… eh bien, je le ferai. Je vous en donne ma parole. »

Il s'est retourné, a emprunté la rampe et disparu dans ses appartements, à l'étage supérieur.

Chapitre 11

« L'*orza** était une tortue de mer géante qui vivait ici à une époque où les terres étaient encore submergées... »

Le gouvernabule racontait l'histoire de sa ville, Orzamond. Nous étions dans l'une des nombreuses pièces des appartements du gouvernabule, allongés sur des coussins moelleux. Nous nous étions retrouvés pour partager le repas de la première lueur. Il y avait, disposés pour nous, des viandes familières et des fruits inconnus.

« On pense que la carapace de l'orza a été bien conservée grâce aux sédiments marins sous lesquels elle était ensevelie. D'autres vestiges de carapaces d'orza ont été exhumés ici et là, mais ça n'a toujours été que des fragments... » Tout en mordant dans un fruit recouvert d'épines qu'il maniait en véritable expert, le gouvernabule a fait un geste grandiloquent vers le plafond de la pièce royale où nous l'écoutions. « Cette carapace est l'unique spécimen ancien connu qui soit resté intact. » Il en était si fier. « Lorsque les fondateurs d'Orzamond ont bâti notre cité, ils ont découvert, au sommet de la colline, cette carapace qui offrait une forteresse naturelle toute prête à être utilisée. Ils ont retiré les sédiments qui s'étaient accumulés à l'intérieur et la lumière s'est engouffrée dans toute la carapace. Regardez, les panneaux laissent naturellement passer la lumière », a-t-il poursuivi, en montrant une grande ouverture jaune dans le mur du dôme. « À l'origine, la carapace était marron foncé avec quelques lamelles jaunes au centre de chaque section. Elle a été peinte en or et blanc plus tard, mais c'est cette laque qui lui a permis de préserver sa splendeur à travers les siècles. L'entretien général du dôme a contribué également à sa conservation. Le trait de génie, ce sont les sols et les plafonds. » Il a regardé en l'air et nous avons tous levé la tête. « Vous voyez, on dirait un plafond ordinaire, peut-être un peu plus beau que la plupart des plafonds. » Il était ocre-brun, légèrement patiné, lisse, avec des veinules jaune clair comme la route. Il était splendide.

Le gouvernabule s'est tourné vers les Tissus Rouges en retrait dans l'embrasure de la pièce. À son signal, ils ont tiré sur des cordes qui pendaient le long du mur, puis une grande étoffe épaisse s'est retirée doucement, en coulissant à l'horizontale le long du plafond. La lumière – qui avait été obstruée par l'étoffe – a soudain inondé tout l'espace.

« Le secret réside dans l'utilisation de la transparence, de la réflexion et de la réfraction. Je ne pourrais pas vous dire exactement comment ça fonctionne, bien qu'on me l'ait expliqué un nombre incalculable de fois. Vous voyez, pour augmenter la lumière, on a favorisé la réflexion au sol : on fait entrer la lumière, elle se réfléchit sur le plancher et elle éclaire aussi les étages inférieurs jusqu'à rencontrer un autre rideau. Et si vous voulez assombrir l'espace, vous refermez tout simplement le rideau du plafond. » À son signal, les Tissus Rouges ont relâché les cordes qu'ils avaient tirées : le rideau a coulissé à nouveau sur le plafond et la pièce s'est assombrie. « Maintenant, si vous voulez plus de lumière… » Une troisième fois, il a fait signe aux Tissus Rouges qui ont encore tiré sur les cordes. « … Eh bien, vous rouvrez le plafond ! » a-t-il dit, triomphant, tandis que la lumière nous inondait de nouveau. Il a souri au plafond lumineux qui nous baignait de son halo doré et chaleureux. « Grâce à ce mécanisme, ce gigantesque dôme s'éclaire sans bougie ni torche. Pour vous parler franchement, quand je suis en tournée dans le pays pour rencontrer mes administrés, je ne comprends pas comment les gens font pour respirer, avec ces torches qui brûlent jour et nuit. Grâce à cette ingéniosité, on évite la fumée des torches qui laissent des traces sur la peau de ces pauvres gens. Tout à l'heure, pendant le Camarode, regardez-les bien… »

« … Le Camarode, c'est aujourd'hui ! » Je n'en revenais pas.

Le gouvernabule m'a regardé, surpris que je ne sois pas au courant.

« Mais oui, c'est aujourd'hui ! Cela fait si longtemps qu'on vous attend ! Maintenant que vous êtes là, pourquoi ne pas s'y mettre tout de suite ? Vous-même, vous devez être impatient de savoir de quoi il s'agit ? »

« Oui », ai-je acquiescé.

Le gouvernabule a regardé avec gratitude et satisfaction les trois Jannanons qui répondaient à son sourire avec plus d'enthousiasme que moi, même s'ils semblaient gênés de m'avoir caché la vérité si longtemps.

« Eh bien, vous apprendrez tout aujourd'hui ! Qu'on en finisse avec ce Camarode ! » a-t-il dit. Puis, se penchant vers moi, il a ajouté à voix basse : « Il y aura plus de trois cents délégations ici. Entre nous, avec certains délégationnaires, j'en ai jusque-là ; la plupart mangent comme s'ils n'avaient jamais vu de nourriture de leur vie et ils me sortent par les yeux avec leurs plaintes, leurs idées et leurs revendications. Non, ça suffit, traitons les affaires courantes et hâtons-nous de renvoyer ces rustres chez eux. »

« Et qu'attendez-vous de moi ? » lui ai-je demandé, en le regardant fixement.

« Vous n'aurez qu'à écouter », a-t-il répondu. J'ai tout de suite su que ce n'était pas vrai car son visage s'est crispé, ce qui signifiait qu'il y avait autre chose qu'il ne me disait pas. « Vous écouterez puis on vous demandera d'accepter ou de rejeter notre requête. »

« Je ne sais pas ce que vous vous imaginez mais je n'ai pas grand-chose à vous offrir. » J'ai ouvert les bras pour montrer que tout ce que j'avais était là, sur moi. « Vraiment pas grand-chose. »

L'air gêné, le gouvernabule a détourné les yeux et a marmonné :

« Nous verrons, nous verrons. »

« Et moi, je vais y aller, au Camarode ? » m'a demandé Sissasse.

Je me suis penché et je l'ai prise dans mes bras.

« Je n'irai pas sans toi », lui ai-je dit. « Après tout, si j'ai bien compris, il faut des Tor'ocs à ce Camarode puisqu'il ne peut pas y en avoir un sans moi, et moi, je n'y serai pas sans toi. »

Le gouvernabule m'a regardé, il décelait dans mes paroles une sourde menace : et si, après tout, nous décidions de ne pas venir ? Moi, après avoir fait tout ce chemin, j'allais certainement m'y rendre, mais leur attitude commençait à me fatiguer ; ils me considéraient un peu trop comme un gentil Tor'oc domestique qui devait faire le beau à la demande.

Avant l'ouverture du Camarode, l'Émissaire nous a emmenés, Pit, Sissasse et moi faire une promenade en ville. J'en avais fait une des conditions exclusives de ma participation : j'irais d'abord voir Orzamond. Je sentais que mon avenir serait démantelé ce jour-là et je voulais voir cette ville qui deviendrait la ligne de démarcation de ma destinée.

Dans Orzamond, il n'y avait pas une rue qui soit droite. Celles qui partaient de la vallée serpentaient la colline de bas en haut et leurs pavés étaient enfoncés dans la terre pour faciliter la descente ou la montée. Il y en avait d'autres, transversales, qui s'enroulaient littéralement autour de la colline ; c'étaient pour la plupart de larges avenues qui avaient été aménagées en terrasses afin d'être planes. D'autres encore, qui les croisaient, servaient à monter ou à descendre par le plus court chemin ; elles arrivaient et repartaient avec des angles improbables. Cela donnait une impression étrange de routes qui se battaient entre elles.

Les maisons, elles aussi, étaient dépareillées. Elles avaient des couleurs différentes, comme je l'avais remarqué depuis la route qui menait à Orzamond. Chacune d'entre elles semblait avoir été construite dans la défiance de ses voisines comme si leurs habitants voulaient clamer haut et fort que les choix de leurs voisins n'avaient pas eu la moindre influence sur eux. Certaines maisons étaient grandes, tout en hauteur, anguleuses et se pressaient les unes contre les autres. D'autres étaient rondes avec des fenêtres ovales et d'autres encore ressemblaient à des coquillages qui me rappelaient beaucoup les maisons de Lulle.

La ville était tapissée de minuscules échoppes qui s'ouvraient sur la rue. Ces échoppes – presque toutes les maisons en avaient – n'étaient souvent pas plus grandes que mon kollok. Elles étaient toutes spécialisées : il y avait des échoppes de bougies, d'autres de fruits, de pain, de couteaux, de contenants, de couvre-tout, de couvre-pieds, de couvre-tête, de couvre-sols, de tissus, de lits, de viande, de selles, d'armes, de miroirs, de verre… Je raisonnais que la plupart des habitants d'Orzamond étaient des marchands et qu'ils faisaient du troc entre eux, mais non : les choses s'achetaient avec des cendrins – le cuivre dont je m'étais moqué à bord du batiau. On m'en avait donné encore et encore dans les villes que nous avions traversées et, du dôme jusqu'ici, on nous en avait donné encore plus. J'avais du mal à croire qu'un marchand m'échangerait quelque chose contre ces petites rondelles en cuivre, or ils le faisaient de bon gré et semblaient même heureux de le faire. Souvent, ils semblaient même impatients d'échanger n'importe quoi contre de nouveaux cendrins et chaque échange les remplissait d'une joie étrange ; ils s'emparaient du cuivre et le cachaient au plus vite dans des petites boîtes carrées qu'ils fermaient à clef. J'étais triste et mal à l'aise, j'avais l'impression de voler ces braves gens en leur prenant leurs objets en cuir, leurs couteaux, leurs bougies… J'ai pensé qu'ils étaient sous l'emprise d'un mauvais sort qui leur faisait croire que le cuivre valait plus qu'en réalité, mais tous paraissaient habités par le même sortilège. Il en résultait que, dans leur monde, ils donnaient une plus grande importance au cuivre lui-même qu'aux objets échangés. Je n'ai jamais été touché par ce sortilège-là, ni à l'époque, ni aujourd'hui.

Dans une rue, un marchand m'a proposé un sac rempli de *pyèces** en cuivre contre tout ce que j'avais qui venait de la Péninsule ; ma sacoche, mon couteau finnif, mes assis-longs. J'ai ri aux éclats et j'ai refusé, bien sûr. L'Émissaire, les yeux écarquillés, ronds comme des soucoupes, m'a pris à part.

« Tu sais, c'est une très bonne affaire qu'il te propose ! » L'Émissaire me chuchotait avec excitation : « Avec tous ces cendrins, tu pourras t'acheter tout ce que tu veux ! »

« Acheter », un autre mot curieux qui voulait dire troquer. Des fois, ils disaient « acheter » et d'autres fois « vendre » ; moi, je me trompais chaque fois que j'utilisais l'un de ces mots. Il avait dit : « Une très bonne affaire ! » Cela manquait de raison et m'avait fait sourire.

« Avec si peu de cuivre, on ne pourrait même pas fabriquer un gobelet pour Sissasse. » Je lui ai montré tout le cuivre qui me restait. « J'essaie de me débarrasser de toutes ces petites rondelles, pas d'en récupérer davantage ! »

Je me suis éloigné du marchand et de l'Émissaire en pensant que je n'étais pas aussi idiot que ces deux-là ne le pensaient.

En chemin, l'Émissaire m'a annoncé que le Camarode commencerait quand la lumière de la lueur serait au milieu du ciel. J'en avais assez de leur troc, assez d'acheter et de vendre, alors, les mains pleines, nous sommes remontés vers le dôme.

On est d'abord retournés dans les jardins du gouvernabule où j'avais laissé Bol. J'ai donné à Bol des racines violettes que j'avais troquées contre du cuivre dans une échoppe qui occupait tout le rez-de-chaussée d'une maison violette, basse et carrée. Ça m'avait plu, ces racines qui avaient la même couleur violette que la maison du marchand. J'ai pensé que Bol les aimerait beaucoup et ç'a été le cas, elles lui ont beaucoup plu. Dans ce marché, ils ont essayé de me refourguer des rondelles en cuivre encore plus petites que celles que je leur avais données, comme si je leur en avais donné trop alors que l'Émissaire m'avait clairement dit quelle quantité je devais fournir en échange des racines violettes. Ça ne m'a pas plu du tout. Je n'ai pas compris à quel jeu cette marchande se livrait et je n'ai pas eu envie de jouer avec elle.

Nous sommes entrés dans un tunnel : l'Émissaire m'a expliqué que c'était le meilleur moyen pour accéder directement au cœur du dôme, là où tout le monde nous attendait. Le tunnel a débouché près d'une « tribune » – c'est le mot qu'il a utilisé. Nous sommes arrivés au milieu d'une grande salle ronde au milieu de laquelle trônait la tribune, ronde elle aussi. Deux grandes allées se déployaient de chaque côté et s'envolaient en spirale à l'assaut des hauteurs du dôme. Face à nous, la salle s'aplatissait en paliers successifs sur lesquels étaient posés des sièges où ma raison me disait que les délégations s'asseyaient pendant les longues et longues séances. J'ai raisonné que la nôtre serait de celles-ci.

Nous sommes arrivés les premiers ; c'est ce que j'avais demandé. L'Émissaire nous a montré sur la tribune les trois chaises qui nous étaient réservées, à Pit, Sissasse et moi. On s'est assis. Il y avait trois autres chaises vides. Sissasse a découvert que chacune d'elles pouvait tourner sur elle-même, ce qui permettait de faire face à n'importe quel côté de la grande salle ; elle pouvait même s'incliner en arrière afin de regarder les rangs les plus hauts sans avoir à se tordre le cou.

Les différentes délégations sont entrées séparément par les nombreuses portes situées sur le dernier palier de la salle. Les délégationnaires d'une même contrée arrivaient tous en même temps ; ils étaient tous habillés de la même façon, avec des couleurs identiques et dans le même style de couvre-tout qui était uniquement le leur. Sachant où se trouvait leur place, ils se dirigeaient sans hésiter vers le bon palier. La plupart du temps, ils entraient, commençaient à descendre les spirales, jetaient un coup d'œil à la tribune quand, soudain, ils remarquaient que nous étions là, à les scruter. Comme cela les interrompait dans leur descente ou leur faisait perdre la cadence, certains trébuchaient sur la personne qui les précédait, d'autres s'arrêtaient pour nous dévisager, toujours dans un silence qui se dissipait en murmures. Puis ils nous montraient discrètement du doigt et, gênés, reprenaient leur marche solennelle jusqu'à leur place. Sissasse profitait pleinement du spectacle. L'air de rien, elle essayait de les faire trébucher davantage en redoublant de pitreries : elle bougeait simplement une jambe, s'étirait nonchalamment, se penchait en avant ou, comme par accident, tombait carrément de sa chaise. Lorsque les membres de toute une délégation se sont écroulés les uns sur les autres comme Sissasse venait de le faire, je n'ai pas réussi à retenir mon rire.

« Arrête, s'il te plaît », a dit l'Émissaire à Sissasse en se penchant pour l'aider à se relever avant de la rasseoir sur sa chaise.

Elle m'a regardé en souriant ; je lui ai fait signe qu'il avait raison et qu'elle devait l'écouter même si ses pitreries m'amusaient beaucoup.

L'Émissaire énumérait les diverses régions d'Æmira au fur et à mesure que les délégations entraient. La première portait des couvre-tout jaunes avec des rayures rouges qui se drapaient du sommet de leur tête jusqu'à leurs pieds et ne laissaient voir que leur visage.

« Ceux-ci – les *Kadjalib'** – sont toujours les premiers à entrer ; ils sont très surpris de vous voir et encore plus que nous soyons arrivés avant eux. »

L'Émissaire parlait à voix basse pour que seuls Pit, Sissasse et moi puissions l'entendre ; faute de quoi sa voix se serait propagée partout. L'une des merveilles de la conception de ce lieu était son acoustique : le son circulait partout avec facilité et grâce. « … Ils viennent des vastes plaines fertiles où tout pousse. Ils sont réputés pour leurs hautes herbes rouges et jaunes avec lesquelles ils font un pain délicieux, si moelleux qu'il ressemble à un gâteau, et qui fait leur fierté. »

La délégation suivante était celle des *Piscus**, qui vivaient de la pêche en eaux douces et qui portaient des montereaux bleu argenté, de longs assis-longs évasés et des colliers en plumes d'aigle brun-doré, ces oiseaux qui, eux aussi, pêchaient le poisson.

Puis sont entrés les *Eunes** qui ne portaient que quelques lanières en cuir pour couvrir leurs corps musclés. C'était un corps d'élite constitué de chasseurs redoutables, les plus terribles guerriers d'Æmira. Bien qu'ils soient originaires de toutes les régions de la fédération, ces gardiens d'exception formaient un escadron dont le mode de vie particulier n'appartenait qu'à eux.

Les *Mélopalins** sont entrés à leur tour. Eux extrayaient le fer et le transformaient en tout ce qu'ils voulaient.

« Ils sont toujours vêtus de blanc bien que les mines dans lesquelles ils travaillent soient noires et grises », nous a expliqué l'Émissaire. « Ils veulent montrer qu'ils sont propres, pour se laver de l'opprobre qui a sali leur réputation pendant de nombreuses générations. » Il pensait que cela suffisait à nous faire comprendre la symbolique du blanc chez les Mélopalins.

« Ce sont eux qui fabriquent les cendrins ? » Je voulais savoir qui pouvait se livrer à une activité pareille.

« Non, ce sont eux, là-bas. » L'Émissaire me montrait une autre délégation qui descendait face à nous. « Ce sont les *Seleuks**... Ils sont très habiles, ils ont de très bons yeux et sont de merveilleux artistes. C'est ce qui leur permet de fabriquer les moules pour les pyèces d'or et d'argent. »

« De cuivre », l'ai-je corrigé.

« Oh, peu de cendrins sont en cuivre ; la plupart sont en or ou en argent. Ce matin, ce que le marchand te proposait dans son sac, c'étaient des pyèces d'or et, sur chacune des faces, il y avait des lions dont les yeux étaient faits de diamants. C'est une fortune que tu as refusée ! »

Je me suis dit qu'il fallait que je me renseigne sur la signification de l'or quand il ne s'agissait pas d'une couleur, de celle des « yeux de diamants » et de ce que le mot « fortune » voulait dire. Je pensais que ça signifiait « chance » ou « destin », mais maintenant, je n'étais plus très sûr : peut-être que les mots avaient plusieurs sens ?

Ensuite, de nombreuses délégations sont entrées en même temps et il m'a été de plus en plus difficile de savoir qui était qui, qui venait d'où et qui faisait quoi en Æmira ; j'entendais seulement les noms, les régions et les fonctions. Il y avait des délégations qui venaient d'aussi loin que moi, l'une d'elles portait des couvre-tout qui scintillaient de bleu quand ils bougeaient et d'autres encore qui étaient habillés en vert foncé et qui donnaient leurs fruits sucrés au Monde du dehors. J'ai fini par identifier que les Tissus Rouges étaient des guides spirituels et des serviteurs. La délégation aux couleurs de la route – gris, brun et jaune – convoyait les marchandises d'une ville à une autre. La délégation des Maîtres des sables s'habillait exactement comme notre Maître des sables qui faisait partie de ce groupe : en passant devant nous, il nous a fait un signe de tête et nous a souri.

Dès qu'ils sont entrés, j'ai reconnu les Lulliens : la magistrée de l'Aréopage marchait en tête de la délégation avec ma défenseresse, et toute une foule qui les suivait. Ils nous regardaient autrement car nous leur étions familiers, mais nous ne ressemblions déjà plus au souvenir qu'ils avaient de nous. Pit et Sissasse n'étaient plus des âmes lulliennes : ils étaient devenus des étrangers ; quant à moi, entre-temps, j'étais mort.

Les délégations qui occupaient les autres paliers venaient de contrées et de bourgs plus ou moins éloignés. Elles portaient ici des tuniques bleues, là des violettes, là-bas des vert d'eau ou encore des brun clair, ocre rouge et d'infinies teintes nées de leurs multiples permutations et de leurs déclinaisons à rayures ou à pois, le tout moucheté de blanc, noir, rouge, bleu, vert ou jaune. J'ai levé les yeux vers l'assemblée et j'ai compris ce que j'avais vu ce matin-là, à savoir la nature d'Orzamond, la ville née de tous ces gens, de tous ceux du Monde du dehors. Ils avaient bâti leurs maisons en fonction des régions d'où ils venaient et ils troquaient les marchandises et les objets de leur contrée, chacun étalant dans sa petite échoppe, à une toute petite échelle, les richesses de son pays. Orzamond n'était pas une ville en soi mais une ville faite de tous les ailleurs.

Les deux dernières délégations sont entrées en même temps par deux portes opposées ; elles ont chacune descendu les spirales au même rythme, mais elles étaient habitées par des émotions contraires. Les Jannanons, dans leur soutane à capuche grise, nous faisaient signe en souriant. Les gens de Smoos, en blanc et bleu océan, étaient sinistres ; ils avaient l'air à la fois effrayés, en colère et pleins de ressentiments. J'ai aperçu Chiffaa. Nos regards se sont croisés l'espace d'un souffle, puis elle a détourné les yeux avant de baisser la tête, se cachant parmi les siens. Ils se sont assis au milieu de l'une des spirales. Les Jannanons, eux, se sont installés en bas, près de nous. J'étais heureux de voir mes amis et mes compagnons, heureux qu'ils aient été placés à nos côtés.

Un son de cloche a soudain retenti dans la salle pleine à craquer. Les délégations se sont tues pour nous regarder avec impatience. Tous les regards, sans exception, convergeaient vers nous. Depuis le tunnel par lequel nous étions entrés, un instrument invisible et de toute beauté a soufflé une note qui s'est pliée pour en devenir une autre, puis le gouvernabule est entré dans la salle. Il était vêtu d'une étoffe blanc et or qui reflétait la chaude lumière qui nous inondait à travers les panneaux du dôme. Un tissu serti de pierres et de plumes coiffait la tête altière du gouvernabule et une fine bande de cuir de lézard bleu s'enroulait gracieusement autour du tissu. L'assemblée a chanté la même note qui s'est de nouveau pliée et, comme en écho, elle s'est transformée en une autre note, et ainsi de suite, encore et encore, jusqu'à ce que cela forme, non pas un chant à l'unisson, mais un chant fait d'une multitude de voix qu'on entendait toutes séparément et qui s'assemblaient en harmoniques envoûtantes. Peu à peu le chant a empli tout l'espace : sa puissance impressionnante n'avait plus qu'un seul souffle, j'étais ému. J'ai vu que Sissasse, elle aussi, était saisie ; ses yeux regardaient l'immense assemblée avec émerveillement. Pit aussi écoutait ce chant avec un sourire ébahi.

Le gouvernabule a gagné la tribune, les mains levées en signe de salut. Le silence est lentement revenu.

« Fen der Æmira… » a proféré le gouvernabule avant que les délégations réponent à l'unisson :

« Fen der Na Leen ! »

Je me suis tourné vers l'Émissaire qui a murmuré :

« C'est une salutation dans un dialecte ancien qui signifie “Que la paix soit en Æmira”. Ce à quoi ils ont répondu : “Que la paix soit avec *le Nôtre**.” »

L'Émissaire a discrètement pointé du doigt le gouvernabule.

« Le Nôtre, c'est lui. » L'Émissaire s'est rassis pour écouter le gouvernabule :

« Votre humble serviteur, gouvernabule de la Haute-Bossaguine et de la Bossaguine Centrale, moi,

Hasmapludi III de mon état, vous demande la permission de remettre en session la séance extraordinaire du Camarode des Nations Susceptibles, qui a été suspendue quatre-vingt-treize sombres et lueurs dans l'attente du résultat de la mission confiée aux honorables et courageux Jannanons – les très estimés Goïel, Sheïos et Wéodou. Ils ont entrepris, selon notre souhait, un périlleux voyage jusqu'au bout de ce monde, pour nous revenir avec un invité tout aussi estimé, qui ne connaissait rien, ni de notre pays ni des raisons pour lesquelles nous l'avions convoqué, un invité dont nous craignions qu'il puisse causer notre perte ou encore qu'il sonnerait la fin de notre civilisation, si toutefois nous en croyons nos Légendes… Et nous croyons en elles, n'est-ce pas ? » Et l'assemblée a ri parce qu'il avait pris le ton de la plaisanterie. La foule, avide d'une opportunité de se relâcher, prenait sa blague au bond avec reconnaissance.

« Moi-même, j'ai rencontré cet illustre invité dans mes appartements, sans garde aucun et c'est avec une grande fierté que je vous rapporte qu'il est effectivement très impressionnant et possiblement dangereux, mais je ne pense pas qu'il le soit pour nous. Nous attendions cette lueur depuis longtemps et cette lueur est enfin arrivée. Je vous invite donc à souhaiter la bienvenue à notre hôte tant attendu, Æon le Tor'oc. »

L'Émissaire s'est penché vers moi et a murmuré :

« Lève-toi ! »

Et je me suis exécuté. L'assemblée n'a pas chanté la moindre note, elle n'a pas ri non plus. Elle retenait sa respiration comme si, d'un souffle à l'autre, j'allais les attaquer. Le gouvernabule l'a senti lui aussi et, pour détendre l'atmosphère, a poursuivi son discours.

« À côté d'Æon, il y a une petite invitée surprise, à ne pas sous-estimer : je vous présente Sissasse, la petite Tor'oque. » Le gouvernabule a ouvert les bras vers ma petite fille qui s'est levée prestement, ses yeux s'agrandissaient avec fierté. « Et maintenant, permettez-moi de vous présenter le dernier membre de cet équipage, Pit, l'artiste orphelin. Je l'ai vu manier le couteau finnif et je me dis que celui-ci aussi pourrait bien avoir un peu de sang tor'oc dans les veines. »

L'assemblée a ri à nouveau avec soulagement et gratitude.

« Nous leur souhaitons la bienvenue », a déclaré le gouvernabule. Ce n'était ni une question ni une déclaration, c'était un ordre. L'assemblée a chanté une note qui s'est pliée pour en devenir une autre. Cette fois, ils chantaient tous en chœur, et la force de toutes ces voix réunies fut telle qu'elle m'a fait reculer et que je me suis rassis d'un coup sur ma chaise. Sissasse a grimpé sur mes genoux – c'était là qu'elle se sentait le plus en sécurité. J'étais heureux qu'elle soit là, heureux qu'elle soit dans mes bras pendant que nous plongions nos regards dans cet océan de visages inconnus, dont certains paraissaient hostiles et froids. La note s'est éteinte dans le silence et j'ai dit, juste assez fort pour que tout le monde l'entende :

« Pourquoi ? »

Le gouvernabule a fait pivoter son siège vers moi. Son regard disait : « Pourquoi quoi ? »

« Pourquoi nous avoir fait venir ici ? » ai-je demandé.

Pendant tout mon périple, j'avais cherché la réponse à cette question. Il a vu que je n'attendrais pas plus longtemps, que ma patience se transformait en une impatience devenue intransigeante, et que je n'allais plus tolérer tout ce qu'il avait encore prévu de réciter, en glissant de-ci de-là des petits mots d'esprit bon enfant, des plaisanteries convenues ou des salutations à rallonge. Non, j'avais suffisamment attendu. Il jouait son rôle à merveille, devant une assemblée qui lui était déjà acquise. Cependant, je n'allais pas laisser ce petit jeu ni toute cette procession de rituels se poursuivre sans qu'on me serve le plat de résistance. Clairement, le protocole indiquait encore d'autres préambules mais j'en avais assez de leurs simagrées. J'ai soutenu le regard du gouvernabule et lui ai intimé l'ordre de me parler sans détour. Cependant, lui voulait encore repousser le moment où la véritable raison de ma venue me serait révélée ; il voulait y arriver en glissant doucement, exactement comme il l'avait imaginé. Il a tâtonné, bredouillé, marmonné, puis il s'est tourné vers l'assemblée des délégations.

« Comme nous l'avons vu… » a commencé le gouvernabule.

J'ai regardé Sissasse et lui ai soufflé :

« On y va. » Et je me suis levé en la tenant dans mes bras pendant qu'elle me tenait dans les siens.

Le gouvernabule a accouru jusqu'à moi, il a posé ses mains sur mes épaules et il a exercé une pression vers l'arrière pour que je me rassoie.

« Non, non, non », plaidait-il. « J'y arrive, j'y arrive à l'instant, j'y arrive. »

Un murmure s'est propagé dans l'assemblée toute déboussolée et déstabilisée par mon intervention impromptue.

« Le Tor'oc est en droit d'exiger satisfaction », a dit le gouvernabule avec véhémence à ses constituants. « Nous avons réclamé sa présence sans lui avoir fourni la moindre explication ; il est venu au Camarode de son plein gré, en toute confiance bien qu'il ait ignoré le motif de notre requête, et ce, dans le seul but de nous satisfaire. Nous lui devons respect et gratitude. »

J'attendais qu'il en vienne au fait.

« Nous vous avons fait venir pour commander nos armées contre un ennemi que nous ne savons pas combattre ; un ennemi qui va détruire nos villes, nos villages et nos fermes, qui va nous massacrer en masse, qui réduira les survivants en esclavage, un ennemi qui a l'assurance de nous terrasser. » À travers son discours, le gouvernabule avait déjà capitulé.

« Où est cet ennemi ? » ai-je demandé. Au cours de mon long voyage, je n'avais vu aucun signe de guerre, de conflit, de forces armées en exercice ou au repos, aucune menace avérée ou potentielle, rien.

Il a montré la direction opposée à celle par laquelle nous étions arrivés :

« Ils sont dans les *montagnes Som**, un véritable coupe-gorge. Nous pensions que ces montagnes étaient infranchissables et pourtant ils approchent. Une armée massive, composée de milliers d'hommes équipés d'armes redoutables, progresse vers nous à travers les cols montagneux et les passes escarpées avec des bêtes qui transportent leur arsenal. Certes, le relief ralentit leur progression mais chaque journée témoigne de leur avancée délibérée, et la distance entre eux et nous se raccourcit chaque jour davantage : leur arrivée est inexorable. »

« Qui sont-ils ? » ai-je demandé, désarçonné.

« Des Tor'ocs. »

Telle a été la réponse du gouvernabule. Un silence intérieur assourdissant et une immense confusion se sont abattus sur moi. J'ai cru que je devenais aveugle.

« Il y a mille ans, lorsque vos ancêtres ont été coupés du monde par le fleuve en furie, l'arrière-garde de vos guerriers s'est retrouvée coincée du mauvais côté du fleuve, c'est-à-dire de notre côté. Ils étaient quelques dizaines, peut-être cinquante, mais c'étaient des Tor'ocs. Or cinquante Tor'ocs peuvent se battre comme cinq cents hommes. Ils se sont battus et ont été repoussés loin de la prison qui vous maintenait à l'écart de toute civilisation. Ils ont été chassés de l'autre côté du pays jusqu'aux montagnes Som, puis au-delà jusque dans un désert si vaste que personne n'a jamais su si celui-ci avait une limite. On a appelé ce désert infini la *Vacuité*[*]. La plupart de ces guerriers ont péri. Ce que nous ignorions, c'est que ceux qui ont survécu à la traversée du désert ont trouvé des terres de l'autre côté… suffisamment fertiles pour les avoir nourris pendant plus de mille ans.

« Nous avons préservé la mémoire des Tor'ocs à travers les Légendes de la Damnation et, manifestement, ces Tor'ocs ont opéré de façon identique à celle de leurs ancêtres. Ils ont fondé une nouvelle nation et, contrairement aux Tor'ocs de l'Île-Prison de la frontière Est, cette nation, comme celle de vos ancêtres, est restée une nation guerrière où hommes, femmes et enfants sont toujours prêts à se battre. Ils sont sur le pied de guerre et, contrairement à vos ancêtres, ils excellent dans le maniement de nouvelles armes que personne n'a jamais vues par ici ; des armes qu'ils ont pu trouver chez les peuples de l'autre côté du désert, à moins qu'ils ne les aient conçues et fabriquées eux-mêmes.

« Ils savent qu'il existe un pays du nom d'Æmira de ce côté-ci des montagnes. Ils savent que leurs ancêtres ont autrefois conquis ces terres. Ils savent qu'il y a plus de mille ans, la plupart des Tor'ocs ont été décimés et que leurs ancêtres ont été les rares guerriers à avoir survécu. Ils se sont donné pour mission d'enfanter une nouvelle nation tor'oque. Cette nation a vécu et grandi pendant plus de mille ans dans le but de retraverser un jour ces montagnes afin de reconquérir nos contrées, de venger leurs ancêtres et de nous effacer à jamais de la surface du monde.

« Nous ne maîtrisons ni l'art de la guerre des Tor'ocs d'autrefois ni celui de la guerre d'aujourd'hui. Vous, bien qu'au fil des siècles, vous soyez devenus pacifiques, votre peuple a perpétué l'apprentissage et la pratique du maniement des armes. C'est une compétence que nous avons perdue. Lorsqu'on vous voit, de toute évidence, votre pratique du combat et vos jeux ont continué de façonner et d'entretenir vos corps qui semblent faits pour la guerre. Avec votre stature héritée de vos ancêtres, vous ne pouvez qu'exceller dans l'art du combat ; le sang de Sumon coule dans vos veines. En conséquence, nous vous demandons de commander et de guider nos armées afin de défendre notre pays. »

Après m'être tu un moment, j'ai répliqué :

« Vous guider… contre des Tor'ocs ? »

Le gouvernabule n'avait pas l'air de savoir que c'était quelque chose qu'on ne pouvait pas demander à un Tor'oc.

« Ce ne sont pas des Tor'ocs comme vous, vous l'êtes. » Le gouvernabule avait une réponse toute prête : « Vous êtes comme tout le monde, ici. Vous êtes pacifique, vous raisonnez, vous vous souciez des autres, vous avez des compétences et des capacités qui dépassent le cadre du combat et l'expertise de la guerre. » Il a montré à nouveau la direction des montagnes. « Eux, ce ne sont que des guerriers qui détruisent, ravagent et massacrent tout sur leur passage. Ils ne connaissent rien d'autre. Si nous ne parvenons pas à les arrêter, tout ce que vous avez vu au cours de votre périple sera réduit en poussière. Toutes les personnes que vous avez rencontrées seront assassinées. Toute trace humaine sera fantomatique, tout, de ce monde, ne sera plus que ruine. »

« Comment savez-vous cela ? » Ma raison me disait qu'il parlait au-delà de son propre savoir et de ses certitudes. « Durant des siècles, cette mystérieuse nation tor'oque est restée cantonnée de l'autre côté d'un désert si impraticable que vous pensiez que personne n'en avait jamais vu l'autre bout. Ils sont loin et loin, dans des montagnes infranchissables, et vous me dites qu'une horde de Tor'ocs est déterminée à vous détruire : comment pouvez-vous le savoir ? »

« Les grands-d'or nous l'ont raconté. » Le gouvernabule s'est presque effondré en me disant ça. « Il y a une ville de haute montagne, érigée avant le début de notre mémoire collective : cette ville s'appelle *Lucidissom*[*], une cité fortifiée, bâtie sur un haut plateau qui surplombe le monde. C'est la cité d'un peuple dont la mission était de préserver les connaissances et les coutumes d'un autre monde. Peu de voyageurs s'y sont aventurés. Plus rares encore sont ceux qui ont quitté Lucidissom pour venir chez nous, mais il y a des gens ici, qui ont vu cette cité séculaire de leurs yeux et qui connaissent ses merveilles. »

Il cherchait des yeux une délégation particulière – elle se trouvait dans les premières rangées – où un homme, dans la fleur de l'âge, s'est levé pour s'adresser à moi.

« Je m'appelle *Ardrum**. Je suis un marchand – j'achète et je vends –, je suis un voyageur invétéré qui a roulé sa bosse aux quatre coins d'Æmira et d'ailleurs. Je suis allé à Lucidissom… » Il a levé trois doigts. « … Trois fois. »

Mes yeux s'accommodaient à la lumière de l'endroit où il se tenait. Il était d'apparence bourrue, avec un visage buriné, des cheveux noirs et emmêlés, des yeux foncés, une courte barbe bien entretenue et un montereau de bure rêche. Bref, il avait l'air honnête.

« Les *Lucidis**, c'est comme ça qu'on les appelait, étaient des maîtres de la lumière. » Il a lancé dans la grande salle une poignée de petites boules qui ont éclaté dans un nuage de couleurs et sont restées suspendues au-dessus de nos têtes, comme celles du Maître des sables dans la Nidelle-Maille.

« Des scarabouches », ai-je dit à haute voix en regardant les boules de lumières.

« Oui, des scarabouches. Vous les connaissez. » Ardrum s'adressait directement à moi. Je lui ai souri. « Vous n'en verrez plus. Le savoir-faire nécessaire pour les fabriquer n'existe plus. Et le savoir-faire des Lucidis ne se limite pas aux scarabouches qui ont forgé leur réputation. » Il a montré du doigt le gouvernabule. « Ils nous ont aussi donné l'or qu'ils ont tissé dans les fibres d'un coton qu'eux seuls savaient cultiver et l'ont tissé si finement que la plupart des gens croyaient qu'il provenait de la magie des fées. Le Nôtre porte cette étoffe qu'on appelle le *lucidis'su**. »

J'ai regardé le tissu dont était fait le montereau du gouvernabule, et c'était vrai, il était éblouissant ; il était simple et fin, exactement comme l'avait décrit le marchand.

« Tout est perdu à jamais. Ceux qui possédaient ce savoir-faire, ceux qui auraient pu le transmettre à la génération suivante ne sont plus là et la génération suivante non plus. Je n'ai pas assisté personnellement à leur massacre, mais il y a quelqu'un ici qui était présent. »

Il a posé sa main sur l'épaule d'un garçon qui a levé la tête vers Ardrum puis qui nous a regardés. Ardrum lui a fait signe de se lever. C'était un garçon qui avait encore quelques années devant lui avant d'atteindre l'âge où l'on ne grandit plus et où l'on devient un homme. Ses cheveux étaient longs et de la couleur du sable. Sa peau était plus claire que la mienne. Il avait passé longtemps et longtemps à la lumière de la lueur et il aurait probablement blanchi jusqu'à devenir aussi blanc que le gouvernabule s'il était resté à l'intérieur. Ses yeux avaient le bleu du ciel et réfléchissaient joliment les lumières des scarabouches multicolores qui dansaient devant lui, ensorcelées et magiques. La seule incongruité, chez lui, c'était son grand nez qui s'harmonisait mal avec le reste. Avec un peu de chance, son visage finirait par grandir pour s'adapter au nez. Quand il parlait, sa voix se cassait ou s'envolait dans des trilles aigus qui le mettaient mal à l'aise.

« J'aimerais vous présenter le dernier survivant de Lucidissom, le jeune *Yéoal**. Il pourra mieux que quiconque vous parler du massacre. Il est malheureusement le seul à pouvoir témoigner », a annoncé Ardrum en regardant avec bonté le garçon pour l'encourager et lui donner la force de décrire ce qui s'était passé dans sa cité.

Yéoal a attendu un moment avant de parler.

« Je suis le dernier », a-t-il dit. Il a regardé Ardrum avec inquiétude, mais le marchand lui a fait signe de continuer. « Mon ami Ardrum Keliloji m'a trouvé dans le *ravin de Plaiseux**, où j'me suis caché après m'être échappé et il m'a sauvé la vie. J'suis le seul survivant, j'suis le dernier. Mon peuple a été massacré – mes sœurs, mes parents, les devins, les sages – tout l'monde. »

« Comment cela s'est passé ? » a demandé le gouvernabule qui se tenait debout, près de moi. J'ai raisonné qu'il devait déjà tout savoir, mais on avait l'impression qu'il entendait l'histoire pour la première fois, comme moi.

« On pouvait pas prendre Lucidissom ; on avait des fortifications qui nous protégeaient des grandes bêtes qui chassaient dans les montagnes. La muraille, elle a été construite à une époque où il y avait plein de guerres, mais il y avait longtemps que personne savait plus quelles guerres c'étaient, ni contre qui, ni pourquoi elles avaient eu lieu. Pour mieux nous défendre, nos aïeux avaient bâti ces fortifications et, depuis, elles nous avaient toujours protégés, jusqu'à l'arrivée des *Rouges-Noirs**. Leur peau, elle était foncée comme la vôtre. » Il m'a montré du doigt. « Ils vous ressemblaient mais y portaient du rouge et du noir. Ils avaient des armes redoutables, montées sur des grandes roues, qui nous envoyaient des grosses pierres qu'ont fini par démolir les fortifications. Quand les remparts ils sont tombés, les Rouges-Noirs ont envahi not'cité et avec leurs épées, leurs lances et leurs couteaux, ils ont tué tout c'qui bougeait et tous ceux qui s'sont pas agenouillés ou prosternés, ils ont été achevés. Et tous ceux qui essayaient d'courir, tous ceux qui s'dressaient cont' l'ennemi, tous ceux qu'étaient pas tombés ont péri ce jour-là. J'étais un d'ceux qui pleuraient, caché dans not' maison, en espérant qu'ils m'trouveraient pas. Ils nous ont tous trouvés et y nous ont emmenés à l'*ocalo**. »

Ardrum s'est levé et l'a interrompu.

« C'était la place du marché, une grande prairie à l'herbe rase. »

Il s'est rassis pour laisser la parole à Yéoal qui a poursuivi son récit.

« Une femme, une Rouge-Noire qu'avait peint son visage tout blanc – elle était si effrayante que j'pouvais pas la regarder –, elle a d'mandé le silence et on a plus rien dit. Ensuite, elle a dit que sur l'champ de bataille, nos aïeux avaient tué un Tor'oc de 192 lunes[8] qui s'appelait *Ropin** et qu'on allait payer pour sa mort avec nos vies et que tous les Lucidis seraient éliminés pour toujours. Ils ont dit qu'ils avaient attendu mille ans pour faire ça et que les premiers sacrifiés ce seraient ceux qu'avaient l'âge de Ropin.

« On m'a mis dans l'premier groupe. Ils nous ont emmenés dans un endroit un peu plus haut qu'l'ocalo qu'on puisse bien nous voir de partout. Ils ont aussi emmené les plus p'tits qu'y z'ont parqués à côté de nous. Mes p'tites sœurs, elles étaient dans ce groupe. Tous les enfants, y pleuraient. La Rouge-Noire avec son visage tout blanc, elle nous a dit que leurs enfants à eux ils achèveraient les enfants d'Lucidissom. Elle a dit comme ça qu'y fallait que leurs enfants ils s'entraînent. Mes sœurs et ses p'tits camarades, ils étaient la cible des p'tites épées et des couteaux

8. 16 ans.

des enfants Rouges-Noirs. Je m'souviens qu'j'avais l'impression que les p'tits Rouges-Noirs ils étaient sur le point de jouer avec mes p'tites sœurs, mais ils ont pas joué. La Rouge-Noire nous a dit à tous, parents et anciens, qu'on r'garderait not' descendance périr sous nos yeux et comme ça, qu'on saurait que l'monde de Lucidissom était en train de mourir devant nous.

« Elle a crié un mot et les enfants Rouges-Noirs ils ont sauté, ils ont brandi leurs épées et ils ont empalé nos p'tits frères et sœurs. J'ai vu ma p'tite sœur *Tréo** s'faire transpercer par deux filles d'la même taille, l'une c'était avec un couteau et l'autre avec une épée. Elle pleurait et criait mon nom et ç'ui d'maman mais les p'tites Rouges-Noires, elles continuaient d'enfoncer les lames dedans son corps. Le sang y coulait, y coulait ; à un moment, elle est tombée et j'l'ai plus r'vue. La Rouge-Noire, elle a à nouveau crié et ceux de not'âge, ils s'sont précipités sur nous avec leurs armes et leurs cris. Il y avait du sang qui giclait partout ; j'ai essayé d'm'échapper mais quequ'chose de lourd m'a frappé par-derrière et j'suis tombé par terre. »

« Montre-leur », est intervenu Ardrum pour encourager le jeune homme. Yéoal est resté de marbre ; il ne voulait rien montrer. Ardrum, qui était à ses côtés, s'est levé ; il lui a murmuré quelques mots à l'oreille et, aussitôt, le jeune Yéoal a penché sa tête sur le côté. Ardrum a soulevé les cheveux du jeune homme pour nous montrer une cicatrice rouge encore à vif, qui allait de son oreille à l'arrière de son crâne. L'assemblée a frémi.

« Yéoal a été frappé par une épée qui devait lui briser le crâne et le tuer d'un coup », a crié Ardrum. Il a encore murmuré quelque chose à Yéoal et s'est rassis. Yéoal est resté silencieux plusieurs souffles. On attendait. Personne ne le poussait à raconter encore et encore ces images terrifiantes et, en même temps, on voulait entendre la suite, on voulait qu'il se souvienne de tout. Puis Yéoal a continué à raconter.

« Quand je m'suis réveillé… j'étais au milieu des corps de tous ceux que j'connaissais. J'voulais pas les voir mais j'étais sous eux. Y fallait que j'm'extirpe d'en d'ssous pour m'échapper. Le feu, il brûlait ; ils avaient mis l'feu à nos corps. On était dehors dans un trou et y avait des corps qui brûlaient. J'ai vomi tout ce qu'y avait dans mon ventre, c'est l'odeur qui m'a fait ça. Ça sentait tellement mauvais, même les Rouges-Noirs ils ont pas pu rester près du feu à cause de cette odeur. Alors, je me suis hissé du trou et j'ai couru. »

Ardrum s'est de nouveau levé.

« Tu as couru pendant combien de temps ? » Yéoal a tendu deux doigts. « Yéoal a couru pendant deux jours. Je l'ai trouvé dans le ravin. Il était dans un sale état ; j'ai cru qu'il était mort. J'étais en route pour chercher une cargaison à Lucidissom et, comme ça peut arriver, j'avais pris du retard ; un heureux hasard. »

Le gouvernabule a alors pris la parole.

« Avant qu'Ardrum et Yéoal n'arrivent à Orzamond, nous avions été informés du massacre de Lucidissom par les grands-d'or. Ils avaient vu de la fumée, volé jusqu'au village, découvert le charnier de corps calcinés, et ils étaient revenus nous prévenir. » Le gouvernabule s'est adressé à moi. « À ce moment-là, la seule chose que nous savions, c'était que la cité avait été détruite, que ses habitants avaient été massacrés et qu'une grande armée partait de Lucidissom et se dirigeait par ici. »

« Mais comment savez-vous que ces Rouges-Noirs, ce sont des Tor'ocs ? » Je n'arrivais pas à croire qu'il puisse s'agir de vrais Tor'ocs comme moi.

« Ce nom, Ropin, vous l'avez déjà entendu ? » m'a demandé le gouvernabule.

C'était un nom courant, chez nous, les Tor'ocs de la Péninsule. Quand je l'avais entendu, pendant le récit de Yéoal, je m'étais dit qu'ils devaient avoir raison, que ça devait être des Tor'ocs, mais je ne voulais pas y croire.

« Oui, mais ça doit être un nom répandu dans le Monde du dehors », ai-je supposé.

« Ce nom n'apparaît que dans les Légendes. Il y figure un Ropin qui avait assassiné les membres d'un Aréopage, qui les avaient découpés petit et petit et qui, chaque jour, en donnait des morceaux à manger aux cochons », a dit le gouvernabule. « Personne chez nous ne donnerait ce nom à qui que ce soit, même pas à un rat ou à un cochon. »

« Dans combien de lueurs cette armée tor'oque est-elle censée atteindre la frontière d'Æmira ? » ai-je demandé.

« Nous avons une saison devant nous. Vous acceptez donc l'hypothèse qu'il s'agisse d'une armée tor'oque ? » Le gouvernabule voulait que je l'admette.

« Non, je ne l'accepte pas. Ça pourrait être une nation tor'oque qui se serait recomposée comme notre Cité dans les Arbres. Ou alors une armée sanguinaire qui s'est appropriée une histoire qu'ils auraient entendue ici ou là. Quelles autres preuves avez-vous ? »

Le gouvernabule s'est tourné vers Yéoal et lui a demandé :

« Est-ce que ces Rouges-Noirs avaient des arcs et des flèches ? »

Yéoal a opiné et a levé ses bras, qu'il a pliés en croix au niveau des coudes :

« Ils avaient une arme qu'ils appelaient des oro-arcs. Leurs flèches, elles transpercent le corps des gens si fort qu'elles ressortent et continuent leur chemin d'l'aut'côté. Quand elles touchent des enfants, y sont déchiquetés. »

Le gouvernabule s'est retourné vers moi.

« Pourriez-vous, juste un instant, me confier votre arc, Æon ? »

J'ai passé ma main sous mon siège, où j'avais posé mon arc, je l'ai pris et je l'ai tendu au gouvernabule. Il a de nouveau fait face à l'assemblée et, d'une voix forte, il s'est adressé à la délégation des Eunes.

« Bataillon des Eunes, nos combattants d'élite, pouvez-vous nous envoyer l'un de vos meilleurs archers, s'il vous plaît ? »

En trois souffles, un jeune homme costaud s'est levé, il a descendu l'une des allées, est monté sur la tribune et s'est posté devant nous. Le gouvernabule lui a tendu l'oro-arc et la flèche que je lui avais donnés pendant que l'archer descendait les marches vers nous.

« Encochez cette flèche et tirez-la où vous voudrez. »

Le jeune gaillard a souri, il a déplié l'oro-arc en forme de X tel que Yéoal l'avait décrit. On a entendu un murmure d'épouvante dans l'assemblée. Le jeune Eune a levé la pointe de l'arc, a visé un point, au-dessus des têtes et a tiré, ou plutôt, a essayé de tirer. Il avait beau être un gaillard grand et fort, il n'arrivait pas à tirer les cordes suffisamment fort pour bander l'oro-arc ni à faire plier l'arc pour tirer la flèche. L'arc était fait d'un bois dur comme le fer. Chez nous, notre apprentissage comprenait l'art de maîtriser l'oro-arc ; chez eux, non. Le jeune gaillard pourrait suivre un entraînement pour tirer à l'oro-arc, mais ça prendrait du temps.

Le gouvernabule a repris l'oro-arc des mains de l'archer et m'a demandé :

« Et vous ? Pourriez-vous tirer avec cet arc ? »

J'ai acquiescé et j'ai repris mon arc.

« Auriez-vous la bonté de leur montrer ? » Il a fait un geste vers l'assistance. J'ai ignoré sa requête et j'ai reposé mon arc par terre, sous mon siège.

« Æon, vous devez vous rendre à l'évidence, ils portent les mêmes noms et ils utilisent les mêmes armes que vous : ce sont des Tor'ocs. »

Je n'étais toujours pas prêt à lui donner raison.

« Je suis un Tor'oc. » J'ai levé un doigt. « Un Tor'oc. Et vous me demandez de combattre une nation. Qu'ils soient tor'ocs ou pas, comment voulez-vous qu'un seul homme puisse faire ça ? »

« Nous vous demandons de nous entraîner afin que les jeunes Eunes puissent bientôt tirer avec ces arcs. Nous vous demandons de prendre la direction de nos forces armées contre une armée que vous saurez combattre comme personne car vous serez le seul à en connaître les faiblesses », a dit le gouvernabule.

« Et qui vous dit que j'en suis capable ? »

« Les Mères nous ont affirmé que vous l'étiez », a répliqué le gouvernabule. Je suis resté silencieux. « Elles nous ont dit que vous étiez né pour cela. »

Je me suis levé, j'ai regardé ces grandes délégations qui avaient placé en moi tant d'espoir et je leur ai déclaré :

« Sur la Péninsule, nous sommes élevés selon un code qui remonte à la naissance du peuple tor'oc. Ce code nous a rendus forts, il nous a protégés quand le reste du monde a voulu notre perte. C'est un code que nous vivons, que nous inspirons et que nous expirons ; il coule dans mes veines, il est inscrit dans mon sang. Il nous est interdit de tuer des Tor'ocs, quels que soient le désir ou la raison de le faire. Je ne peux pas lever une arme ni encore moins une armée pour tuer mes frères et sœurs, même s'ils viennent de l'autre bout du monde. Je ne le veux pas et je ne le ferai pas. »

J'ai baissé la tête. Je voulais les aider. Mais je ne le pouvais pas.

Et là une voix familière a fusé des hauteurs.

« Moi, je les vaincrais ! »

Uthiriule se tenait debout, sur le palier supérieur de la grande salle. Elle portait un long couvre-tout en tissu brun pourvu d'une grande capuche qui retombait sur sa tête. Elle a repoussé la capuche en arrière et m'a fusillé du regard.

« Je m'appelle Uthiriule et je suis tor'oque. Je viens de la Péninsule et, comme mon frère tor'oc – celui qu'on appelle Æon la Feuille –, j'ai grandi dans la Cité dans les Arbres. »

Et tout à coup, elle a sorti un oro-arc qui était dissimulé sous son couvre-tout. En une jiffe, elle a encoché une flèche à l'oro-arc, a visé la tribune et elle a tiré. La flèche a traversé l'espace plus vite que les yeux des délégationnaires qui tentaient de suivre sa trajectoire, elle est allée frapper le siège sur lequel le gouvernabule aurait dû être assis. Aussi sec, le siège s'est brisé en projetant alentour mille éclats de bois et des lambeaux de tissu déchiquetés. La flèche a poursuivi sa course et est allée se planter dans la tribune ; elle a tremblé et, dans le silence ahuri de la salle suspendue, l'empennage a zigzagué, un petit morceau de bois du siège accroché à ses plumes.

« Moi, je vous entraînerai ! Je serai votre commandante ! Je n'ai pas peur de cette armée d'assassins et de soi-disant Tor'ocs. » Elle a commencé à descendre vers nous en me pointant du doigt. « Lui, il semble convaincu que ce sont nos frères et sœurs, mais pas moi. Ils peuvent bien tirer à l'oro-arc et connaître des noms tor'ocs, mais ce ne sont pas des Tor'ocs. Ils sont pires que des Muons ! Ce sont de misérables hyènes meurtrières qui entraînent leur progéniture à massacrer nos enfants ! Ce ne sont pas des Tor'ocs. S'ils persistent à usurper notre nom, je jure de les détruire jusqu'au dernier ! Ce sont des lâches qui n'ont jamais combattu personne, ils n'ont fait qu'assassiner des innocents sans défense. Mais lorsqu'ils atteindront Æmira, je les attendrai de pied ferme et le combat sera rude. Ils me combattront. Ils pourront bien s'élever contre nous tous, ils finiront baignés dans leur propre sang. »

Sissasse s'est tournée vers moi et m'a demandé :

« C'est qui, elle ? »

Je lui ai répondu en chuchotant :

« C'est Uthiriule. C'est une Tor'oque, elle est des nôtres. Qu'est-ce qu'elle fait là ? Je ne raisonne pas comment elle a pu arriver jusqu'ici. »

« Tu la connais ? » Sissasse regardait Uthiriule avec l'admiration et l'émerveillement de ses 4 ans.

« Je la connais depuis qu'elle existe. » Je ne pouvais pas m'empêcher de sourire devant la force de la nature qu'était Uthiriule. Elle était en colère comme elle l'avait toujours été depuis qu'elle était née et j'étais drôlement content de la voir.

« Vous savez pourquoi on l'appelle "la Feuille" ? » a explosé Uthiriule en se rapprochant de la tribune. « Il a essayé de s'agripper à une feuille pour résister à sa chute initiatrice. Ça a toujours été un froussard. Il a la trouille maintenant, et c'est pour ça qu'il ne veut pas prendre la tête de votre armée, ni combattre ces assassins de Rouges-Noirs. La dernière fois que je l'ai vu, il avait peur de traverser le Divul et de pénétrer dans le Monde du dehors. Il avait peur de ce qu'il découvrirait là où vous le voyez maintenant. Il a l'air fort et courageux comme ça... » Elle a atteint la tribune, a grimpé dessus, et l'a traversée jusqu'à moi. « Je suis là pour vous dire qu'il ne faut pas se fier aux apparences, Æon n'est pas ce qu'il semble être ; il vous l'a dit lui-même, avec ses propres mots. Il se cache derrière notre code, moi, pas. Je me battrai jusqu'au bout. »

Elle a brandi son oro-arc droit devant elle et toutes les délégations se sont levées d'un bond et ont fait retentir la note qui s'est pliée et qui en est devenue une autre, encore et encore.

Le gouvernabule se tenait juste derrière Uthiriule, les yeux écarquillés, la bouche ouverte. Il a regardé son siège réduit en miettes, la flèche plantée dans la tribune, puis moi. Ses yeux me demandaient si Uthiriule était bien réelle et si tout ce qu'il avait entendu et vu à l'instant était bien vrai.

Uthiriule a observé Yéoal, le garçon de Lucidissom, puis elle a fait signe à l'assemblée de se taire. Elle voulait lui parler, tout le monde l'a compris. Quand la salle a été suffisamment silencieuse à son goût, elle lui a demandé :

« Comment s'appelaient tes sœurs ? »

Yéoal, surpris par la question, a répondu :

« Tréo et *Aé**. »

« Tu veux bien t'approcher de moi ? » a-t-elle ajouté en faisant signe au jeune homme de la rejoindre sur la tribune.

Le garçon est venu se placer à côté d'elle. On aurait dit un enfant à côté de l'imposante Tor'oque, grande et forte. Elle a mis son bras autour de lui.

« Tréo et Aé, de jolis noms que je découvre là », a commencé Uthiriule. « Les Rouges-Noirs ont tué beaucoup plus d'enfants que tes deux petites sœurs, mais nous nous souviendrons de leurs deux noms. Tréo ! Aé ! Ce sont leurs noms que nous crierons sur le champ de bataille. Tréo ! Aé ! Ce sont leurs noms que les meurtriers entendront dans leur dernier souffle. » Et elle a crié les noms des deux petites filles assassinées, les petites sœurs de Yéoal, les transformant en un cri de guerre.

Uthiriule était devenue, sous nos yeux ébahis, une créature mythique, de celles qu'on ne rencontre que dans les histoires d'il y a longtemps et longtemps. Elle était déjà mythique, elle était comme les mères des Tor'ocs de la Cité dans les Arbres. Elle était telle que j'avais imaginé Ourla, Oroleïa et O'bira. Elle avait sans doute raison de penser que leur sang coulait aussi dans ses veines.

Le gouvernabule s'est ressaisi. Bien qu'il ait retrouvé son panache, il avait perdu son siège au profit d'Uthiriule, dont, quelques souffles plus tôt, il ignorait encore l'existence. Il s'est avancé au centre de la tribune, s'est baissé et a retiré – non sans mal – la flèche du sol. Il a rejoint Uthiriule et la lui a tendue.

« Avec toutes ces rumeurs de guerre imminente, vous pourriez en avoir besoin. »

Il a regagné l'attention des délégations.

« La présence d'Uthiriule – encore une Tor'oque ! – est une surprise, et au vu de vos réactions, chers délégationnaires, c'est une excellente surprise. » Il s'est tourné vers Uthiriule : « Nous vous remercions, mademoiselle, de nous avoir surpris ainsi », a-t-il dit avant de s'éloigner d'elle et de poursuivre :

« Ici, en Æmira, nous vivons selon des règles et des lois ; on ne se proclame pas Grand Commandeur ou chef des Armées soi-même. Vous êtes impressionnante, mais nous devons nous concerter sur la portée des événements du jour et leurs conséquences. Nous discuterons entre délégations et nous déciderons alors de la conduite la plus adaptée aux besoins de notre pays. »

Uthiriule et le gouvernabule ont échangé un regard dont ni l'un, ni l'autre ne voulait se détourner en premier. Et là, brisant le bras de fer invisible, un cri a retenti dans la salle. Tous les regards ont convergé vers la rangée de sièges d'où le cri a jailli. Du milieu des spirales, là où se trouvait la délégation de Smoos, il y a eu des cris, des hurlements et des luttes. Dans la mêlée, j'ai vu Pit. Sans réfléchir, je me suis levé et j'ai couru vers lui.

Je ne me souviens plus du trajet de la tribune à la délégation de Smoos ; j'étais assis devant l'assemblée tout entière et, le souffle suivant, j'étais dans la bagarre, à me battre à l'aveugle. Pit était au cœur de la bataille. Un vieux délégationnaire qui a eu la mauvaise idée de lui attraper le bras a reçu un coup de poing en pleine face qui l'a renversé en arrière où il a chu parmi les siens. Pit était féroce et silencieux, il se battait comme s'il était dix hommes à lui tout seul, tandis que toute la délégation de Smoos essayait de le maintenir à terre en criant :

« Assassin ! »

« On n'a jamais vu ça ! »

« Tuez-le ! »

« À un Camarode, en plus ! »

« Voleur ! »

« Assassin ! »

Pit tenait quelque chose à la main, mais, avant que je puisse m'approcher pour voir ce que c'était, un garçon, qui avait presque le même visage que Chiffaa, s'est adressé à moi en criant et a pointé son doigt vers le sol. Chiffaa gisait là, blanche et froide, un de ses propres pendulutes enfoncé dans la poitrine. Je me suis retourné vers Pit, interdit. Voici ce qu'il avait dans la main : la batana de Chiffaa.

J'étais entouré d'hommes et de femmes qui hurlaient sans que je comprenne ce qu'ils disaient. Ils étaient menaçants et accusateurs, et je n'avais aucune envie de les entendre. Je les ai repoussés sans trop de difficulté ; comme le reste des Æmiriens, ils étaient plus petits que moi, il n'y en avait pas un qui ne me soit arrivé plus haut que le menton. Je voulais me frayer un chemin jusqu'au corps de Chiffaa, mais ils étaient nombreux et me barraient le passage. On aurait dit un essaim d'enfants essayant de retenir un chat sauvage.

« Reculez ! » ont crié mes trois Jannanons, en repoussant les délégationnaires de Smoos. Wéodou, qui avait senti mon intention et il était venu avec les deux autres pour me venir en aide. Enfin j'étais libre. Wéodou avait ma gratitude et il le savait.

Je me suis agenouillé près de Chiffaa. Sa vie la quittait. Ses mains, ses bras, ses jambes perdaient leur couleur et leur chaleur. Son visage avait la blancheur de la craie. Ses paupières s'ouvraient, se fermaient et se rouvraient de nouveau. Là, elle m'a vu.

Un nuage de confusion est passé sur son visage, le temps qu'elle ajuste son regard. Puis ses yeux ont capitulé, ils se sont enfoncés dans le flot souterrain du poison et elle a été comme aspirée par un puissant courant intérieur. J'ai posé ma main sur son milieu et, de l'autre, j'ai retiré le pendulute de sa poitrine. Les citoyens de Smoos ont laissé échapper des cris étouffés.

« Laisse-la mourir ! » a crié Pit, de loin.

Je me suis penché vers Chiffaa et j'ai mis mon visage contre sa poitrine, là où le poison devrait sortir. Avec un couteau finnif dans mon autre main, je lui ai fait d'un geste vif une courte incision qui a saigné abondamment. L'assemblée était suspendue, des cris ont fusé ici et là. Ma bouche a trouvé l'incision, ma langue a goûté son sang et j'ai aspiré le poison avec ma bouche mais aussi avec quelque chose de plus grand : avec mon âme, avec ma propre mort que je commençais à connaître, qui reconnaissait le poison et qui, déjà, connaissait l'endroit où elle se trouvait.

Chiffaa a inspiré. Ses mains ont saisi ma nuque et mes épaules. Elle s'est cambrée, poussant son milieu jusqu'à moi. En signe de révolte, le sang nauséabond aux relents de poison m'a piqué les lèvres, la bouche, la gorge, et m'a retourné l'estomac. Son flot était rapide ; le poison n'avait pas encore eu suffisamment de prise sur elle pour l'empêcher de couler. Je vomirais bientôt mais le drainage avait été suffisamment long pour la sauver, pour extraire le poison et qu'elle soit épargnée. Je serais malade, un peu, et elle le serait plus longtemps. Mais nous serions vivants, tous les deux. Je sentais que le lien s'était déjà établi entre elle et moi.

Plusieurs mains m'ont soulevé et j'ai vomi, ce qui les a poussées à me relâcher. Pit hurlait sa colère vengeresse. Si personne ne s'en était aperçu, lui avait vu que je l'avais sauvée.

« Caru ! » a crié la jolie petite voix de Sissasse avant de se précipiter sur moi. Elle pleurait et s'agrippait à moi. De toute ma vie, ces moments où son petit être se blottissait contre moi m'ont chauffé le cœur plus que tout. Sa force – plus grande et plus puissante que sa taille ou que son âge – m'a guéri à travers mes blessures, couvre-tout et ma peau. Bien qu'affaibli, à cause du poison qui s'était infiltré en moi, j'ai ouvert les bras pour enlacer ma petite fille et la rassurer.

« Ne pleure pas », ai-je dit. « Tout ira bien. »

Sissasse m'a regardé dans les yeux ; elle a vu que c'était vrai, que ce n'était qu'un mal passager.

Chiffaa, près de nous, a toussé. Ses yeux se sont ouverts. Sa respiration était courte mais régulière. Elle s'est retournée pour me voir, elle a vu Sissasse qui la fusillait du regard. Chiffaa, à bout de forces, a tendu sa main pour me toucher.

« Pardonne-moi », a-t-elle murmuré.

Sissasse a saisi la main ennemie et l'a repoussée.

« Non ! » a-t-elle crié à celle qui m'avait achevé.

J'ai serré Sissasse un peu plus fort contre moi.

« On pardonne, Sissasse… On pardonne », ai-je dit à toutes les deux.

Sissasse m'a dévisagé, toujours en colère, ne voulant rien pardonner. Chiffaa saignait encore de sa blessure. J'ai posé ma main dessus et, avec mon pouvoir déclinant, je n'ai pas pu la guérir mais j'ai refermé la blessure pour arrêter l'écoulement de la vie.

Les délégationnaires de Smoos étaient envahis par la confusion et l'angoisse. Personne ne savait exactement ce qui s'était passé. Ils savaient que Chiffaa avait été attaquée ; certains croyaient qu'elle était morte. La rumeur a circulé que j'étais mort, moi aussi. On accusait Pit, mais personne ne savait comment il nous avait tués tous les deux. La vérité les a frappés de plein fouet.

Chiffaa n'était pas morte, bien qu'elle aurait dû l'être. Pit avait essayé de la tuer à l'aide de son propre pendulute. J'avais réussi à la sauver en la coupant avec ma lame. La trace de son sang était partout sur elle et sur moi ; le sang séchait hideusement sur mon visage et sur mon corps. Quand ils ont vu que son sang ne coulait plus, les délégationnaires de Smoos ont soulevé Chiffaa et ils l'ont emmenée. Je suis resté allongé sur le sol avec Sissasse blottie contre moi ; c'était là qu'était ma place. Il y avait eu un meurtre et de la magie, et personne ne savait ce qui était le plus important. Ils en avaient vu bien plus que ce que j'aurais voulu. Je ne répondrais pas à leurs questions ; je ne dirais rien, ni à eux ni à Uthiriule.

Des gens s'approchaient pour voir comment j'allais et si j'étais blessé pour savoir où il fallait m'emmener. Uthiriule est apparue dans mon champ de vision. Ses yeux ne posaient pas de questions ; ils exigeaient des explications.

J'ai murmuré :

« Comment… ? »

Moi aussi, je voulais savoir. Elle comprenait ce que je voulais dire : « *Comment est-ce possible que tu sois là ?* »

Elle s'est agenouillée près de moi.

« Je ne vais pas te raconter ça ici. Plus tard, quand on sera tous les deux, de Tor'oc à Tor'oc. »

« Moi aussi, alors », a dit Sissasse.

Uthiriule a regardé la petite fille durement mais j'ai senti qu'elle était déjà conquise.

« Qui est-ce ? » m'a demandé Uthiriule, comme si Sissasse ne pouvait pas répondre elle-même.

« Je suis une Tor'oque, comme toi ! » a répondu Sissasse. Piquée au vif, elle lui a décoché ça comme autant de flèches.

J'ai caressé les cheveux de Sissasse et j'ai souri à Uthiriule.

« Comme toi ! » ai-je dit à Uthiriule.

« Je ne sais pas d'où tu viens mais il n'y a que deux Tor'ocs dans le Monde du dehors. » Uthiriule n'était pas encore prête à faire de la place à Sissasse.

« Je parle le vent. C'est seulement les Tor'ocs qui parlent aux arbres. »

Sissasse lui a fait une démonstration en soufflant une salutation :

« Je me réjouis des jours et des sombres, et je suis heureuse d'être là parmi vous. »

Uthiriule s'est retenue de sourire, elle étudiait Sissasse avec attention.

« Quelle lueur surprenante, non ? » a dit Uthiriule. « Tous les trois, on se racontera tout quand tu seras en meilleure forme », a-t-elle ajouté en me regardant.

« Où est Pit ? » ai-je demandé, en espérant qu'Uthiriule le saurait.

« Ah, le jeune meurtrier ? » Elle a enfin souri. Elle a pointé son doigt vers lui. Pit était installé sur une chaise, devant la tribune. Il était maintenu assis par un groupe d'Eunes suffisamment grands et forts pour le contraindre. Il nous regardait fixement. Toute sa colère l'avait quitté ; il avait l'air tout faible à présent, comme s'il avait aspiré le poison.

Derrière eux, sur la tribune, le gouvernabule s'entretenait avec Yéoal, le garçon qui avait survécu au massacre. La plupart des délégations étaient parties et les quelques personnes qui restaient avaient retrouvé leur calme ; tout n'était plus que murmures et chuchotements. J'entendais le gouvernabule et le garçon parler tout bas.

« Que veux-tu dire par là ? » demandait le gouvernabule à Yéoal.

« Eh ben, on les appelait Rouges-Noirs, mais leurs tissus, ils étaient pas noirs », a répondu le garçon.

« De quelle couleur étaient-ils ? » a relancé le gouvernabule.

« Bleus… ils étaient bleus, un bleu très foncé. » Le garçon était perdu dans les souvenirs de sa cité détruite. « J'l'ai remarqué quand ils sont venus vers nous, quand ils étaient tout proches, quand ils nous ont frappés et qu'ils allaient nous tuer. J'aurais dû crier ou pleurer mais ma dernière pensée, c'était qu'leurs vêtements, ils étaient pas noirs. »

Les oiseaux de mon rêve n'étaient pas noirs. Je me souvenais tout à coup de mon rêve comme si je venais de me réveiller. Les oiseaux que j'avais vus étaient bleus, d'un bleu très, très foncé. Comment ne m'en étais-je pas souvenu plus tôt ?

Chapitre 12

Sissasse a ouvert la marche, suivie d'Uthiriule et des Tissus Rouges qui m'ont porté dans le jardin du gouvernabule, jusqu'à Monami. Ils ne m'ont pas installé dans ses branches, jugeant préférable de me déposer au pied de l'arbre. C'est le figurier qui m'a aidé à grimper comme il le pouvait. Quand il n'y arrivait plus, Uthiriule prenait le relais pour me pousser ou guider mes mains ou mes pieds afin que je puisse prendre de bons appuis et me hisser facilement sur les bonnes branches, jusqu'à mon hamac. Ça n'a pas été simple de grimper mais je savais que c'était le meilleur endroit pour que je retrouve mes forces au plus vite. Pour oublier ma douleur, et pensant que ça allait m'aider à mieux grimper, j'ai soufflé au vieil arbre ce qui venait de se produire au Camarode. Quand j'ai atteint mon hamac et que j'ai enfin pu me glisser dedans, je venais juste de finir de lui souffler toute l'histoire qu'il a écoutée avec beaucoup d'attention.

Sissasse s'est installée sur une branche secondaire, près de ma tête, qui formait pour elle une chaise naturelle. Uthiriule, elle, s'est calée sur une branche plus haute qui lui permettait d'être légèrement en surplomb, face à nous. Elle a salué l'arbre qui, émerveillé, a demandé si, maintenant, le monde entier parlait le vent.

Sissasse lui a répondu en soufflant :

« Mais non ! Elle est tor'oque comme nous… »

Uthiriule était un peu agacée qu'une enfant de son âge qui n'était pas du tout Tor'oque, réponde à l'arbre à sa place. Quand elle s'est tournée vers moi, je lui ai demandé :

« Comment as-tu fait pour arriver au C… et pour traverser le Divul ? »

« Commençons par le commencement. D'abord, la dernière fois qu'on s'est vus, tous les deux, quand je t'ai quitté, je suis allée dans mon kollok, j'ai rassemblé mes affaires et j'ai attendu derrière l'*iven**. »

L'iven était planté au bord du Divul, c'était l'un des plus vieux arbres de la Péninsule. Une lueur, il a été frappé par le feu du ciel qui l'a fendu en deux, après il a continué à pousser comme ça, dans deux directions. À l'endroit où le vieil arbre a été touché, il y avait une trace qui était la représentation parfaite du feu du ciel en zigzag. Elle avait grandi avec l'arbre et faisait maintenant au moins trois tor'ocs de long. Quand on s'adossait à cet endroit, ça portait chance, surtout quand le feu du ciel et le tonnerre frappaient à côté. Certains pensaient que l'arbre pouvait exaucer les vœux, surtout si le feu du ciel frappait à proximité de celui qui se mettait là pendant qu'il faisait son vœu.

« Je t'ai vu porter ton seau jusqu'au vieux kollok au-dessus de la rivière et je savais que tu partais. » Uthiriule a poursuivi son récit pendant que moi, j'étais suspendu à ses lèvres. « Je voulais t'empêcher de partir pour prendre ta place. Toi, tu ne voyais rien, tu n'entendais rien, je n'ai même pas eu à faire attention. J'ai couru jusqu'au vieil arbre, j'ai grimpé à toute vitesse et je me suis précipitée sur toi mais, juste au moment où j'allais te toucher, tu es tombé. » Uthiriule regardait par terre, à travers les branches comme si elle me voyait tomber dans le Divul. « J'ai vu l'eau ensorcelée qui tournait et t'enveloppait. Il y avait plein et plein de fées d'eau qui se transformaient en une chose que je n'avais jamais vue. Je n'aurais pas dû mais je suis restée là et j'ai tout regardé. Quand elles se sont refermées sur toi, ma raison m'a frappée et j'ai sauté, sauf que j'ai raté mon coup ou bien l'eau a bougé. J'ai atterri dans l'eau et, comme les fées qui te soutenaient étaient ultrarapides, j'ai été aspirée par le courant et emportée dans ton sillage. Puis des fées se sont rassemblées autour de moi et elles ont fait la même chose que pour toi : elles ont formé une farandole presque solide qui a filé à toute allure dans le Divul. J'étais persuadée que j'allais me noyer. Miraculeusement, comme il y avait de l'air, je pouvais respirer bien que je sois trempée et sous l'eau. L'eau se précipitait autour de moi et je ne savais plus où j'étais. Ensuite, je me suis retrouvée au bord de l'eau, dans des hautes herbes. Tu n'étais plus là. Les fées m'avaient laissée quelque part, de l'autre côté du Divul ; je pense que j'étais loin de là où tu étais, toi. Mais j'étais vivante et j'étais dans le Monde du dehors. »

Tout en racontant son histoire, elle la revivait. Je la voyais devant moi, trempée et effrayée, sortir du Divul, s'échouer sur le rivage du Monde du dehors, regrettant d'avoir été assez folle pour avoir agi ainsi. Elle se relevait et découvrait le paysage, puis prenait une profonde inspiration et commençait déjà à accepter sa nouvelle situation : elle se retrouvait seule dans un monde inconnu et dangereux.

« Fentésimal », ai-je dit doucement.

Elle m'a regardé et a souri en entendant ce mot qu'elle aimait dire autrefois et qu'elle a répété tout doucement. J'ai raisonné qu'elle ne devait plus beaucoup l'utiliser.

« Ce sombre-là, j'ai trouvé un arbre bon et gentil dans lequel j'ai dormi. Cet arbre m'a fait du bien et je me suis sentie mieux. Lui et les arbres qui étaient à côté m'ont montré les fruits et les buissons que les animaux aimaient manger. Ils m'ont dit de faire attention au Muon. Ils m'ont indiqué la direction de la cité d'Orzamond et m'ont parlé de la Route qu'il fallait que je prenne. »

« La Route. » Sissasse a fait une grimace puis elle a émis le bruit qu'une grimace aurait pu faire si elle avait été un son. Uthiriule a regardé la petite fille et ses yeux ont souri mais rien d'autre dans son attitude n'a accompagné ce sourire. C'était un début : la grande Tor'oque commençait à accepter la petite.

« Oui, cette route est un monstre de laideur », a acquiescé Uthiriule. « Mais au moins je me sentais en sécurité dessus. »

« Tu ne l'étais pas avant ? » ai-je demandé.

« C'est le moins qu'on puisse dire. » Uthiriule s'est retournée vers moi. « Le troisième sombre, le Muon m'a attaquée. Je dormais dans un arbre qui avait des grosses branches solides, mais elles se trouvaient assez bas et, par conséquent, c'était facile de grimper dessus. C'est là que les fées m'ont sauvée pour la deuxième fois. »

« L'arbre poussait dans l'eau ? » J'avais du mal à imaginer les fées d'eau dans l'arbre d'Uthiriule.

« Mais non, il y a toutes sortes de fées », a dit Uthiriule, qui venait de comprendre que j'ignorais ça. « Il y a les fées du bois – dans les arbres et dans les buissons –, les fées de la terre et, autour de nous, les fées de l'air. Il y a aussi les fées qui chevauchent le vent et les fées du feu. Le troisième sombre, les fées du bois qui vivaient dans mon arbre m'ont sauvée. Le Muon avait suivi ma trace depuis un moment ; quand il a vu qu'il pouvait facilement grimper dans l'arbre où j'étais, il a attendu que je dorme pour m'attaquer. Soudain, sous moi, le bois de l'arbre a craqué. » Elle a fait claquer ses doigts et Sissasse et moi, on a sursauté. « ... Et comme vous, j'ai sursauté. Alors, les fées du bois ont crié : “Muuuuuooon.” Je me suis redressée dans mon hamac et j'ai vu qu'autour de moi il y avait des fées partout – elles ressemblaient à la fée des eaux mais en bois – et à mes pieds, un Muon avec un pan de mon hamac dans la gueule se battait contre les fées du bois. En deux-deux, je me suis extirpée du hamac et j'ai sauté par terre. Dans l'arbre, le Muon se battait là où j'avais dormi. Il ne pouvait pas manger les fées du bois mais il pouvait les casser. Il attrapait les unes pour les fracasser sur les autres.

« Je ne sais pas trop comment je me suis débrouillée mais, juste avant de sauter par terre, j'avais réussi à prendre mon couteau finnif que je lui ai lancé dans le dos. Il a hurlé, est tombé de la branche et s'est affalé à côté de moi par terre. La lueur précédente, j'avais trouvé, dans un *arbre de fer** qui venait de mourir, une branche bien solide pour en faire un bâton de marche ; j'avais marché avec et je l'avais laissé au pied de l'arbre avant d'aller me coucher. Je l'ai attrapé et j'ai fracassé la tête du Muon avec. » Uthiriule a pointé son nez ; c'était là qu'elle l'avait frappé. Elle se mouvait dans le figurier comme elle l'avait fait, ce sombre-là, avec le Muon, s'avançant en tenant une branche invisible, les bras tendus, et frappant devant elle, encore et encore.

« Je l'ai atteint à la tête, aux genoux, aux mains, partout où ça pouvait faire mal. Il s'est relevé. Comme il avait le dos tourné, j'en ai profité pour grimper dans l'arbre, attraper mon oro-arc, mes couteaux et ma sacoche et je suis montée plus haut. Les fées du bois étaient avec moi. On est toutes allées aussi haut qu'on a pu. Le Muon a gagné le hamac en hurlant, mais il n'a pas pu monter plus haut. Il m'a vue ; son regard était plein de haine et de soif de vengeance. J'ai voulu lui lancer un couteau pour qu'il atterrisse entre ses yeux. » Elle nous a montré l'endroit sur son visage. « Je voulais l'achever, mais j'ai raisonné qu'il y avait trop de branches entre nous et que je risquais de perdre un autre couteau qui atteindrait son dos, son épaule ou un arbre sans l'achever, alors je ne l'ai pas lancé. Il a voulu monter plus haut, jusqu'à nous, mais il n'a pas pu ; il est resté longtemps à hurler et il a fini par partir. Je n'avais plus de hamac, alors, en deux-deux, les fées du bois ont fabriqué une sorte de nid pour que je puisse dormir à l'abri, dedans, c'était dur mais juste à ma taille et je me suis endormie. À la lueur de rosée quand je me suis réveillée, j'ai eu ma première conversation avec les fées. »

« Est-ce qu'elles ressemblaient à Iz, la fée des eaux qui est venue me chercher ? » Je raisonnais qu'elles devaient se ressembler.

« Non, elles étaient différentes, elles sont toutes différentes les unes des autres. Elles faisaient à peu près la même taille mais elles parlaient de façon très différente. Certaines s'exprimaient comme toi et moi, et même très bien, d'autres parlaient à peine et d'autres encore pas du tout, mais je les ai toujours comprises. »

« Elles sont grandes comment ? » a demandé Sissasse qui avait retrouvé sa langue. Après avoir écouté l'histoire d'Uthiriule sur sa bataille contre le Muon avec les fées du bois, ses yeux écarquillés avaient repris leur taille habituelle.

Pour nous montrer la taille des fées, Uthiriule a mis ses mains l'une en face de l'autre ; ce n'était pas grand. Sissasse, fixant l'espace entre les mains d'Uthiriule, essayait d'imaginer une fée ; elle aurait tellement aimé en voir une, rien qu'une seule.

« Donc, à part la taille, les fées du bois ne ressemblent pas du tout aux fées des eaux, mais elles parlent aussi, c'est ça ? » Je voulais être sûr de l'image que je formais dans mon œil intérieur.

« Oui, et elles sont capables d'entrer et de sortir du bois ; elles peuvent se déplacer dedans, à travers ou dessus comme les fées des eaux entrent et sortent de l'eau et s'y déplacent à travers ou à côté », a précisé Uthiriule. « Leurs voix sont graves et profondes, et elles utilisent le bois des arbres pour communiquer sur de très grandes distances. Leur moyen de transport préféré, ce sont les racines souterraines dont le réseau est encore bien plus complexe qu'à la surface ou même que dans les branches de notre Cité dans les Arbres, avec ses ponts et sa Voie Suspendue. En suivant les racines, elles voyagent en pulsant à travers le sol de la forêt et elles arrivent bien plus vite que par n'importe quel autre moyen. »

« Et de quoi vous parliez, ensemble ? » J'étais de plus en plus intéressé par les fées du bois. Moi aussi j'avais envie d'en voir une.

« Elles m'ont remerciée et moi aussi. Quand j'ai sauté de l'arbre, elles ont vu que j'aurais pu m'enfuir mais que j'étais restée et que je m'étais battue pour les défendre contre le Muon parce qu'elles le combattaient à cause de moi. C'étaient elles qui m'avaient prévenue de l'arrivée du Muon ; c'étaient elles qui m'avaient sauvée en premier.

« Tu n'aurais rien pu faire d'autre », ai-je acquiescé. Sissasse a vu que je hochais la tête, alors elle aussi, elle a hoché la tête.

« Cette lueur-là, les fées et moi, on s'est prêté allégeance mutuelle ; on est pliées et liées. Et depuis ce moment-là, les fées ont toujours été de mon côté. »

« Vous êtes devenues amies et alliées… » ai-je dit. Je comprenais mieux comment elle avait pu faire ce grand périple plein de dangers… « toute seule ».

« Oui, ce sont des amies fentésimales qui m'ont beaucoup appris et qui n'ont jamais douté de moi », a renchéri Uthiriule.

« Et ensuite, elles ont continué à t'aider à combattre le Muon ? »

Elle m'a jeté un regard surpris.

« Comment sais-tu que j'ai dû le combattre une autre fois ? »

« Je raisonne que vous vous êtes battus au bord du lac ; je vous ai entendus. »

Elle a levé les yeux au ciel en se remémorant la scène.

« Oui, quand je suis arrivée au lac, il était là, au bord de l'eau. »

Uthiriule s'est plongée dans ce souvenir avec autant de force que pour le précédent : elle a pris le temps de ranger le premier souvenir – la bataille dans l'arbre – et elle s'est emparée du deuxième, la bataille au bord du lac.

« Je pense qu'il suivait ta trace et qu'il m'a trouvée sur son chemin. Il était contre le vent et je l'ai senti en premier. C'était une odeur épouvantable. Parfois, je la sens encore dans mes rêves et c'est toujours un cauchemar. »

« Il sent comment ? » Sissasse voulait à la fois savoir et ne pas savoir. Uthiriule a réfléchi un moment.

« Tu connais l'odeur de l'intérieur d'un animal qu'on a éventré et dont les entrailles ont été abandonnées par terre ? Mélange ça à l'odeur d'un œuf pourri avec du caca d'homme et à l'haleine putride d'un mourant, et tu obtiens le parfum du Muon. »

C'était une très bonne description qui correspondait au souvenir que j'en avais. Même si je n'ai jamais été près du Muon, son odeur m'avait atteint.

« Nous, on avait un batiau, mais toi, comment as-tu fait pour traverser le lac ? » Je voulais savoir par où elle était passée.

« Je ne l'ai pas traversé, je l'ai contourné. »

« Tu as réussi à semer le Muon au bord du lac ? »

« Je ne l'ai jamais semé. » Le regard d'Uthiriule s'est fait lointain, il s'est envolé vers le monde au-delà d'Orzamond. « Il m'a suivie partout. Il est encore là à rôder quelque part. » Elle a montré les plaines qui s'étendaient au loin.

« Tu l'as combattu plusieurs fois ? »

« Après le lac, je ne l'ai plus combattu, mais je l'ai aperçu trois fois », a précisé Uthiriule. « La dernière fois, c'était dans la forêt où tu es mort. »

« Ah, tu as appris la nouvelle… » ai-je dit, gêné.

« Tout le monde le sait ! Dans un vieux patois que tout le monde parle ici, ils t'appellent *Celui qui ne peut pas mourir**. Je ne peux pas répéter exactement ce qu'ils disent de toi mais ils pensent tous que tu es vraiment mort, sauf que, après l'annonce de ta mort, ils t'ont vu vivant, du coup ils t'ont donné ce nom. Tu es vraiment mort ? »

J'ai ouvert grands mes bras.

« Est-ce que j'ai l'air d'être mort ? »

« Là, plutôt. »

« Fentésimal », ai-je dit en souriant. Elle a souri aussi.

« Pourquoi tu l'as sauvée ? » a demandé Uthiriule.

« Elle ne voulait pas vraiment m'achever et, finalement, elle ne l'a pas fait puisque me voilà… Que j'aie l'air vivant ou mort, je suis là, non ? »

« Qu'est-ce que tu en penses, *Oka** ? » a demandé Uthiriule à Sissasse en l'appelant par le nom tor'oc que l'on donnait aux enfants sages.

« Pit a eu raison de l'achever », a dit timidement Sissasse, consciente que je n'aimerais pas sa réponse.

« Elle m'a sauvé des Terres Maudites », ai-je répliqué en essayant en vain de me redresser. « Elle a couru dans le pandémonium et elle m'a sorti de là. »

« Tu raisonnes que tu lui es redevable ? », a supposé Uthiriule après un silence.

« Oui, et je le pense encore. »

« Elle ne t'a pas sorti du pandémonium » a affirmé Uthiriule.

« Et comment tu le sais ? »

« Parce que j'y étais. »

Sa réponse m'a fait l'effet d'un coup de feu du ciel. J'étais sidéré. Pourtant, je savais qu'elle n'était pas là.

« Qu'est-ce que tu sais exactement ? »

« C'est moi qui t'ai sorti du pandémonium. »

Elle s'était exprimée doucement. Elle a laissé la phrase s'enfoncer lentement dans mon esprit.

« Quand je suis arrivée, les Jannanons et toi, vous étiez déjà presque de l'autre côté des Terres Maudites. Moi, j'ai traversé ces terres brûlées en étant toujours pourchassée par le Muon. De loin, j'ai vu Sheïos et j'ai su qu'il n'était pas une ombre ; je suis allée vers lui et je lui ai demandé ce qu'il faisait là, tout seul. Il m'a expliqué ce qu'il se passait, alors, tous les deux, on s'est précipités dans le pandémonium et on t'a trouvé dans un sale état, pire et pire qu'aujourd'hui. Et je t'ai sorti de là. Qu'est-ce que tu es lourd quand tu es presque mort ! »

Je me suis tu. Tout s'embrouillait dans mon esprit. Quand j'ai retrouvé ma raison, je lui ai demandé :

« Et après, pourquoi tu n'es pas restée avec nous ? »

« J'avais le Muon à mes trousses. Toi, tu n'étais pas en état de te battre et aucun de tes compagnons n'aurait pu combattre le Muon seul. Ils n'allaient pas t'abandonner non plus ; vous seriez tous morts ! Alors, je suis partie toute seule pour faire diversion et attirer le Muon ailleurs.

J'ai fait route vers là où la lueur se couche. Tes amis m'avaient dit que je trouverais sur mon chemin une ville où je pourrais être à l'abri, manger, dormir, reprendre des forces. Le Muon m'a aperçue une fois avant que je le perde de nouveau, mais il a toujours fini par me retrouver. »

« Et les Jannanons, ils n'ont pas remarqué que tu étais une Tor'oque ? » ai-je demandé.

Je raisonnais qu'ils avaient dû le remarquer et qu'ils ne me l'avaient pas dit…

« Ils le savaient ; je leur ai dit. »

« Ils savaient que tu avais réussi à t'échapper de la Péninsule et que tu allais au Camarode ? »

« Oui. »

« Pourquoi ne m'ont-ils rien dit ? »

« Parce que je t'ai sauvé la vie et que je les ai aidés à sauver Wéodou ; ils m'étaient redevables. Et puis, je leur ai demandé de se taire. »

Elle était forte, Uthiriule.

« Les deux Jannanons ont essayé de négocier. Je leur ai dit que je pouvais aussi bien rester jusqu'à ce que le Muon arrive et qu'il n'y aurait plus rien à discuter. Moi, je m'en sortirais vivante mais eux, non, à moins qu'ils ne trouvent une bonne cachette. Il paraît qu'ils sont très forts pour se cacher, mais, pour ça, il fallait qu'ils te laissent seul ; or… t'aurais été un bon repas pour le Muon. Ils ont donc fini par accepter et ils m'ont donné leur parole de Jannanons. La fille de Smoos devait le savoir mais peut-être qu'elle se fichait de te le dire ou pas… Je n'arrive pas à croire que tu aies pensé que cette brindille t'avait sorti du pandémonium. »

C'est ce que je raisonnais mais c'était vraiment dur à avaler.

« T'as dit que t'es partie là où la lueur se couche ? T'es allée dedans ? » a demandé Sissasse. Ça m'a surpris d'entendre sa voix. Avec tout ça, j'avais complètement oublié qu'elle était là.

Uthiriule a souri.

« Oui, c'était la première ville que j'ai vue qui n'était pas construite dans les arbres. » Elle s'adressait à Sissasse. « Elle était dans un paysage de collines étonnantes qui ressemblait à un champ de demi-melons et toutes les maisons ressemblaient aussi à des demi-melons. La ville s'appelait *J'kal**. Elle était en forme de sphère, tout ce que je voyais avait une forme de sphère, même le paysage. »

Je voyais qu'elle voulait nous en dire plus mais qu'elle se retenait. Elle n'avait jamais aimé montrer son excitation.

« Les habitants de cette ville sont des gens qui aiment beaucoup les chevaux. Avec eux, j'ai appris à les monter comme dans tes rêves ! » Elle a pointé son pied vers moi.

« C'est mon cheval qui m'a permis de semer le Muon, sauf que, chaque fois qu'il s'arrêtait pour brouter ou se reposer, le Muon se rapprochait », a dit Uthiriule. « Certains sombres, quand je rentrais d'une longue promenade à cheval, je l'entendais ou je le sentais tout près. Comme les Jannanons, j'ai appris à bien me cacher, mais, au fur et à mesure, il finissait par connaître mes habitudes. Notre dernier combat, c'était au bord du lac. Il a bien failli m'achever. »

« J'ai entendu un hurlement », lui ai-je dit.

Elle a hoché la tête.

« C'est quand je l'ai transpercé d'une flèche. » Elle s'est mise en position comme si elle tenait une flèche et un oro-arc devant elle. « Je n'ai même pas eu le temps d'encocher la flèche, il s'approchait dangereusement de moi alors je l'ai devancé et je me suis avancée jusqu'à lui. » Elle a baissé son montereau pour nous montrer son épaule ; elle avait de profondes cicatrices, c'étaient les marques des crocs du Muon. « Il a bondi sur moi, je suis tombée à la renverse et là, il est revenu à l'attaque avant que je me relève et il a fermé sa gueule sur mon épaule – j'ai senti ses crocs s'enfoncer dans ma chair – ensuite, il a planté ses griffes dans mon milieu. En deux-deux, j'ai empoigné une flèche que je lui ai fichée dedans encore et encore. Je lui ai transpercé l'œil. » Uthiriule était sous le Muon et je le voyais comme elle l'avait vu. « J'ai eu beaucoup de chance. Un souffle plus tard et il m'aurait achevée. »

« Je n'ai aucun doute sur le fait que tu saches bien te cacher… mais le Muon est un chasseur, comment ça se fait qu'il n'ait pas senti ton odeur… ? »

« … Les Jannanons m'avaient donné des astuces. Ils m'ont dit que ça ne servait à rien de se cacher si on ne pouvait pas masquer son odeur. Ils m'ont donné une pommade que je devais appliquer sur mon corps, en six points précis. » Elle a montré l'intérieur de ses poignets, ses chevilles et deux endroits sur son cou. « Ils m'ont dit qu'un tout petit peu suffisait. La pommade n'altère pas ton odeur mais elle fait croire à n'importe quelle bête que l'odeur vient de derrière… toujours de derrière. Le Muon n'a donc pas cessé de se retourner pour me trouver. Il a tourné et tourné et tourné. À tel point qu'il est devenu fou. Puis il a fini par décamper pour ne plus sentir mon odeur. J'ai entendu le Muon tournicoter toute une nuit sous l'arbre où j'étais. Il a en horreur cette folie qui s'empare de lui, mais ça ne l'a pas empêché de continuer à me traquer. Malheureusement, la pommade ne fait pas disparaître les traces de pas.

Il savait que je me trouvais dans la ville en forme de demi-melon. Bien qu'il ait peur de la ville et de ses habitants, il s'est mis à rôder dans les environs et petit à petit, des gens ont commencé à disparaître. Des gens, des chevaux et d'autres bêtes que les habitants de J'kal élevaient pour se nourrir. Il les mangeait aussi. Un sombre, je l'ai aperçu au bord d'un demi-melon, juste au-dessus de nous. Quand j'ai su monter à cheval, j'ai quitté J'kal par la route et il m'a suivie. »

« Il te sentait même quand tu étais à cheval ? » Je ne pouvais pas raisonner cela.

« Non, il me guettait et, quand il me voyait, il me suivait. Ce jour-là, j'avais fait semblant de partir puis j'ai presque tout le temps été à cheval ; c'est donc devenu très difficile pour lui de me suivre à la trace, mais il a toujours fini par me retrouver. Il n'a jamais abandonné. Moi, je réussissais à le tenir à distance, sauf dans la montagne, après Jannaeda. C'est peut-être une bête mais c'est un chasseur malin. Il rôdait, caché dans les rochers, quand j'ai rencontré une bande de voleurs. »

« Les coupeurs de route ! », s'est exclamée Sissasse qui n'avait rien oublié du coupe-gorge.

« C'est comme ça qu'on les appelle ? » a demandé Uthiriule à Sissasse. Et elle a poursuivi son récit. « Ces coupeurs de route ont bien cru qu'ils me tenaient. Ils étaient partout : en face de moi, derrière et sur les côtés, mais ils n'avaient pas vu le Muon. Le Muon, lui, a probablement cru qu'ils allaient lui voler son butin, alors d'un coup, il leur est tombé dessus. Dans la confusion qui a suivi, en un souffle, j'ai achevé deux coupeurs de route et le Muon, trois. » Et à nouveau Uthiriule était là-bas, dans la montagne, à observer la bête. « Il a dû se délecter. » Elle s'est dit ça à elle-même, puis elle a secoué la tête et est revenue à nous. « Ensuite, avec l'une de mes flèches, j'ai mis hors d'état de nuire le dernier voleur qui me barrait la route et on a laissé le Muon à son festin. *Kidir** est parti au galop et on a déguerpi vite fait. »

« Kidir, c'est le nom de ton cheval ? » l'a interrogée Sissasse. Uthiriule a fait oui de la tête et elle a souri en entendant le nom de son cheval prononcé par cette petite voix. « Moi, je trouve que Bol, c'est plus joli que Kidir. »

« Bol, c'est le nom de ton oryx ? » m'a demandé Uthiriule. « Tu sais que cette bête est encore plus célèbre que *Celui qui ne peut pas mourir*, en l'occurrence, toi. J'ai vu partout des dessins qui le représentaient. Finalement, un oryx, c'est pas une très belle bête. »

« Ben moi, je préfère mon Bol à tout. » Je lui ai rétorqué ça du tac au tac.

« Je sais. Tu as toujours été très attaché au passé », a dit Uthiriule.

« Non, je préfère les oryx aux épus, c'est tout », ai-je répliqué.

« Épus, pfff ! Tu vois ! Depuis que la Remarquable a nommé les océans et les mers, personne – en tout cas dans le Monde du dehors – n'emploie ce mot. Les oryx sont lents, maladroits et ne sont pas confortables du tout. Quand on monte un oryx, on a l'impression de rebondir sur une pierre ! Les chevaux sont tellement plus rapides et, quand on les monte, on a la sensation de marcher sur la Voie Suspendue. »

« Bol, il a tué un coupeur de route avec ses cornes ! Kidir, est-ce qu'il a aussi des cornes ? » a crié Sissasse à Uthiriule.

Uthiriule a regardé Sissasse. Chaque fois que la petite disait quelque chose, elle l'appréciait un peu plus. Sissasse n'était peut-être pas née tor'oque mais elle était une Tor'oque dans l'âme, voire corps et âme.

« Ficelée, je suis ficelée. C'est vrai, Kidir n'a pas de cornes, or les cornes peuvent être très utiles », a répondu Uthiriule à Sissasse. Uthiriule regardait la petite fille avec de plus en plus d'intérêt. « Sissasse, toi aussi tu devras apprendre à monter les chevaux parce qu'il n'y a pas beaucoup d'oryx dans le Monde du dehors. »

« Quand je serai grande, j'aurai mon oryx et c'est même moi qui le trouverai toute seule. » Sissasse venait de prêter serment ; elle s'engageait à parcourir le monde à la recherche de sa bête. « Et je saurais aussi monter des épus. »

« Tant mieux. Parce que je ne pourrai pas commander tous ces Monde-du-dehoriens toute seule et pour toujours ; une lueur, ils auront besoin de toi… et à cheval. »

« Tu imagines vraiment prendre la tête de leurs armées pour les mener au combat contre ces autres Tor'ocs ? » lui ai-je demandé.

« Ne les appelle pas des Tor'ocs. Ils l'ont peut-être été mais ils ne le sont plus ! Sissasse est en train de devenir une Tor'oque, de perpétuer l'âme de nos ancêtres… Eux, ils l'ont perdue et détruite ! » Uthiriule était hors d'elle ; elle était prête à se battre et à venger les siens. « Ce sont des monstres qui massacrent des innocents ! Ils sont pires que les Muons ! »

« Qu'est-ce qui t'est arrivé pour que tu disent des choses pareilles ? » Je sentais qu'elle avait vu et vécu des situations que j'ignorais qui l'enrageaient encore. Cela dépassait ma raison.

Uthiriule m'a regardé, puis elle a détourné les yeux. Elle ne voulait pas que je voie ce que ses yeux cherchaient à me montrer. Elle a essayé de lutter, puis elle a fini par parler.

« Moi aussi j'ai rencontré une enfant… à J'kal. Elle s'appelait *Isaure**. Elle n'avait que la mère de sa mère. »

« Ses parents, ils étaient morts ? » a demandé Sissasse qui aimait déjà Isaure et la considérait comme sa sœur. D'un regard, Uthiriule a répondu : « Oui. » « Comme moi », a dit Sissasse, en me touchant le bras pour que j'écoute bien.

« Je vivais avec Isaure et la mère de sa mère. Pendant les lueurs courtes et courtes que j'ai passées à J'kal, j'étais plus une mère pour elle que si j'avais été sa mère et qu'elle était issue de mon sang. Trois lueurs avant que je parte, Isaure a disparu. On a retrouvé un bout de son corps, un bout que le Muon a laissé. Un jour, je tuerai ce Muon et je tuerai toutes les bêtes humaines qui salissent le nom des Tor'ocs. Je les effacerai de la surface de la terre comme si elles n'avaient jamais existé. »

« Comment elle était, Isaure ? » Peut-être que je n'aurais pas dû demander ça, mais je voulais savoir la voir dans mon œil intérieur.

Uthiriule l'a invoquée. Elle la revoyait. Elle est restée stoïque.

« Elle était un peu plus âgée que toi », a-t-elle commencé en regardant Sissasse. « Pas beaucoup, mais elle était aussi féroce que toi. Elle avait les yeux gris, ses cheveux avaient la couleur des blés et sa peau était frémissante comme le sang qui battait dans ses joues. Son sourire contenait tous les sourires ; il éclairait une pièce mieux que toutes les bougies du monde. Elle marchait, courait et sautait comme un chat. Et elle riait et riait. Ce qu'il y avait de plus précieux en elle, c'est qu'elle était elle-même : elle était vraie, simple et merveilleuse, de toutes les manières possibles et imaginables. »

Le Muon avait tué cette enfant qu'elle aimait et cette nation de prétendus Tor'ocs aux mœurs assassines allait en payer le prix.

Uthiriule est revenue à nous et a regardé Sissasse avec plus de chaleur que jamais. Je ne l'avais jamais vue regarder qui que ce soit comme ça.

« J'avais dit à Isaure que je reviendrais et que je l'emmènerais sur la Péninsule, où elle deviendrait tor'oque. Elle le désirait intensément, comme toi. Le Muon lui a volé ça et il me l'a volé, à moi aussi. »

« Toi, Æon et moi, on pourrait aller sur la Péninsule… Tu peux m'emmener, moi, si tu veux », a dit Sissasse.

Une larme a coulé sur la joue d'Uthiriule puis elle a souri à Sissasse.

« Je t'emmènerai, Sissasse. Nous sommes liées. Pliées et liées. »

« Quand tu as vu le Muon dans les montagnes, tu as essayé de le tuer ? » ai-je demandé.

« Non. Je n'ai pas eu cette joie. Quand il nous a surpris, Kidir est parti comme une flèche et, avant de pouvoir le viser et l'achever avec mon oro-arc, nous étions déjà de l'autre côté des montagnes », a soupiré Uthiriule. « Mais je l'ai revu et j'ai failli l'avoir dans la forêt… »

« … Là où je suis mort ? »

« Oui, là où tu es mort. C'est lui qui aurait dû mourir », a déclaré Uthiriule. Et elle s'est enfoncée dans les profondeurs noires de la Nidelle-Maille.

« Le Muon avait senti mon cheval ; il savait que j'étais là, sur la route. Pour la vitesse, il ne pouvait pas rivaliser avec Kidir. Si je voulais l'achever, c'était clair que je devrais l'attendre. J'ai laissé Kidir brouter dans un champ, de l'autre côté de la forêt, pour que le Muon continue à s'enfoncer dans les arbres. Puis j'ai trouvé le lieu où j'allais l'achever. À l'endroit où la route monte puis tourne, je pouvais me cacher après le virage et le voir arriver. J'avais raisonné qu'une flèche dans le cœur suffirait à l'achever une bonne fois pour toutes.

« Comme prévu, il est arrivé à la tombée du sombre ; il se déplace toujours dans l'obscurité. Cette forêt est noire même en pleine lueur, mais, comme mes yeux s'étaient peu à peu habitués à l'absence de lumière, je l'ai aperçu entre les arbres. Mon oro-arc était déployé et ma flèche encochée. Je l'avais en joue et j'allais l'avoir quand un cri a retenti. J'ai tiré. La flèche l'a transpercé, elle est ressortie de l'autre côté mais pas là où je voulais. Elle l'a touché ici. » Elle a mis sa main sur sa poitrine, juste au-dessus de son cœur. « Ma flèche l'a gravement blessé mais il a survécu et s'est enfui. Je lui ai couru après et, depuis, je n'ai jamais eu d'autre occasion. Je l'ai perdu dans le noir d'encre de la forêt de Nidelle-Maille. »

« Qui est-ce qui a crié ? » a demandé Sissasse, fascinée par l'histoire.

« Je ne sais pas. Ça venait d'en haut. »

Moi, je savais, c'était l'une de ces mignonnes petites créatures presque humaines qui vivaient dans les hauteurs des arbres qui avait probablement vu Uthiriule prête à décocher une flèche et qui avait crié pour avertir les siens. J'ai décidé de ne rien dire à Uthiriule pour qu'elle ne se mette pas en tête de les éradiquer de la surface du monde, elles aussi et qu'elles ne subissent ni punition ni malédiction pour venger la mort d'Isaure. C'était le premier secret que je lui cachais.

Je n'en revenais pas. Elle s'était rendue au Camarode au vu et au su de tous et j'étais le seul, dans le Monde du dehors, à l'ignorer parce que les Jannanons me l'avaient caché...

« À J'kal, ils savaient que tu étais une Tor'oque ? »

Uthiriule a secoué la tête.

« Personne ne le savait et je ne l'ai dit à personne. Quand on m'interrogeait, je disais que j'étais en route pour le Camarode, et c'est tout. Les braves cavaliers de J'kal se demandaient qui j'étais et d'où pouvait sortir quelqu'un comme moi, si ignorante des usages et des coutumes du monde. Mais ils m'appréciaient suffisamment pour ne pas poser trop de questions et pour rester discrets. Moi, je les appréciais aussi beaucoup, bien plus que toutes les autres délégations que j'ai pu rencontrer ici. D'ailleurs, c'est grâce à la délégation de J'kal que j'ai pu entrer dans le Camarode... sous une de leurs soutanes à capuche. Ils ont vu que mon cheval portait l'écusson de J'kal et ils connaissaient ceux qui m'avaient hébergée là-bas. J'ai fini par gagner leur confiance ; il faudra que je me fasse pardonner de les avoir mystifiés.

« Après J'kal, j'ai évité les villes. » Elle a regardé Sissasse. « J'ai raté Lulle parce que j'étais sur la mauvaise route et que je m'en suis rendu compte trop tard. C'est de là que tu viens ? »

« Avant, je venais de Lulle, mais plus maintenant », a répliqué Sissasse qui ne comprenait peut-être pas très bien ce que signifiait « venir de quelque part ».

« J'ai failli aller à Jannaeda mais les fanes m'ont interceptée sur la route et m'ont conseillé de ne pas y aller. Elles m'ont dit que les gens de Jannaeda sauraient tout de suite que j'étais une Tor'oque et que le reste du Monde du dehors l'apprendrait aussitôt. Si on savait qui j'étais, ça compromettrait mes chances d'entrer dans la ville d'Orzamond. À partir de là, les fées m'ont accompagnée partout. Les fées du bois leur avaient parlé de moi. On passait les feux de sombre ensemble et je leur racontais la vie sur la Péninsule. Elles m'ont parlé du monde tel qu'elles le connaissaient. Celles qui ne s'exprimaient pas comme nous m'ont montré les merveilles du monde naturel que je croyais déjà connaître – je me suis vite rendu compte que j'avais encore tout à découvrir. »

Uthiriule s'est tournée vers moi et elle m'a regardé avec des yeux féroces :

« Dans cette guerre, les fées – et il y en a plein – sont avec moi. Pliées et liées. Je connais depuis belle lurette le vrai motif du Camarode ; j'ai entendu les histoires que les fées qui ont assisté au massacre ont rapportées aux fées qui sont avec moi. Les fanes m'ont dit ma haza : je ne serais à la tête d'une armée pour combattre et vaincre ces meurtriers, que, lorsque j'aurais achevé ma mission, il ne resterait plus rien de cette nation, rien qu'un murmure dans le vent et des cendres. Elles m'ont dit aussi que tu te battrais contre moi. »

« Que je me battrais…, c'est un mot fort même si je ne suis pas d'accord avec toi. Quoi qu'ils aient fait, on n'est pas certains qu'ils soient vraiment des Tor'ocs. Moi, je veux les voir de mes yeux et me forger ma propre raison avant d'ingurgiter celle des autres. Ce n'est pas des racontars qui vont me faire prendre les armes et massacrer une armée de frères tor'ocs. »

« Tes paroles sont pleines de sagesse et de courage, Æon, mais moi, je sais très bien que tu ne dis ça que parce que tu es mort de trouille », a déclaré Uthiriule avant de sauter de l'arbre. Trois tor'ocs plus bas, elle a levé la tête pour regarder Sissasse et lui a soufflé : « Tu peux grandir parmi nous. »

Sissasse exultait : une autre Tor'oque l'avait acceptée.

Uthiriule s'est éloignée. En passant devant Bol, elle a posé sa main sur son museau et a caressé son flanc. Elle avait beau dire, elle était bien contente de revoir un oryx. Sissasse suivait des yeux, conquise, la grande Tor'oque avant qu'elle disparaisse en direction du grand dôme.

« Tu voudrais lui ressembler, n'est-ce pas ? »

Sissasse a tourné la tête et a planté ses yeux dans les miens.

« Moi, je veux être comme toi ! »

« Oui, mais tu vas grandir et tu lui ressembleras, je le vois bien. »

« Non, parce qu'elle t'aime pas et toi, tu es à moi ! »

« Tu te trompes… Uthiriule m'aime comme je l'aime, nous sommes pliés et liés l'un à l'autre. C'est sa façon d'être, elle a toujours été comme ça. Elle est sincère, honnête et féroce… Comme toi, Oka. »

« Elle va se battre contre les autres Tor'ocs et toi, tu trouves que c'est pas bien. »

« Oui, si ce sont des Tor'ocs, ce n'est pas à nous de les combattre. »

« Et pourquoi pas, s'ils tuent tout le monde ? »

« C'est notre code, et ce code nous a permis de rester un peuple fort et de maintenir la paix entre nous. Sans lui, je ne serais pas ici, Uthiriule non plus et toi non plus. Nos ancêtres se seraient détruits mutuellement. Nous serions devenus poussière et nous aurions disparu dans le souffle du vent. Le code est tout, il est notre raison d'être et nul ne peut le transgresser. »

« Elle va pas "res-pé-ter" le code », a dit Sissasse, après avoir réfléchi à un code-qui-est-tout, ainsi qu'à Uthiriule.

« Elle s'est dit qu'elle respecterait quand même le code, pourtant je ne suis pas sûr qu'elle soit convaincue de quoi que ce soit, même si elle s'exprime avec colère et conviction. » J'ai souri en pensant au rôle que jouait Uthiriule. « Elle doit se répéter qu'ils ne sont pas des Tor'ocs. »

Sissasse me regardait en fronçant les sourcils. Elle voulait dire quelque chose qu'elle taisait.

« Qu'est-ce qu'il y a ? » ai-je demandé.

« Tu as dit que tu voulais voir ces Tor'ocs toi-même. Comment tu vas faire ? » Sissasse me regardait avec la même férocité qu'Uthiriule.

« J'irai les voir, mais eux ne me verront pas. »

« Si tu pars, moi, je pars aussi. » Ses petits poings étaient serrés, prêts à se battre.

Je lui ai souri.

« Vu la façon dont je pars, personne ne peut m'accompagner. Mais tu seras toujours avec moi, même quand je serai là-bas. »

Cela a plu à Sissasse qui n'a pas posé d'autre question.

« J'ai assez de force maintenant pour aller chercher Pit », ai-je dit en me redressant. « Et toi ? »

Les yeux de Sissasse se sont écarquillés.

« Ils vont le laisser partir ? »

« Lui, il ne l'a pas vraiment achevée, et elle, elle a essayé de m'achever mais elle ne l'a pas fait non plus, donc tout va bien, non ? » ai-je fait remarquer à Sissasse en mettant mes mains à plat, paumes vers le ciel.

On n'a pas sauté de l'arbre comme Uthiriule ; on s'est laissés glisser de branche en branche jusqu'à ce qu'on atteigne l'herbe.

On a retrouvé Pit dans une pièce où on enfermait ceux dont on ne savait que faire ni où mettre. J'ai raisonné avec l'Émissaire et le gouvernabule. Ils ne voulaient pas que cette histoire se prolonge, alors ils ont laissé Pit se jeter dans les petits bras grands ouverts de Sissasse.

De retour dans notre figurier, j'ai coincé Pit pour qu'il se lie à moi et qu'il pardonne Chiffaa. Tout ça, c'était du passé. Finalement, il était soulagé et heureux d'avoir plié et pardonné.

De toutes les lueurs, celle-ci, de loin, a été la plus longue. Comme on était fatigués, on s'est écroulés dans nos hamacs. Pit, lui, s'est affalé sur des tallums qu'il a déroulés sur l'herbe, près de Monami. J'ai écouté la respiration tranquille de Sisasse qui dormait déjà. J'ai entendu l'agitation de Pit et j'ai raisonné qu'il devait revivre en rêve, encore et encore, l'attaque de Chiffaa. Monami me tenait affectueusement dans ses branches. Je me sentais en sécurité. Ma respiration s'est apaisée, puis je me suis préparé pour un nouveau voyage.

Chapitre 13

Où ? Où aller ? Dans quelle direction ? Les Tor'ocs se trouvaient dans les montagnes au-delà d'Orzamond ; or les montagnes, c'était vague. Ce n'était pas un point précis mais des pics et des pics qui se démultipliaient à l'infini comme des vagues et pouvaient cacher des milliers d'hommes, ni vu ni connu. Il me fallait un objectif précis vers lequel m'envoler, qui m'appellerait de ses vœux, et l'endroit opportun où faire atterrir mon esprit une fois qu'il aurait pris son envol. Je ne voyais pas comment le visualiser.

« Ne les cherche pas », chuchotait mon esprit.

« Laissons-les me chercher », me suis-je dit. Je me ferai facile à trouver. J'ai relâché mes muscles et les tensions contenues dans chaque partie de mon corps. Je me suis enfoncé un peu plus profondément dans mon hamac et j'ai laissé mon corps et mes paupières s'alourdir et s'alourdir encore tandis que mon esprit, lui, s'allégeait vers l'éther. Ma fatigue était telle qu'il me fallait lutter contre le sommeil afin qu'il ne m'emmène pas trop loin avant que le voyage ait même commencé. J'ai organisé mon corps contre le sommeil profond, je voulais m'en écarter ; je savais que le sommeil crépusculaire était le passage que ma conscience devait emprunter. C'était si facile d'en rater l'entrée et de tomber dans l'inconscience d'un sommeil plus profond que je voulais éviter.

J'ai glissé dans l'entre-deux du sommeil, dans l'espace liminal qui n'a ni pesanteur, ni rêves, où il n'y a ni lumière, ni obscurité. J'ai rempli mon esprit d'une seule pensée, celle des Tor'ocs, non pas les miens mais les autres.

« Faites-moi venir à vous. Prenez-moi », ai-je répété encore et encore dans le silence ouaté de l'espace liminal. « Trouvez-moi. »

Lentement, je sens des sibylles apparaître sur mon corps, je les perçois avant de les voir. Elles remontent à la surface, d'abord sur mon cou puis sur la peau de mon visage et enfin sur ma tête. J'entrouvre les yeux, je les vois surgir sur mes pieds et sur mes jambes qui semblent se faire tatouer de l'intérieur par les sibylles et les marques tor'oques. Il y en a tant qu'elles s'imbriquent les unes dans les autres. Dès qu'elles apparaissent, elles se dessinent le long de mon corps, le long de mon torse. Les sibylles s'écrivent sur ma peau. Bientôt, je leur appartiens. Je ferme les yeux.

Dans l'espace interstitiel du sommeil, le temps n'existe pas. Il n'a ni durée, ni même un souffle et pourtant, il peut durer tout un sombre. De toute apparence, j'ai quitté le jardin du gouvernabule. J'entends - avant de la voir - une masse informe, vivante, immense et mouvante, des bruits de pas - d'hommes et de bêtes -, une armée en mouvement, des coups : du métal qui heurte du métal, du métal qui heurte du bois, du cuir qui frôle du cuir, qui frôle de la peau, un millier, plusieurs milliers de fois, à l'intérieur de chaque souffle. Ces sons proviennent de toutes les directions à la fois ; je me trouve au milieu... Je suis à la tête d'un cortège. Puis, je les sens et je les vois : la vision de cette armée est de plus en plus nette à mesure que le sombre se dissipe ; enfin je vois, dans toute sa splendeur, l'immense armée de la nation tor'oque. Je suis à cheval ; toute la tête de l'armée est à cheval. Derrière nous, il y a une longue et longue foule de gens qui sont à pied. Je regarde alentour. À vue d'œil, ces Tor'ocs sont tous en tenue de combat. Ils portent de longues épées passées dans la ceinture qui sangle leur milieu ; dans leur dos, ils ont des oro-arcs prêts à tirer et, à la main ou dans des harnais de fines lanières, des lances. Certains n'ont que des épées, d'autres ont des arcs ou des lances, d'autres encore portent les trois.

La ligne de front tor'oque est impressionnante : des hommes et des femmes à cheval avancent imperturbablement ; ils fixent l'horizon, droit devant, et cherchent quelque chose. Je me retourne pour voir ce qu'ils regardent avec une telle intensité. Le paysage autour d'eux me semble familier et cependant différent de ce que, de prime abord, je croyais reconnaître. Devant moi s'étend la Péninsule, j'en suis certain ; mais nous sommes du côté du Monde du dehors et nous la regardons sans que le fleuve Divul ne nous sépare d'elle. La grande et verte prairie que nous traversons n'existe plus : nous sommes sur les terres infernales contre lesquelles l'arbre-père m'avait mis en garde, celles des Muons et des Terres Maudites. L'arbre-père n'a pas encore poussé ni aucun des arbres que j'ai rencontrés. Le paysage est dégagé sur une plaine dont l'herbe caresse le ventre des chevaux.

L'homme qui chevauche à mes côtés arrête son cheval. Toute la masse d'hommes et de bêtes près de lui et derrière lui s'arrête aussi. Moi également. J'ai l'impression qu'une main invisible s'appuie sur ma poitrine pour me dire : « Ne t'avance pas plus loin. » L'homme est immobile, ses yeux scrutent la Péninsule. Il essaie de la voir, l'absorbe, examine le terrain et ses obstacles, il évalue les chances de succès de son armée. Je le regarde. Il est grand et fort.

Cependant, quelque chose en lui est plus grand et plus fort que sa taille : sa présence. Elle irradie si intensément qu'elle imprègne aussi ses proches, moi y compris. Je le regarde de manière à pénétrer les secrets que je veux qu'il me révèle.

Il porte une barbe, ses cheveux sont longs et pendent le long de son visage, ce qui lui donne un air brouillon, mais ça lui sied et lui confère un certain prestige qui s'accorde à l'autorité naturelle qui émane de lui. Ses oreilles dégagées sont si sombres que je ne les remarque pas d'emblée. Elles portent une sibylle faite à l'encre. Je me penche pour mieux voir : c'est une sibylle que je connais bien, c'est la marque de Sumon. Je me tourne pour regarder les autres : toutes leurs oreilles sont marquées à l'encre, chacune avec sa propre sibylle. Les épaules de chaque Tor'oc sont également marquées de leur sibylle. Je me retourne vers le chef qui, pensif, contemple la terre qui s'étale sous nos yeux. Soudain, je le vois comme je l'ai vu dans la bataille contre les Muons, au sommet de la montagne et sur la tombe de son fils. C'est Sumon, mon sang.

Attiré par Sumon et l'ancienne nation tor'oque, je suis parmi eux, je suis l'un d'entre eux et devant nous se trouve la Péninsule. Il y a un canyon entre la Péninsule et nous – un canyon qui bientôt deviendra le lit du Divul, Pour l'instant, c'est un canyon franchissable qui nous mène vers ce qui sera son ultime conquête.

« Ourla », dit Sumon, sans hausser la voix mais avec suffisamment d'autorité pour que tout le monde l'entende.

Un cheval marche au pas derrière moi. Une jeune femme de 240 lunes[9] le monte avec grâce et dirige sa monture vers son père, le chef. Il l'entend approcher, il la sent mais ne se retourne pas. Cette jeune femme me subjugue, c'est Ourla, la mère des Tor'ocs de la Cité dans les Arbres. Elle est jeune et pleine de vie. À première vue, son

9. 20 ans.

visage est disgracieux tandis que la force qu'elle dégage est magnifique. Comme les autres, ses oreilles sont marquées à l'encre noire. Une lueur, je découvrirai cette marque sur les plus vieux arbres de la Péninsule mais déformée ; avec le temps, les arbres en grandissant vont distordre ces marques et la sibylle ne sera plus qu'à peine reconnaissable.

« Quelque chose bouge dans ces arbres et ces buissons... Il y a des hommes, là-bas », lui dit Sumon. « Prends dix hommes avec toi et dis-nous ce que c'est. »

Elle fait faire une demi-volte à son cheval, fixe la masse d'hommes et de femmes devant elle et crie :

« En avant ! »

Un groupe d'hommes et de femmes à cheval s'avancent vers elle. Une fois que ceux-ci ont formé une ligne prête au combat, elle presse son cheval, et eux s'élancent au galop dans la pente et disparaissent dans la forêt de la Péninsule. Une jiffe à peine s'écoule et elle réapparaît d'entre les arbres, une forme humaine se balance sur l'encolure de sa monture. Elle remonte la pente jusqu'à nous et jette son paquet à terre. L'homme capturé atterrit au pied du cheval de Sumon. Les hommes d'Ourla arrivent à sa suite, la plupart ont aussi ramené des captifs.

L'homme qu'Ourla a capturé n'est pas grand mais il est robuste. Son corps est couvert de peaux de bêtes, ses cheveux sont sales et emmêlés, sa peau est claire bien qu'elle soit pleine de terre et de poussière. Il est pieds nus et je remarque alors que les Tor'ocs, eux, ont tous des semelles qui se prolongent par des *couvre-jambes** solidement attachés aux mollets.

L'homme se relève et regarde Sumon, les yeux hagards. Sumon scrute son visage. L'homme nous lance quelques mots dans une langue qui nous est inconnue.

« Ils se disputaient dans les bois, là-bas », dit Ourla à son père. « On ne peut pas leur parler. Ils ne nous comprennent pas, ils parlent une autre langue. »

« Ils nous comprendront bien assez », répond Sumon. Il fait signe à l'homme de s'approcher. L'homme s'exécute.

Sumon se penche et touche le front de l'homme entre les deux yeux. Puis il l'empoigne par les cheveux et le fait pivoter de manière que son corps soit face à la Péninsule. Il le relâche, se remet en selle, lève un pied, s'avance vers le dos de l'homme et le pousse pour le propulser vers l'avant. Sumon fait signe à son cheval qui se met au pas : l'homme comprend. On lui ordonne de mener la nation tor'oque là où vivent les siens. L'armée se met en branle derrière la maigre colonne de captifs. On traverse le canyon qui deviendra le Divul, on pénètre dans la forêt, et me voilà de retour chez moi, parmi les arbres penchés. J'en reconnais certains, même s'ils sont plus petits et plus jeunes. Je ne peux m'empêcher de leur souffler en passant une salutation même s'ils ne répondent pas. Peut-être que la surprise de m'entendre parler le vent leur coupe le souffle. Peut-être que seul mon esprit est là, bien que j'aie l'impression, moi aussi, de chevaucher un épu, et la sensation d'avoir un corps.

Nous progressons à travers la forêt pour nous arrêter de l'autre côté. Il y a là des huttes en peaux de bêtes, disposées étrangement, qui forment un petit village. Des feux de sombre brûlent, mais l'endroit semble avoir été déserté. Sumon descend de sa monture et atterrit à terre en douceur. Il possède une grâce naturelle qui ajoute encore à son charisme. Il fait quelques pas dans le village puis se tourne vers l'un de ses hommes qui est encore à cheval.

« Allez chercher les cuisiniers », ordonne-t-il. « On mange ici. »

Les cuisiniers ne sont pas tor'ocs, ce sont des prisonniers réduits en esclavage : ils ont été capturés dans le Monde du dehors quand l'armée tor'oque dévastait leur contrée. La plupart des esclaves sont des femmes. Elles s'affairent autour des feux de sombre qu'elles ravivent et en allument d'autres pour rôtir au plus vite les monceaux de viande dépêchés par la troupe dédiée au ravitaillement.

Sumon s'assoit près d'un feu avant de plonger son regard dans les flammes. Ourla le rejoint avec quelques-uns de ses hommes. Je raisonne que ce sont ses lieutenants. Ses pensées l'absorbent entièrement. Le feu près duquel Sumon est assis est le premier à fournir rôtis et mets grillés à foison. Sumon est le premier servi. Il mange sans y penser, sa raison est ailleurs.

« Il n'y a rien, ici », murmure Sumon. Pourtant, tous l'entendent. « On nous a menti. On nous a pris pour des imbéciles. »

« Et ces gens-là ? » demande Ourla en désignant le village démuni.

« Eux ? Ils ne sont rien, ils n'ont rien. Ce sont des premières-tribus, à peine au-dessus des bêtes », dit Sumon.

Un Tor'oc derrière nous demande :

« On les capture, ou on les achève ? »

« Non », dit Sumon, en regardant les huttes près de nous. « Voyez comme ils vivent. Ils ne peuvent rien pour nous, ils ne feront pas de bons esclaves. Je ne vais ni les achever ni gâcher ma revanche. Ils ne nous ont rien fait, ils ne nous ont même pas combattus quand on est arrivés. On châtiera comme ils le méritent ceux qui nous ont ridiculisés. Ceux-ci », ajoute-t-il en montrant les captifs, « vivent déjà dans des conditions déshonorantes. »

« Que souhaites-tu donc ? » demande Ourla.

« On s'en va. Je ne veux pas passer un seul sombre ici », répond Sumon. Il se tourne vers l'un des hommes assis près de lui. « Bilal, prends tes hommes et assure-toi que personne ne nous attaque par-derrière. Ça sent le roussi. Je ne raisonne pas pourquoi ils ont voulu nous attirer ici à moins que... ce soit un piège ! »

Bilal se lève et appelle un groupe d'hommes assis autour d'un autre feu de sombre.

« Ropin ! Viens avec nous. »

Bilal regarde un adolescent d'une quinzaine d'années qui lève les yeux vers lui – le garçon dont la mort sera vengée mille ans plus tard. Il est grand et dégingandé, mais ce n'est pas encore un adulte et il n'a pas encore l'âge d'avoir les oreilles marquées à l'encre. Il part avec le groupe de Bilal et il sera de l'autre côté de la rivière lorsque celle-ci naîtra.

Sumon termine son repas et dit à Ourla :

« Prends ton cheval et viens avec moi. Allons faire un tour avant de partir. »

À cheval, nous traversons la forêt vers le Divul qui n'est pas encore là. On marche au pas sous la canopée quand, soudain, nos chevaux font un écart. Nous sommes au centre d'un groupe d'arbres... Je lève les yeux. Je reconnais cette trouée verticale dans les branches. C'est le lieu de notre chute rituelle, l'endroit où Lige-Causie est tombée la première et où moi je tomberai à mon tour, une feuille à la main. Mais là, les arbres sont tout jeunes et le tunnel de branches est beaucoup plus court. Je me retourne vers le campement de la nation tor'oque. Elle doit être là, quelque part, une toute jeune Lige-Causie d'à peine quelques lunes.

L'endroit que nos chevaux évitent est profond et mouvant. Les bêtes sentent que, si elles s'engageaient, elles pourraient s'embourber. Les chevaux ne sont pas aussi intelligents que les oryx, mais ils ont un bon instinct.

On poursuit notre course. Je reconnais le dernier arbre sur lequel je grimperai avant de quitter la Péninsule. C'est un arbre jeune et fort, ce n'est pas le dernier de la forêt, loin de là. Ceux qui se trouvent au-delà seront bientôt et bientôt emportés par le courant. Curieusement, c'est devant celui-là que Sumon fait faire demi-tour à son cheval pour explorer d'autres parties de la Péninsule. À ce moment précis, le sol se fend et s'effondre sous nos pieds ; la terre s'effrite, se fissure, s'engouffre dans les profondeurs, projetant un épais nuage de terre et de poussière qui s'élève dans les airs. Nos chevaux, paniqués, partent dans un galop effréné.

Sumon arrête son cheval juste à temps pour voir le canyon se creuser et l'eau s'engouffrer en tourbillonnant à l'intérieur. C'est de l'eau féroce venue des deux mers, qui ne se rencontrent pas en amies mais en ennemies qui se haïssent, qui se battent et perdent et gagnent. Les vagues dévastatrices jaillissant de leur affrontement donnent violemment naissance au Divul. Sumon, hébété, regarde le canyon se remplir de cette eau furieuse avec une surprise qui n'a d'égal que sa colère. Impuissant, il voit son accès au Monde du dehors se couper à jamais. Le ravin est trop profondément enfoui et l'eau trop sauvage pour être franchie.

« En avant ! » Sumon crie et s'élance au triple galop dans la direction opposée à la nouvelle rivière. Nous le suivons tous. Il crie à Ourla : « Il faut trouver le moyen de s'échapper d'ici ! »

Nous galopons et galopons le long de la mer d'O'bira. Sarpent après sarpent, nous progressons jusqu'à ce que nous atteignions la pointe de la Péninsule. Là, une falaise nous offre une vue sur la terre qui désormais nous emprisonne. Sumon s'arrête puis examine le paysage et les eaux qui nous entourent. Il est défait. Il n'y a pas d'échappatoire, si ce n'est en batiau que la première-tribu n'a pas l'air de posséder et que les Tor'ocs ne savent pas construire.

Un bruissement dans les feuillages attire son attention. Aussitôt Sumon met pied à terre et court vers les buissons où il aperçoit quelque chose. Un petit homme trapu s'échappe du buisson, exactement comme le premier captif ; j'aurais pu croire que c'était le même homme si ce n'est que le premier devait être loin et loin d'ici. En une jiffe, Sumon dégaine son épée et la fait tournoyer au-dessus de la tête de l'homme. À la vue de l'arme, le première-tribu pousse un cri et trébuche. Sumon se jette sur lui. Il le frappe à coups de lame, lui tranche la tête, les bras, le torse, le découpe en morceaux.

Sumon se retourne vers nous, le sang de sa victime dégoulinant de son glaive.

« J'ai eu tort ; ces premières-tribus sont des sorciers. Ils veulent nous piéger ici, mais c'est nous qui allons les piéger. Pourchassez-les et achevez-les jusqu'au dernier. Je les veux tous dans le même état que celui-là. » Son fer montre les restes démembrés du petit homme trapu, ces morceaux de tête, de torse, de bras et de jambes qui, quelques jiffes plus tôt, composaient un être humain. « Avant le sombre, je n'en veux pas un qui respire encore. »

Je veux lui dire que sa première réaction vis-à-vis des premières-tribus était la bonne, que les tuer est une forme de suicide, que ce sont des premières-tribus et non des sorciers.

Je raisonne que les Quatre Mères avaient dû compter là-dessus ! Leur but était l'extermination de la nation tor'oque. Leur stratégie consistait en une attaque classique en trois temps : isoler l'ennemi, le priver de nourriture et d'abri, puis l'achever en déclenchant un assaut écrasant. Les Tor'ocs jouent leur rôle à la perfection, exactement comme les Mères l'avaient raisonné. La tribu péninsulaire leur aurait procuré de la nourriture, aurait su où trouver de l'eau douce, comment chasser, comment allumer des feux et ériger des abris. Mais cette tribu sera massacrée jusqu'à son éradication et mon peuple connaîtra, pour la première fois et pour longtemps, de profondes souffrances.

Dans cette fulgurante prise de conscience, d'une jiffe à l'autre, le temps bascule ; il perd sa forme longiligne, se déforme, devient informe. J'observe, impuissant, la suite des événements que je regarde passer au fil de l'eau, comme je contemplerais une feuille glissant dans le courant d'une rivière. Après le massacre des premières-tribus, je vois le temps qui s'écoule : les lueurs raccourcissent, les Tor'ocs s'affaiblissent tandis que certains de mes ancêtres commencent à modifier leur façon d'appréhender la vie et le monde... Ils ont appris à chercher, à reconnaître et à cueillir des plantes comestibles, à piéger et à tuer des petits animaux, à construire des refuges de fortune pour se protéger du froid et de la pluie.

Par une belle lueur matinale, sous un ciel bleu que le soleil enfin chauffe et réchauffe, après des jours et des jours de gris et de froidure, deux tempêtes commencent à gronder dans les mers du nord et du sud de l'île. Les tempêtes surgissent des mers elles-mêmes, elles aspirent des trombes d'eau dans de gigantesques cyclones qui enflent au fur et à mesure qu'ils convergent les uns vers les autres ; ils se déplacent maintenant vers la terre pour former une tornade d'une envergure monstrueuse, dont la force de frappe et de destruction est sans nom, et pourtant, c'est ce que nous appelons le Mad'la. Ce que je vois, je le sais aussi de ma propre expérience. Chaque année, à la même période, cette même tempête nous inonde et ravage tout sur son passage. Je l'ai vue toute ma vie. Ce n'est pas un phénomène naturel, c'est un art ensorcelé qui la crée de toutes pièces ; c'est le fruit d'une conjuration, c'est une magie noire qui démonte la mer et l'entraîne vers nos rivages et au-delà. Là, sous le soleil radieux de cette belle lueur matinale, je vois la magie opérer pour la première fois.

Un mur d'eau de deux tor'ocs de hauteur déferle sur la terre ; un être vivant et enragé qui emporte tout sur son passage, tout ce qui n'est pas solidement enraciné dans le sol. Comme celle que je subirai chaque année, l'inondation est rapide, vicieuse et maline. Quand elle atteint le Divul, elle s'en retourne pour emporter les malheureux Tor'ocs qui auraient survécu au premier assaut. La vague est plus petite, plus souple, plus rusée et plus impitoyable encore. Elle utilise le sol démantelé, les morceaux d'arbres, de plantes et de débris épars qu'elle transporte pour se saisir des Tor'ocs trempés et à moitié noyés qui pourraient encore survivre, et les emporter au large. La plupart d'entre eux meurent avant de parvenir au rivage, les autres périssent rapidement dans les profondeurs du large.

Alors que les eaux se démènent autour de moi, je me tourne vers les arbres et leur souffle avec le vent :

« Sauvez-nous ! »

Le grand arbre près de moi tourne ses feuilles vers le bas ; il me regarde.

« Tu es des nôtres ? »

Je lui réponds :

« Je le suis. »

Je lève la tête, je regarde dans les branches et j'y discerne l'image de la Cité dans les Arbres que je lui souffle. Pendant trois souffles, la Cité dans les Arbres flotte devant moi et au-dessus de moi – je vois mon kollok au milieu d'autres kolloks, la Voie Suspendue et nos grands kolloks collectifs ; je vois le cœur de notre cité, le cœur de notre vie. Je suis de retour chez moi, et quelqu'un est à côté de moi, qui regarde dans les arbres avec moi.

C'est Ourla. Ses yeux sont écarquillés, elle est émerveillée. Elle voit la même chose que moi. Frappée par cette vision, elle reste figée comme la pierre – même l'eau tumultueuse la contourne. Elle ne respire plus, puis, soudain, d'un souffle profond, elle aspire la vision de la Cité dans les Arbres. Je lui murmure :

« Réfugie-toi dans les arbres. »

Elle me regarde mais ne voit que de l'eau et de l'air. Je suis là et je n'y suis pas. Quand nous relevons les yeux vers le ciel, la Cité dans les Arbres a disparu. Ourla aperçoit un garçon emporté par le courant, elle l'attrape quand qu'il passe à ses côtés.

« Réfugie-toi dans les arbres ! » lui crie-t-elle. « Réfugiez-vous dans les arbres ! » répète-t-elle à tous les corps qui flottent et se débattent dans l'eau. Elle hisse le garçon et le pousse vers la branche la plus proche qu'elle attrape elle-même pour s'extirper des torrents d'eau. Elle s'agrippe plus haut et pousse avec ses pieds pour hisser son corps hors de l'eau. Elle se retourne, attrape une fillette dans le courant et lui crie : « Réfugie-toi dans les arbres ! »

C'est ainsi que, encore aujourd'hui, les bras et les mains des Tor'ocs apprennent à se saisir des branches basses pour se sauver des eaux diluviennes. L'eau coule et coule, et continue sa course effrénée, et les arbres se remplissent de Tor'ocs jusqu'à ce que la tempête ne soit plus.

Je suis là-haut dans les arbres avec Ourla à mes côtés. En dessous, la terre est neuve et tout est balayé. Il n'y a plus ni corps, ni chevaux, ni abris, ni traces de repas, ni feux, ni aucun vestige des endroits où les feux brûlaient ; il ne reste rien des Tor'ocs. Ourla regarde les arbres et les branches qui nous entourent. Elle lance un appel puis attend que les autres répondent. Petit à petit, des réponses lui parviennent. Lentement, de branche en branche, des petits corps se frayent un chemin jusqu'à nous. Ce sont tous des enfants. Voilà ce qui reste de la grande nation tor'oque : deux cents enfants terrifiés et transis de froid.

Nous sommes dans les branches de six arbres penchés, si grands et si étroitement entremêlés qu'ils forment un large balcon où les enfants peuvent s'asseoir et se reposer. Un mur de lianes, qui dégringole des hauteurs, tapisse l'endroit sur trois côtés, créant des abris naturels dans les anfractuosités des grosses branches, le long des bords du balcon. Ourla est la mère et la sauveuse, une jeune femme résistante, volontaire, juste et intuitive qui a une affinité naturelle avec les arbres.

« Tu peux leur parler. » J'utilise le vent pour lui murmurer cela à l'oreille. Surprise, elle met sa main à son oreille.

« Comment ? » demande-t-elle.

Je pose ma main sur une grosse branche et je demande à l'arbre de parler à Ourla et l'arbre lui souffle la bienvenue :

« Nous sommes ici comme vous l'êtes. » Puis des arbres et des arbres se joignent à lui et, tous ensemble, ils lui soufflent : « Déploie tes racines, tu peux grandir parmi nous. »

Elle entend quelque chose qu'elle n'arrive pas à comprendre. Il faudra le reste de sa vie et celle des trois générations suivantes - sa fille, sa petite-fille et son arrière-petite-fille - pour saisir parfaitement ce qu'ils nous disent. À l'époque où je vis, cela va de soi, seul un idiot est incapable d'entendre et de comprendre le langage des arbres.

Je traverse le balcon jusqu'à l'endroit où nous ferons nos chutes initiatrices, là où nous célébrerons nos Lige-Causie-Ańtanane-acu, là où je serai baptisé « la Feuille ». Je regarde en bas ; aujourd'hui *en bas* se trouve juste là en contrebas, la chute que l'on pourrait faire du balcon est de bien plus courte durée qu'elle ne le sera plus tard, quand j'aurai 101 lunes[10]. Peut-être parce que, quand j'ai sauté, j'étais beaucoup et beaucoup plus petit et que tout me paraissait plus grand, mais surtout parce qu'en mille ans les arbres ont beaucoup et beaucoup grandi ; c'est probablement les deux à la fois. J'ai envie de me laisser tomber et je me demande si mon pur esprit en serait capable. Je me penche en avant, de plus en plus, et je tombe. Cette fois-ci, contrairement à ce que j'avais ressenti lors de mon Lige-Causie-Ańtanane-acu, je n'ai pas peur du tout et j'apprécie ma chute. Celle-ci est lente et j'observe les arbres me voir pendant que je tombe. Je leur souffle quelque chose ; ils sursautent, interdits. En tombant, les lumières aux couleurs changeantes m'accompagnent. J'atterris sur le sol moelleux ; les couleurs m'enveloppent, me bercent, me percent de leur douce chaleur et des savoirs intimes qu'elles contiennent. Lors de notre initiation, lorsque nous tombons, nous ne voyons ni la lumière ni ses couleurs ; la peur qui nous habite nous paralyse et nous aveugle, mais c'est la fulgurance de cette lumière qui nous transforme et qui nous initie. La dernière lumière qui accompagne ma chute est bleue, rouge et noire - étonnamment, le noir devient la couleur de la lumière, à moins que ce ne soit

10. 8 ans.

un bleu très, très foncé. Je touche le sol, surpris par le choc ; le sol est dur – même mon esprit le ressent, mais ça ne me fait pas mal.

Je regarde autour de moi, je ne suis plus sur la Péninsule. Je suis dans un endroit plus rude, plus froid, plus rocailleux – partout des rochers aux arêtes acérées –, je suis dans un endroit où la terre est aussi dure et impitoyable que la route du Maître des sables. Je me lève. Je vois loin et loin, je surplombe presque tout le paysage.

Je suis dans les montagnes sur un haut plateau situé au sommet d'un pic. La roche s'élève encore un peu derrière moi. Le haut plateau forme un cercle autour de cette cime qui finit en pointe acérée vers le ciel. Il y a de gros et gros rochers ; le plateau est recouvert de plusieurs blocs immenses. Je ne le remarque pas d'emblée mais ces rochers sont des sculptures géantes et géantes taillées dans la roche qui représentent de grands visages qui font près d'une longueur de bras de plus que moi. L'une d'elles représente une tête d'oiseau, une autre, un homme barbu, et la troisième, une femme – une guerrière. Les têtes de l'homme et de la femme ont des marques sur les oreilles. Leur visage ressemble à des visages tor'ocs. Il y a un quatrième rocher un peu loin dont la moitié représente un demi-visage, l'autre moitié est de la roche brute.

J'entends des bruits en dessous de moi. Des gens – nombreux et nombreux – avancent dans ma direction en chantant.

C'est un chant joyeux, au rythme doux et lent, qui provient d'un chœur de voix d'une grande et grande multitude. Je ne veux pas que ces étrangers me voient, mais comme ni Sumon ni Ourla n'ont perçu ma présence, je serai sans doute invisible ici aussi – bien que Bilal m'ait peut-être aperçu, lui. Je grimpe sur une tête pour surplomber la scène et observer ce qui va se passer. Puis j'attends.

Un groupe d'individus émerge d'un chemin de quatre tor'ocs de large – ils avancent corps à corps en occupant toute la largeur. Derrière eux, des rangées et des rangées identiques apparaissent sans relâche ; ils marchent en rangs serrés et dansent d'un même pas, au rythme de la chanson qu'ils murmurent. Il n'y a pas un souffle d'air entre eux ; ils sont un seul être, composé d'une multitude de Tor'ocs.

Sur cette masse mouvante qui marche et tangue, une forme rampe à quatre pattes comme sur un couvre-sol humain. Alors que la masse progresse vers la tête sculptée où je suis campé, j'identifie cette forme : c'est un homme, un jeune homme nu qui vient probablement d'atteindre sa taille adulte. La lumière est basse dans le ciel, et je pense que le rougeoiement de la fin de lueur qui l'éclaire donne l'impression que ses oreilles sont en sang, or il est encore trop loin pour que je sache s'il s'agit d'un reflet ou vraiment de sang. Sur ce couvre-sol humain qui, imperturbablement, avance sur le chemin, il y a d'autres rampeurs nus. Certains sont des femmes, d'autres des hommes – il y en a peut-être deux poignées, une dizaine en tout.

La masse est sur le point d'atteindre le rocher où je me trouve ; c'est la tête de la guerrière et c'est la première sculpture qu'ils voient. Ils ne sont plus qu'à quelques pas de mon rocher, en contrebas, et la première rangée de marcheurs se jette à terre et s'y allonge. Derrière eux, la suivante les imite, afin de recouvrir entièrement la première rangée. Et ainsi de suite : chaque nouvelle rangée tombe sur la précédente, fabriquant ainsi une pente qui va du sol jusqu'au sommet de la tête de la guerrière. Ils continuent à chanter en faisant trembler le rocher, et je le sens jusque dans mon âme. La pente vient d'atteindre le sommet de mon rocher. Je vois leurs doigts qui s'agrippent à la roche ; je pourrais toucher leurs mains.

L'instant d'après, les derniers rayons de la lueur tardive viennent frapper un objet en verre. L'objet, taillé en une multitude d'angles aigus, fait la moitié de la taille de ma tête. Il est posé sur un petit rocher légèrement en contrebas du mien, face à la lumière finissante. Soudain, nous sommes tous illuminés par la réfraction qui se produit lorsque la lumière traverse le verre et se disperse en une multitude de rayons arc-en-ciel – une explosion de lumière aveuglante, aux couleurs étincelantes qui s'entrecroisent dans le couchant.

Quand les couleurs émergent de l'objet, le premier homme rampant se lève d'un bond et s'élance vers moi, courant à toute allure sur les corps allongés qui se compriment pour aider le coureur à trouver des points d'appui dans la masse. Puis les corps se cambrent, s'agitent en petites secousses et ondulent pour propulser le coureur vers l'avant. Lui, il prend encore de la vitesse, gravit et rebondit sur la pente des corps allongés. Il court maintenant si vite qu'il réussit littéralement à projeter son corps jusqu'au sommet. Ses pieds, en se posant sur la roche, me touchent presque ; son corps, qui passe en coup de vent devant moi est flou, sa vitesse s'accélérant toujours. En deux enjambées, il saute par-dessus mon rocher et continue sa course. Je ne regarde pas la foule au pied des rochers mais le ruban des corps imbriqués les uns dans les autres qui serpente entre les têtes sculptées et qui forme maintenant un pont pour les coureurs.

Certains ont les bras tendus, paumes à l'horizontale, pour offrir une surface plane au coureur qui franchit la première tête où je suis posté. Il poursuit sa course sur ce tremplin de mains tendues et atterrit sur la deuxième tête, la traverse, bondit sur d'autres mains, court, saute sur la dernière tête sans jamais ralentir. Il n'y a plus de corps ni de bras au-delà. Au lieu de s'arrêter – ce qui est impossible, compte tenu de sa vitesse –, son pied prend appui sur le rocher et commence à tournoyer. Sur le sommet de la troisième tête, il pivote encore plus vite, telle une toupie. Pour maintenir et sa vitesse et son équilibre, ses mains et ses bras battent sur les côtés. Ce spectacle m'impressionne tellement que je ne remarque pas qu'un autre corps vient vers moi – c'est une femme. Elle court vers moi ; elle court à vive allure et me surprend lorsqu'elle me frôle. Elle s'élance sur les mains tendues, franchit la première tête, parcourt d'autres mains tendues. De l'autre côté de la deuxième tête, elle arrive à la dernière tête et elle heurte de plein fouet l'homme qui tournoie toujours. Ils s'attrapent par les mains et rient aux éclats, virevoltant ainsi ensemble encore plus vite qu'avant.

Je me retourne vers les marcheurs et je constate que les autres corps rampants sont devenus des coureurs qui se précipitent tous vers mon rocher, chacun s'élançant, l'un après l'autre, sur la pente humaine pour atteindre le sommet de la tête sculptée où je me trouve. Puis ils s'élancent un par un à travers les rayons arc-en-ciel de la lumière, percutant de plein fouet les hommes et les femmes-toupies. Ils rejoignent ainsi leur ronde dans un éclat de rire et virevoltent tous ensemble. À mesure que le groupe de ceux qui virevoltent s'agrandit, une deuxième ronde se forme autour de la première, et de souffle en souffle, la vitesse ne ralentit jamais, elle s'accélère encore et encore...

Une troisième ronde se forme autour de la deuxième, celles-ci se resserrent les unes contre les autres. La chanson se modifie selon le nouvel arrivant qui se joint au mouvement : elle est de plus en plus rapide et de plus en plus forte, puis j'entends des noms se glisser dans la chanson. Je brûle de chanter avec eux, de joindre ma voix à leur chœur, de devenir coureur, moi aussi, d'être une paire de mains parmi les autres. Je me languis de rejoindre la ronde, de percuter les *virevolteurs** et de me fondre dans leurs tournoiements. Je brûle de faire corps avec eux, d'être une toupie comme eux et de virevolter, virevolter à l'infini. Je veux tout cela. Je veux tout.

Je vois la dernière coureuse prendre son élan. Je me lève d'un bond. Quand son pied touche mon rocher, je m'élance avec elle, je cours au-dessus des mains tendues sur lesquelles je m'appuie pour mieux les sentir. Je cours sur la deuxième tête et la traverse jusqu'aux rangées de mains tendues qui nous attendent de l'autre côté. Je sens les mains qui me poussent en avant, plus haut, toujours plus haut, je sens la force et la chaleur qu'elles me transmettent et qui me traversent. La chanson se propage dans les mains qui nous portent et j'entends mon nom – ils chantent ma présence, ils me chantent, ils me sentent comme je les sens. Nous sommes sur le dernier rocher quand une force surnaturelle dans la force des corps qui virevoltent projette les jambes des virevolteurs extérieurs vers le ciel. La coureuse à côté de moi percute la toupie un souffle avant moi ; elle s'agrippe à eux, et moi aussi. Nous sommes la dernière ronde autour des autres. Et, juste pour nous, un espace s'ouvre dans les rondes concentriques et nous nous faufilons à l'intérieur de la grande virevolte. Les danseurs virevoltent plus vers moi. À présent, c'est l'univers entier qui tourne pour disparaître dans l'écume transparente du mouvement lui-même. Tout n'est plus que lumière autour de nous, des couleurs et des couleurs de lumière qui éclaboussent tout. Je regarde les visages un à un : leurs oreilles sont rouges, elles saignent et, sous le sang, il y a des lignes noires – leurs oreilles sont marquées, chacune de sa propre sibylle. J'admire et j'envie leurs oreilles marquées. Nous rions dans la joie du tournoiement et celle de notre lien. La joie éclot d'un lieu secret au plus profond de nous-mêmes... elle nous illumine de l'intérieur et de l'extérieur à la fois.

En un souffle, les couleurs s'estompent et disparaissent. Nous perdont de la vitesse et, comme si nous répondions à un même ordre, nous nous lâchons les uns les autres puis la force de notre élan nous projette loin de la tête de l'oiseau. Les virevolteurs sont réceptionnés par les bras tendus de la foule, ces bras qui tout à l'heure les ont portés haut et loin, qui les ont soulevés quand ils rampaient, qui les ont soutenus quand ils couraient, qui ont tout supporté. Moi, je me déplace dans l'air sans effort, je ne suis qu'un esprit, personne n'a besoin de me porter.

Soudain une pensée trouble ma transe : dans le pandémonium, les ombres, elles aussi, tournent sur elles-mêmes. Y a-t-il une ligne invisible qui relie ces deux tournoiements ? Dans le pandémonium, le tournoiement était lent et pénible ; c'était l'expression de la tourmente incessante, sempiternellement ressassée de ces âmes damnées perdues à jamais. Les virevolteurs effrénés des montagnes, eux, ne sont pas perdus, ils tournent et virevoltent en un joyeux hommage à la vie, ils inaugurent, dans leur ivresse de vivre presque insensée, leur connexion quasi mystique.

Une infime lumière embrase encore le ciel. Puis le sombre recouvre doucement la terre et de nouvelles lumières naissent et vacillent au gré des torches qui s'allument... peu et peu nombreuses, juste assez pour que chaque virevolteur en prenne une. Les torches passent de main en main, poussées de mains pleines en mains vides qui attendent de les prendre. La masse qui soutient les danseurs est maintenant baignée par la lumière douce des torches que chacun transporte. Les virevolteurs s'assoient sur les tissus noirs et rouges qu'on a déployés pour eux, sur le couvre-sol humain. Les mains et les bras de ceux qui sont auprès d'eux se meuvent savamment pour les draper dans leurs nouveaux atours ; à intervalles réguliers, les virevolteurs qu'on est en train d'habiller, passent leur torche d'une main à l'autre tandis qu'ils enfilent leurs bras dans de nouveaux montereaux, glissent leurs jambes dans des assis-longs flambant neufs et que leurs pieds se chaussent de nouvelles semelles. Les tissus rouges et noirs scintillent dans les flammes dansantes des torches, qui, tour à tour, éclairent les visages d'un rouge flamboyant ou les ramènent, au gré du vent, dans l'obscurité.

Nouvellement parés, ils reviennent devant la sculpture de verre qui, tout à l'heure, diffractait les derniers rayons du soleil en couleurs arc-en-ciel. Ils forment un cercle autour du verre qui reflète les flammes et les concentre à présent en une unique lumière pure et blanche, qui illumine ceux qui tournent autour d'elle. Je vois que le noir de leurs tissus est en fait un bleu très, très foncé, comme l'avait dit Yéoal.

Une voix d'homme chante et s'élève au-dessus de nous. Au sommet de la montagne, un homme se tient debout, éclairé d'un anneau de lumière qui tourbillonne autour de lui. Il fredonne une mélodie ancienne que nous chantions aussi sur la Péninsule, dont je ne comprends pas les paroles. C'est le chant du commencement qui sert à célébrer une naissance ou qu'on chante seul, quand on perçoit un changement, ou encore le jour de l'union entre deux personnes. Une tristesse en émane parce que, quand quelque chose commence, quelque chose se finit pour toujours.

Tandis que les dernières paroles retentissent, la masse de l'assemblée et les virevolteurs se mettent en branle, vers ce qui doit être leur campement, plus bas. Un nouveau chant s'élève, plus léger, plus joyeux... J'ai envie de l'appeler le chant de la vie parce qu'il me fait penser à la vie, à leur vie, à leur nouvelle vie de Tor'ocs marqués de leurs sibylles. Ce qui se dégage de la foule à présent est d'une tout autre nature : lorsque je les ai découverts, ils étaient en pleine cérémonie, dans leur rituel, rien n'était laissé au hasard. Maintenant, ils caracolent librement le long du chemin, en cadence avec la mélodie, et leurs corps rient et dansent joyeusement dans l'effervescence de la vie.

Leur campement n'est pas loin, cependant l'obscurité le dissimule encore. Puis je distingue des tentes et des feux de sombre sur le point d'être allumés. Bientôt, les tentes paraissent danser derrière les flammes au rythme des silhouettes qui sillonnent le campement, projetant leurs ombres mouvantes ici et là. Les tentes sont lisses, faites de peaux de bêtes marron clair qui portent des inscriptions soignées : ce sont les marques qui représentent la sibylle de leurs habitants. Les tentes sont disposées en cercles qui s'élargissent au fur et à mesure qu'on s'éloigne du centre. Ça doit être une disposition stratégique. En effet, un ennemi potentiel ne peut surgir et attaquer le campement que d'une ou de deux directions à la fois, tandis qu'avec cette disposition les villageois peuvent se défendre et contre-attaquer de toutes les directions. Et si l'ennemi parvenait à atteindre le centre du campement, alors les habitants des tentes pourraient les attaquer simultanément, de toutes les directions.

Soudain, au centre, tout se fige. Nous sommes au milieu des feux de sombre qui délimitent le cercle immense au-delà duquel se trouvent les tentes. Au milieu du milieu, deux personnes se tiennent debout. À première vue, elles semblent identiques, sauf que l'une est un homme et que l'autre, une femme. Ces deux-là sont un peu plus âgés que moi, cependant moins d'une génération nous sépare.

« *Ha Beyah** !... Ha Beyah ! », crient-ils à la foule qui les regarde puis se tait pour les entendre parler.

J'observe une fillette près de moi qui me fait penser à Sissasse... Elle lui ressemble tellement qu'elle pourrait être sa sœur. J'espère qu'elle est aussi peu sauvage que Sissasse. Je me penche vers elle et lui chuchote :

« C'est qui, ces deux-là ? »

Elle se tourne dans ma direction, elle m'entend mais ne me voit pas. Je répète ma question.

« Dis-le-moi... Moi, je ne les connais pas. C'est qui, ces deux-là ? »

Elle attend un moment, puis, avec prudence, décide d'imiter ma façon de parler et chuchote sa réponse d'une manière qui sous-entend que je devrais le savoir.

« *Banksi* et *Akasia**. »

« C'est qui ? »

« C'est les *Vonders des Nor** », répond-elle en essayant de voir qui lui parle. « Où es-tu ? Tu n'es pas un Nor ? »

« Je suis un Tor'oc », lui dis-je.

« Moi aussi », me dit-elle, comme si c'était évident. « Je suis une Nor Tor'oc. Pas toi ? T'es où ? T'es un ruseur ? »

« Vonder, ça veut dire "chef" ? » je le lui demande. On dirait qu'elle ignore ce mot. En tout cas, elle fait mine de ne pas le connaître. « Dis-moi, Banksi et Akasia, ils sont nés de la même maman ? »

« Oui, c'est des jumeaux... Tu sais pas ça ? » Elle a parlé plus fort. Les gens se retournent, la regardent, elle et l'espace vide auquel elle s'adresse.

Toute l'assemblée se tait. Je me détourne de la petite fille et regarde vers le milieu : le frère et sa sœur jumelle m'observent. Il est clair que personne d'autre n'a perçu ma présence ici. Peut-être que, comme les autres, ils fouillent du regard l'espace vide que regardait la petite fille, mais ce n'est pas l'impression que j'ai ; je sens plutôt qu'ils visualisent mon esprit. Sur l'estrade, la sœur – je raisonne que c'est elle qui se nomme Akasia – se tourne vers son frère et incline la tête d'un cran. Cela suffit à son frère pour se tourner vers les virevolteurs qui se sont approchés.

« *Œdju** », dit-il en s'adressant au groupe avec tendresse. « En ce sombre, seul et unique, vous êtes Œdju. Sumon, aujourd'hui, vous a souri ; il a choisi de vous honorer, vous, personnellement, en vous faisant virevolter dans le plus extraordinaire, le plus significatif des sombres de l'année – le sombre de la *Lune de Sang**. C'est la lune des fins et des commencements. Vous êtes les Œdjus de la lune de sang et votre haza sera de devenir des chefs conquérants sur les terres d'Æmira. Vous prendrez leurs villes, vous prendrez leurs armées et les ferez vôtres. Vous prendrez leurs terres nourricières, leurs rivières et leurs lacs, et une lueur, l'un d'entre vous deviendra le chef suprême, le Vonder d'Æmira. C'est votre haza ; c'est notre haza. Telle est la prophétie : « *L'un de ceux qui aura virevolté lors de la Lune de Sang détiendra le plus grand pouvoir que ce monde ait jamais connu.* » Les Æmiriens sauront alors qui sont les Nors et se souviendront des Tor'ocs. Comme Sumon l'a fait, ainsi que d'autres avant lui, nous ferons régner l'équité et la justice. Nous apporterons la lumière, la connaissance, le savoir et l'éducation en terre d'Æmira. Nous leur pardonnerons leurs crimes contre nous et les générations qui nous ont précédés. »

À ces mots, la foule soupire de bonheur.

Akasia se penche vers son frère et murmure quelque chose à son oreille. Il contemple la foule devant lui et soudain, dans le lointain, ses yeux croisent les miens ; son regard ralentit et s'arrête. Il fait un infime signe de tête à sa sœur. Elle s'avance et prend la parole.

« Aujourd'hui, cette lune de sang, plus que toute autre, est particulière », commence-t-elle. « Nous avons un visiteur parmi nous. Il n'est pas venu en chair et en os mais il est de notre sang. C'est le sang de notre tribu, notre frère, perdu depuis longtemps. »

Un malaise se répand dans la foule ; ils ne comprennent pas ce qu'elle veut dire.

« J'ai essayé d'obtenir son nom mais en vain. Il est notre notre frère, notre père, notre *Fer de Lance**, c'est tout ce que je sais de lui », dit-elle en regardant la foule.

C'est ça. À un moment donné, lorsque je virevoltais avec eux, ils ont scandé « Fer-de-lan-ce » et j'ai su d'emblée que c'était mon nom.

« Il est ici, parmi vous, mais ne le cherchez pas, vous ne le verrez pas », ajoute-t-elle. « Il ne veut pas être vu et il a le pouvoir de se rendre invisible. Fer de Lance, nous te souhaitons la bienvenue. Nous t'accueillons et souhaitons ardemment ta présence parmi nous. En cette lune de sang, en cette lune de l'Œdju, ce n'est pas le hasard qui a inspiré ta venue. En ce sombre des commencements, Sumon t'a envoyé à nous. Tu sais que tu as ta place dans la cérémonie que nous célébrons, que tu fais partie de cette nouvelle lumière qui est celle que nous augurons. »

« Moi, je lui ai parlé ! » s'écrie la sœur de Sissasse.

« Qui a parlé ? » crie Akasia à son tour. « Qu'on me l'amène. »

Des mains attrapent la petite fille, la soulèvent et la portent. Son petit corps passe de mains en mains jusqu'à ce qu'elle se retrouve devant Akasia, la sœur jumelle de Banksi. Elle regarde la petite fille.

« Tu as dit que tu lui avais parlé ? » demande Akasia. La petite fille fait « oui » de la tête. « Comment sais-tu que c'était notre Fer de lance ? »

« Parce que je l'ai entendu mais je pouvais pas le voir », répond-elle.

« Et qu'est-ce qu'il t'a dit ? »

« Il a dit qu'il était un Tor'oc », fait la petite fille. La foule exulte de plaisir. « Il voulait savoir qui vous étiez, vous deux ; il connaît pas les Nor. »

Banksi intervient auprès de sa sœur, souriant.

« Non, il ne connaît pas les Nor. » Il regarde dans ma direction et ouvre les bras en signe de bienvenue. « Fer de lance ! Tu te caches parmi nous mais tu n'as aucune raison de te dissimuler. Nous sommes liés par le sang. Nous ne te jugeons pas dans ton hésitation. Nous acceptons que tu aies tes raisons. Quand tu seras prêt... frère, rejoins-nous. »

Derrière le frère et la sœur, au-dessus de la montagne, la lune se lève, grosse et blanche, nous inondant d'une lumière si puissante qu'elle découpe sur le sol des ombres aux lignes nettes et fait pâlir le feu qui nous illumine. Nos visages sont levés vers elle, nous la regardons tous. Soudain, des nuages apparaissent jusqu'à la recouvrir tout entière. La lune est cachée, sa lumière estompée. La foule se lamente et frémit.

« Non, non ! » s'écrie Banksi en levant les mains en l'air avec un sourire. « Lors du sombre de l'Œdju, les nuages essaient de vous jouer des tours, mais nous connaissons la lune et les nuages farceurs. La lune soufflera dessus et les chassera comme elle le fait toujours, mais pas avant qu'elle commence à saigner. » Banksi embrasse la foule du regard. « Qui veut raconter l'histoire du premier Œdju ? »

De nombreux volontaires se manifestent... Il choisit une jeune femme aux cheveux roux qui se trouve parmi le groupe des virevolteurs. C'est la première fois que je vois une Tor'oque avec une chevelure pareille. Peut-être que les Nor Tor'ocs n'ont pas le sang pur à moins que ce ne soit pas sa vraie couleur de cheveux. Quand elle arrive près de Banksi, il pose ses mains sur ses épaules et s'incline devant elle ; elle s'incline à son tour. Il retire ses mains et retourne la jeune femme afin qu'elle soit face à la foule. Certains scandent son nom. Je crois qu'ils disent :

« *Æréma*!* Æ-ré-ma ! Æ-ré-ma ! » Elle leur sourit.

« Nous sommes ici, dans un lieu béni des dieux », commence-t-elle avant que la foule acquiesce. « Nous sommes dans les montagnes du premier Œdju. Nous savons que ce n'est pas l'emplacement précis, car personne ne le connaît, nul ne sait exactement où *Dia** s'est transformée en Œdju. Dia, dont le sang coule dans les veines de la plupart d'entre nous, était la promise de Ropin, avant qu'il ne disparaisse à jamais. Elle a pleuré Ropin mais elle n'a pas pu le faire en respectant la tradition, durant les trois lueurs et les trois sombres qui ont suivi sa disparition. En effet, comme nous le savons tous, ils fuyaient une armée qui les aurait achevés si elle les avait capturés. »

« Le troisième sombre, Dia dit aux aînés qu'elle veut être marquée de la sibylle que lui a donnée Ropin. Les aînés lui répondent qu'elle est encore trop jeune, qu'elle doit attendre douze lunes. Elle leur répond : "Je ne serai peut-être plus parmi vous dans douze cycles de lune. Nous aurons peut-être tous rejoint Ropin. Je ne veux pas mourir sans mes marques." Les aînés sont émus, ils comprennent ses raisons et acceptent d'exaucer son souhait. Ce sombre-là, elle est marquée et, quand l'encrage est terminé, son deuil la dépasse ; elle court dans la montagne jusqu'à de gros rochers. Elle escalade l'un d'entre eux qui est beaucoup plus haut qu'elle et court dessus, puis d'élance de rocher en rocher, bien qu'il n'y ait que du vide entre eux.

Elle avance ainsi jusqu'au dernier. Ceux qui la suivent des yeux la voient soudain virevolter comme si elle tenait quelque chose dans ses mains, qui la soulevait, mais personne n'arrive à voir ce que c'est. Elle rit à gorge déployée. Ce qu'elle tient la lâche, à moins que ça ne soit le contraire, puis elle est projetée du rocher – les gens qui la regardent ont juste eu le temps de la rattraper avant qu'elle ne tombe par terre. Ils lui demandent : "Comment as-tu fait pour courir entre les rochers ?" Elle répond : "J'ai couru sur les mains des Tor'ocs qui sont morts au combat." Ils répliquent : "Comment as-tu fait pour virevolter comme ça ? Que tenais-tu ?" Elle leur dit : "Ropin m'attendait sur le dernier rocher et, aujourd'hui, il nous attend encore. Nous nous tenions les mains, il m'a fait virevolter. Et pendant qu'on tournait, il m'a dit que, maintenant, j'étais Œdju comme lui, que lui il était Œdju dans la mort et que moi j'étais Œdju dans la vie." Ils ne savent pas ce que veut dire Œdju, alors Dia leur explique : "C'est une nouvelle personne, une personne reconstruite, qui naît une seconde fois."

« Nous virevoltons pour devenir Œdju, pour renaître », dit l'oratrice, puis elle incline la tête, fait une petite révérence et retourne à sa place.

Quelqu'un qui regarde la lune émet alors un son. Toute l'assemblée lève la tête pour regarder la lune. La partie inférieure de l'astre disparaît dans l'obscurité qui se met à grandir. Elle se répand et conquiert peu à peu le cercle lunaire. Dans le noir – invisible au début mais de plus en plus apparent – du rouge cuivré apparaît. Au fur et à mesure que le noir grandit, le rouge grandit aussi et comme la lune ne cesse de s'assombrir, elle devient de plus en plus rouge. Elle saigne. La lune finit et elle commence.

Je sens le tiraillement de mon âme qui s'éloigne de la lune ; quelque chose me tire vers le bas. Je le sais. Je suis ramené à mon corps : il tire, il me veut, il réclame son réveil. Il veut réveiller Sissasse ; elle doit la voir, cette cérémonie de l'Œdju d'il y a long et long ; mais moi, je ne veux pas m'en aller. Je ne veux pas être parti quand la lune sera pleine de sang.

D'un coup, je suis de retour dans mon corps, dans l'arbre du jardin du gouvernabule où Sissasse était toujours endormie à mes côtés. Je me suis approché de ma petite fille et j'ai posé la main sur son front. J'ai regardé le ciel. La lune s'est assombrie, elle devenait de plus en plus sombre, de plus en plus sanguine. J'ai pris Sissasse dans mes bras ; elle a commencé à bouger. Elle se réveillait doucement. Je lui ai chuchoté :

« La lune saigne. Il faut que tu la voies. »

Une jiffe, ses yeux se sont ouverts et, aussitôt, se sont refermés.

« La lune, elle saigne ? » a-t-elle dit.

« C'est la lune de sang… celle de la fin et du commencement. Il faut que tu voies ça », lui ai-je répété doucement.

Elle a ouvert les yeux et elle les a plongés dans les miens. Elle savait que c'était important, qu'elle devait essayer de se réveiller. Elle a pris une profonde inspiration puis elle a gardé l'air dans ses poumons et dans ses joues, comme la première fois que je l'ai vue – puis elle a regardé le ciel puis la lune qui était toute rouge.

« Est-ce qu'elle saigne pour de vrai ? » a-t-elle demandé.

« Je ne crois pas », ai-je répondu. « Je pense que c'est la fin qui la rend rouge ; le commencement la ramènera à la lumière. »

« C'est quoi ? C'est quoi qui finit ? »

« On a tous une réponse différente », lui ai-je dit. « Pour nous, par exemple, le but de notre voyage est atteint ; le chemin sur lequel je t'ai emmenée se finit ici. »

« Qu'est-ce qui commence, alors ? »

« C'est nous qui commençons », ai-je répondu. J'ignorais moi-même ce que signifiaient mes propres mots.

« Tu es parti quelque part ? » a-t-elle répliqué. Tout à coup, elle se rappelait ce que je lui avais dit avant qu'elle s'endorme.

« Oui. » Je ne voulais pas lui en dire plus.

« T'as vu quoi, là où t'étais parti ? »

« Notre famille », ai-je répondu simplement avant de capter son regard pour qu'elle entende bien ce que j'allais lui dire. « Il y a une terre et un peuple qui nous attendent et ce n'est pas ici. »

« On y va, alors ? »

« On va y aller ou alors c'est eux qui viendront à nous », ai-je dit. « C'est notre haza. »

« Si t'y vas, moi aussi, j'y vais », a déclaré Sissasse dont la tête est retombée contre moi.

Il y avait peut-être un endroit pour nous dans le Monde du dehors, mais nous n'aurions pas pu y être heureux. Comment nous épanouir ici alors que les Tor'ocs étaient considérés comme des monstres, des ennemis, des démons maléfiques qu'il fallait circonscrire, éviter, emprisonner et bannir ? Le Monde du dehors n'était pas fait pour nous. Sissasse était tor'oque comme moi ; là-bas, au-delà des montagnes, il y avait des Tor'ocs qui nous désiraient ardemment notre présence et qui nous attendaient.

Enfin, je comprenais pourquoi on m'avait fait quitter ma vie de la Cité dans les Arbres ; ce n'était pas pour la raison invoquée par le Monde du dehors. Non. On m'avait emmené ici pour que je sois tor'oc parmi les Tor'ocs. Voilà ce que je serais et ce que je deviendrais.

Fin

Glossaire alphabétique

A

Acu : pleine lune chez les *Tor'ocs**. Le calendrier lunaire est utilisé pour calculer l'âge des *Tor'ocs** dont l'unité est la pleine lune ou *acu**.

Aé : *Tréo** et Aé, petites sœurs de *Yéoal**. Toutes deux font partie des victimes du massacre de *Lucidissom**.

Æmira : fédération de territoires, de tribus-nations et de villes-États où se déroule notre histoire.

Æmirien : habitant d'Æmira.

Æon la Feuille : jeune homme *tor'oc** né et ayant grandi sur la *Péninsule**. Il est le dernier descendant de *Sumon**, d'*Ourla la Remarquable**, de ses filles et petites-filles.

Æréma : jeune femme *nor tor'oque** aux cheveux roux qui relate l'histoire du premier *Œdju**.

Akasia et **Banksi** : sœur et frère jumeaux. Tous deux sont les *Vonders**, chefs guerriers des *Nor Tor'ocs**.

Alcazar de Tribula : palais de *Tribula**, l'une des Quatre Mères, situé sur la côte sud d'Æmira.

Anilée : petit oryx, mammifère domestique ruminant, élevé par les Tor'ocs, principalement pour sa viande.

Apraxus : sanglier géant.

Arbre à crédo ou **mondane** : arbre à l'écorce violette et aux feuilles argentées qui produit la noix de crédo.

Arbre à figures ou **figurier** : figuier.

Arbre de fer : arbre rencontré par *Uthiriule** pendant son périple.

Arbre penché : arbre caractéristique de la *Péninsule**. De grande taille, ses branches sont larges et enchevêtrées.

Arbre-père : le premier *arbre penché** qu'*Æon** rencontre dans le *Monde du dehors**. L'arbre-père lui prodigue ses premiers conseils.

Ardrum Keliloji : marchand itinérant ayant recueilli *Yéoal**.

Aréopage : gouvernement local en Æmira. Assemblée de ministres faisant office de magistrature locale, présidée par un ou une *magistrée**.

Assis-longs : pantalon.

Axilé : être axilé, échec et mat dans un jeu de chat dans les arbres ; ne plus pouvoir avancer d'aucune manière ni vers le haut ni le bas ni à droite ni à gauche.

B

Banksi et **Akasia** : voir *Akasia et Banksi**.

Bascule : pont-levis. Plus spécifiquement, le pont-levis de la ville de *Lulle**.

Batana : sarbacane en bois de palme utilisée notamment par *Chiffaa Oroser**.

Batiau : bateau.

Bilal : *Tor'oc**, père de *Ropin**. Lieutenant de *Sumon**, il conduit la section qui sera de l'autre côté de la Péninsule quand le *Mad'la** séparera les *Tor'ocs** en deux groupes. La descendance du groupe de Bilal formera les *Nor Tor'ocs**.

Bol : l'oryx sauvage qu'*Æon** apprivoise en *Æmira** et qui deviendra le fidèle compagnon d'Æon.

Bossaguine Centrale : région sud d'*Æmira**.

Brunipuci : tortue de mer, ancien nom tor'oc pour désigner l'*orza**.

Buisson de feu : buisson que les *Tor'ocs** utilisent pour faire du feu, notamment dans les *kolloks**. L'une des nourritures préférées des oryx.

C

Camarode : session extraordinaire d'urgence de l'Assemblée générale des Nations Susceptibles (tribus d'*Æmira**) constituée des diverses délégations de chacune des tribus-nations et des villes-États d'Æmira.

Caru : papa.

Cassion : véhicule blindé soulevé par les *grands-d'or** pour transporter par voie aérienne la délégation des treize qui deviendra les *Umbrare** des *Terres Maudites**.

Celui qui ne peut pas mourir : surnom d'*Æon** en dialecte orzamondi après son passage dans la forêt de *Nidelle-Maille**.

Cendrin : monnaie d'échange en *Æmira** pour le commerce de biens et de services. Unité monétaire principale.

Chiffaa Oroser : émissaire missionnée par la ville de *Smoos** pour accompagner *Æon** et les *Jannanons** dans leur périple. Chiffaa fait partie des délégationnaires de *Smoos** au *Camarode**.

Cité dans les Arbres : cité tor'oque érigée dans les arbres de la Péninsule par *Ourla la Remarquable** après que le *Mad'la** a emporté l'essentiel de son peuple.

Cité dans les Arbres : cité tor'oque érigée dans les arbres de la Péninsule par *Ourla la Remarquable** après que le *Mad'la** a emporté l'essentiel de son peuple.

Coupeur de route : voleur de grand chemin.

Course du dernier homme : course de fond dont le vainqueur est le dernier participant à courir après l'abandon des autres coureurs. La course du dernier homme fait partie des jeux que les *Tor'ocs** organisent annuellement sur la *Péninsule**, afin de transmettre les talents athlétiques et les divers sports d'adresse de leurs ancêtres guerriers.

Couvre-jambe : jambière.

Couvre-sol : tapis, paillasson, moquette… qui recouvre tout ou en partie le sol des habitations.

Couvre-tête : chapeau.

Couvre-tout : vêtement.

D

Dair : arbre qui pousse en groupe aux abords des *Terres Maudites**. Espèce proche du chêne. Le dair possède des défenses naturelles le protégeant des prédateurs de la région, notamment des *Muons**.

Décidé et posé : expression. Serment, contrat verbal par lequel on jure allégeance à quelqu'un, par amitié, devoir ou reconnaissance.

Défenseresse : avocate. L'avocate d'Æon devant l'*aréopage** de la ville de *Lulle**.

Déflagrer : produire une déflagration.

Délégationnaire : membre des délégations d'*Æmira** participant au *Camarode**.

Désert infini ou **Vacuité** : immense désert s'étendant au nord des *montagnes Som**. Il y a un millier d'années, les

*Nor Tor'ocs** se sont réfugiés et ont survécu dans ce désert ou au-delà.

Deux océans : nom donné à la mer de *Sumon** et à celle d'*O'bira**.

Dia : adolescente *nor tor'oque**, fiancée de *Ropin**. Dia, sous la direction invisible de Ropin, devient la première *Œdju**, donnant ainsi naissance à la cérémonie du même nom.

Diluhao : grande et filiforme, elle est l'une des Quatre Mères, leur porte-parole auprès des *Æmiriens**.

Divul : rivière tumultueuse composée d'eau salée provenant de deux océans, les mers de *Sumon** et d'*O'bira**. Le Divul a été créé par les *Quatre Mères** afin d'emprisonner les *Tor'ocs** sur la Péninsule en formant une frontière infranchissable.

E

Élémenta : alphabet tor'oc créé par *O'jolique** il y a onze mille ans. L'élémenta est composé de quarante et un caractères. Voir illustration p. 400.

Émissaire : dignitaire æmirien, conseiller du *gouvernabule** d'Orzamond, coordinateur chargé des affaires du *Camarode**. L'*Émissaire** est dépêché pour escorter *Æon** de Jannaeda au Camarode d'*Orzamond**. Dans l'exercice de ses fonctions, l'Émissaire encadre le périple d'Æon en tant que représentant du gouvernabule et des intérêts du Camarode en terre *æmirienne**.

En deux-deux : expression familière signifiant « en deux temps, trois mouvements », ou « très rapidement ».

Épu : cheval en langue tor'oque.

Eunes : redoutables guerriers et gardiens-chasseurs, les Eunes forment le corps d'élite d'*Æmira**.

F

Fane : guide spirituelle et oracle de la communauté. Triade sacrée des *Jannanons**, les fanes sont androgynes et filiformes ; elles activent le lien télépathique entre tous les Jannanons.

Fée : créature magique faite de l'élément dans lequel elle vit. La fée peut circuler librement dans la masse de l'élément qui la constitue tel que l'eau, le bois, l'air ou le feu.

Fée des eaux : fée faite d'eau et circulant librement dans l'eau. Voir *Iz**.

Fentésimal : exclamation ou adjectif inventé par *Uthiriule** qui exprime tour à tour l'étonnement, l'admiration, la désapprobation ou le dégoût.

Fer de Lance : sauveur *nor tor'oc** des prophéties. Frère, père, maître.

Feu de sombre : feux de camp.

Feu du ciel : éclair.

Figurier ou **arbre à figures** : voir *arbre à figures**.

Finnif : couteau finnif. Couteau à deux lames en forme de S, conçu et fabriqué par les *Tor'ocs**, et qu'ils manient comme une arme.

Fluide : fluide magnétique, talent guérisseur s'exprimant à travers les mains du magnétiseur.

Forêt des arbres penchés : premier refuge de fortune des *Tor'ocs** qui deviendra la *Cité dans les Arbres**.

Forêt de Nidelle-Maille ou **la Nidelle-Maille** : « Bois d'encre », en ancien dialecte orzamondi. Elle est située entre *Jannaeda** et *Orzamond**.

Fula : l'une des *Quatre Mères**. La mère des prouesses et des épreuves de force.

G

Garnouille : grenouille.

Grand-d'or : oiseau de proie géant, d'une intelligence rare, vivant à l'écart des hommes. Le grand-d'or collabore étroitement avec les *Quatre Mères** et *Hasmapludi III**, gouverneur de la *Haute-Bossaguine** et de la *Bossaguine Centrale**.

Grande poursuite : chasse au grand gibier.

Grand'place : place centrale d'*Orzamond**.

Grand'salle : grande salle du *Camarode**.

Goïel : l'un des trois *Jannanons** qui escortent *Æon** sur la route d'*Orzamond**.

gouvernabule : gouverneur d'*Æmira** (de la *Haute-Bossaguine* et de la *Bossaguine Centrale**). Par extension, gouvernabulien, gouvernabulienne. Durant notre récit, ce poste est occupé par *Hasmapludi III**.

H

Ha beyah ! : salutation *nor tor'oque** signifiant « mon peuple ».

Hasmapludi III : *gouvernabule** d'*Æmira* (de la *Haute-Bossaguine** et de la *Bossaguine Centrale**).

Haute-Bossaguine : région nord d'*Æmira**.

Haza : destinée.

Helkvin : *délégationnaire** *jannanone**, de la délégation des *treize Umbrare**.

I

Île-prison de la frontière sud ou **Péninsule** : ancienne péninsule de la côte sud *æmirienne**, devenue l'île où les *Tor'ocs** se sont retrouvés prisonniers après avoir été bannis par les *Quatre Mères**, mille ans avant que ne commence l'histoire d'*Æon la Feuille**. Les Tor'ocs l'appellent toujours la *Péninsule** bien qu'elle soit devenue une île.

Invérité : mensonge, fausseté.

Isaure : jeune orpheline qu'*Uthiriule** rencontre et adopte à *J'kal**.

Iven : l'un des plus vieux arbres de la *Cité dans les Arbres**. Frappé par la foudre, il devient un arbre porte-bonheur.

Iz : *fée** *des eaux**, elle rend visite à *Æon**.

J

Jaï-wé : grand mystique de la cité de *Lulle**.

Jalap : plante médicinale. Nourriture appréciée des oryx.

Jannaeda : l'une des trois grandes cités *jannanones**, cité-étape du périple d'*Æon**.

Jannanon : peuple d'*Æmira**. Les membres de la tribu-nation des Jannanons sont de petite taille et possèdent des capacités télépathiques. Ils savent se fondre dans leur environnement jusqu'à disparaître comme des caméléons. Ils vivent dans la région de la ville de *Jannaeda**.

Jiffe : courte durée, quelques secondes, quelques *souffles**.

J'kal : ville équestre circulaire. L'une des étapes d'*Uthiriule**.

Joïoun : oryx de taille moyenne, mesurant entre 1 mètre et 1,20 mètre au garrot, principalement élevé pour son lait.

Jola : oiseau femelle d'une volée d'oiseaux noirs, à tête bleue et ailes rouges, qui apparaît en rêve à *Æon**.

Junjun : buisson dont les feuilles ont des propriétés médicinales.

K

Kadjalib' : habitant de Kadjalib, une contrée d'*Æmira** célèbre pour ses plaines fertiles et son pain.

Kidir : nom du cheval d'*Uthiriule**.

Kirk : temple *jannanon**, situé au cœur d'un petit lac. Trois temples, chacun érigé au cœur d'un petit lac, forment un triangle à l'intérieur duquel se trouve la ville jannanone de *Jannaeda**. Les kirks s'élèvent au-dessus de la cité, à l'image des grandes *fanes** qui vivent et officient dans l'enceinte des kirks.

Kollok : habitat de lianes tressées que les *Tor'ocs** font naturellement pousser dans les arbres. Invention d'*Oroleïa**.

L

Lac Lire : situé aux confins nord-est d'*Æmira**, au pied des *montagnes Som**, lac sur lequel la ville de *Smoos** est érigée.

Légendes de la Damnation : légendes *æmiriennes** transmises oralement de génération en génération, relatant le bannissement des créatures damnées telles que les *Tor'ocs**, les *Umbrare** et les *Muons**.

Le Nôtre : l'une des appellations du *gouvernabule** d'*Æmira**.

Lige-Causie : première enfant *tor'oque** ayant chuté entre les arbres de la *Péninsule**. Indemne, elle en est ressortie avec une sagesse et une habileté nouvelles. Elle a inspiré sa communauté qui a adopté cette pratique et en a fait un rite de passage pour les enfants de son âge.

Lige-Causie-Añtanane-acu : cérémonie *tor'oque** se déroulant lorsqu'un enfant atteint sa 101ᵉ pleine lune (ou *acu**) – huit ans et demi environ –, au cours de laquelle il tombe dans un passage au milieu des branches d'un arbre. À l'issue de cette chute, l'enfant qui surmonte ses frayeurs est considéré comme plus mature, plus sage et plus habile.

Lucidis : habitant de *Lucidissom**. Les Lucidis sont responsables des secrets de la lumière ; appelés les maîtres de la lumière, ils fabriquent notamment des *scarabouches**.

Lucidissom : cité nichée dans les *montagnes Som**, habitée par les *Lucidis** qui détiennent les secrets de civilisations disparues.

Lucidis'su : tissu parsemé de fil d'or, réputé pour sa finesse.

Lucillet : créature microscopique vivant dans la mousse des bois, qui absorbe l'énergie des êtres vivants et émet une lumière dont la couleur se modifie selon la nature de l'énergie absorbée.

Lueur : jour dans la langue tor'oque.

Lueur de rosée : matin, matinée.

Lulle : cité fortifiée d'*Æmira** en forme de coquillage, dont la *muraille** a été érigée par *Jaï-wé**.

Lullien, Lullienne : habitant de la ville de *Lulle**.

Lune de sang : phénomène astronomique rare. Éclipse de pleine lune à l'issue de laquelle la lune devient rouge sang. La lune de sang est dédiée aux cérémonies d'initiation *nor tor'oques**.

Luron : luron de *cendrin**, unité de la monnaie utilisée en *Æmira**. Une fraction du cendrin.

M

Mad'la : nom *tor'oc** décrivant le phénomène surnaturel, de proportion quasi biblique, orchestré par les

*Quatre Mères**. Semblable à un double tsunami qui, mille ans avant notre récit, a déferlé sur la *Péninsule**, le Mad'la a emporté *Sumon** et la majorité des *Tor'ocs**. Une version miniature de ce déluge originel, appelée *petit déluge**, inonde la Péninsule chaque hiver.

Magistré(e) : président(e) d'un *aréopage**, notamment celle que rencontre Æon dans la ville de Lulle.

Marque ou **sibylle** : emblème, sceau, signe distinctif chez les *To'rocs**. Lors de la période *Sumon**, la marque ou la sibylle était une représentation symbolique inspirée par la nature que chaque ancien Tor'oc se choisissait. Elle était gravée sur ses armes, son habitation et tatouée sur sa peau, notamment sur ses oreilles. Un drapeau portant la marque de Sumon était planté sur les terres conquises. *Æon** a une relation particulière avec les marques qui lui apparaissent depuis l'enfance lors de visions qui se superposent à la réalité.

Maître des sables : il assure la maintenance de la route.

Mélopalins : membres de la tribu-nation d'*Æmira** qui extraient et travaillent les métaux.

Mer d'O'bira : située au sud de la *Péninsule**, la mer d'*O'bira** est une mer calme et bleue dont les courants sous-marins sont traîtres.

Mer de Sumon : située au nord de la *Péninsule**, la mer de Sumon est une mer grise, sauvage et agitée dont les vagues ont transformé la terre en falaise. Elle a été baptisée ainsi en l'honneur de *Sumon**.

Mesure : un temps.

Monami : nom du *figurier** dans lequel *Æon** et *Sissasse** dorment dans le jardin du *gouvernabule** d'*Orzamond**.

Monamour ou **Nikirié** : rivière ensorcelée dont le flux peut, à loisir, monter ou descendre le flanc de la montagne au sommet de laquelle le dôme d'*Orzamond** est situé. Rivière magique offerte par *Fula** à son époux *Nikirié**, qui fut *gouvernabule** d'*Orzamond**.

Mondane ou **arbre à crédo** : voir *Arbre à crédo**.

Monde du dehors : appellation usitée par les *Tor'ocs** de la *Péninsule** pour nommer le reste du monde.

Monde du dehoriens : appellation des habitants d'*Æmira** et du reste du monde usitée par les *Tor'ocs** de la *Péninsule**.

Montagnes Som : chaîne de montagnes, dite infranchissable, située au nord d'*Æmira**, faisant office de frontière naturelle, notamment avec le désert de la *Vacuité** qui s'étend de l'autre côté. Dans l'un des endroits stratégiques de ces montagnes, vit la tribu des *Lucidis**.

Montereau : chemise.

Muon : ethnie d'hommes dégénérés, vivant comme des bêtes sauvages à quatre pattes. Chassés et exterminés par les *Æmiriens** le jour, empruntant le rythme des bêtes sauvages la nuit, les Muons ont perdu peu à peu le langage pour devenir nyctalopes, chasseurs et cannibales.

Muraille : muraille de *Lulle**. Paroi infranchissable et inattaquable, érigée par *Jaï-wé**.

N

Nervure : grande avenue centrale qui s'élève en colimaçon dans la ville de *Lulle**.

Nikirié ou **Monamour** : voir *Monamour**.

Noix de crédo : fruit de l'arbre à crédo ou *mondane**. L'un des matériaux utilisés par les *Æmiriens** pour construire la *Route lointaine**.

Nor Tor'ocs ou **Tor'ocs du désert** ou **Rouges-Noirs** : les Nor Tor'ocs constituent l'autre branche tor'oque, séparée du reste de l'armée de *Sumon** sur la *Péninsule**, lors de la création du *Divul**. Ils sont issus du groupe de *Tor'ocs** qui, mille ans auparavant, s'est fait chasser et bannir dans les terres désertiques aux confins du monde, dans le désert de la *Vacuité**. Les Nor Tor'ocs sont les descendants de la tribu de *Ropin** et les auteurs du massacre de *Lucidis**. Par extension : nor tor'oc, nor tor'oque : qui appartient aux Nor Tor'ocs.

O

O'bira : fille d'*Oroleïa**, petite-fille d'*Ourla**, mère d'*O'jolique**.

Ocalo : grand'place au centre de *Lucidissom** et de la plupart des villes et villages, qui est aussi le théâtre des cérémonies.

Œdju : rite d'initiation *nor tor'oc**.

Œdju : jeune homme (ou jeune fille) nor tor'oc devenant Œdju au cours de la cérémonie rituelle du même nom.

Œil de l'observateur : œil intérieur. L'œil de la divination, celui qui donne accès à d'autres réalités spatio-temporelles.

Oiseaux sentinelles de la ville de Lulle : les deux rapaces – l'un noir, l'autre brun – gardant l'entrée de la ville de *Lulle**.

O'jolique : fille d'*O'bira**, petite-fille d'*Oroleïa**, arrière-petite-fille d'*Ourla**, créatrice de la *Voie Suspendue** et de l'*élémenta**.

Oka : nom familier de la langue tor'oque pour parler d'un enfant sage.

Ombre : être vivant transformé en ombre immortelle par les *Umbrare**.

Oro-arc : arme *tor'oque**. Arc double se déployant en forme de croix, permettant de tirer une flèche ayant la force de deux arcs.

Oroleïa : fille d'*Ourla**, petite-fille de *Sumon**, mère d'*O'bira**. Elle est notamment la créatrice des *kolloks**.

Oryx géant : oryx de grande taille que montent les *Tor'ocs**.

Orza : tortue et plus spécifiquement tortue de mer.

Orzamond : capitale d'*Æmira**.

Ourla la Remarquable ou **la Grande, la Sauveuse, notre Mère et protectrice** : fille de *Sumon**, mère d'*Oroleïa**, grand-mère d'*O'bira**, arrière-grand-mère d'*O'jolique**. Mère des *Tor'ocs** de la *Péninsule** qui ont survécu au *Mad'la**, elle a conduit les *Tor'ocs** dans les arbres afin de survivre aux déluges suivants. Elle est la fondatrice de la nouvelle tradition tor'oque, pacifiste, ouvrière et respectueuse de la nature qui caractérise les Tor'ocs depuis la fin de leur tradition guerrière.

P

Pallurino : race de chevaux à robe pie.

Pandémonium : nef centrale se trouvant au cœur de l'antre souterraine des *ombres**. Le pandémonium est le lieu où converge l'ensemble des tunnels souterrains des *Terres Maudites** ; c'est aussi là que s'opère la transformation des êtres vivants en ombres.

Péninsule ou **île-prison de la frontière sud** : voir *Île-prison de la frontière sud**.

Pendulute empoisonné : fléchette empoisonnée servant de projectile dans une *batana**.

Perles de lumière : créatures d'*Æmira**. Les perles de lumière vibrent et tournent sur elles-mêmes ; elles aiment se frotter, en nombre, contre la peau des humains et la nettoient encore mieux que de l'eau et du savon.

Petit déluge : version miniature du *Mad'la**, le tsunami ensorcelé qui a emporté les premiers *Tor'ocs**. Ce petit déluge inonde la *Péninsule** tous les hivers pendant quelques semaines.

Piscus : tribu de pêcheurs en eau douce.

Pit : artiste adolescent, orphelin de la ville de Lulle*. Grand frère de cœur de *Sissasse**.

Pleureur : arbre de la famille des saules pleureurs.

Plié et lié : expression. Serment, contrat verbal par lequel on jure allégeance à quelqu'un, par amitié, devoir ou reconnaissance.

Première-tribu : peuple premier d'*Æmira** qui habitait la *Péninsule** avant les *Tor'ocs**.

Prieuresse : jeune fille *jannanone** en apprentissage spirituel chez les *fanes**. Les prieuresses vivent et servent les fanes dans leurs *kirks** pendant plusieurs saisons.

Puis-je grandir parmi vous : expression. Marque de politesse utilisée par les *Tor'ocs** pour demander l'hospitalité à un arbre.

Pyèces : Pièces de monnaie.

Q

Quatre Mères : les quatre magiciennes (*Diluhao**, *Tribula**, *Vissana**, *Fula**), gardiennes morales et spirituelles d'*Æmira**. Elles vivent dix mille ans chacune et sont intronisées par leurs pairs.

R

Ravin de Plaiseux : canyon situé dans les *montagnes Som**, au nord d'*Æmira**.

Repas de la dernière lueur : dîner.

Repas de la première lueur : petit déjeuner.

Repas du milieu : déjeuner.

Rond-ruban : jeu de ficelle *æmirien** qui se joue à deux ou plus, consistant à créer des figures et des enchaînements de figures spécifiques avec une ficelle nouée formant une boucle et placée autour des mains d'un des joueurs.

Ropin : *Tor'oc**, fils de *Bilal**, qui a péri il y a mille ans et dont les *Nor Tor'ocs** ont promis de venger la mort. Son père conduisait le groupe qui sera de l'autre côté de la Péninsule quand le *Mad'la** séparera les Tor'ocs en deux groupes. La descendance de cette section forme la tribu des Nor Tor'ocs.

Rouges-Noirs ou **Nor Tor'ocs** ou **Tor'ocs du désert** : voir *Nor Tor'ocs**.

Route lointaine : route qui va du centre d'*Æmira** vers la frontière sud, jusqu'à la lisière des *Terres Maudites**.

Rugas : ruelles de la ville de *Lulle** partant en colimaçon le long de la *nervure** et dans les collines.

Ruseur : dans l'imaginaire nor tor'oc, une créature trompeuse, maline, conjureuse de sort.

S

Sarpent : unité de mesure de longueur. Un sarpent équivaut à 10 mètres environ.

Scarabouche : petit engin lumineux inventé par les *Lucidis**, habitants de *Lucidissom**.

Séda : arbre de la famille des résineux, qui pousse aux abords des *Terres Maudites**.

Semelles : chaussures, dans la langue *æmirienne**.

Seleuks : membres de la tribu-nation d'*Æmira**, les Seleuks sont les monnayeurs d'Æmira qui frappent et gravent les *cendrins** et les *pyèces**.

Sheïos : le plus âgé des trois *Jannanons** qui accompagnent *Æon la Feuille**.

Sibylle ou **marque** : voir *Marque**.

Sissasse : petite fille, orpheline de la ville de *Lulle**.

Smoos : cité-État flottante au milieu du *lac Lire**, dont *Chiffaa Oroser** est originaire.

Smoosiens : habitants de la ville de *Smoos** située au centre du *lac Lire**.

Soaad : l'une des mères, la cinquième, méconnue du commun des mortels. La mère des dons et talents de nature spirituelle. La mère spirituelle, notamment d'*Æon**, de *Jaï-wé** et des *Fanes**.

Sodicat : confrérie d'artisans.

Sombre : nuit dans la langue *tor'oque**.

Souffle : courte durée (parfois courte distance), quelques secondes, quelques *jiffes**.

Sumon : légendaire chef de guerre sanguinaire des Tor'ocs d'avant la Péninsule. Il sema la terreur en Æmira et fut celui qu'on trompa pour l'attirer, lui et son peuple, sur la Péninsule.

T

Tallum : herbe tressée, utilisée notamment pour couvrir tout ou en partie le sol d'un *kollok**, pouvant servir de tapis, de moquette ou de lit selon l'épaisseur du tallum.

Tassarat : rituel mystique auquel se livrent les *fanes** pour déchiffrer l'avenir à travers l'analyse de la complexité du présent.

Terres Maudites : région désaffectée du sud d'*Æmira** qui fut le théâtre de nombreuses malédictions. Les Terres Maudites sont la demeure des créatures damnées d'Æmira : les *ombres**, et les *Muons**. Les Terres Maudites séparent le *Monde du dehors** de la région de la *Péninsule** où les *Tor'ocs** ont été relégués depuis mille ans.

Tissu Rouge : membre de la garde *gouvernabulienne** d'*Orzamond**, un ordre semi-religieux. Inspiré par leur vêtement rouge, *Æon** utilise cette appellation pour évoquer un ou des membres de la garde gouvernabulienne.

Tor'ocs du désert ou **Rouges-Noirs** ou **Nor Tor'ocs** : voir *Nor Tor'ocs**.

Tourmaline : muraille souterraine en tourmaline qui encercle les *Terres Maudites** et y emprisonne les *ombres**.

Tréo : Tréo et *Aé**, petites sœurs de *Yéoal**. Tous trois sont natifs de *Lucidissom**.

Tribula : l'une des *Quatre Mères**. Maîtresse des cérémonies.

U

Uthiriule : amie d'enfance d'*Æon** sur la *Péninsule**, sa cadette.

Umbrare : *délégationnaires** d'un *Camarode** qui s'est déroulé il y a mille ans. Au nombre de treize, ils sont à l'origine des *Terres Maudites**. Ils ont été les premiers à avoir été transformés en ombres éternelles. *Umbrare* signifie « banni avec les *ombres** ».

V

Vacuité ou **désert infini** : voir *désert infini**.

Virevolteurs : initiés se livrant à une danse rituelle et magique lors de l'initiation *Œdju**, chez les *Nor Tor'ocs**.

Vissana : l'une des *Quatre Mères**. L'alchimiste des rituels.

Voie Suspendue : Pont végétal principal, fait de lianes vivantes tressées reliant les arbres et les *kolloks** anciens dans la *Cité dans les Arbres**. C'est l'invention d'*O'jolique**, arrière-arrière-petite-fille de *Sumon**.

Vonder des Nor : chef guerrier des *Nor Tor'ocs**.

Votre Supréminence : l'une des appellations du *gouvernabule** d'*Æmira**.

W

Wanderlule : désir insatiable d'itinérance et de conquête qui pousse la nation *tor'oque** d'avant la *Péninsule** à épuiser chaque contrée avant de s'élancer vers la suivante plutôt que de gouverner.

Wéodou-Yé ou **Wéodou** ou **Wéo** : le plus jeune des trois *Jannanons** natifs de la tribu-nation jannanone, compagnons de voyage d'*Æon**, qui le guident dans son périple en *Æmira**, de la *Péninsule** jusqu'à *Orzamond**, la capitale.

Y

Yéoal : adolescent *lucidis**, né et ayant grandi à *Lucidissom**, cité éradiquée par les *Nor Tor'ocs**.

Glossaires thématiques

CHOSES, PHÉNOMÈNES, CONCEPTS

Acu : pleine lune chez les *Tor'ocs**. Le calendrier lunaire est utilisé pour calculer l'âge des *Tor'ocs** dont l'unité est la pleine lune ou *acu**.

Aréopage : gouvernement local en Æmira. Assemblée de ministres faisant office de magistrature locale, présidée par un ou une *magistrée**.

Assis-longs : pantalon.

Bascule : pont-levis. Plus spécifiquement, le pont-levis de la ville de *Lulle**.

Batana : sarbacane en bois de palme utilisée notamment par *Chiffaa Oroser**.

Batiau : bateau.

Camarode : session extraordinaire d'urgence de l'Assemblée générale des Nations Susceptibles (tribus d'*Æmira**) constituée des diverses délégations de chacune des tribus-nations et des villes-États d'Æmira.

Cassion : véhicule blindé soulevé par les *grands-d'or** pour transporter par voie aérienne la délégation des treize qui deviendra les *Umbrare** des *Terres Maudites**.

Cendrin : monnaie d'échange en *Æmira** pour le commerce de biens et de services. Unité monétaire principale.

Course du dernier homme : course de fond dont le vainqueur est le dernier participant à courir après l'abandon des autres coureurs. La course du dernier homme fait partie des jeux que les *Tor'ocs** organisent annuellement sur la *Péninsule**, afin de transmettre les talents athlétiques et les divers sports d'adresse de leurs ancêtres guerriers.

Couvre-jambe : jambière.

Couvre-sol : tapis, paillasson, moquette… qui recouvre tout ou en partie le sol des habitations.

Couvre-tête : chapeau.

Couvre-tout : vêtement.

Élémenta : alphabet tor'oc créé par *O'jolique** il y a onze mille ans. L'élémenta est composé de quarante et un caractères. Voir illustration p. 400.

Feu de sombre : feux de camp.

Feu du ciel : éclair.

Finnif : couteau finnif. Couteau à deux lames en forme de S, conçu et fabriqué par les *Tor'ocs**, et qu'ils manient comme une arme.

Fluide : fluide magnétique, talent guérisseur s'exprimant à travers les mains du magnétiseur.

Grande poursuite : chasse au grand gibier.

Haza : destinée.

Invérité : mensonge, fausseté.

Jiffe : courte durée, quelques secondes, quelques *souffles**.

Kirk : temple *jannanon**, situé au cœur d'un petit lac. Trois temples, chacun érigé au cœur d'un petit lac, forment un triangle à l'intérieur duquel se trouve la ville jannanone de *Jannaeда**. Les kirks s'élèvent au-dessus de la cité, à l'image des grandes *fanes** qui vivent et officient dans l'enceinte des kirks.

Kollok : habitat de lianes tressées que les *Tor'ocs** font naturellement pousser dans les arbres. Invention d'*Oroleïa**.

Légendes de la Damnation : légendes *æmiriennes** transmises oralement de génération en génération, relatant le bannissement des créatures damnées telles que les *Tor'ocs**, les *Umbrare** et les *Muons**.

Lige-Causie-Añtanane-acu : cérémonie *tor'oque** se déroulant lorsqu'un enfant atteint sa 101e pleine lune (ou *acu**) – huit ans et demi environ –, au cours de laquelle il tombe dans un passage au milieu des branches d'un arbre. À l'issue de cette chute, l'enfant qui surmonte ses frayeurs est considéré comme plus mature, plus sage et plus habile.

Lucidis'su : tissu parsemé de fil d'or, réputé pour sa finesse.

Lueur : jour dans la langue tor'oque.

Lueur de rosée : matin, matinée.

Lune de sang : phénomène astronomique rare. Éclipse de pleine lune à l'issue de laquelle la lune devient rouge sang. La lune de sang est dédiée aux cérémonies d'initiation *nor tor'oques**.

Luron : luron de *cendrin**, unité de la monnaie utilisée en *Æmira**. Une fraction du cendrin.

Mad'la : nom *tor'oc** décrivant le phénomène surnaturel, de proportion quasi biblique, orchestré par les *Quatre Mères**. Semblable à un double tsunami qui, mille ans avant notre récit, a déferlé sur la *Péninsule**, le Mad'la a emporté *Sumon** et la majorité des *Tor'ocs**. Une version miniature de ce déluge originel, appelée *petit déluge**, inonde la Péninsule chaque hiver.

Marque ou **sibylle** : emblème, sceau, signe distinctif chez les *To'rocs**. Lors de la période *Sumon**, la marque ou la sibylle était une représentation symbolique inspirée par la nature que chaque ancien Tor'oc se choisissait. Elle était gravée sur ses armes, son habitation et tatouée sur sa peau, notamment sur ses oreilles. Un drapeau portant la marque de Sumon était planté sur les terres conquises. *Æon** a une relation particulière avec les marques qui lui apparaissent depuis l'enfance lors de visions qui se superposent à la réalité.

Mesure : un temps.

Montereau : chemise.

Muraille : muraille de *Lulle**. Paroi infranchissable et inattaquable, érigée par *Jaï-wé**.

Œdju : rite d'initiation *nor tor'oc**.

Œil de l'observateur : œil intérieur. L'œil de la divination, celui qui donne accès à d'autres réalités spatio-temporelles.

Oro-arc : arme *tor'oque**. Arc double se déployant en forme de croix, permettant de tirer une flèche ayant la force de deux arcs.

Pendulute empoisonné : fléchette empoisonnée servant de projectile dans une *batana**.

Petit déluge : version miniature du *Mad'la**, le tsunami ensorcelé qui a emporté les premiers *Tor'ocs**. Ce petit déluge inonde la *Péninsule** tous les hivers pendant quelques semaines.

Pyèces : Pièces de monnaie.

Repas de la dernière lueur : dîner.

Repas de la première lueur : petit déjeuner.

Repas du milieu : déjeuner.

Rond-ruban : jeu de ficelle *æmirien** qui se joue à deux ou plus, consistant à créer des figures et des enchaînements de figures spécifiques avec une ficelle nouée formant une boucle et placée autour des mains d'un des joueurs.

Sarpent : unité de mesure de longueur. Un sarpent équivaut à 10 mètres environ.

Scarabouche : petit engin lumineux inventé par les *Lucidis**, habitants de *Lucidissom**.

Semelles : chaussures, dans la langue *æmirienne**.

Sibylle ou **marque** : voir *Marque**.

Sodicat : confrérie d'artisans.

Sombre : nuit dans la langue *tor'oque**.

Souffle : courte durée (parfois courte distance), quelques secondes, quelques *jiffes**.

Tallum : herbe tressée, utilisée notamment pour couvrir tout ou en partie le sol d'un *kollok**, pouvant servir de tapis, de moquette ou de lit selon l'épaisseur du tallum.

Tassarat : rituel mystique auquel se livrent les *fanes** pour déchiffrer l'avenir à travers l'analyse de la complexité du présent.

Wanderlule : désir insatiable d'itinérance et de conquête qui pousse la nation *tor'oque** d'avant la *Péninsule** à épuiser chaque contrée avant de s'élancer vers la suivante plutôt que de gouverner.

CRÉATURES

Anilée : petit oryx, mammifère domestique ruminant, élevé par les Tor'ocs, principalement pour sa viande.

Apraxus : sanglier géant.

Bol : l'oryx sauvage qu'*Æon** apprivoise en *Æmira** et qui deviendra le fidèle compagnon d'Æon.

Brunipuci ou **Orza** : tortue de mer.

Épu : cheval en langue tor'oque.

Fée : créature magique faite de l'élément dans lequel elle vit. La fée peut circuler librement dans la masse de l'élément qui la constitue tel que l'eau, le bois, l'air ou le feu.

Fée des eaux : fée faite d'eau et circulant librement dans l'eau. Voir *Iz**.

Garnouille : grenouille.

Grand-d'or : oiseau de proie géant d'une intelligence rare vivant à l'écart des hommes. Le grand-d'or collabore étroitement avec les *Quatre Mères** et *Hasmapludi III**, gouverneur de la *Haute-Bossaguine** et de la *Bossaguine Centrale**.

Iz : *fée** *des eaux**, elle rend visite à *Æon**.

Joïoun : oryx de taille moyenne, mesurant entre 1 mètre et 1,20 mètre au garrot, principalement élevé pour son lait.

Jola : oiseau femelle d'une volée d'oiseaux noirs, à tête bleue et ailes rouges, qui apparaît en rêve à *Æon**.

Kidir : nom du cheval d'*Uthiriule**.

Lucillet : créature microscopique vivant dans la mousse des bois, qui absorbe l'énergie des êtres vivants et émet une lumière dont la couleur se modifie selon la nature de l'énergie absorbée.

Muon : ethnie d'hommes dégénérés, vivant comme des bêtes sauvages à quatre pattes. Chassés et exterminés par les *Æmiriens** le jour, empruntant le rythme des bêtes sauvages la nuit, les Muons ont perdu peu à peu le langage pour devenir nyctalopes, chasseurs et cannibales.

Oiseaux sentinelles de la ville de Lulle : les deux rapaces – l'un noir, l'autre brun – gardant l'entrée de la ville de *Lulle**.

Ombre : être vivant transformé en ombre immortelle par les *Umbrare**.

Oryx géant : oryx de grande taille que montent les *Tor'ocs**.

Orza ou Brunipuci : voir *Brunipuci**.

Pallurino : race de chevaux à robe pie.

Perles de lumière : créatures d'*Æmira**. Les perles de lumière vibrent et tournent sur elles-mêmes ; elles aiment se frotter, en nombre, contre la peau des humains et la nettoient encore mieux que de l'eau et du savon.

Ruseur : dans l'imaginaire nor tor'oc, une créature trompeuse, maline, conjureuse de sort.

EXPRESSIONS

Axilé : être axilé, échec et mat dans un jeu de chat dans les arbres ; ne plus pouvoir avancer d'aucune manière ni vers le haut ni le bas ni à droite ni à gauche.

Caru : papa.

Celui qui ne peut pas mourir : surnom d'*Æon** en dialecte orzamondi après son passage dans la forêt de *Nidelle-Maille**.

Décidé et posé : expression. Serment, contrat verbal par lequel on jure allégeance à quelqu'un, par amitié, devoir ou reconnaissance.

Déflagrer : produire une déflagration.

En deux-deux : expression familière signifiant « en deux temps, trois mouvements », ou « très rapidement ».

Fentésimal : exclamation ou adjectif inventé par *Uthiriule** qui exprime tour à tour l'étonnement, l'admiration, la désapprobation ou le dégoût.

Fer de Lance : sauveur *nor tor'oc** des prophéties. Frère, père, maître.

gouvernabule : gouverneur d'*Æmira** (de la *Haute-Bossaguine* et de la *Bossaguine Centrale**). Par extension, gouvernabulien, gouvernabulienne. Durant notre récit, ce poste est occupé par *Hasmapludi III**.

Ha beyah ! : salutation *nor tor'oque** signifiant « mon peuple ».

Le Nôtre : l'une des appellations du *gouvernabule** d'*Æmira**.

Monde du dehors : appellation usitée par les *Tor'ocs** de la *Péninsule** pour nommer le reste du monde.

Monde du dehoriens : appellation des habitants d'*Æmira** et du reste du monde usitée par les *Tor'ocs** de la *Péninsule**.

Oka : nom familier de la langue tor'oque pour parler d'un enfant sage.

Plié et lié : expression. Serment, contrat verbal par lequel on jure allégeance à quelqu'un, par amitié, devoir ou reconnaissance.

Puis-je grandir parmi vous : expression. Marque de politesse utilisée par les *Tor'ocs** pour demander l'hospitalité à un arbre.

Votre Supréminence : l'une des appellations du *gouvernabule** d'*Æmira**.

LIEUX

Æmira : fédération de territoires, de tribus-nations et de villes-États où se déroule notre histoire.

Æmirien : habitant d'Æmira.

Alcazar de Tribula : palais de *Tribula**, l'une des Quatre Mères, situé sur la côte sud d'Æmira.

Bossaguine Centrale : région sud d'*Æmira**.

Cité dans les Arbres : cité tor'oque érigée dans les arbres de la Péninsule par *Ourla la Remarquable** après que le *Mad'la** a emporté l'essentiel de son peuple.

Désert infini ou **Vacuité** : immense désert s'étendant au nord des *montagnes Som**. Il y a un millier d'années, les *Nor Tor'ocs** se sont réfugiés et ont survécu dans ce désert ou au-delà.

Deux océans : nom donné à la mer de *Sumon** et à celle d'*O'bira**.

Divul : rivière tumultueuse composée d'eau salée provenant de deux océans, les mers de *Sumon** et d'*O'bira**. Le Divul a été créé par les *Quatre Mères** afin d'emprisonner les *Tor'ocs** sur la Péninsule en formant une frontière infranchissable.

Grand'place : place centrale d'*Orzamond**.

Grand'salle : grande salle du *Camarode**.

Haute-Bossaguine : région nord d'*Æmira**.

Île-prison de la frontière sud ou **Péninsule** : ancienne péninsule de la côte sud *æmirienne**, devenue l'île où les *Tor'ocs** se sont retrouvés prisonniers après avoir été bannis par les *Quatre Mères**, mille ans avant que ne commence l'histoire d'*Æon la Feuille**. Les Tor'ocs l'appellent toujours la *Péninsule** bien qu'elle soit devenue une île.

Jannaeda : l'une des trois grandes cités *jannanones**, cité-étape du périple d'*Æon**.

J'kal : ville équestre circulaire. L'une des étapes d'*Uthiriule**.

Lac Lire : situé aux confins nord-est d'*Æmira**, au pied des *montagnes Som**, lac sur lequel la ville de *Smoos** est érigée.

Lucidissom : cité nichée dans les *montagnes Som**, habitée par les *Lucidis** qui détiennent les secrets de civilisations disparues.

Lulle : cité fortifiée d'*Æmira** en forme de coquillage, dont la *muraille** a été érigée par *Jaï-wé**.

Mer d'O'bira : située au sud de la *Péninsule**, la mer d'*O'bira** est une mer calme et bleue dont les courants sous-marins sont traîtres.

Mer de Sumon : située au nord de la *Péninsule**, la mer de Sumon est une mer grise, sauvage et agitée dont les vagues ont transformé la terre en falaise. Elle a été baptisée ainsi en l'honneur de *Sumon**.

Monamour ou **Nikirié** : rivière ensorcelée dont le flux peut, à loisir, monter ou descendre le flanc de la montagne au sommet de laquelle le dôme d'*Orzamond** est situé. Rivière magique offerte par *Fula** à son époux *Nikirié**, qui fut *gouvernabule** d'*Orzamond**.

Montagnes Som : chaîne de montagnes, dite infranchissable, située au nord d'*Æmira**, faisant office de frontière naturelle, notamment avec le désert de la *Vacuité** qui s'étend de l'autre côté. Dans l'un des endroits stratégiques de ces montagnes, vit la tribu des *Lucidis**.

Nervure : grande avenue centrale qui s'élève en colimaçon dans la ville de *Lulle**.

Nikirié ou Monamour : voir *Monamour**.

Ocalo : grand'place au centre de *Lucidissom** et de la plupart des villes et villages, qui est aussi le théâtre des cérémonies.

Orzamond : capitale d'*Æmira**.

Pandémonium : nef centrale se trouvant au cœur de l'antre souterraine des *ombres**. Le pandémonium est le lieu où converge l'ensemble des tunnels souterrains des *Terres Maudites** ; c'est aussi là que s'opère la transformation des êtres vivants en ombres.

Péninsule : voir *Île-prison de la frontière sud**.

Ravin de Plaiseux : canyon situé dans les *montagnes Som**, au nord d'*Æmira**.

Route lointaine : route qui va du centre d'*Æmira** vers la frontière sud, jusqu'à la lisière des *Terres Maudites**.

Rugas : ruelles de la ville de *Lulle** partant en colimaçon le long de la *nervure** et dans les collines.

Smoos : cité-État flottante au milieu du *lac Lire**, dont *Chiffaa Oroser** est originaire.

Terres Maudites : région désaffectée du sud d'*Æmira** qui fut le théâtre de nombreuses malédictions. Les Terres Maudites sont la demeure des créatures damnées d'Æmira : les *ombres**, et les *Muons**. Les Terres Maudites séparent le *Monde du dehors** de la région de la *Péninsule** où les *Tor'ocs** ont été relégués depuis mille ans.

Tourmaline : muraille souterraine en tourmaline qui encercle les *Terres Maudites** et y emprisonne les *ombres**.

Vacuité : voir *Désert infini**.

Voie Suspendue : Pont végétal principal, fait de lianes vivantes tressées reliant les arbres et les *kolloks** anciens dans la *Cité dans les Arbres**. C'est l'invention d'*O'jolique**, arrière-arrière-petite-fille de *Sumon**.

PERSONNAGES

Aé : *Tréo** et Aé, petites sœurs de *Yéoal**. Toutes deux font partie des victimes du massacre de *Lucidissom**.

Æon la Feuille : jeune homme *tor'oc** né et ayant grandi sur la *Péninsule**. Il est le dernier descendant de *Sumon**, d'*Ourla la Remarquable**, de ses filles et petites-filles.

Æréma : jeune femme *nor tor'oque** aux cheveux roux qui relate l'histoire du premier *Œdju**.

Akasia et **Banksi** : sœur et frère jumeaux. Tous deux sont les *Vonders**, chefs guerriers des *Nor Tor'ocs**.

Ardrum Keliloji : marchand itinérant ayant recueilli *Yéoal**.

Banksi et **Akasia** : sœur et frère jumeaux. Tous deux sont les *Vonders**, chefs guerriers des *Nor Tor'ocs**.

Bilal : *Tor'oc**, père de *Ropin**. Lieutenant de *Sumon**, il conduit la section qui sera de l'autre côté de la Péninsule quand le *Mad'la** séparera les *Tor'ocs** en deux groupes. La descendance du groupe de Bilal formera les *Nor Tor'ocs**.

Chiffaa Oroser : émissaire missionnée par la ville de *Smoos** pour accompagner *Æon** et les *Jannanons** dans leur périple. Chiffaa fait partie des délégationnaires de *Smoos** au *Camarode**.

Coupeur de route : voleur de grand chemin.

Défenseresse : avocate. L'avocate d'Æon devant l'*aréopage** de la ville de *Lulle**.

Délégationnaire : membre des délégations d'*Æmira** participant au *Camarode**.

Dia : adolescente *nor tor'oque**, fiancée de *Ropin**. Dia, sous la direction invisible de Ropin, devient la première *Œdju**, donnant ainsi naissance à la cérémonie du même nom.

Diluhao : grande et filiforme, elle est l'une des Quatre Mères, leur porte-parole auprès des *Æmiriens**.

Émissaire : dignitaire æmirien, conseiller du *gouvernabule** d'Æmira, coordinateur chargé des affaires du *Camarode**. L'*Émissaire** est dépêché pour escorter *Æon** de Jannaeda au Camarode d'*Orzamond**. Dans l'exercice de ses fonctions, l'Émissaire encadre le périple d'Æon en tant que représentant du gouvernabule et des intérêts du Camarode en terre *æmirienne**.

Eunes : redoutables guerriers et gardiens-chasseurs, les Eunes forment le corps d'élite d'*Æmira**.

Fane : guide spirituelle et oracle de la communauté. Triade sacrée des *Jannanons**, les fanes sont androgynes et filiformes ; elles activent le lien télépathique entre tous les Jannanons.

Fula : l'une des *Quatre Mères**. La mère des prouesses et des épreuves de force.

Goïel : l'un des trois *Jannanons** qui escortent *Æon** sur la route d'*Orzamond**.

Hasmapludi III : *gouvernabule** d'*Æmira* (de la *Haute-Bossaguine** et de la *Bossaguine Centrale**).

Helkvin : *délégationnaire** *jannanone**, de la délégation des *treize Umbrare**.

Isaure : jeune orpheline qu'*Uthiriule** rencontre et adopte à *J'kal**.

Jaï-wé : grand mystique de la cité de *Lulle**.

Jannanon : peuple d'*Æmira**. Les membres de la tribu-nation des Jannanons sont de petite taille et possèdent des capacités télépathiques. Ils savent se fondre dans leur environnement jusqu'à disparaître comme des caméléons. Ils vivent dans la région de la ville de *Jannaeda**.

Kadjalib' : habitant de Kadjalib, une contrée d'*Æmira** célèbre pour ses plaines fertiles et son pain.

Lige-Causie : première enfant *tor'oque** ayant chuté entre les arbres de la *Péninsule**. Indemne, elle en est ressortie avec une sagesse et une habileté nouvelles. Elle a inspiré sa communauté qui a adopté cette pratique et en a fait un rite de passage pour les enfants de son âge.

Lucidis : habitant de *Lucidissom**. Les Lucidis sont responsables des secrets de la lumière ; appelés les maîtres de la lumière, ils fabriquent notamment des *scarabouches**.

Lullien, Lullienne : habitant de la ville de *Lulle**.

Magistré(e) : président(e) d'un *aréopage**, notamment celle que rencontre Æon dans la ville de Lulle.

Maître des sables : il assure la maintenance de la route.

Mélopalins : membres de la tribu-nation d'*Æmira** qui extraient et travaillent les métaux.

Nor Tor'ocs ou **Tor'ocs du désert** ou **Rouges-Noirs** : les Nor Tor'ocs constituent l'autre branche tor'oque, séparée du reste de l'armée de *Sumon** sur la *Péninsule**, lors de la création du *Divul**. Ils sont issus du groupe de *Tor'ocs** qui, mille ans auparavant, s'est fait chasser et bannir dans les terres désertiques aux confins du monde, dans le désert de la *Vacuité**. Les Nor Tor'ocs sont les descendants de la tribu de *Ropin** et les auteurs du massacre de *Lucidis**. Par extension : nor tor'oc, nor tor'oque : qui appartient aux Nor Tor'ocs.

O'bira : fille d'*Oroleïa**, petite-fille d'*Ourla**, mère d'*O'jolique**.

Œdju : jeune homme (ou jeune fille) nor tor'oc devenant Œdju au cours de la cérémonie rituelle du même nom.

O'jolique : fille d'*O'bira**, petite-fille d'*Oroleïa**, arrière-petite-fille d'*Ourla**, créatrice de la *Voie Suspendue** et de l'*élémenta**.

Oroleïa : fille d'*Ourla**, petite-fille de *Sumon**, mère d'*O'bira**. Elle est notamment la créatrice des *kolloks**.

Ourla la Remarquable ou **la Grande, la Sauveuse, notre Mère et protectrice** : fille de *Sumon**, mère d'*Oroleïa**, grand-mère d'*O'bira**, arrière-grand-mère d'*O'jolique**. Mère des *Tor'ocs** de la *Péninsule** qui ont survécu au *Mad'la**, elle a conduit les *Tor'ocs** dans les arbres afin de survivre aux déluges suivants. Elle est la fondatrice de la nouvelle tradition tor'oque, pacifiste, ouvrière et respectueuse de la nature qui caractérise les Tor'ocs depuis la fin de leur tradition guerrière.

Piscus : tribu de pêcheurs en eau douce.

Pit : artiste adolescent, orphelin de la ville de Lulle*. Grand frère de cœur de *Sissasse**.

Première-tribu : peuple premier d'*Æmira** qui habitait la *Péninsule** avant les *Tor'ocs**.

Prieuresse : jeune fille *jannanone** en apprentissage spirituel chez les *fanes**. Les prieuresses vivent et servent les fanes dans leurs *kirks** pendant plusieurs saisons.

Quatre Mères : les quatre magiciennes (*Diluhao**, *Tribula**, *Vissana**, *Fula**), gardiennes morales et spirituelles d'*Æmira**. Elles vivent dix mille ans chacune et sont intronisées par leurs pairs.

Ropin : *Tor'oc**, fils de *Bilal**, qui a péri il y a mille ans et dont les *Nor Tor'ocs** ont promis de venger la mort. Son père conduisait le groupe qui sera de l'autre côté de la Péninsule quand le *Mad'la** séparera les Tor'ocs en deux groupes. La descendance de cette section forme la tribu des Nor Tor'ocs.

Rouges-Noirs ou **Nor Tor'ocs** ou **Tor'ocs du désert** : voir *Nor Tor'ocs**.

Seleuks : membres de la tribu-nation d'*Æmira**, les Seleuks sont les monnayeurs d'Æmira qui frappent et gravent les *cendrins** et les *pyèces**.

Sheïos : le plus âgé des trois *Jannanons** qui accompagnent *Æon la Feuille**.

Sissasse : petite fille, orpheline de la ville de *Lulle**.

Smoosiens : habitants de la ville de *Smoos** située au centre du *lac Lire**.

Soaad : l'une des mères, la cinquième, méconnue du commun des mortels. La mère des dons et talents de nature spirituelle. La mère spirituelle, notamment d'*Æon**, de *Jaï-wé** et des *Fanes**.

Sumon : légendaire chef de guerre sanguinaire des Tor'ocs d'avant la Péninsule. Il sema la terreur en Æmira et fut celui qu'on trompa pour l'attirer, lui et son peuple, sur la Péninsule.

Tissu Rouge : membre de la garde *gouvernabulienne** d'*Orzamond**, un ordre semi-religieux. Inspiré par leur vêtement rouge, *Æon** utilise cette appellation pour évoquer un ou des membres de la garde gouvernabulienne.

Tor'ocs du désert ou **Rouges-Noirs** ou **Nor Tor'ocs** : voir *Nor Tor'ocs**.

Tréo : Tréo et *Aé**, petites sœurs de *Yéoal**. Tous trois sont natifs de *Lucidissom**.

Tribula : l'une des *Quatre Mères**. Maîtresse des cérémonies.

Umbrare : *délégationnaires** d'un *Camarode** qui s'est déroulé il y a mille ans. Au nombre de treize, ils sont à l'origine des *Terres Maudites**. Ils ont été les premiers à avoir été transformés en ombres éternelles. *Umbrare* signifie « banni avec les *ombres** ».

Uthiriule : amie d'enfance d'*Æon** sur la *Péninsule**, sa cadette.

Virevolteurs : initiés se livrant à une danse rituelle et magique lors de l'initiation *Œdju**, chez les *Nor Tor'ocs**.

Vissana : l'une des *Quatre Mères**. L'alchimiste des rituels.

Vonder des Nor : chef guerrier des *Nor Tor'ocs**.

Wéodou-Yé ou **Wéodou** ou **Wéo** : le plus jeune des trois *Jannanons** natifs de la tribu-nation jannanone, compagnons de voyage d'*Æon**, qui le guident dans son périple en *Æmira**, de la *Péninsule** jusqu'à *Orzamond**, la capitale.

Yéoal : adolescent *lucidis**, né et ayant grandi à *Lucidissom**, cité éradiquée par les *Nor Tor'ocs**.

VÉGÉTAUX

Arbre à crédo ou **mondane** : arbre à l'écorce violette et aux feuilles argentées qui produit la noix de crédo.

Arbre à figures ou **figurier** : figuier.

Arbre de fer : arbre rencontré par *Uthiriule** pendant son périple.

Arbre penché : arbre caractéristique de la *Péninsule**. De grande taille, ses branches sont larges et enchevêtrées.

Arbre-père : le premier *arbre penché** qu'*Æon** rencontre dans le *Monde du dehors**. L'arbre-père lui prodigue ses premiers conseils.

Buisson de feu : buisson que les *Tor'ocs** utilisent pour faire du feu, notamment dans les *kolloks**. L'une des nourritures préférées des oryx.

Dair : arbre qui pousse en groupe aux abords des *Terres Maudites**. Espèce proche du chêne. Le dair possède des défenses naturelles le protégeant des prédateurs de la région, notamment des *Muons**.

Figurier ou **arbre à figures** : voir *Arbre à figures**.

Forêt de Nidelle-Maille ou la **Nidelle-Maille** : « Bois d'encre », en ancien dialecte orzamondi. Elle est située entre *Jannaeda** et *Orzamond**.

Forêt des arbres penchés : premier refuge de fortune des *Tor'ocs** qui deviendra la *Cité dans les Arbres**.

Iven : l'un des plus vieux arbres de la *Cité dans les Arbres**. Frappé par la foudre, il devient un arbre porte-bonheur.

Jalap : plante médicinale. Nourriture appréciée des oryx.

Junjun : buisson dont les feuilles ont des propriétés médicinales.

Monami : nom du *figurier** dans lequel *Æon** et *Sissasse** dorment dans le jardin du *gouvernabule** d'*Orzamond**.

Mondane ou **arbre à crédo** : arbre à l'écorce violette et aux feuilles argentées qui produit la noix de crédo.

Noix de crédo : fruit de l'arbre à crédo ou *mondane**. L'un des matériaux utilisés par les *Æmiriens** pour construire la *Route lointaine**.

Pleureur : arbre de la famille des saules pleureurs.

Séda : arbre de la famille des résineux, qui pousse aux abords des *Terres Maudites**.

Illustrations

Création graphique : Anne Kent Rush

Achevé d'imprimer par
Normandie Roto Impression s. a. s.
N° d'impression : 2501087

Imprimé en France